王肖

安贞门
健德门
肃清门
和义门
平则门
光熙门
崇仁门
齐化门
顺承门
丽正门
文明门

北中书省
国子监
孔庙
鼓楼
万宁寺
社稷
兴圣宫
御苑
厚载门
太庙
宫城
太子宫
隆福宫
太液池
承天门
中书省

北京城史记 元代卷 - 元大都平面示意图（出自《中华文明地图》中国地图出版社）

《元人秋猎图卷》元，局部图

北京城史记
元代卷

王 岗 著

清華大学出版社
北 京

内 容 简 介

元朝是中国古代第一个由少数民族政权统一的朝代，其都城元大都使北京在历史上第一次成为统治中心。在这里，如皇家宫殿、苑囿、坛庙，中央政府衙署，以及著名的寺院、道观等错落有致，都城设施更加完善。特别是元大都多元文化的发展，如农耕文化、游牧文化、域外文化等，在此交汇碰撞与融合，使当时的中华文化更加辉煌。

图书在版编目(CIP)数据

北京城史记. 元代卷 / 王岗著. -- 北京：清华大学出版社，2025.8.
ISBN 978-7-302-68093-2

Ⅰ. K291

中国国家版本馆 CIP 数据核字第 2025U29R91 号

责任编辑： 陈立静
装帧设计： 傅进雯
责任校对： 周剑云
责任印制： 杨　艳
出版发行： 清华大学出版社
　　　　　　网　　　址：https://www.tup.com.cn, https://www.wqxuetang.com
　　　　　　地　　　址：北京清华大学学研大厦 A 座　　邮　　　编：100084
　　　　　　社 总 机：010-83470000　　　　　　邮　　　购：010-62786544
　　　　　　投稿与读者服务：010-62776969, c-service@tup.tsinghua.edu.cn
　　　　　　质量反馈：010-62772015, zhiliang@tup.tsinghua.edu.cn
印 装 者： 三河市东方印刷有限公司
经　　　销： 全国新华书店
开　　　本： 170mm×240mm　　　**印　张：** 30.5　　**插　页：** 1　　**字　数：** 390 千字
版　　　次： 2025 年 8 月第 1 版　　　**印　次：** 2025 年 8 月第 1 次印刷
定　　　价： 138.00 元

产品编号：104785-01

前　言

华夷融合　天下大都

在中国古代，一座规模宏大的城市在一片平地上突然建造起来，只有两次，一次是隋朝建造的大兴城，即此后的隋唐长安城(今陕西西安)；另一次则是元朝建造的大都城，即此后明清时期的北京城。这两座城市，承载了两个时代的辉煌。隋唐时期的长安城，标志着中国古代社会前期发展的最辉煌阶段，也是中国古代从前期向中期发展的转折点。元代的大都城，标志着中国古代社会中期的结束，以及进入后期发展阶段的开始。

在隋唐长安城建造之前，这里的辉煌历史是从西周时期的镐京开始的。其间历经了秦朝的咸阳、汉朝的长安，把中华文明的辉煌一次又一次推向高峰，而到隋唐长安城时达到了巅峰。此后，即开始走向衰落。而在元大都城建造之前，这里最初的文明始于黄帝及其后裔们生活在这里，其活动中心即是蓟城(也称蓟国)。而此后战国七雄之一的燕国曾一度定鼎于此，故而称燕京(也称燕都)。这个名称，一直沿用到辽代，作为北方少数民族政权的陪都，开始发挥越来越重要的作用。

再往后，金海陵王迁都于此，号称金中都，成为北方少数民族政权的首都，又有了极大的发展。从辽南京到金中都，已经为元大都的建造奠定了坚实的基础。辽、金与两宋的对峙，是中国古代社会从前期向后期的过渡阶段，辽南京、金中都与北宋东京(今河南开封)、南宋临安(今浙江杭州)的对峙，则是中国古代都城变迁的过渡阶段，也就是元大都城取代隋唐长安城的过程。元朝攻灭南宋、一统天下，使得大都城最终成为一统王朝的统治中心，在取代了辽南京、金中都的同时，也取代了北宋东京和南宋临安的地位。

在大都城建立之后，中国古代都城的变迁过程也基本上结束了。元朝实行的大都城与上都城(今内蒙古正蓝旗境内)的并行，明朝实行的北京城与南京城的并行，表面上是两都的并立，而实际上的首都——也就是统治中心，则是元大都和明北京。此后清朝入关，定鼎北京，这里再次成为全国的统治中心。因此可以说，元大都城的建立，为此后明清北京城的确立及发展，起到了至关重要的作用，七百多年来，使这里一直保持着全国统治中心的地位。这种巨大的政治影响，甚至一直延续到今天的北京。

在中国古代，很早就形成了独特的中华文明。而在中华文明中的一个鲜明的特色就是有着严格的等级差异，这种等级差异体现在人们社会生活中的各个方面。例如在城市建筑规模方面，早在先秦时期，人们就提出了：天子所居之城(即都城)"方九里"，诸侯所居之城"方七里"，士大夫所居之城"方五里"。如果诸侯所居之城的规模超过了天子所居之城，就会被视为"僭越"，视为反叛，是不能容忍的。因此，在中国古代的绝大多数朝代中，帝王居住的都城一定是全国规模最大的城市，也一定是全国最重要的城市。

中华民族在几千年的文明发展历程中，像一条浩瀚的大河，不断汇聚着众多生活在不同区域的各个民族，从而使自己逐渐发展壮大起来。因此，民族融合一直是中国古代历史发展中的一条占有重要地位的主线。而这条主线的发展进程，又直接影响到了古代都城建设及变迁的全过程，从而形成了一条鲜明的发展轨迹。

在中国古代的北方辽阔疆域内，有着两大自然区域的差异，即农耕生产区域与游牧生产区域之间的差异，由此而形成了不同的文化差异。生活在北边辽阔的游牧区域中的众多牧民，由不同民族、不同部落所组成，长期处于流动的状态，也就是所谓的"逐水草而居"，哪里有河流、湖泊，哪里有牧草，哪里就是他们生活的地方。因此，他们很少建造固定的城市。而生活在南面辽阔的农耕区域中的广大农民，则处于血缘关系和地缘关系的双重系统中，他们从事生产的依托是被开垦的土地，故而长期处于定居的状态，由此而形成了众多大大小小的村镇与城市。而在这众多城市中，规模最大的一座就是都城。

早在先秦时期，游牧区域的部落民众就与农耕区域的土著民众之间多次发生冲突，往往是因为游牧部落的民众南下侵扰而导致的。有些规模较大的游牧部落的南下，甚至直接影响到农耕区域政局的变化，如西周末年犬戎的南下导致了西周王朝的灭亡。这种游牧部落与农耕王朝之间的冲突一直都没有中断，此后的秦汉王朝与匈奴部落之间，隋唐王朝与突厥部落之间，两宋王朝与契丹、女真部落之间的矛盾冲突，是不同时期历史发展的一条主线。一直到蒙古统治者建立元朝、一统天下，这种矛盾冲突才告一段落。

在两大区域民众之间的冲突过程中，逐渐形成了一条不同区域之间的分界线，其标志就是秦始皇时期开始修筑的长城。长城以北的区域，自然环境是适合于游牧生产的地方；而长城以南的区域，自然环境则是适合于农耕生产的地方。这种自然环境的巨大影响在中国古代是极为明显的。因此，长城以北地区的民众在进入长城以南的地区之后，往往需要放弃游牧生产，改为从事农业生产。而长城以南的民众在进入长城以北的地区之后，也通常需要从事游牧生产。

在中国古代，两大区域间的人员流动是不可避免的，这也就导致了两种不同文化，即农耕文化与游牧文化之间的不断交流，不断融合。例如，游牧民族的领袖在建立少数民族政权之后，开始仿照农耕王朝建立都城的办法，在游牧区域内建造自己的都城。如契丹族统治者建立的辽上京(今内蒙古赤峰境内)、女真族统治者建立的金上京(今黑龙江哈尔滨境内)，以及蒙古族统治者建立的和林城(今蒙古人民共和国境内)，等等，皆是从流动的生活状态向定居的生活状态转变的例证。

这些少数民族政权的都城在发展进程中，又往往出现一个共同的特点，就是逐渐向南迁移，从游牧区域向农耕区域的迁移。辽朝统治者在建立辽上京之后，又陆续设置了辽东京(今辽宁辽阳)、辽南京(今北京)、辽西京(今山西大同)，这些辽朝的陪都与辽上京一起，构成了一个横跨游牧与农耕区域的完整的都城体系。金朝统治者随着历史进程的不断发展，则把自己的首都从位于东北边陲的金上京向南迁移到位于中原农耕地区的金中都(今北京)，而其他陪都大致承袭了辽代的体系，其总的迁移趋势也是由北向南，从游牧区域迁移到农耕区域。

到了元代，仍然显示出同样的都城迁移趋势。大蒙古国时期元太宗窝阔台将都城建立在漠北草原上的和林城，元世祖忽必烈即位后，选择在漠南草原上的开平府建都，并号称元上都(今内蒙古正蓝旗境内)。此后，又在旧中都城东北建造了一座规模宏大的新都城，号称元大都。就在这座都城的建造过程中，元世祖取消大蒙古国的国号，立国号大元，又挥师南下，攻灭南宋，一统天下，使大都城成为全国的首都。这个过程，把中华民族的民族融合进程第一次推上了高峰。

这时建造的元大都城，在体现民族融合发展到一个新高峰的同时，也体现出多元文化相互冲撞、相互融合的发展状态，并且把多元文化的融合也推上了一个前所未有的新高峰。在多元文化的大融合中，农耕文化一直占据着主导地位，成为元大都城中的主流文化。整个大都城的规划布局、城门设置及命名、坛庙及衙署的分布、坊里的数量及命名，等等，皆是以农耕文化代表的儒家思想作为依据的。这种主流思想体现在大都城建设的各个方面。

居于次要地位的，则是游牧文化。在大都城里，凡是与帝王及少数民族贵族相关的生活环境，皆保留了浓郁的游牧文化特色。在大都城里，蒙古帝王生活的主要区域有两处，一处是位于大都城中心位置的皇宫，另一处则是位于大都城郊的柳林行宫。大都城的皇宫是围绕着太液池建造的，宫殿的周围又遍植茂草，表达了游牧文化中"逐水草而居"的生活主题。宫殿里面，在冬季地面铺满毡毯，墙壁挂满兽皮，也是一派浓郁的草原毡帐的生活气氛。而位于城郊的柳林行宫，则是一片辽阔的湿地，每当春季候鸟云集，成为蒙古帝王射猎的最佳场所，而射猎活动乃是游牧民族最喜爱的一项日常活动。

此外，位于漠南草原上的元上都城，是元大都城的一种补充形态。每年春天，元朝帝王率领百官、军队等大批人马从大都城出发，去上都城度夏；每年秋天，他们再从上都城回到大都城过冬。这种行为已经成为一种制度，当时人们称为"两都巡幸"。这种两都的"巡幸"就是农耕文化和游牧文化相互融合的产物，与大都城里大量游牧文化特色结合在一起，显示了元大都城特有的一种城市文化。

除了农耕文化和游牧文化之外，在元大都城建成后，又有多种文化因素传入大都城，并在此相互撞击、不断发展。例如，在元世祖即位不久，位于西部边陲的藏传佛教开始传入大都城，元世祖特别在大都城的重要位置为其建造起寺庙和佛塔，当时建造的藏式佛塔俗称为大白塔，至今仍保留在白塔寺中。而藏传佛教则与中土佛教一起，促进了都城佛教文化的不断发展。元世祖为其设置有宣政院，直接管理全国的佛教和西藏等地的军政事务，西藏地区正式成为我国中央政府直接管辖的一个地方行政区域。

又如，这时的江南道教正一教的宗教领袖受到元世祖召见，来到大都城，并开始从事相关的道教活动。自五代时期石敬瑭割让"燕云十六州"开始，北京地区就与中原王朝脱离了政治关系，受这种割据状态的影响，南北之间的文化交流也出现了人为的阻隔，宗教文化也是如此。江南正一教的北上及其在都城开展宗教活动，使得作为中国一大重要文化派别的道教出现了南北融合。江南的正一教与北方的全真教一起，共同促进了都城道教文化的进一步发展。

在大都城里，又传入了两种重要的域外文化，即基督宗教文化与伊斯兰宗教文化。基督宗教的传入分为两个阶段。第一个阶段是景教的传入。在大蒙古国时期，活跃在西亚一带的基督宗教的一个派别(聂斯托利派，即景教)从西域传入蒙古草原，得到一些部落首领的信奉，并随同他们一起进入中原地区，大都城就成为这种宗教活动的中心之一。第二个阶段是欧洲天主教的传入。到元成宗在位时期，有欧洲教皇派遣的传教士来到大都城，开展宗教活动，并不断扩大其社会影响。这两个基督宗教的教派皆在大都城建造有教堂，发展教徒。但是，随着元朝的灭亡，这两个基督宗教的教派也逐渐消失了。

伊斯兰教的传入时期很早，是随着大蒙古国势力的向南扩张而传入的。早在元太祖铁木真(即成吉思汗)攻占金中都城之后，就在这里设置燕京行省，并把一大批居住在西域的少数民族民众(当时被称为"色目人")迁居到这里。而在这些少数民族民众中，有很大一部分是信仰伊斯兰教的教徒，也就把伊斯兰教文化带到这里，并有了进一步的发展。元朝政府在大都城里设置有回回国子学，以教授盛行在西域等地的波斯文；又设置有回回司天台，用西域的天文历法方式观测天象变化。这些举措都为伊斯兰文化在大都城的发展提供了有力的支持。

由元世祖决定建造的这座大都城，是中国古代历史发展的一个里程碑，也是北京历史发展的一个转折点。从此，北京一直占据着全国统治中心的地位，很少再出现迁移的情况。而且，北京开始成为一座国际大都会，当时世界上的几种最主要的文化形态皆传入这里，并在这里产生了较大影响，以及有了进一步的发展。这是一座伟大的城市，代表了当时整个人类城市发展的一个范例。

目 录

第四章　店铺满闾里 歌舞见昇平

第五章　庙宇烟缭绕 众神汇一城

第六章　都城无琐事 运行有系统

目
录

元

第一章

六街繁华地　唯有帝王居

——元大都城概述

公元十三世纪初，大蒙古国的建立以及不断向南扩张，迫使原来居住在金中都(即今北京)城中的女真族统治者向汴京(今河南开封)迁徙，大批百姓也随之南迁，中都城因此变得突然萧条起来。再加上成吉思汗军队的几次大规模攻掠，中都城的周围地区也已经残破不堪。当成吉思汗的军队占领中都城之后，又在这里大肆烧杀掠夺，遂使这座曾经是华北地区最繁华的都市，失去了昔日的光彩，形同废墟。

这时大蒙古国的政治中心是在漠北的大草原上，而其军事扩张的主要矛头是指向大蒙古国的西面，因此，在黄河以北的华北平原之上，成吉思汗的政权只派出了一支小部队，与金朝的残余势力相互抗衡。成吉思汗大军的统帅木华黎仍然以旧中都城作为华北地区的军事和政务的中心，向四周扩张，并将这座城市称为燕京行省。这时的燕京城在整个大蒙古国的位置虽然还不重要，但是在华北地区却仍是举足轻重的军政中心。

元太宗窝阔台即位后，大蒙古国扩张的主要矛头转移到了中原地区，经过大蒙古国和南宋的联手攻击，1234年，金朝灭亡了。蒙、宋双方随即在沿淮河一线的东西千里战阵上展开对攻战。元宪宗蒙哥率军大举伐宋的行动将这场军事对抗推向了一个高潮，而蒙哥的突然阵亡又完全改变了大蒙古国的发展进程。经过忽必烈与阿里不哥之间的内战，一个新的统治集团从漠南地区产生。

忽必烈即位后，将大蒙古国的政治中心从漠北的蒙古大草原上迁移到了开平府(今内蒙古正蓝旗境内)，并称为上都①。这座城市原来只是联系华北地区和漠北蒙古都城的一个重要的枢纽，与一个

---

① 成吉思汗(即元太祖)在统一蒙古草原各部落后，于1206年建立蒙古国。到元世祖即位后，在至元八年(1271年)建国号为大元。

庞大帝国的政治中心的地位并不相称。在这种情况下，经过较长时间的周密考虑，元世祖忽必烈终于确定将燕京城作为新的统治中心。于是，北京城市的发展历程，进入了一个新的更高的阶段。

元世祖忽必烈在即位后，仍然积极向南方扩张帝国的势力，燕京城作为整个帝国的统治中心，被改称为大都。由于旧的燕京城已经没有了新开辟宫殿区的地方，于是忽必烈在燕京城的东北面再建新都城，这在中国历史上也是极为壮观的一项举措。新建成的大都城很快就变成了一座繁华的都会，其居民人口之众多，城市经济之发达，各种文化之混杂，不仅在中国屈指可数，而且在当时的世界诸多名城之中也是名列前茅的。

大都城的兴建，以及元世祖忽必烈将大蒙古国改称大元，标志着蒙古少数民族统治者对中国传统文化的认同，当然，也表明了北方少数民族的游牧文化与中原汉族民众的农耕文化的融合已经进入了一个新的阶段。此后不久，元朝军队攻占了南宋都城临安(今浙江杭州)，又陆续扫清了江南各地的南宋残余势力，全国在历经了从唐末五代以来长期的分裂以后，再次出现了政治上的大一统局面。

元大都城的建立，在北京城市发展史上，占有重要的地位。第一，这是少数民族统一全国的政权首次在中原地区设立统治中心。在此之前，还没有少数民族政权统一全国的先例。第二，这个统治中心的城市布局完全是按照古代儒家的建都理论修造出来的，体现了中央政府大一统的政治思想。第三，这一时期发达的交通运输功能给大都城市经济的发展和繁荣提供了良好的物质基础。换言之，正是在全国雄厚的物资供应源源不绝的情况下，才会有大都城市经济的繁荣发展。

在大都新城的城市建设方面，元朝政府也给后来的明、清政府打下了一个坚实的基础。作为都城核心建筑的皇宫，虽然在明代初年遭到严重破坏，但是，明成祖在重新确定北京的统治地位之时，所修建的皇宫仍然是以元朝的宫殿为其基础。而许多元朝的官僚衙署，也都很自然地变成了明朝的衙署。至于那些寺庙、道观等宗教建筑，就具有更多的延续性。而作为城市主体框架的城门和城墙、街道、坊巷、桥梁等，也都基本上维持了原貌。

在元朝的大都城，又与漠南草原上的上都城有着极为密切的联系。或者说，二者共同构成了一个范围更大的统治中心。元朝统治者每年春天从大都城前往上都城度夏，到了秋天再返回大都城过冬，这种状况，年复一年，很少例外。只是到了元代末年农民起义军火烧上都城之后，这个惯例才被迫取消。这个现象，在中国历史上，乃至城市发展史上，皆是一个奇特的政治现象。

本卷拟就元代大都城市的兴建、发展以及不断繁荣完善的过程，给予简要的叙述，并力求能够揭示其中的一些历史规律和总结宝贵的历史经验，希望能对今天北京城市的发展提供一些有益的帮助。

一、拔地而起的新都城

元太祖十年(1215 年)，成吉思汗的军队经过三次大规模的军事进攻，终于占领了华北平原上最坚固的城市——金中都城。蒙古族士兵在城里大肆掠夺，搜刮民财，抢夺到大量的钱财、牲畜等物品，连同金朝统治者没有来得及运走的财宝，一齐带回到蒙古大草原去[①]，

---

① 据《元史》卷一《太祖纪》记载，在元太祖十年(1215 年)六月，成吉思汗的军队攻占金中都城之后，元太祖铁木真即"遣忽都忽等籍中都帑藏"。也就是把那些金朝统治者南逃时没有来得及运走的财宝加以清理，然后运往漠北草原。

使这座本来就已经伤痕累累的城市更加残破不堪。特别是当年金海陵王耗费巨资修建的皇宫、苑囿，在兵焚之后面目全非，只剩下断壁残垣，供游人凭吊①。

元太祖铁木真在出兵攻打金朝的同时，还不断出兵向大蒙古国西面各国发动进攻。此后不久，又连续向西夏、花刺子模国等发起冲击。这时大蒙古国将旧中都城改称为燕京行省，并派遣大将木华黎以此地为中心，向四周逐渐扩张。这一时期的燕京城，只是大蒙古国的一个重要军事据点。而大蒙古国的统治者由于受到游牧文化的局限性的影响，还没有认识到都城作为一个国家政治中心的重要作用，所以也就没有营建都城的政治举措。

元太宗窝阔台即位后，由于契丹族大臣耶律楚材的帮助，开始对中国传统的农耕文化有了更多的了解与认同，在政治方面也相应采取了一些重要措施，如营建都城、设立官制、订立赋税征收办法，等等②。这一时期，由于大蒙古国的扩张方向又转向了中原地区，因此燕京行省的政治、军事地位有所提高，窝阔台的政权派出的掌

---

① 金元之际，大诗人元好问曾到旧中都城，凭吊残破宫阙，并写下"出都"诗二首，以述其亲见之状。其诗一曰："汉宫曾动伯鸾歌，事去英雄可奈何。但见觚稜上金爵，岂知荆棘卧铜驼。"其诗二曰："历历兴亡败局棋，登临疑梦复疑非。从教尽划琼华了，留在西山尽泪垂。"其二有诗末注文曰："寿宁宫有琼华岛，绝顶广寒殿近为黄冠辈所撤。"寿宁宫的琼华岛，今为北海公园，黄冠辈指全真教道士。是时，全真教道士丘处机西行拜谒成吉思汗后回到燕京，成吉思汗特赐琼华岛以供其作为修行之所。诗载《遗山文集》(四部丛刊本)卷十。

② 据《元史》卷二《太宗纪》记载，窝阔台在即大汗之位以后，"始立朝仪，皇族尊属皆拜。颁大札撒"。此后不久，"始置仓廪，立驿传。命河北汉民以户计，出赋调，耶律楚材主之；西域人以丁计，出赋调，麻合没的滑剌西迷主之"。即位数年之后，又"始立中书省，改侍从官名"。"城和林，作万安宫"。等等，各种制度由此大致完备。

管中原地区军政大事的断事官，就坐镇燕京①。

这时的燕京城，还是整个华北地区的一个文化中心。大蒙古国新创建的国子学就设置在这里，窝阔台政权派遣一批贵族子弟在这里学习汉族的传统文化②。大蒙古国的政府官员杨惟中在管理国子学的同时，又创办了一所书院，聘请名儒赵复传授程朱理学，使之成为当时整个北方地区最重要的学术中心之一③。

元宪宗蒙哥即位前后，大蒙古国大致分为三个部分：一部分是大蒙古国的大草原地区，也是国家的"根本重地"，其中心乃是大蒙古国的都城和林。另一部分是大蒙古国西征之后在中亚一带所建立的几个汗国。它们虽然是大蒙古国的一部分，但是与大蒙古国的联系并不是十分密切，大多是各自为政，各有各的统治中心。第三部分，则是长城以南的中原地区。经过元太祖、元太宗的多年扩张，大蒙古国的势力范围已经延伸到淮河流域一带，直接与南宋为邻。而这一大块地区，在大蒙古国内的地位变得越来越重要。

为了便于对中原地区的统治，元宪宗蒙哥派遣他的弟弟宗王忽

---

① 在大蒙古国时期,大蒙古国在中原地区陆续派出一些断事官(蒙语称为"札鲁忽赤"),主要负责司法工作。但是,这些断事官由于得到大蒙古国的宠信,其权力非常大,几乎无所不管。而这些驻扎在燕京的断事官,得以管理整个中原地区的军政诸事务。先后担任大断事官的有赛典赤·赡思丁、布鲁海牙、忽都虎、月里麻思、牙剌瓦赤等人。

② 大蒙古国在燕京设立国子学,始于元太宗五年(1233 年),岁次癸巳,故而当时被俗称为"蛇儿年"。在燕京城的孔庙,曾有元定宗四年(1249 年)所立圣旨(白话)碑。据《析津志辑佚》(北图善本组辑本)一书"学校"门所载:"太宗五年癸巳,初立四教读,以蒙古子弟令学汉人文字,仍以燕京夫子庙为国学。"因为当时的国子学是由全真教道士冯志亨、李志常等人主持其事,故而"圣旨碑"也是由道士刻碑立石的。

③ 杨惟中在耶律楚材死后,继任中书令一职,于是,从元太宗十二年(1240年)开始,在燕京创建了著名的太极书院,并聘请燕京的儒学大师赵复等人在此大力宣扬程颢、程颐、朱熹等宋儒的学说。史称:"北方知有程、朱之学,自复始。"(见《元史》卷一百八十九《儒学传》)

必烈专门负责这一地区的军政事务。这样，在中原地区实际上就产生了两个政治中心。一个政治中心仍然是蒙古大汗派驻中原地区的最高官员——大断事官驻地，这些官员也仍以燕京为其设衙之处。另一个政治中心就是蒙古大汗的弟弟宗王忽必烈驻地，他为了便于和蒙古大汗的联系，于是在漠南草原上新创建了一处城池，作为藩邸，也就是后来的元上都开平府①。

从地理位置来看，开平府正好处于蒙古都城和林城与中原地区的燕京城之间，是联系双方的最佳位置。从政治关系来看，它也处于一个中介的位置。一方面，是燕京的大断事官与蒙古大汗之间的直接从属关系；另一方面，则是忽必烈与大断事官的并列关系，也从属于蒙古大汗。而忽必烈虽然能够直接指挥中原地区的各级地方官员，却无形中要受到大断事官的牵制。也就是说，在政治上，燕京城与开平府的地位是同样重要的，都是管理中原地区军政事务的中心。

元宪宗蒙哥在伐宋战争中突然阵亡，极大地改变了大蒙古国的政治格局。负责留守大蒙古国都城和林的宗王阿里不哥(忽必烈的弟弟)与随军出征的宗王忽必烈之间，为了争夺大汗的统治权，展开了殊死搏杀。这时的两个政治中心，一个是原有的大蒙古国都城和林，是被阿里不哥占据着；另一个则是忽必烈的藩府开平，忽必烈即位后称为上都②。

双方相互拼搏的结果，是忽必烈战胜了阿里不哥。但是，忽必烈并没有在获胜之后将都城北迁到和林，而是将和林的都城地位取消，仍以上都开平府作为整个帝国的统治中心。这个结果，是符合

① 据《元史》卷四《世祖纪》记载，元宪宗六年(1256年)三月，忽必烈"命僧子聪卜地于桓州东、滦水北，城开平府，经营宫室"。此处所云僧子聪，即忽必烈的谋士刘秉忠。

② 忽必烈营建开平府，最初只是宗王的藩府，而没有作为都城。当元宪宗死后，大蒙古国都城和林被幼弟阿里不哥占据，忽必烈只能以开平府作为其统治中心。此后，当另选燕京为都城之后，遂升开平府为上都。而这时阿里不哥也已经战败投降。于是，忽必烈废去和林的都城地位，将其降为行省。

大蒙古国不断向南扩张的军事发展趋势的，也是符合元世祖忽必烈要大一统天下的政治抱负的。

但是，元上都开平府在建立之初只是一个联系枢纽，如果作为整个帝国的统治中心，在许多方面的条件还是不具备的。因此，当忽必烈战胜了阿里不哥，巩固了自己的统治之后，开始为新的都城选择地方。忽必烈的许多部下，都有一个共识，就是认为新都城的最佳位置只能是燕京①。

然而，燕京城从被元太祖铁木真占有到元世祖忽必烈即位，已经历时半个世纪，城市面貌发生了巨大的变化。原来在城里占据显耀位置的皇宫和苑囿，已经都变成了百姓的住宅，被划分为 62 个坊②。如果还要在燕京城里兴建皇宫，就必须拆毁大量的民居，破

---

① 在中国古代，一个封建王朝在选择都城的位置之时，"形胜"的观念，或者称为"王气"的观念，其影响是非常大的。燕京作为都城的理想位置，是历来许多人的共识。据清人朱彝尊《日下旧闻》所引《朱子语类》，指出燕京"前则黄河环绕，泰山耸左为龙，华山耸右为虎，嵩为前案，淮南诸山为第二重案，江南五岭诸山为第三重案。故古今建都之地莫过于冀"。这是宋朝人的见解。金朝人梁襄论曰："燕都地处雄要，北倚山险，南压区夏，若坐堂隍，俯视庭宇。燕盖京都之选首也。"这是金朝人的见解(见《金史·梁襄传》)。元朝人则认为："幽燕之地，龙蟠虎踞，形势雄伟，南控江淮，北连朔漠。且天子必居中以受四方朝觐。"(见《元史·霸突鲁传》)霸突鲁为少数民族人士，其见解与中原汉族政治家相同，由此可见这种燕京为都城首选之地的共识，其影响是相当广泛的。

② 旧城 62 个坊的名称，据《元一统志》(赵万里先生辑本)所载，有：1. 西开阳坊，2. 南开远坊，3. 北开远坊，4. 清平坊，5. 美俗坊，6. 广源坊，7. 广乐坊，8. 西曲河坊，9. 宜中坊，10. 南永平坊，11. 北永平坊，12. 北揖楼坊，13. 南揖楼坊，14. 西县西坊，15. 棠阴坊，16. 蓟宾坊，17. 永乐坊，18. 西甘泉坊，19. 东甘泉坊，20. 衣锦坊，21. 延庆坊，22. 广阳坊，23. 显忠坊，24. 归厚坊，25. 常宁坊，26. 常清坊，27. 西孝慈坊，28. 东孝慈坊，29. 玉田坊，30. 定功坊，31. 辛市坊，32. 会仙坊，33. 时和坊，34. 奉先坊，35. 富义坊，36. 来远坊，37. 通乐坊，38. 亲仁坊，39. 招商坊，40. 余庆坊，41. 郁邻坊，42. 通和坊，43. 东曲河坊，44. 东开阳坊，45. 咸宁坊，46. 东县西坊，47. 石幢前坊，48. 铜马坊，49. 南蓟宁坊，50. 北蓟宁坊，51. 啄木坊，52. 康乐坊，53. 齐礼坊，54. 为美坊，55. 南卢龙坊，56. 北卢龙坊，57. 安仁坊，58. 铁牛坊，59. 敬客坊，60. 南春台坊，61. 北春台坊，62. 仙露坊。

坏整个城市的现有格局。

显然，拆毁大量民居，再重新兴建新的皇宫和苑囿，其工作量之大，是远远超过了在一块空地上动工兴建的工作，而浪费掉的人力财力更是不可胜数。特别是，在元太祖末年，燕京城发生了一次大地震，皇宫及其周围的皇家园林遭到严重破坏，已经不可能恢复到原来的面貌。①在这种情况下，元朝统治者决定，重新选址，另建新城。

在旧燕京城的东北面，金朝统治者曾经修建了一座规模较大的行宫，称为万宁宫②，以供其四时游乐之用。在金朝末年大蒙古国军队攻打金中都城时，这里的破坏程度比较轻。因此，元世祖忽必烈在即位前后，每次到燕京来，大多数情况下都是驻扎在这里。③由此可见，这里的环境还是很好的。

在中统元年(1260年)元世祖忽必烈即位后，为了与漠北的幼弟阿里不哥争夺皇位，还无暇顾及宫殿的建设，只是在中统二年(1261年)的十二月设置了宫殿府，"专职营缮"④，虽然有了主持土木工程的政府机构，也只不过是为了修缮燕京旧城的相关建筑物。而对整个都城的规划设计，则应在筹划之中。

---

① 据《元史》卷二百二《释老传》记载，丁亥年(1227年)六月，丘处机在琼华岛修道，"浴于东溪，越二日，天大雷雨，太液池岸北水入东湖，声闻数里，鱼鳖尽去，池遂涸，而北口高岸亦崩"。此次地震之事，亦可参阅丘处机弟子李志常所撰《长春真人西游记》卷下，载其事尤详。

② 据《金史·地理志》(中华书局点校本)"中都路"条载："京城北离宫有太宁宫，大定十九年建，后更为寿宁，又更为寿安，明昌二年更为万宁宫。"

③ 据《元史》卷四《世祖纪》记载，元宪宗九年(1259年)，元世祖伐宋回师，"是冬，驻燕京近郊"。中统元年(1260年)十二月，元世祖伐阿里不哥回师，"帝至自和林，驻跸燕京近郊"。就都是住在万宁宫。

④ 见《元史》卷四《世祖纪》。

在忽必烈与阿里不哥争夺皇位的斗争中，驻守大蒙古国都城和林的许多蒙古族贵族都是支持阿里不哥的，并且对于忽必烈任用诸多汉族大臣为幕僚的做法很不满意。因此，忽必烈要想重回和林、再以之作为政治中心，显然也是比较困难的。而上都不论从城市规模、交通状况、经济繁荣程度等各方面来看，也都不具备作为一个大国都城的实力。忽必烈把它作为都城，只具有一种政治上的象征意义。

忽必烈在征讨阿里不哥的战争尚未结束时，又发生了山东军阀李璮的叛乱。这两场战争延缓了燕京新都城的兴建进程，也延续了上都城的政治中心的作用。非常幸运的是，在这两场战争中，忽必烈都取得了胜利。中原地区和蒙古草原地区的政治局势得到稳定。于是，新都城的营建工作被再次提到议事日程上来。

在此，主要有三项大事必须确定。其一，新都城的地点选在哪里？其二，新都城的规模到底有多大？其三，新都城的营建模式应该怎样设定？只有在这三项大事确定之后，才能够开始土木工程建设。

对于第一件事而言，从当时的客观条件来看，在中原地区和草原地区没有任何一座城市可以和燕京城的优越环境相抗衡，因此，这里自然成为营建都城的首选城市。所要选择的，只是在原来的城市里营建皇宫，还是在新的空旷地方营建都城。显然，经过选择，在空旷地方营建都城的意见得到赞同。

对于第二件事而言，主要考虑的有以下几项因素：首先，是要受到财力的限制。作为封建帝王，主观上当然希望都城建设得规模越宏大越好。但是，政府所能调动的人力、物力资源却要受到客观限制，不可能无限扩张。其次，都城的建设，还要受到都城所在地的地理环境的限制，如山脉、河流、地势等因素，都会产生重要影响。

对于第三件事而言，其不确定的因素就比较多了。对于一座新建的都城，自然可以不受原来旧城的限制，其可塑性也最大。从其可供模仿的都城样式来看，也有几种：一种是金中都原来的皇宫样式，虽然已经残破不堪，其大致模样还是依稀可辨的。另一种是宋朝旧汴京的宫殿样式，也是可供参考的一个重要因素。但是，主持新都城营建策划的谋臣刘秉忠却选择了更为古老的样式，即以儒家典籍《周礼》中所述的都城营建模式为蓝本。在这个蓝本中，突出中轴线和左右对称的原则得到了充分的体现。

据有些历史文献记载，新都城的营建工程，始于至元四年(1267年)正月①。但是，实际的营建工程却要早得多，这一点，在许多方面都有所显示。如相关机构的设立时间，相关建筑的营建时间，等等。

要营建大规模的建筑群体，必要的组织和管理机构的设立是明显的标志。在营建新都城的过程中，自中统二年(1261年)设立宫殿府之后，其他的相关机构也陆续设立。如宫殿府下辖的修内司所属的大木局，就是在同一年设立的。而在翌年设立的养种园，其职责乃是"掌西山淘煤、羊山烧造黑白木炭，以供修建之用"②。

到了中统四年(1263年)，有更多的机构被设置。如修内司所属的小木局、泥厦局、妆钉局、铜局、竹作局等；祗应司所属的器物局、铁局、减铁局、网局、旋局、刀子局、银局等；大都四窑场中的南窑场和琉璃局，等等，就都是在这一年设立的。

与之相对应的，是大都城周边地区有关衙署的设立。同在中统

---

① 见《元史》卷六《世祖纪》记载，至元四年正月，"立提点宫城所"。"城大都"。

② 见《元史》卷九十《百官志》。

四年(1263年)设立的有：真定路(在今河北省)、东平路管匠官(在今山东省)，保定路(在今河北省)、宣德府(在今河北省)管匠官，大名路(在今河南省)管匠官，以及晋宁、冀宁、大同、河间四路(在今山西、河北省)管匠官。这些管匠官衙署，直接隶属于宫殿府，是专门调集各地工匠为营建新都城服务的。

为了确定新都城的具体位置和其规模的大小，刘秉忠等谋臣对旧燕京城周围的地区进行了详细的考察和丈量工作，并在此基础上，绘制了营建新都城的蓝图。新的都城是在旧燕京城的东北方，以金朝行宫万宁宫为中心而设计的。全城的中轴线是在万宁宫的东面，为了使皇城处于整个都城的中心偏南的位置，刘秉忠等人特别在新都城的中央设置了"中心之台"的坐标。这一做法在中国的都城建设史上，堪为一项创举。

经过现代有关专家的勘测和研究认证，元代大都城四面的城墙到"中心之台"的距离，是大致均衡的。因为整个大都城是呈南北略长的矩形，所以只能说，南面城墙到"中心之台"的距离略同于北面城墙，而东面城墙到"中心之台"的距离，略短于西面城墙。这是因为东城墙外有一片地势低洼，不宜于筑墙，而西面城墙又要把海子(今积水潭)包容在内，所以两边的距离略有偏差。

在经过相关机构的设立，以及新都城的位置测量和规划之后，到至元四年(1267年)，大规模的营建工程正式动工了。如果我们客观地来看，从中统四年(1263年)开始的各项准备工作，都是营建工程的有机组成部分，而且是非常重要的一部分。从这个角度来看，我们可以说，大都新城的营建工程，其开始的时间，最迟也应该从中统四年(1263年)算起。

此后，新都城的营建工作进展十分顺利。从至元四年(1267年)

营建宫城开始，到至元十一年(1274年)宫城初具规模，再到至元二十年(1283年)整个大都新城的城墙、城门营建完毕。这时，主要官僚机构的衙署也已修建完毕，于是，元朝统治者下令："徙旧城市肆、局院、税务皆入大都。"①两年以后，元朝统治者又下令，命原来居住在燕京旧城内的居民也迁移到新城里面来。

就在元朝统治者调集大批中原地区的民众营建新都城的过程中，整个中国的政治局势也发生了翻天覆地的变化。就在至元十一年(1274年)，忽必烈在新建成的宫殿里受到百官朝贺不久，宋元之间的长期军事对抗的平衡局势被打破了。元朝军队在其统帅伯颜的带领下，以襄阳(今湖北襄樊境内)为突破口，沿长江东进，向宋朝的都城临安发动了最后的总攻。而到了至元二十年(1283年)，当大都新城的各项城市功能全面启用的时候，南宋的残余抵抗势力已经遭到了毁灭性的打击，全国一统的局面也已定局。

二、左祖右社拱琼华

经过二十余年的筹划和营建，一座宏伟壮丽的大都城耸立在了华北平原之上。这座新都城的出现，体现了多层深刻的内涵。首先，它在中国的都城发展史上第一次充分体现了经典的儒家营建都城的理想，所有的都城主体建筑，如皇城、太庙、社稷坛等，都是预先就设定了方位。其他的重要官僚衙署，也是如此。

皇城设定在都城正中偏南的位置上，完全是为了突出其至高无上的政治地位。由此表明，作为全城的核心建筑，其他的建筑都要

---

① 见《元史》卷十二《世祖纪》。

围绕着皇城来设置，也就必须处在附属的位置上。正如帝王是整个国家的核心一样，所有的大臣、军队和民众，都要围绕在他的周围，作为他的附庸，并竭诚为其服务。

皇城两边的位置也很重要，于是，相对应地设置了两组政治意义十分重要的建筑。一组是太庙，另一组是社稷坛。蒙古少数民族民众在进入中原地区之前，祭祖的观念显然不如汉族民众深刻，因此也没有类似于太庙的设置。在进入中原地区之后，受到汉族文化的熏陶，接受了许多重要的观念，太庙的设置，就是"汉化"的结果。蒙古族统治者在推崇"祭祖"观念的同时，既突出了祖先们的"功绩"，也使得汉族民众有了更多的同化感。

社稷坛的设置，也具有十分深刻的意义。蒙古少数民族民众在进入中原地区之前，是以游牧生产为其主要的生活方式，而辅之以狩猎活动，对于农业耕作是较为陌生的。而中原地区的汉族民众，是以农业耕作为其主要的生活方式，也就是其立国的根本所在。而社稷坛的设置，乃是中原民众祭祀农业神灵的地方，也就代表着国家的神灵。蒙古族统治者在认同社稷神灵的重要地位的同时，也就认同了农业耕作的生活方式是国家的最主要的生活方式。

"尊祖"和"重农"是中原王朝自古以来早已形成的重要政治观念，也已经得到了广大汉族民众的认同。作为蒙古少数民族的杰出政治家忽必烈，他能够听从幕僚刘秉忠等人的建议，在城市建设中突出这两个政治主题，是很有远见的做法。他在认同汉族传统文化的同时，也就得到了广大汉族民众的政治认同。

其次，在新建的都城体系当中，设计规划者又突出了阴阳五行学说与儒家学说的结合。这种现象的出现，是对先秦至汉唐时期的一种学术回归。在先秦时期，儒家学说起源于齐鲁文化圈，而阴阳五行学说则起源于燕赵文化圈。到了汉代，经过儒学大师董仲舒的提倡，使二者相互结合，宣扬"君权神授"，得到统治者的扶持，遂成显学，在学术界立于独尊的地位。

到了宋代，程朱理学对汉唐儒学进行了一次"革命"，取而代之，成为新的显学，在中原和江南地区的学术界，其地位日益显赫。而在北方地区，与宋朝对峙的辽金王朝，其学术传承受程朱理学的影响相对要少一些，而汉唐时期儒学的传统影响保留的时间也就长一些。负责新都城规划设计的刘秉忠等人，其学术传承也带有这种特色，因此出现了学术回归的现象。

刘秉忠等人把自己对儒家学说的理解付诸都城的规划，他们认为，都城的规划，应该充分体现出"天象"的布局，都城各主体建筑都是"天象"的反映。据此，刘秉忠等人在设定主要政府衙署的时候，皆以"天象"为依据。如主持国家大政的中书省(略同于现在的国务院)，其位置是在皇城北面的凤池坊，"以城制地，分纪于紫微垣之次"①。当然，皇城所处的位置，是在紫微垣，所以又被人们俗称为"紫禁城"。

与中书省具有同样重要地位的官僚机构为枢密院(略同于现在的军委或是国防部)和御史台(略同于现在的监察部)。枢密院因为是负责军事行动的机构，因此，其衙署被设置在东华门东边的保大坊，若以"天象"推算，则"在武曲星之次"②。御史台是负责监察的机构，因此，其衙署被设置在都城西北方的肃清门内，若以"天象"推算，则"在左右执法天门上"③。

这些重要衙署的设置虽然切合于"天象"，却并不切合实际工作的需要。于是，在经过一段时间的磨合之后，元朝政府做出了新

①②③ 见《析津志辑佚》"朝堂公宇门"。

的调整。枢密院因为是在东华门外，与皇城的联系十分便捷，也就没有再挪动。而中书省和御史台的衙署离皇城较远，给日常工作带来许多不便，于是陆续被挪到了皇城附近。中书省被安置在了近邻皇城东南面的五云坊，御史台则被安置在了哈达门内的澄清坊。

在皇城和政府衙署等主要建筑之外，则是各级政府官员和百姓的住宅。元朝政府规定，不管是谁，只要在新都城内定居，其宅基地的面积不得超过八亩。这个规定并没有考虑"人人平等"的原则，而是出于对城市整体规划的需要。只有每所住宅的面积大致相等，才能够保证城市中主要街道和胡同的垂直平行和整齐划一。这种整齐划一，也是皇权至高无上的一种表现形式。

在新建的都城里，共修建了十一座城门。对这个数字的出现，后世学者有不同的见解。因为从城市建设的延续性方面来看，出现这种情况是比较特殊的。从汉唐时期的幽州城到辽代的南京城，城市只有八座城门，东南西北每面两门。到了金代，金海陵王扩建都城，于是将城门增为十二座，每面三座。只是在金世宗到金章宗时，为了出行的方便，又在中都城东北角另开辟一座城门，遂成十三门之制。

如果按照延续性的惯例，元朝新建的大都城也应该是八座城门或是十二座城门，平均每面两门到三门。但是，新都城的东南西三面皆为三门，北面却只有两座城门，这种做法显然不同于惯例。对于这种做法，历史文献没有给出确切的解释，只有一些蛛丝马迹让人品味①。我们不妨推定，既然城里的许多主要建筑是暗合于"天象"，那么，北面城门只有两座也是暗合于"天象"的结果。

---

① 请参考陈高华先生《元大都》一书的相关内容。

在新建的都城内，基本的管理单位是"坊"，又被称为"里"。据当时的文献记载，共有 50 个，"以大衍之数成之"①。而见于元代官修的《元一统志》所载之坊名，只有 49 个②。这些"坊"虽然仍有坊门，坊里的管理机构也很健全，但是，由于高大而封闭的坊墙已经被废除了，因此整个城市就变成了开放型的格局。这种开放型的城市格局，则是对宋朝都城汴京(今河南开封)模式的一种继承。

与新的大都城关系最为密切的城市有两个，一个是燕京旧城，另一个是元上都城。在大都的新城没有建好之前，旧燕京城是整个北方地区的政治和文化中心。它的地位与元上都并列，在政治上和军事上的重要作用，是其他任何一座城市都无法与之相比的。其城市规模之宏大，冠绝北方。旧燕京城共有 62 个坊③，其中的一些坊名，是沿用辽金以来燕京城的旧坊名，但也有一些新坊名，是元朝后起的名。

若通计之，大都新、旧两城共有坊名 111 个，但实际上的坊里

---

① 见《析津志辑佚》"城池街市门"。

② 据赵万里先生辑本《元一统志》所载的坊名，有：1. 福田坊，2. 阜财坊，3. 金城坊，4. 玉铉坊，5. 保大坊，6. 灵椿坊，7. 丹桂坊，8. 明时坊，9. 凤池坊，10. 安富坊，11. 怀远坊，12. 太平坊，13. 大同坊，14. 文德坊，15. 金台坊，16. 穆清坊，17. 五福坊，18. 泰亨坊，19. 八政坊，20. 时雍坊，21. 乾宁坊，22. 咸宁坊，23. 同乐坊，24. 寿域坊，25. 宜民坊，26. 析津坊，27. 康衢坊，28. 进贤坊，29. 嘉会坊，30. 平在坊，31. 和宁坊，32. 智乐坊，33. 邻德坊，34. 有庆坊，35. 清远坊，36. 日中坊，37. 寅宾坊，38. 西成坊，39. 由义坊，40. 居仁坊，41. 睦亲坊，42. 仁寿坊，43. 万宝坊，44. 豫顺坊，45. 甘棠坊，46. 五云坊，47. 湛露坊，48. 乐善坊，49. 澄清坊。

③ 其坊名之详，参见本书第 8 页注②所引《元一统志》之文。

数却没有这么多。当旧城 62 个坊都住满居民的时候，新城的 49 个坊是空的。当人们从旧城迁到新城居住之后，新城的 49 个坊满了，而旧城的 62 个坊中的大多数又变成了空的。二者是不能累计叠加的，而只能是一种转换的关系。据有关的元代文献记载，在新、旧两城经过转换之后，旧城中的大部分居民都迁到了新城居住，留在旧城中的只是一小部分居民。

随着时间的推移，旧燕京城的各种建筑逐渐破败，作为民居区划的坊里数也迅速减少。到了元代中期，旧燕京城中只有二十余个坊了，新、旧两城合计，共有坊里七十余个。当新的大都城取代了旧的燕京城之后，在有些方面是一种完全的替代，如都城的主体建筑皇宫、坛庙、衙署、王府等。但是在另一些方面，确又只能是部分的替代，如寺院、道观、私家园林、名胜古迹等。

因此，若是从城市的实用功能的角度来看，大都城基本上取代了旧燕京城的各项主要功能。若是从城市文化发展的角度来看，新大都城与旧燕京城共同构成了一个文化整体，其所具有的完整性又是不容分割的。许多元朝的达官贵人，既在新都城中建造有豪华的住宅，又在旧燕京城里保留有雅致的私家园林。这种不容分割的特性还表现在其他的许多方面。

大都城与上都城的地理距离虽然比较远，但是在政治上的密切联系，则是其他任何一个城市都无法相比的。元朝统治者出身于北方游牧少数民族，从而对前代的少数民族政权的典制有着较多的承继关系。都城制度就是其中的一项主要内容。

辽朝的契丹少数民族统治者亦为游牧民族，一年四季随着气候的变化而驻扎在不同的地方，称为"四时捺钵"。这种"捺钵"

习俗的不断扩大，就延伸为五京制度①。此后，金朝的女真族统治者沿用辽朝旧制，也设立了五京②。这时的五京制度之中，除了只有一个城市是都城(辽代的上京和金代的中都)之外，其他的陪都只不过是一个个地方区域内的中心城市而已，与汉唐时期的两京(长安与洛阳)制度有着本质的不同。

到了元代，元朝政府所制定的两京制度，与辽金时期的多京制度不同，却与汉唐时期的两京制度极为相近，当然也有一些差异。元朝统治者在这两个都城中都设置了主要的机构，建造了相同功能的建筑。如大都和上都就都建造有皇宫，都设置有省、院、台和留守司等只有都城才有的官僚机构。每年的春天，元朝统治者连同百官僚佐都要从大都城赶往上都城。到了秋天，再从上都城赶回大都城。

这样，两座城市在不断变换着行使其都城的功能。夏天，元朝的统治中心在上都城，而到了冬天，统治中心又移回到大都城。这

---

① 辽代的五京制度，有一个形成的过程。辽太祖神册三年(918年)，命汉族大臣康默记充版筑使，兴建都城，称为皇都，这是辽朝最早的都城，其地位于今内蒙古巴林左旗。辽太宗时，于天显三年(928年)，将东平府升为南京，这是辽朝的第二座都城，其地位于今辽宁辽阳。及会同元年(938年)，辽朝得到燕云十六州，辽太宗根据政治局势的变化，又将都城加以调整，始立三京。皇都改称辽上京，南京改称辽东京，又升幽州(今北京)为辽南京。此后，辽太宗又在大同元年(947年)升镇州(又称可敦城)为中京，于是，辽朝有了四座都城。到辽景宗乾亨年间(979—983年)，又设有辽西京(其地不详)，于是辽朝有了五座都城。到辽圣宗时，又在七金山修筑城市，称为中京大定府(今辽宁宁城西)，遂取代了镇州的地位。到辽兴宗时，又于重熙十三年(1044年)改云州(今山西大同)为西京大同府。辽代的五京制度，至此基本定型。

② 金朝的首都最初是上京会宁府(在今黑龙江省阿城南)，后改为金中都大兴府(今北京市)。其他为：东京辽阳府(在今辽宁省辽阳)、西京大同府(在今山西省大同)、南京开封府(在今河南开封)、北京大定府(在今内蒙古自治区宁城西)。金海陵王定鼎中都城时，曾废去上京会宁府。到金世宗时，恢复金上京，遂为一都五京，合计六处都城。

种不断变换着的行为，是元朝都城制度所特有的一种现象，这是和其文化内涵相一致的。元朝的建立及其统一中国的过程，从政治上来讲就是一次民族大融合的过程；从文化上来讲，则是农耕文化与游牧文化之间的大融合的过程。

这种大融合的结果，也就产生了大都城与上都城的并存局面。北方大草原始终是蒙古族统治者的立国"根本重地"，而中原地区又是整个国家的统治中心，是另一个"根本重地"。江南地区虽然十分辽阔，又极为富庶，文化也很发达，但是在政治上的影响却是微不足道的。这种奇怪的现象，也是元朝特有的。在两个"根本重地"上建立两个统治中心，并将其合而为一，是顺应了当时政治局势发展的必然趋势的。

大都新城内的皇家园林，在经过精心营造之后，也堪称中国古典园林的代表作。从形制上来讲，带有明显模仿金代皇家园林的痕迹。首先，它本身就是金朝皇家园林的主要代表之一，有湖有山，山水相衬托，形成自然美景。其次，它的主体部分的名称与旧金"西苑"的园林有许多重名之处。如湖水都被称为"太液池"，湖上的岛都被称为"琼华岛"，岛上的主体建筑都被称为"广寒殿"，等等。这些现象，也是明显的文化传承现象。

在新建的大都城内，最能体现不同派系的多元文化的建筑，当属宗教建筑。当然，我们今天所能见到的元代建筑已经寥寥无几了，但是在文献记载当中，还是有些踪迹可寻的。在大都城里，最盛行的宗教是佛教。而在佛教各宗派之中，最有政治权势的当属藏传佛教(俗称喇嘛教)。因此，藏传佛教的寺院也就修建得最为宏丽。我们今天所能见到的白塔寺的大白塔，就是元代寺院建筑的典范。

与佛教并立的宗教是道教。因此，大都城内外的道观数量也很多，规模也很宏大。我们今天所能见到的白云观和朝外东岳庙，就都是元代道士们修建的。佛教和道教(藏传佛教除外)在元代都已经"汉化"了，因此，它们也可以作为汉族文化的建筑代表。而藏传佛教带有明显的异域文化特色，给大都城的多元文化增添了亮丽的异彩。

基督教和伊斯兰教则是在大都城新兴起的宗教派别。由于少数民族人士在元代的特殊优越地位，使其教堂也大多修建在皇宫的附近。当时在大都城里活动的基督教教派，分为正宗的罗马教派与非正宗的景教教派。不同的教派分别建有各自的教堂，各自开展传教活动。其建筑今已不可得见，但在当时的宏大壮丽，是有目共睹的。伊斯兰教的教堂，在当时的大都城里也很有名。这些外来宗教的建筑，也给大都城的建筑群增色不少。

对于这些不同宗教派别的建筑，元朝政府并没有统一的规划，而是任其自由发展，并给予适当的保护。如刘秉忠等人在规划大都城的总体方案时，发现新城南部的大庆寿寺正好位于城墙的垂直断面之上。如果要保证都城城墙的垂直面，就要拆毁大庆寺。经过请示元世祖忽必烈，得到诏旨，为了保护大庆寿寺内的两座佛塔，在修筑城墙时，遂将其墙址向南移①，以避开寺院。

当然，从大都城的整体格局来看，所体现的文化主流显然是汉族农耕文化的传统模式，但是，在一些主体建筑上，又带有浓厚的草原游牧文化的基调，以及域外其他宗教文化的多元特色。以往有些学者认为，中国的传统文化，其主流所体现的是一种保守的、内

---

① 据永乐大典辑本《顺天府志》卷七记载，"至元四年，新作大都，二师之塔适当城基，势必迁徙，以遂其直。有旨，勿迁，俾曲其城以避之"。文中所云"二师之塔"，即指海云、可庵两位高僧的佛舍利塔。

向的模式①。这种看法显然带有较大的片面性。

中国传统文化的一个核心命题就是"中庸"，要达到"中庸"的目的，则必须使事物保持平衡。在都城规划方面，天坛与地坛的对称，日坛与月坛的对称，太庙与社稷坛的对称，就都是为了贯彻"中庸"的主题思想，以保持各组建筑之间的平衡关系。但是，有许多人实际上是把"中庸"与"保守"这两个完全不同的概念等同起来了。

例如，在中国古代北方地区修筑的万里长城，是农耕民族抵御游牧民族侵扰的一条重要防线。有些学者以此为据，认为这是农耕民族"保守""封闭"的一个证明。然而，古代农耕民族与游牧民族在对抗当中相对而言，军事上的一个弱点就是机动性较差、攻击力较弱。农耕民族为了弥补这个弱点，于是修筑了万里长城。这种做法显然不是"保守"和"封闭"，而是一种保持平衡的重要手段。一旦农耕民族的政权，其军事力量超过了游牧政权，也会主动冲出长城，向游牧民族发动进攻。

由于元大都正好处于农耕民族与游牧民族的交界线上，因此，京城北面的长城关隘也就成为整个都城体系的一个重要组成部分。虽然这一时期的农耕民族已经与游牧民族融为一体，但是，作为全国的政治中心，这种城防体系的完整和坚固，仍然是必不可少的条件。游牧民族的统治者从"逐水草而居"，到定居在重城包围的皇宫之内，这种变化，显然是农耕文化的传统模式对游牧民族的影响产生了巨大的作用。

---

① 如著名学者钱穆先生在其《中国文化史导论》一书中指出，世界各国的不同文化可以分为两大类，一类是游牧、商业文化，另一类是农耕文化。中国文化属于农耕文化一类，"农耕可以自给，无事外求，并必继续一地，反复不舍，因此而为静定的，保守的"。（引文见该书"弁言"部分）

元大都新旧两城坊里一览表见文后附表一。

三、一座城 三个中心

在金元之际，大都地区政治局势经历了一个较大的变化过程。从金朝的首都——中都城，到大蒙古国在华北地区的政治中心——燕京行省，再到忽必烈即位后的燕京——中都——大都，其城市的政治作用变得越来越重要。大略言之，金朝末年的中都城，是处于一片战乱之中的一座孤岛，为蒙、金双方军事争夺的焦点，由此曾引发过大规模的城市攻防战。

在大蒙古国占领燕京的初期，燕京城成为大蒙古国向华北地区进行军事扩张的指挥中心。成吉思汗的统帅木华黎就曾率领军队的一支偏师转战在燕京周围地区。直到攻占山西军事重镇云中(今山西大同)之后，才又在西北地区设立另一个军事中心。而在元太宗窝阔台即位之后，大蒙古国在华北地区的统治基本上得到巩固，因而使得燕京城作为军事重镇的作用有所减弱，而其政治和经济上的作用，则有了显著增加。

到了元宪宗蒙哥在位时期，蒙、宋之间的军事对抗战线，已经南移到了江淮地区，燕京城的军事作用变得微乎其微，而其政治作用，则因为宗王忽必烈营建开平府，也有所削弱。即使如此，在整个华北地区，燕京城的政治作用，其重要性仍是首屈一指的。这一点，从历任蒙古大汗派出统治中原的大断事官皆驻扎在燕京城这一事实即可看出①。

---

① 其详，请参阅本书第 6 页注①的相关内容。

我们如果把当时的空间范围加以扩大，不难看出，整个大蒙古国的政治中心乃是在漠北的和林城，在政治上的重要性方面，燕京城是无法与和林城相比的。在军事上，这时元宪宗蒙哥的伐宋方略，其重点是放在西北和西南的巴蜀及云贵等地区的[①]，因此，在军事上的重要性方面，燕京城也无法与成都等西部重镇相比。只有在经济上，燕京城因为是隋唐大运河的北端，而成为把中原的各种物资转运到蒙古大草原上去的一个运输枢纽。

到元世祖忽必烈即位之后，大蒙古国的政治局势发生了巨大的变化。随着忽必烈与阿里不哥之间兄弟相争的胜败揭晓，整个帝国的政治中心就从漠北草原上的和林城南移到了漠南的开平府。而作为华北地区政治中心的燕京城，在忽必烈兄弟争夺皇位的过程中，起到了举足轻重的政治和军事作用，于是，开始上升为陪都的地位[②]。

---

① 蒙哥汗(即元宪宗)在即位之后，将帝国向外扩张的主要矛头从西亚、东欧地区转移到了江南地区。当时的大蒙古国军队与南宋军队在东起淮河流域、西至青藏高原的辽阔地区展开了千里战线。但是，究竟把什么地方作为大蒙古国军队的战略突破口，在大蒙古国统治集团中并没有明确的目标。蒙哥汗于是借鉴窝阔台汗(即元太宗)攻灭金朝的迂回战略，也采用从西北进军西南、再从西南地区伐宋的战略，试图以此绕开南宋王朝在江淮一线布置的正面军事防线。为了贯彻这一战略方针，宗王忽必烈(即后来的元世祖)受命率领一支大蒙古国军队穿越青藏高原，攻占了西南地区的大理等地区。但是，蒙哥汗政权随后发现，从这一地区采用迂回战略的意图由于客观条件的阻碍，是根本无法实现的。于是，蒙哥汗又制订了通过巴蜀地区迂回伐宋的战略，并随即加以实施。

② 据《元史》卷五十八《地理志》记载，"元太祖十年，克燕，初为燕京路，总管大兴府"。又据《元史》卷五《世祖纪》记载，在至元元年(1264 年)八月，元世祖下令，"诏改燕京为中都，其大兴府仍旧"。到了至元九年(1272 年)二月，元世祖又下令，"改中都为大都"。元大都城每次名称的变更，都与重大历史事件相关。改燕京为中都时，是因为在漠北叛乱的皇弟阿里不哥归降，加号开平府为上都，故而改燕京为中都。改中都城为大都城时，系因为元世祖听从谋士刘秉忠的建议，定国号为大元，遂改中都为大都。

此后不久，随着新的大都城的营建，以及攻伐南宋的军事行动的顺利进行，其在政治、经济、文化等各方面的重要作用，逐渐超过了上都城，而成为真正的元王朝的政治、文化中心。这时的上都城，虽然政治作用仍然极为重要，但是与大都城相比，显然退居到了陪都的地位。这一点，我们从中央政府的主要机构(如中书省、枢密院、御史台等)都设置在大都的事实即可看出。

综上所述，在金元之际，从燕京到大都的政治地位的变迁过程，使其城市功能也在不断发生变化。从最初的军事重镇，以城市的攻防体系为主；到区域性的政治和文化中心，以行政、执法与发展文化教育为主；再到全国的陪都，以政治和军事方面的重要作用辅助首都元上都；最后成为首都，以供元朝统治者和主要官僚集团居住，发挥其政治功能为主。

自从新的大都城营建完毕后，整个城市的社会结构就呈现出多个同心圆一层包着一层的状态。在多个同心圆的核心部位，是宫城的所在。这个核心，正是整个都城中最重要的一部分，只有极少数的一些人能够在这里进行活动，即封建帝王、后妃、侍卫及权贵大臣等。如果说，都城是全国的政治中心，那么，宫城则是都城的政治中心。若从城市建筑的角度来看，宫城的建筑也是全城最雄伟壮丽的部分。

紧贴着宫城的第二个同心圆乃是皇城，从政治功能来看，是与宫城融为一体的，也是封建统治阶级进行各种重要活动的主要场所。但是，却又增加了更多的休闲生活功能。在宫城外面、皇城里面，有着景色秀丽的苑囿、湖泊、山丘。从整体格局来看，元大都皇城有着明显模仿金中都皇城的痕迹①。所略有不同的是，元朝的皇太子和皇太后居住的宫殿都修建在太液池的西岸。

大都城的第三个同心圆即是环绕着皇城的城市主体。从城市功能而言，其政治作用已经无足轻重，而是具有其他多项功能。其一，是城市居民居住和活动的主要场所。民居成为这一部分的主体建筑，而商店、市场及酒楼等购物、娱乐设施也较为完备。其二，是中央政府官员办公的主要场所。由于政治、军事、经济、文化等各种中央行政机构都必须设置在这里，因此，整个大都城也就成为全国的"办公"中心。其三，是整个北方地区的商业贸易中心。在大都城里，商店、市场鳞次栉比，汇集了国内外的大批商人，遂使得城市商业经济的繁盛远远超过了北方的其他城市。

这第三个同心圆也有一个中心点，即钟楼和鼓楼。在钟、鼓楼的南面是皇城，而在钟、鼓楼的四周则是各种各样的市场，完全符合"前朝后市"的原则。整个城区被划分为五十个坊，大都的居民分住在各坊中。主要街道乃是各坊之间的分界线，胡同与街道相连，更便于居民的出行。在这个同心圆中，越是靠近皇城的地方，居住的达官贵人越多，许多显贵的住宅都是帝王御赐的。

在城外的近郊地区，构成了第四个同心圆。其中，又以京城十一门之外的道路两旁及旧中都城诸坊更为热闹。旧中都城的大部分居民虽然都已经迁居到新大都城里来，但是仍有一小部分居民由于种种原因而留住在旧城之中。那些达官贵人虽然也迁进新城定居，

---

① 元大都宫殿群与金中都宫殿群有着许多相似之处。其一，金中都的宫殿群，是在全城的中心位置，而元大都的宫殿群也是在全城的中心位置。其二，金中都的园囿在宫殿群的西面，有湖泊及岛屿，而元大都的园囿也是在宫殿群的西面，也有湖泊和岛屿。甚至连湖泊和岛屿的名称，也与金朝相同。

却在旧城留下了许多私家花园、别墅，以供其随时休养之用。而原来在旧城里面修建众多的佛寺、道观等宗教活动场所，也很难在新城中占地重建，也就不得不留在旧城之中。

大都城外的第五个同心圆则是由京畿相邻各州县构成的。如京城东面的通州，是京杭大运河北端的重要储粮区，元朝政府在这里盖了许多大型仓库。而各种从南方运送来的商品，也都在这里进行中转。又如京城东南面的潞州(今北京通州境内)，乃是元朝统治者的行宫所在地，蒙古族贵族经常在这里举行狩猎活动①。而京城北面的昌平、顺州(今北京顺义)等城市，则是通往元上都的必经要道②。

在元代的大都城里，居民的民族构成状况是极为复杂的。换言之，这时的少数民族人士在大都城里居住的人数，是历史上最多的。在大蒙古国军队攻占金中都城之前，这里居住的居民，成分已经很复杂，除了汉族和女真族人数较多之外，还有契丹、奚族等少数民族人士，其数量亦相当可观。在大蒙古国军队攻占金中都城之后，这里的民族构成更加复杂。

一部分蒙古族官员和蒙古族士兵成为中都城里的长期定居人口。随同大蒙古国军队前来的还有其他草原地区的少数民族部落人士，这些人的数量虽然不很多，但是其活动能量却很大。此后不久，

① 元朝统治者在潞州的狩猎活动，史不绝书。如《元史·世祖纪》有"车驾幸潞州"，《元史·成宗纪》有"畋于潞州"，《元史·武宗纪》有"筑呼鹰台于潞州泽中"，《元史·英宗纪》有"畋于柳林，敕更造行宫"，《泰定帝纪》有"狩于潞州"，《元史·顺帝纪》有"帝猎于柳林，凡三十五日"，等等记载。

② 如昌平境内有龙虎台，为元朝统治者每年来往于大都和上都之间的驻跸之处，每年春天，元朝统治者去上都，留守在大都的群臣常常要送驾至龙虎台；而秋天元朝统治者回大都，群臣又往往到龙虎台迎驾。

大蒙古国政权又从西域地区迁来大批工匠，住在燕京，从事手工业生产，这些人和他们的家属，也就成为这里的常住人口。

当元世祖忽必烈定鼎大都之后，一大批大蒙古族贵族连同他们的家属都迁移到这里定居。而在大大小小的各级政府职能部门任职的官员中，有相当大的一部分人是少数民族人士，他们在大都任职时，常常把家属也接到大都城里居住，有些并且成为这里的定居人口。即使这些少数民族官员调到外地工作，有些人仍然把家属留在大都城里[①]。

由于大都城是蒙古族统治者长期居住的地方，因此这里的军事防卫极为严密，在诸多防卫的军队之中，少数民族士兵占有相当大的比例。如钦察卫、唐兀卫、阿速卫、西域卫等等，这些由少数民族士兵组成的军卫在大都地区是皇城的主要防卫力量，其军卫的士兵，少则几千人，多则数万人[②]。连同他们的家属在内，数量相当可观，都是大都地区的常住居民。

此外，数量较大的少数民族人士构成团体则为工匠。从大蒙古国时期开始，就有大量的西域地区的少数民族工匠被迁移到燕京来，从事手工业生产，其管理单位为工匠总管府。一个工匠总管府所管辖的工匠，少则数百人，多则数千人[③]。而后来在大都陆续设

---

① 少数民族官员定居大都城的事例，请参阅本书第三章第一节与第二节的相关内容。

② 据《析津志辑佚》一书记载的，在大都城里枢密院外仪门之内设置衙署的少数民族军卫计有：钦察卫、唐兀卫、右阿速卫、左阿速卫、贵赤卫、宗仁卫、西域卫、宣忠扈卫、右翼蒙古侍卫，等等。

③ 据《元史》卷一百五十三《刘敏传》记载，元太祖末年，刘敏任安抚使，驻守燕京，成吉思汗政权"给以西域工匠千余户。置二总管府，以敏从子二人，佩金符，为二府长，命敏总其役，赐玉印，佩金虎符"。这是最早的迁到燕京的有关少数民族工匠的记载。

立的工匠总管府，数以百计，其少数民族工匠的人数，也自然成千上万，若再加上他们的家属，其数量亦极为可观。由此可见，在新建成的大都城里，少数民族居民的数量是非常多的，其绝对数额超过了以往历史上的任何一个时期；而其与汉族居民的数量之对比值，也是最高的。在辽代的南京城，契丹人的数量是很少的。到了金代的中都城，女真人的数量已经有所增加。而在元代的大都城，蒙古族(当时被称为国人)加上其他的少数民族(当时被统称为色目人)人士的定居，使其数量自然要猛增。

在这种情况下，少数民族居民在大都城里随处可见，这些人与汉族居民相比，在某些方面(如权势、钱财等)又确实占有较大的优越地位，因此，其对城市中的社会风俗所产生的影响，也就远远超过了以往的任何一个时期。当然，汉族居民也有其占有优势的方面，那就是文化上的深厚积淀。虽然经过辽、金两个朝代的少数民族(即契丹、女真)风俗熏陶，燕京城市已经有了较为明显的"胡化"倾向，但是，与蒙古及色目等少数民族人士相比，契丹、女真等少数民族人士仍被视为"汉人"①。

这是因为传统汉族文化所具有的强大生命力已经对契丹、女真等少数民族人士产生了巨大的影响，也就是"汉化"的过程乃是在不知不觉之中完成了。而在元朝的大都城，这种"汉化"在一开始是较为缓慢的，而"胡化"的过程也在同时进行。这种相互融合的文化交流，在当时久居大都城里的民众是不易察觉到的，而许多从

---

① 据元人陶宗仪在《南村辍耕录》一书中"氏族"条目中，记载有蒙古族七十二种，色目三十一种，汉人八种。在元代的四等人制度中，蒙古族人为第一等，色目人为第二等，汉人为第三等。其中的"汉人八种"，计有：契丹、高丽、女真、竹因歹、术里阔歹、竹温、竹赤歹、渤海。由此可见，当时的许多东北少数民族(如高丽，即应是今天的朝鲜族)，都已经"汉化"了。

江南地区北上的人士，却能够在大都城里深切体会到。

由民族成分变化而引起的大都城的社会空间结构的变化，其形式是一样的。当新的大都城营建完毕之后，燕京旧城的居民要迁入新城之时，有人曾向元世祖忽必烈建议，把少数民族民众与汉族民众分开来居住。对于这个建议，元世祖并没有采纳，而是仍以汉族民众与少数民族民众混杂居住①。在这个问题上，元世祖的决策是正确的。这种混杂状态无疑是有利于民族之间的相互融合的，也代表了历史发展的总趋势。

大都城里的社会空间结构极为复杂，换言之，社会阶层的划分呈现出多极状态。在统治阶级中，即有蒙古族皇族、蒙古族贵族、其他少数民族贵族、汉族贵族，以及诸多政府官员、文人学士、富商大贾等不同阶层。而在被统治阶级中，则有手工工匠、下层军士、普通市民、小商贩等阶层。社会地位越高、政治特权越大，其居住的地方就越靠近几个同心圆的核心部位。

我们可以对社会各阶层的居住方位进行大致的区分。蒙古族皇族居住在第一个同心圆和第二个同心圆之内；其他蒙古族贵族、少数民族贵族、汉族贵族等主要居住在第三个同心圆之内，他们的住宅大多数都靠近第二个同心圆；而普通的城市居民虽然也主要居住在第三个同心圆之内，却是在靠近第四个同心圆的地方；而那些穷苦的大都居民，则居住在第四个同心圆内外。

在大都城里，有一个特殊的阶层，其公开的身份是元朝帝王的

---

① 据《元史》卷一百三十《不忽木传》记载，元世祖时，大都居民迁入新都城，"或言京师蒙古人宜与汉人间处，以制不虞。不忽木曰：'新民乍迁，犹未宁居，若复纷更，必致失业。'乃图写国中贵人第宅已与民居犬牙相制之状上之而止"。

侍卫亲军，负责帝王的人身安全。但是，其隐含的身份却是封建贵族，包括各少数民族贵族和汉族贵族的子弟。这些人在继承父辈的贵族地位之前，是被作为"人质"而留在元朝帝王的身边，表面上是侍奉元朝帝王，实际上受到监视。他们那些驻守全国各地、执掌军政大权的父辈必须要效忠元朝帝王，一旦这些权贵出现反叛，其留在帝王身边的侍卫子弟将会遭到杀身之祸。这些侍卫亲军士兵的社会地位虽然还不显赫，但是，由于有着极为特殊的政治背景，故而受到元朝帝王的信任，也被安排在第二个同心圆内外居住。

四、物华天宝萃皇都

元代的新大都城，坐落在金中都城的东北方，其周围的自然环境在新建都城的过程中变化并不大。但是在新城建好之后，却在逐渐发生着变化。这种变化，是由于各方面的原因造成的。其一，是在城市建筑的营造过程中，对自然植被的严重破坏；其二，是在开发漕运过程中，对自然水系的大规模改造；其三，是在人口不断增加的过程中，所带来的对自然环境的污染；其四，是在城市建设过程中，对自然环境的主动改善。

众所周知，元代新的大都城是在一块空地上营建的，基本上没有借用旧城的砖瓦、木材等建筑材料。因此，所需的大量建筑材料，都要重新筹措。因为在北方地区，建筑所需的主要材料就是木材和砖瓦，因此，获取大量优质木材和烧制大批砖瓦，乃是营建新城的基础工作。在大都城的周围，只有西北地区的崇山峻岭之中生长着茂密的森林，从而提供了充足的木材供应条件。

有了木材的原料来源，还要有便利的运输条件，才能够顺利地把这些木材运送到大都城来，以供建筑工匠使用。而大都城的西北面又恰好有一条大河从山中流过，流经大都城的西南面，即卢沟河(当时又被称为浑河)①。正是有了这一极为便利的自然运输条件，遂使得大都城的营建工作，有了充足的材料供应。

元代人曾绘制有《卢沟运筏图》，反映了当时利用卢沟河大规模运送木材的壮观场面。虽然有了便利条件，加快了新大都城的建设，是一件好事。但是，从另一个角度来看，这种大量砍伐林木的做法，却又人为地加快了自然植被的破坏速度，变成了一件坏事。由于植被的破坏而引起的自然环境的恶化，就当时的人们而言，是无法认识到的，但是这种恶劣的影响，却一直延续到了今天。

元代的大都城，在地理位置上所具有的优势，就是它距离京杭大运河的北方终端通州张家湾的码头只有几十里路，这个优势也就决定了大都城市经济的发展和繁荣有了较为坚实的基础。与此同时，大都城还有一个有待改善的优势条件，也就是大都城的周围地区有着丰富的水利资源，在金代的封建政府定鼎中都之后，就曾试图利用这些水利资源把通州的大运河连接到都城来。

金朝政府的尝试活动由于种种原因，最后失败了。但是，元朝政府在著名科学家郭守敬的主持下，终于使这种尝试活动取得了成功。经过郭守敬的勘测和规划，由于充分、合理地利用京城西北地区的水利资源，开凿了通惠河水渠，顺利地把京杭大运河的北端引

---

① 据《元一统志》卷一"山川"条记载："浑河在固安州，在州西二十里。源出涿州，东入州境，南流于霸州，与拒马河合。"又据《元史》卷六十四《河渠志》记载："浑河，本卢沟水，从大兴县流至东安州、武清县，入漷州界。"

到了大都城内①。这项科技含量极高的水利工程，对于大都城的进一步发展起了重大的促进作用。

这种对自然水系的大规模改造，使之适合于城市经济发展的需要，在当时是具有重要意义的。其一，表明了元代的科技发展比起金代有了长足的进步，人类改造自然的能力有了较大的提高。其二，说明在古代社会的自然环境中，水利运输乃是最先进的运输方法，人们正是充分利用这种方法，遂使得大都城的经济发展很快就臻于繁盛，成为北方各城市之冠。

随着大都城市经济的迅速繁荣，其城市人口的数量亦随之猛增。而城市人口的猛增，又使得各种人为造成的生活垃圾也随之猛增。由于没有合理地处理生活垃圾的更多举措，必然带来城市环境的污染越来越严重。其一，是人在生活当中产生的污染，如吃喝拉撒所产生的生活垃圾，以及人们在饲养牛、羊、马、驼、猪、狗、鸡、鸭时所产生的污物，等等。

其二，是城市居民在冬天取暖时所产生的污染。在大都城里，由于冬天十分寒冷，绝大多数居民都要采取各种措施御寒过冬。当时取暖的主要方式，是在居室内使用土炕，而主要的取暖燃料，则有柴草、木炭和煤炭。在这三种燃料之中，柴草和木炭在燃烧过程中所产生的废气，与煤炭相比，差异并不大，但是，就燃烧后所留下的垃圾而言，煤炭却要多一些②。这些煤渣日积月累，遂成为大都城里的主要污染源之一。

对于这些生活污染物的处理，政府并没有采取有效措施。而在人们无意识的消费过程中，有些污染物得到了处理，如人畜的粪便，

---

① 其详，请参阅本书第八章第三节的相关内容。
② 其详，请参阅本书第七章第二节的相关内容。

大多数被作为肥料使用，有些牛、马的粪便，还可以作为燃料使用。但是，更多的污染物却被人们随意抛洒在大路和胡同之中，煤渣的抛洒在日积月累之后，遂造成街道的路面逐渐增高，而使院落日渐低洼，晴天满街土，雨天满院泥。

当然，在城市建设方面，政府也不是完全无所作为的。在新城市建设的过程中，元朝政府就在主要街道的两侧，修建有排泄污水的渠道①，又在城墙的底部修筑有多处水关，以供城内废水流到城外②。此外，在城里的主要水域海子(今称积水潭)四周，元朝政府还用青石修筑堤岸③，以防止岸边道路塌陷，并使其周围环境更加整洁。

元朝政府对城市的绿化也比较重视。沿用前朝历届政府的做法，在主要街道的两旁种植了大量树木④，既起到了保护路基的作用，又绿化了城市环境，减少了城市中生活污染物所带来的危害。

---

① 其详，请参阅本书第七章第一节的相关内容。

② 据《中国大百科全书·考古卷》中"元大都遗址"条所述，在今元大都土城遗址下面，还残存有三处水关遗迹。其中，以北城墙下面存留的水关涵洞保存最好。"涵洞的底和两壁都用石板铺砌，顶部用砖起券，中部装置着一排断面呈菱形的铁栅棍。涵洞的地基满打'地钉'(木桩)，其上再横铺'衬枋石'，这是宋元时代闸坝地基的通行作法。"

③ 据《元史》卷六十四《河渠志》记载，元世祖时，曾用石板修砌海子四周，"海子岸，上接龙王堂，以石甃其四周"。到元仁宗时，又用石板补修海子堤岸，"都水监计会前后，与元修旧石岸相接。凡用石三百五，各长四尺，阔二尺五寸，厚一尺，石灰三千斤，该三百五工，丁夫五十，石工十"，其修筑工程是很大的。其后，元英宗及泰定帝时，都曾修筑过海子堤岸。

④ 据《通制条格》卷十六"农桑"条记载，至元九年(1272年)二月，主持农业生产的大司农司上奏元世祖："自大都随路州县城郭周围，並河渠两岸，急递铺道店侧畔，各随地宜，官民栽植榆、柳、槐树，令本处正官提点本地分人护长成树。系官栽到者，营修堤岸、桥道等用度；百姓自力栽到者，各家使用，似为官民两益。"得到元世祖的批准，特下圣旨，"春首栽植，务要生成"。并禁止权豪之人及军士等加以损坏。

这种绿化环境的措施，其成效还是十分显著的，这从当时人们吟咏环境的诗歌中即可见其一斑①。

在元代的新大都城，与自然环境相比，其人文环境的变化则要大得多。在元大都城兴建以前，这里的变化已经在逐步进行，在金中都时期，这里的城市经济和文化的发展达到了北方地区的最繁盛程度。及成吉思汗的军队攻占中都城之后，这里的城市经济和文化遭到了严重破坏，虽然仍是北方地区的政治中心，而在经济和文化两方面的逐渐恢复过程却是很缓慢的。

在元大都城兴建之后，这里的变化越来越大，新的城市经济由于漕运和海运的开通，迅速繁荣起来。而城市文化的发展，也远远超过了金代。因为金代的中都城只是北方的文化中心，而元代的大都城已经变成了全国的文化中心。由于有了政治上的统一，使得大批江南地区的优秀文化人才汇聚到都城，带来了与北方文化风格截然不同的南方文化，并在此开展各种文化活动。

这种人才荟萃的优越人文环境，是其他城市所无法与之相比的。当时人们已经开始关注这种现象。所谓"京师众大之区，四方士苟负一艺一才，远者万里，近者数百里，航川舆陆，自东西南北而至"②。由于人才荟萃，自然会对都城的居民产生较大影响，从

---

① 如元代诗人马祖常在大都任职期间，写了许多诗篇，其中的有些诗句，就描述了大都绿化的景致。如他曾写有"绝句"三首，其中的第二首写道："一春不得见花开，何况飞红堕酒杯。今日城南花万树，看花不肯放春回。"他又曾写有"雨霁"一诗，诗曰："五月天气雨霁时，千门杨柳绿参差。日斜暑气清如水，手拂云光下凤池。"上一首诗，是写大都城外近郊的绿化景致，即"今日城南花万树"；下一首诗，是写大都城里的绿化景致，即"千门杨柳绿参差"。两首诗皆载于《石田集》卷四。

② 见元人危素《危太朴集》卷九"送夏仲信序"。

而使其文化水准逐渐有所提高。时人因赞叹都城人士文化修养深厚，遂赋诗曰："能赋皆邹、枚，飞翰尽卢、骆。"①

在元代的大都城，除了人才荟萃之外，又是百物汇集之处。东西南北各地的物产，由于商业贸易的需要，也都被运送到大都城来。所谓的"四海为家天地开，诸侯方物集燕台"②。这就使得大都地区的居民能够经常见到其他城市的居民所不易见到的各种珍奇物品，因此，这里的人士又往往具有了"见闻广博"的特点，这也是显示人们自身素质较高的一项重要内容。

当然，在中国古代都市之中普遍存在的一些不良社会风气，同样也在元大都城市中有着相同的表现形式。例如都城之中权贵显要大臣很多，其子女有些缺少管教，仗势欺人，行为十分恶劣，往往被人们称为京城恶少。又因为都城的城市经济极为繁华，因此，骄奢淫逸的社会风气十分严重，铺张浪费的现象也就很普遍。与之相对应的，则是语言不文明的情况也比较严重③。

还有一点必须指出的是，由于大都城是元朝的政治、文化中心，因此，元朝政府对这里的控制是相当严密的。一方面，是在治安上的管制十分严厉，皇城和都城内外军卫林立，警备森严；另一方面，则是在文化上的倡导、宣传工作十分到位，也就是用儒家的程朱理学来控制人们的思想。在这双重控制之下，大都城自然成为封建王

① 见元人马祖常《石田集》卷一"都门一百韵"诗。此处所指"邹、枚"，是西汉著名文学家邹阳、枚乘，以擅长写赋著称。而"卢、骆"，则是指初唐四杰中的大诗人卢照邻和骆宾王。

② 见元人程钜夫《雪楼集》卷二十九"曹承旨掷双陆得画犬诗"。

③ 据元代初年曾在大都任职的官员王恽称，是时城里的居民在言谈之间多有不文明者，所谓"中都市井小民言多秽谈"。见《秋涧集》卷八十九"请禁治秽恶语言状"。到了元代末年，大都居民的语言亦有不文明者，"元将亡，都下有《骂玉郎曲》，极其淫佚之状"。见明初人叶子奇所撰《草木子·谈薮》卷四上。

朝的"首善之区"。

综上所述，正是由于有了极为优越的自然环境，大都城才会被元朝统治者选定为全国的政治中心。也正是有了人文环境的历史渊源，包括曾经是北半壁中国的政治、经济和文化中心，也是自古以来各民族之间相互融合的主要场所，等等，这种政治中心的地位才得以巩固，并且向后世又延续了数百年之久。一直到今天，这种政治中心的效应，仍然在产生着重要作用。

五、其盛也昌　其衰也速

元代的大都城，从其创建，到不断发展，然后是臻于繁盛，最终导致衰退，这个过程，是与元王朝的盛衰历程的变化相一致的。在元大都城营建之初，元王朝刚刚稳定了其在北方地区的统治。经过多年的战争破坏，北方地区的绝大多数城市以及周围的农村，其经济遭到了严重损害，而正在缓慢的恢复过程之中。在这种情况下，燕京的城市经济比起金中都时的经济，其差距是很大的。

在大都城的建设过程中，元朝军队的统一战争也在顺利进行之中。及元大都城基本建设工程告一段落的时候，元朝政府也扫清了南宋残余势力的反抗，全国统一的局面基本形成。在这个时候，政治局势的巨大改变开始在经济上对大都城市的发展产生重要影响。其最主要的标志，就是京杭大运河的改造和海运航线的重新开通①。

众所周知，大都城周围地区的物产状况，在华北平原、乃至于整个北方地区而言，还算是比较富庶的，但是与江南的经济发达地

---

① 其详，请参阅本书第八章的第三、四节的相关内容。

区相比，却又有较大的差距。因此，海运与漕运的开通，使得江南地区(主要通过海运)和中原地区(主要通过漕运)的大量财富被源源不绝地、迅速而又廉价地运送到大都城来。在这种情况下，遂使大都的城市经济也得以迅速繁盛起来。

在中国古代，城市经济的繁盛，其主要标志之一就是城市人口的大量增加。元大都城市人口从元世祖至元年间开始迅速增多，其中，由于城市人口的自然生育而增加的人口并不多，而由于政治和经济的原因造成的人口增多，乃是其最主要的原因。在元朝军队攻占江南地区之前，政府就已经从北方各地向大都地区征调了大量的士兵、工匠等，这些士兵和工匠连同他们的家属，就成为大都地区的常住居民①。

元朝军队占领江南地区之后，又有大量的南宋士兵、工匠和文化人士被征调到了大都地区，使得这里的人口增长速度越来越快②。

---

① 在元太祖时期，从西域调到燕京来的工匠一次即多达一千余户。在元太宗时期，征调到燕京的工匠更多，仅蒙古元帅习剌部下的工匠，即多达七千余户。到元世祖时，调到大都城来的工匠，其人数超过了以往任何一个时期。仅据《元史·世祖纪》所载，至元二年(1265年)，元朝政府从西域镇海、百八里、谦谦州等处调来大批工匠；至元十六年(1279年)，在攻灭南宋之后，又从江南征调大批工匠到大都城来；等等。

② 仅据《元史·世祖纪》所载，在至元十六年(1279年)六月，一次即从江南征调新投降的军士二万人前来大都，屯田种粮。在至元二十二年(1285年)，元朝政府又曾调江南军士六千家，"廪之京师，以完仓廪"。(见《元史》卷十三《世祖纪》)元朝政府又曾征调大量江南地区的工匠到大都来服工役。据《元史·世祖纪》载，从至元十七年到二十四年，元朝政府在江南地区括定工匠三十万人，后裁减为十余万人。这些人中的大部分都要到大都城来服工役，其数量之多是不言而喻的，其中有些人后来就定居在大都地区。至于被元朝政府征召到大都来的知识分子，也不在少数。如元朝在攻灭南宋之后，仅押送北上大都城的南宋太学的学生即多达千余人。而像叶李、赵孟頫等著名学者，也有许多被召到大都供职。

此外，由于元大都城这时成为全国的政治和文化中心，又有大量的政府官员、宗教界人士、商人，以及外国使节等纷纷汇聚到了这里。在这些人士中的许多人，也都成为大都地区的常住居民。

城市经济繁盛的另一个重要标志，则是城市消费品的大量增加。这一点，在大都城的表现也是十分突出的。城市人口消费的最主要物品，就是粮食。自从京杭大运河经过改造之后，漕运能力有了很大提高，特别是通惠河的开通，以及海运的再度创行，使得中原地区和江南地区的大批粮食被源源不绝地运送到大都城来。其运输量，从最初的每年几万石粮食增加到每年的几百万石①，仍然时时出现供不应求的现象，由此可见其消费量之大。

城市人口消费的另一项主要物品，就是布匹。由于全国政治局势的逐步安定，水路和陆路的交通也就变得十分顺畅。因此，也就有大量的纺织品被不断运送到大都城来供人们消费。据有关历史文献记载，这种纺织品的运送和贸易活动，在大都城里是十分活跃的②。此外，在大都地区设立的众多官营手工业生产机构中，也有

---

① 据《元史·食货志》记载，每年通过海运而运送到大都城的粮食额都在不断增长。元世祖至元二十年(1283 年)从江南运送的粮食仅有四万六千余石。在此后的几年中，增加到四、五十万石。从至元二十七年(1290 年)开始，每年海运的粮食猛增到了一百五十万石左右。元成宗在位时期，每年海运的粮食，从三十余万石不断增加到一百八十余万石。元武宗即位后，每年海运的粮食从一百二十余万石猛增到二百八十余万石。到了元仁宗即位后，每年海运的粮食从二百余万石，又增加到了三百二十余万石。此后，元朝政府的每年海运粮食量均保持在三百万石左右，最多的一年，是在泰定三年(1326 年)，运送的粮食达到了三百三十七万五千余石。

② 据元世祖至元年间来到大都城的著名旅行家兼商人马可波罗在他著名的《游记》中记载，当时的大都城"百物输入之众，有如川流之不息。仅丝一项，每日入城者计有千车"。见冯承钧译本《马可波罗行纪》第二卷第九十四章"汗八里城之贸易发达户口繁盛"。文中所云"汗八里城"，即指大都城。

相当一部分作坊是从事纺织品生产的。这些官营手工业机构生产的大量纺织品，主要是供蒙古族贵族和大官僚使用的。

各种奢侈生活品的大量消费，也是大都城市经济繁盛的一个重要标志。这时的奢侈生活品主要分为两类，一类是各种各样的金银珠宝等贵重物品，另一类则是各种各样的山珍海味及酒、茶等饮食用品。在当时的大都城里，经营珠宝的商店和提供饮食的酒楼饭店的数量是很多的。珠宝店主要集中在城市中心部位的鼓楼一带，而酒楼饭店则遍布于大都新、旧两城的大街小巷。

大都城市经济的迅速繁盛发展，是和这里的城市居民的家庭经济状况的优劣密切相关的。由于居住在大都城里的皇亲国戚、达官显贵、富商大贾的数量比起其他城市而言，要多得多，因此，他们的消费能力自然就要比其他城市高得多。由此，我们不难看出，这种城市经济的繁盛，不是生产力发展到一定阶段的正常的反映，而是一种不正常的"虚假"的繁盛。只要这些封建贵族一旦破落，这种"虚假"繁盛的城市经济也会随之迅速衰败。

到了元代中期，元朝统治集团内部的斗争演变得越来越激烈，越来越公开化。这种斗争的目的，是为了重新分配掠夺来的社会财富，而斗争的手段，则从宫廷政变逐渐发展到不同利益集团之间的大规模战争。在这种情况下，不仅封建贵族自己的财产受到了严重的损害，广大百姓的财产也是损失惨重，而且作为蒙古族贵族集团斗争的主要场所的大都城，其城市经济也因此受到惨重打击，开始由盛转衰。

元王朝的皇位继承制度由于受到蒙古民族传统习俗的影响，一直是在嫡长子继承和兄终弟及制度之间反复不定，因此激化了统治集团内部争夺皇位的矛盾。元成宗死后，元仁宗和元武宗兄弟发动宫廷政变，夺取皇位。在元仁宗死后，又因为各贵族集团之间矛盾的激化，导致元英宗(元仁宗之子)被弑。而元泰定帝死后，元文宗、元明宗兄弟又与泰定帝之子展开争夺皇位的大规模战争，史称"两都之战"①。

"两都之战"的结果，不仅使元朝的统治开始由盛转衰，而且也使得大都城的城市经济开始由盛转衰。在"两都之战"的短短几个月时间里，蒙古族贵族之间相互残杀，损失惨重。大都城和上都城周围地区的广大百姓，其经济也遭受到巨大损失。城市及城郊近畿地区的人口数量锐减，城市住宅在战争中也遭到了程度不等的破坏，由于战争，又使得商业贸易活动无法正常进行，等等。

到了元代后期，这种蒙古族贵族之间的矛盾斗争变得越来越复杂，越来越激烈。而这种种斗争，都是围绕着元大都城展开的。先是有手握军政大权的蒙古族贵族大臣为皇帝的册立而争斗，然后是新即位的皇帝要从蒙古族贵族大臣手里夺回实权而争斗，再往后则是皇太子与皇后勾结要从父皇手里夺权而展开争斗②，等等。在这

---

① 致和元年(1328 年)夏天，泰定帝在上都避暑，因病重而死去。中书省大臣倒剌沙扶立泰定帝之子阿速吉八为帝，是为天顺帝。这时，留守在大都城的大臣燕铁木儿发动政变，将元武宗之次子图帖睦尔迎至京城，扶立为帝，是为元文宗。于是，在上都的蒙古族贵族集团与在大都的蒙古族贵族集团之间，在这一年的八月，展开了激烈厮杀。最初是上都军马频频向大都城发动进攻，使燕铁木儿四处防守，十分被动，甚至一度形势极为危急。但是，在十月中旬，一支大都军马突然袭击没有防备的上都城，擒获倒剌沙等人，才结束了"两都之战"。

② 在元顺帝至正后期，皇后奇氏与皇太子爱猷识理达腊的势力不断扩大，并且企图迫使元顺帝退位。因此，而导致蒙古族贵族内部再次暴发激烈冲突。拥护元顺帝的朝中大臣老的沙由于受到皇太子的迫害，逃到驻守在大同的孛罗帖木儿处。皇太子又追究孛罗帖木儿之罪。于是，至正二十四年(1364 年)四月，孛罗帖木儿命其部将秃坚帖木儿等人率军杀向大都城，把皇太子的军队打败，并且赶走了皇太子。及秃坚帖木儿退军之后，皇太子又回到大都，并且调动军队，对孛罗帖木儿进行围剿。同年七月，孛罗帖木儿遂率老的沙、秃坚帖木儿等人一起再

些争斗之中，相互残杀的事情屡见不鲜，甚至再度出现多次大规模的军事对抗。

正如我们在上文指出的那样，大都城的城市经济之所以出现空前的繁盛，乃是由于有了一个主要的消费团体，这个团体是由蒙古族贵族、达官显贵、富商大贾所组成。一旦这个消费主体中的不同集团之间因为政治权益和物质利益发生争斗而两败俱伤时，直接受到影响的，自然就是"虚假"发展的城市经济。因此，从"两都之战"以后，受到严重打击的大都城市经济，就一直也没有再得到恢复。

到了元代末年，由于蒙古族贵族和各级封建政府的统治越来越腐败，再加上连年发生的大规模自然灾害，导致了广大民众生存的严重危机，于是，各地农民纷纷发动起义，如燎原之势，风起云涌。在这种情况下，大都的城市经济所遭受的打击，变得更加严重。特别是当农民起义军的力量不断发展壮大，切断了漕运和海运这两大经济动脉之后，大都城的城市经济，就陷入彻底崩溃的境况。

从刘福通领导的红巾起义军建立农民政权，到朱元璋指挥大明军攻占元大都城，这段历程，也正是大都城的城市经济从衰落走向崩溃的历程。在农民起义军切断漕运和海运这两大经济动脉之后，元朝政府虽然也曾在大都城的周围地区大力发展农业生产，并且取得了一些成效。但是，这些生产成果与全国对大都的巨额经济供应相比，显然是微不足道的，因此，也就没有能够改写大都城市经济崩溃的悲剧。

次杀向大都城，并且又将皇太子逼走。但是，此后不久，元顺帝却将孛罗帖木儿等人杀死，皇太子再度回到大都城。

元

第二章

皇宫入仙境　衙署伴庙坛

——都城中心区域及外延

在中国古代，都城的最主要功能，就是全国的政治中心；而作为政治中心的最重要的标志，就是皇城和相关的建筑群体，以及中央政府的各个衙署建筑。在皇城之中，帝王、后妃、皇子皇孙的居住宫殿，乃是最核心的建筑。而供这些封建贵族生活和娱乐的各种设施，如亭台楼阁、苑囿、池塘、溪流等等，也是与宫殿等主体建筑密切结合在一起的。

当然，帝王、后妃、皇子的活动场所并没有局限在皇城之内，而是要扩展到都城周围的地区，特别是那些景色优美宜人的自然风景区，更是封建帝王修建离宫、行院的首选之地。由此，经过不同朝代的封建帝王的修建，在风景名胜区里逐渐形成了颇具规模的皇家园林区。

中央政府的衙署，在都城中的重要地位，也是显而易见的。这些衙署，大致可分为政务、军事、文化、宗教几个类别。至于其分布的位置，则是地位越重要的行政部门，其到达皇宫的距离也就越近。这些建筑的规模也就越加宏大，而其在都城中的交通也就越便利。

作为封建王朝的都城，自然也是全国的文化中心，与之相对应的，又有许多重要的礼制建筑。封建帝王为了表现他的政治特权，常常要每年举行若干次重大的典礼，如祭祖宗、祭天地、祭山川神灵，等等。而举行这些重大的典礼，往往需要有与之相对应的场所，因此，也就有了都城的礼制建筑群体。

综上所述，在大都城的中心区域里，以宫城和皇城为其核心部分，同时也就是全城的主体建筑。这个主体建筑，一方面联系的是大大小小的政府官僚机构，在建筑方面的表现形式乃是大小不等的各级政府衙署；另一方面，联系的则是苑囿、行宫等供封建贵族生活娱乐的场所。此外，各种各样的礼制建筑也与皇城和宫城有着密切的联系。

一、太液池畔茂草生

大都城里的皇城和宫城，是严格按照全城的总体规划修建的，位居于都城正南方，正好有中轴线贯穿其间。在皇城里面，又因为包含了太液池在内，故而其主体建筑是环绕在太液池两岸的。其建筑主题，仍然是：尊卑有序，主次分明。其中，以太液池东岸的皇宫正殿为主、为尊，而以太液池西岸的皇太子、皇后及嫔妃居住的宫殿为辅、为次。

在皇宫之内的宫殿，各自都有独特的名称，这些宫殿名称，是由当时的多个文人学士拟定，然后由统治者钦定的。据历史文献记载，大都城的皇宫里，有名的宫殿即多达数十处。记载内容比较集中的文献主要有三种，其一，是《元史》。在这部官修的正史中，记录了元朝宫殿的大致建造过程。其二，是元末人陶宗仪所撰写的《南村辍耕录》[①]，书中有许多珍贵的第一手资料。其三，是明初人萧洵所撰写的《故宫遗录》[②]。因萧氏参加了对元朝皇宫的拆毁工作，其书中记录的情况也有很高的史料价值。

据《元史》所载，大都的皇宫之内，计有：1. 大明殿；2. 广

---

① 陶宗仪为元末人，其所撰《南村辍耕录》一书，记载了许多元代的事情，其中卷二十一的"宫阙制度"，记载了较为详细的元大都宫殿状况，可供读者参阅。现较常见的有中华书局的点校本。

② 萧洵为明初人，曾亲自参加拆毁元大都宫殿的工作，因此，其所撰《故宫遗录》一书，有较高的参考价值。现较常见的有北京古籍出版社的点校本。

寒殿；3. 玉塔殿；4. 五花殿；5. 玉德殿；6. 文德殿；7. 嘉禧殿；8. 宝慈殿；9. 光天殿；10. 延春阁；11. 寿昌殿；12. 兴圣殿；13. 仁智殿；14. 明仁殿；15. 宸德殿；16. 坤德殿；17. 慈福殿；18. 咸宁殿；19. 慈仁殿；20. 万岁山圆殿，等等。

此外，在大都的皇宫之内，还有一些宫殿，并没有专门的名称，而是根据其建筑材料的特色，或者是建筑形制的特色来命名的。如《元史》中记载的有：1. 玉殿；2. 紫檀殿. 3. 香殿；4. 鹿顶殿(在《南村辍耕录》中又作"盝顶殿")；5. 水晶殿；6. 楠木殿(即上文提到的"文德殿")；7. 棕殿；8. 棕毛殿；9. 吾殿；10. 毡殿；11. 金脊殿，等等。

在陶宗仪的《南村辍耕录》中，有些宫殿名称，在《元史》中是不见记载的，计有：1. 宝云殿；2. 宸庆殿；3. 嘉德殿；4. 仪天殿；5. 介福殿；6. 延和殿；7. 畏吾儿殿(疑即是《元史》中所载之"吾殿")，等等。而在萧洵《故宫遗录》中所载宫殿名，不见于上面二书者，又有：1. 文思殿；2. 宣文殿；3. 清宁宫；4. 方壶殿；5. 金露殿；6. 玉虹殿；7. 延华殿；8. 懿德殿；9. 沉香殿(疑即是《元史》中所载之"香殿")，等等。

在大都皇宫里，最重要的宫殿组群是大明殿，位于全城的中轴线上、皇宫的最南面。该宫殿规模最为宏伟，主殿大明殿"十一间，东西二百尺，深一百二十尺，高九十尺"。[①]即宽约 60 米，进深约 37 米，高约 28 米。其附属建筑，还有柱廊七间、寝殿五间、东西夹室六间、香阁三间，合计共有三十二间。

在大明殿的前面，修建有文、武二楼，而在大明殿的两侧，也建有宫殿。在大明殿的寝殿之东，建有文思殿；而在寝殿之西的对

---

① 见《南村辍耕录》卷二十一"宫阙制度"。

称位置上，则建有紫檀殿。在大明殿的后面，还建有一处宫殿，称为宝云殿。由文思、紫檀、宝云三座宫殿围绕，更烘托出了大明殿的宏伟壮丽。

至元十一年(1274年)正月，大明殿建造完毕，元世祖忽必烈即在此召见群臣，"宫阙告成，帝始御正殿，受皇太子、诸王、百官朝贺"[①]。此后，大明殿一直是元朝统治者举行重要政治活动的场所。如自元世祖死后，凡即位的帝王，都要在大明殿举行登基仪式。而皇后和皇太子的册封仪式，也大多是在这里举行。

在每年的元旦(即今天的春节)，元朝政府都要组织大规模的团拜活动，称之为大朝会。这个重要的活动，也是在大明殿举行。是日，皇太子、宗王、皇后、嫔妃、文武百官皆汇聚到这里，举行庆祝活动。元朝帝王在大明殿里陈设有七宝云龙御榻，以及雕像酒桌、大玉瓮、银裹木漆瓮等珍贵器物，瓮中盛满美酒，以供蒙古族贵族和百官宴饮之用。在其他的重要节日，元朝政府也在此举办"大朝会"[②]。

在大明殿刚建好不久，元朝统治者就攻灭了南宋政权，并且将从江南地区掠夺到的大量财宝陈列在大明殿里，供蒙古族贵族和文武百官前来观赏，然后，论功行赏，把这些珍宝加以瓜分[③]。

---

① 见《元史》卷八《世祖纪》。

② "大朝会"的场面十分壮观，元代许多诗人都在诗中对其加以描述，如诗人张昱在其所作一百余首《辇下曲》中，就有两首写道："至元典礼当朝会，宗戚前将祖训开。圣子神孙千万世，俾知大业此中来。""静瓜约闹殿西东，颁宴宗王礼数隆。酋长巡觞宣上旨，儘教满饮大金钟。"(诗载《张光弼诗集》卷二)

③ 据《元史》卷一百一十四《后妃传》记载，元世祖忽必烈攻灭南宋之后，"帝以宋府库故物各聚置殿庭上，召后视之，后遍视即去"。忽必烈遣宦官问察必皇后，想要哪些珍宝，而皇后竟一无所取。

在大明殿这组宫殿群后面，还有一组宫殿群落，其主体建筑，是延春阁。大明殿与延春阁的关系，乃是前朝与后寝的关系。大明殿是举办各种重要活动的场所，而延春阁则是元朝统治者日常生活起居的地方。

延春阁面宽为九间，"东西一百五十尺，深九十尺，高一百尺"①。为上下两层的楼阁，全阁高度约为 31 米。延春阁的连带建筑，又有柱廊七间、寝殿七间，东西夹室四间、香阁一大间。因系帝王起居之处，东夹室设有紫檀御榻，西夹室供奉有佛像。香阁中又设有楠木寝床，其他摆设也很精美。

延春阁的整体建筑格局，与大明殿基本一致。南面是延春阁，也是坐落在全城的中轴线上。延春阁的前面，亦建有文、武二楼，而在延春阁的东、西两侧和北面，也建有三座宫殿围绕着。在延春阁寝殿的东侧，为慈福殿，而在寝殿的西侧，则为明仁殿，寝殿的后面又建有清宁宫②。

在延春阁的西北面不远处，还有一组宫殿群落，其规模要比大明殿和延春阁这两组宫殿群落小一些，其主体建筑共有四座宫殿。建造在南面的宫殿称为玉德殿，在其北面的宫殿称为宸庆殿。在这两座宫殿的东面，有东香殿，西面则为西香殿。

在太液池东岸的皇宫主体建筑完工之后，元朝统治者又开始在太液池西岸为皇太子和后妃建造了两组宫殿群落。在南面的一组宫

---

① 见《南村辍耕录》卷二十一"宫阙制度"。

② 延春阁后面的清宁宫，并不是与大明殿、延春阁等一同修建的，而是后来补建的。据《元史》卷二十七《英宗纪》记载，延祐七年(1320 年)十二月，"作延春阁后殿"。又据《元史》卷四十三《顺帝纪》记载，至正十三年(1353 年)，元顺帝又大兴土木，"造清宁殿前山子、月宫诸殿宇，以宦官留守也先帖木儿、留守同知也速迭儿及都水少监陈阿木哥等董其役"。

殿群落，是供皇太子真金居住的，因此，自然被称为"东宫"，又称太子府。这组建筑乃是由皇太子属下的东宫官员主持修建的。其大致格局，自然要仿照皇宫主体建筑的大明殿。

这组建筑群落的主体宫殿称为光天殿，又称光天宫。殿后亦建有寝殿。在寝殿的东侧建有寿昌殿，在寝殿的西侧则建有嘉禧殿，而在寝殿的后面则建有针线殿，也是三面围绕有宫殿的格局。只是在东宫之内，主持修造工作的官员在院中凿石为池，以仿效古人"曲水流觞"的样式，使其环境变得更加随意一些。

但是，在至元二十二年(1285年)，皇太子真金因为体弱多病，没有来得及登上皇位就病死了。元世祖忽必烈没有再册立皇太子，故而这座"东宫"就一直仍由其妻子居住。及元世祖死后，真金之子铁穆耳以皇太孙即位，是为元成宗，遂将"东宫"改名为隆福宫，又尊其母为皇太后，仍然居住在这里，东宫也就变成了皇太后宫。

在隆福宫的四周，还建有一些其他的宫殿，较为著名的，则有睿安殿、文德殿、鹿顶殿、香殿等。而在隆福宫的西侧，又有西御苑，苑中种植有各种花草树木，乃是供皇太子和后妃日常游乐的场所。

在隆福宫的后面，又建有一组宫殿群落，被称为兴圣宫。元成宗在死后没有明确设定皇位继承人，因此，在大都城里发生了一场宫廷内讧，元武宗和元仁宗兄弟将安西王阿难答杀死，夺得了皇位。由于这次宫廷内讧主要是由皇太后答己和元仁宗参与的，故而当元武宗从漠北赶回大都城之后，专门为皇太后修建了一组宫殿，即兴圣宫。

兴圣宫始建于至大元年(1308年)，到至大三年(1310年)完工，历时三年。其建筑格局没有新的变化。主体建筑为兴圣殿，亦连建有寝殿。寝殿的东侧，建有嘉德殿，寝殿的西侧，则建有宝慈殿，而寝殿的后面，又建有延华阁。在兴圣殿与延华阁之间，隔有山字门。而在兴圣殿四周，还建有畏吾儿殿、凝晖楼、延颢楼等宫殿建筑。

元世祖忽必烈在营建大都皇宫的时候，最初还保留着游牧民族的习俗，只修建了宫殿群落，而没有在其外围修建围墙。只是每当有重大活动之时，命禁卫军队在皇宫四周站列，以负责警戒工作。这种做法显然是与中原王朝的典制有着明显不同。在中原汉族政治家的一再建议下，大都的皇城和宫城也都修筑了围墙，门禁制度也逐渐完善起来。

大都城皇城的正南门称为崇天门。在崇天门的北面，宫城的正南门称为大明门，两门都是坐落在大都城的中轴线上，与大明殿、延春阁一线贯穿。崇天门面阔十一间，东西宽一百八十七尺，进深五十五尺，高为八十五尺(约 26 米)。在门的两边，还各建有一座趫楼，使崇天门显得更加壮观。

在崇天门的两边，还各开辟有一门。东边一门，称为星拱门；西边一门，称为云从门。其规制相同，皆为面阔三间，东西宽五十五尺，进深四十五尺，高八十尺。因为正门崇天门修有御道，只能供帝王出入，故而文武百官人等必须从星拱、云从二门出入。

在皇宫的东墙上，开辟有东华门；而在西墙的对应位置上，则开辟有西华门。此二门的规制，小于崇天门，而大于星拱、云从二门。东、西华门面阔皆为七间，一百一十尺，进深为四十五尺，高为八十尺。而皇宫的后门称为厚载门，也坐落在全城的中轴线上，其规制与东、西华门略同，只是面宽只有五间。出厚载门往北，则是御苑。

宫城的正门为大明门，其规制略逊于崇天门，面阔七间，东西宽一百二十尺。其两侧，亦修建有二门，东面一门，称为日精门；西面一门，称为月华门。此二门的规制，略同于崇天门两侧的星拱、云从二门，也是供百官人等平时出入皇宫时所用的。宫城的其他门没有特定的名称，统称为红门。

在大都的皇城之内，还建有一些其他的附属建筑。例如，在至元二十八年(1291 年)三月，"宫城中建葡萄酒室及女工室"①。因为元朝统治者经常在皇宫之内举行大规模的宴会，对葡萄酒的需求量是很大的，而统治者在日常生活中也离不开饮酒的习惯，故而在宫中建造葡萄酒室，以贮存一些美酒，是十分必要的。

又如，沐浴在元代已经成为人们生活中的一项重要卫生习惯，元朝统治者自然也不例外，在皇宫中修建有专用的浴室。至元二十二年(1285 年)，元世祖即在皇宫中"造温石浴室及更衣殿"②。这里所说的"温石浴室"，当类似于今天的桑拿浴，系用特别的石头烧热后放入浴池中，以增加水温及产生蒸汽。

大都城的皇宫是全城最重要的地方，因此，元朝统治者必然要调集大批精锐军队加以防守，以确保统治者的人身安全。为此，那些负责保卫皇宫的军队要夜以继日地在皇宫内外警戒巡视。在皇宫里面，自然也要为他们安排随时休息的地方。如至治元年(1321 年)八月，元英宗下令："东内皇城建宿卫屋二十五楹，命五卫内摘军二百五十人居之，以备禁卫。"③

---

① 见《元史》卷十六《世祖纪》。

② 见《元史》卷十三《世祖纪》。

③ 见《元史》卷九十九《兵志》。此处所指"五卫"，即侍卫亲军，因分为前卫、后卫、左卫、右卫、中卫五个部分，故统称之。

元朝统治者系从漠北草原进入中原地区的，因此，带有明显的游牧文化的特色。这一点，在皇宫之中的表现最为突出。游牧民族的特色之一，即是带有对大草原的浓厚的留恋之情。故而，元朝统治者在大都的皇城之内，遍植茂草，使得新建成的一座座宫殿，宛如处于大草原之中。这种做法，既有对草原的不可割舍之情，也有警告子孙后代不可忘本的含义，故而又称为"誓俭草"[①]。

而在一座座宫殿之内，元朝统治者也突出了游牧民族的生活特色。例如，蒙古民族喜好饮酒，于是，在皇宫的正殿之内设置了专门盛酒的大玉瓮和木质银裹大漆瓮。大漆瓮高达一丈七尺，可贮酒数十石。这种摆设，在中原王朝的皇宫正殿之中是根本不可想象的，商纣王的"肉林酒池"一直是统治者的一大禁忌，饮酒的器具又怎么能公开摆到举行重大活动的场所呢。

又如，蒙古民族由于长期生活在漠北草原上，气候寒冷，因此在蒙古毡帐内的御寒陈设是比较讲究的。墙上披挂兽皮以抵御刺骨寒风，地上铺有毡毯以隔寒潮之气，等等。在来到大都城之后，气候比漠北草原要暖和，地气也干燥得多。元朝统治者却仍然在宫殿的四壁上挂满了兽皮[②]，并且在地上铺满了毡毯。其实际功效虽然已经大打折扣，但是，置身其中，也宛如回到了蒙古包里，会有一

[①] 元代诗人柯九思曾作有《宫词十五首》，其中一首写道："黑河万里连沙漠，世祖深思创业难。数尺阑干护春草，丹墀留与子孙看。"其自注曰："世祖建大内，命移沙漠莎草于丹墀，示子孙毋忘草地也。"元代另一位诗人张昱作有《辇下曲》一百余首，其中一首亦写道："墀左朱阑草满丛，世皇封植意尤浓。艰难大业从兹起，莫忘龙沙汗血功。"二诗均载于北京古籍出版社出版的《辽金元宫词》一书，由陈高华先生点校。

[②] 元代诗人张昱又有一首《辇下曲》描写道："壁衣面面紫貂为，更绕腰阑挂虎皮。大雪外头深一尺，殿中风力岂曾知。"诗中所云"壁衣""腰阑"，即是指挂在墙上的紫貂、虎豹等的兽皮。

种完全不同的氛围。

在皇宫之中的有些建筑，还带有其他少数民族的建筑特色。如上文提到的一些宫殿，泰定二年(1325年)闰正月，"作棕毛殿"，同年四月"作吾殿"①，等等，这些棕毛殿、吾殿，还有鹿顶殿、畏吾儿殿等，显然既不是中原地区的原有建筑，也不是蒙古游牧民族的建筑，而只能是其他少数民族的建筑。

元大都宫殿建筑一览表见文后附表二。

二、飞鹰走犬 胡角连营

在大都城的皇宫之内，除了大明殿、延春阁、隆福宫、兴圣宫等主体建筑及其附属设施之外，元朝统治者日常活动的主要场所，就是皇家园苑与离宫别馆了。从其建筑的使用功能而言，皇宫正殿等地方，是元朝统治者工作和生活的场所，而园苑、离宫等地方，则是其娱乐的场所。但是，二者又有着密切的联系，许多重要的国家大事，都是在园苑与离宫之中处理的，园苑、离宫变成了皇宫正殿及其功能的延伸体。

元朝统治者的园苑、离宫，其建造的范围相当广阔，大致而言，可以将其划分为三个层次。其中，最核心的一个层次，是位于大都城内的皇家园林。它们与皇宫的正殿融合为一体，共同组成了皇城的整体。这个层次的代表，主要有位于皇城中心部分的太液池与万岁山、隆福宫西面的西御苑，以及厚载门北面的御苑等。

第二个层次，是大都城近郊地区的皇家园林。从空间上来看，

---

① 见《元史》卷二十九《泰定帝纪》。

它们与皇城之间已经有了较大的距离，但是，从功能上来看，它们在元朝统治者的日常生活与娱乐方面，仍占有十分重要的位置，其关系亦极为密切。这个层次的代表，主要有位于京城东南郊外潞州的柳林行宫、位于京城南郊的南海子行宫，等等。

第三个层次，则是那些处于远郊区县的皇家园林。它们的位置，显然是无法与前二者相比的。这个层次的代表，主要有位于涿州、龙庆州等地的行宫。这些地方的行宫，只不过是元朝统治者岁时巡幸的临时落脚点，和狩猎时的打猎场而已。

位于皇城中心部位的太液池与万岁山(今北海公园一带)，早在金代中期，就已经成为城郊的著名皇家苑囿。金朝末年，中都城被成吉思汗的军队占领之后，这里又曾一度被元太祖铁木真赐给全真教领袖丘处机作为其修道之所①。而元世祖忽必烈在即位之后，每次到燕京来，大多是驻跸在这里。故而，在没有兴建新的宫殿之前，这座前朝离宫已经成为元朝统治者的主要活动场所。

当元宪宗在攻打南宋的战争中突然死去之后，忽必烈从鄂州回师之时，来到燕京，"是冬，驻燕京近郊"②。此处所指近郊，当为旧金行宫。在此后的中统年间，元世祖忽必烈的政治中心仍然在上都开平府，是否以燕京作为全国的政治中心，以及如果以燕京作为都城，其皇宫修建在哪里，这些重要的问题还没有最后决定。因此，当其部下亦黑迭儿丁在中统四年(1263年)三月，曾提出要修整

---

① 据元人李志常《长春真人西游记》记载，丘处机从西域回到燕京之后，先后在玉虚观及天长观弘传全真教。"每斋毕出游故苑琼华之上。从者六七人，宴坐松荫，或自赋诗，相次属和。夕阳在山，淡然忘归。于是，行省及宣差札八相公以北宫园池并其近地数十顷为献，且请为道院。师辞不受。请至于再，始受之。"燕京行省官员将琼华岛给丘处机，是秉承了元太祖的旨意。

② 见《元史》卷四《世祖纪》。

琼华岛的时候，忽必烈并未应允^①。

但是，到了翌年二月，大概是定都燕京的大计已定，于是，开始修整琼华岛。此后不久，在同年八月，忽必烈下诏，改燕京为中都，旋即又改年号为"至元"，并大赦天下。在至元初年，忽必烈开始来往于两京之间，并且在燕京驻跸的时间越来越多。而其驻跸之地，即是琼华岛。这段时间，在皇宫还没有修建完毕之前，琼华岛所发挥的功能，实际上就是皇宫的作用。许多重要的活动，都是在这里举行的。

其一，为上文提及的"大朝会"。元世祖忽必烈在琼华岛的旧址之上，重新修建了一座宫殿，仍然称为广寒殿。新殿坐北朝南，在万岁山之顶，面阔七间，"东西一百二十尺，深六十二尺，高五十尺"^②。其建筑面积多达 700 余平方米。虽然比后来建造的大明殿的面积要小得多(仅是其三分之一)，但是在当时已是非常宽阔的场地了。特别是它的位置耸立山上，四面一览无余，更显得气势非凡。

其二，是处理日常政务的重要场所。元世祖忽必烈在登上大汗之位后，在许多决策性问题上都采用了"汉法"，与蒙古传统的习俗不同。其中的一项重要举措，就是将其长子真金立为皇太子，也就是确立大汗之位的合法继承人。而真金被立为皇太子之后，开始参与朝政，其办公的地点，也是在广寒殿。

其三，重要的典礼仪式也在这里举行。如至元十年(1273 年)三月，元世祖忽必烈举行册封皇后和皇太子的隆重仪式。因为皇宫正殿大明殿尚未竣工，所以就在广寒殿举办了这个仪式，"帝御广寒

---

① 据《元史·世祖纪》记载："亦黑迭儿丁请修琼华岛，不从。"

② 见《南村辍耕录》卷二十一"宫阙制度"。

殿，遣摄太尉、中书右丞相安童授皇后弘吉剌氏玉册玉宝，遣摄太尉、同知枢密院事伯颜授皇太子真金玉册金宝"[1]。

其四，元世祖忽必烈经常在这里召见政府的重要官员。如至元五年(1268年)，负责监察工作的御史台刚刚成立，元世祖就将被任命为御史的姜彧(时任治书侍御史)、梁贞(时任监察御史)等人召到广寒殿，加以接见，有的还赐以食物[2]。

即使是皇宫正殿建好之后，琼华岛及广寒殿仍然是元朝统治者举行重要活动的场所之一。如元朝攻灭南宋之后，将其幼帝及皇太后押送到大都来，元朝统治者为了安抚江南地区的民众，遂对亡国之君表现出隆重的欢迎，曾连续举办了十场大型宴会，其中就有两场是在琼华岛及广寒殿摆设的[3]。

在琼华岛上，除了位于山顶之巅的广寒殿之外，还修建有许多宫殿、亭台等建筑。在万岁山半腰处，有一组宫殿群落，其主体建筑，称为仁智殿。殿高三十尺，面阔三间。在仁智殿东北，建有介福殿；而在仁智殿西北，则建有延和殿。这二处宫殿，皆是面阔三间，只是高为二十五尺。此外，在仁智殿西北，还有一处宫殿，被称为荷叶殿，亦面阔三间，而高度为三十尺。

在这几处宫殿的周围，还建造有一些亭子，作为点缀。在广寒

---

① 见《元史》卷八《世祖纪》。

② 据元代名士赵孟頫所作"姜彧墓志铭"载："至元五年，御史台新立，选才堪御史者，公首在选中。驰驿赴阙，御史大夫引见广寒殿，天颜喜，赐食殿上，拜治书侍御史。"见《松雪斋文集》卷八。

③ 随从南宋帝后前来大都城的宫廷琴师汪元量曾作诗以描述其情景，其中一首写道："第三筵开在蓬莱，丞相行杯不放杯。割马烧羊熬解粥，三宫宴罢谢恩回。"另一首写道："第四排筵在广寒，葡萄酒酽色如丹。并刀细割天鸡肉，宴罢归来月满鞍。"见《增订湖山类稿》卷二"湖州歌"。

殿的后面，东侧建有金露亭，西侧则建有玉虹亭。二亭皆为圆形亭子，各有九根柱子，高二十五尺，亭顶置有琉璃珠。在半山腰的仁智殿周围，还建有瀛洲亭、线珠亭，皆为八面棱形的亭子，上下两层。山间还建有温石浴室、更衣殿、胭粉亭、马湩室、庖室等设施。

而在这些建筑四面，满山还点缀着奇花异草、各种怪石，"峰峦隐映，松桧隆郁，秀若天成"①。当时有人曾描述琼华岛及万岁山的景致道："广寒殿，在万岁山上。山在水中，高数十丈，怪石古木，蔚然如天成。殿在山，两傍稍下，复建两亭。正当山半，又有殿，萦然竹石间。山下积石为门，门前有桥，桥有石阑如玉。"②

万岁山前石桥向南，直通一圆坻，坻上建有仪天殿。殿亦为圆形，直径为七十尺(约为 22 米)，殿高为三十五尺。这座圆形宫殿的位置十分重要，向北，经石桥直上万岁山广寒殿；向东，有木桥直达太液池东岸的皇宫正殿大明殿；向西，则有木吊桥可通太液池西岸的兴圣宫。因此，元朝统治者在圆坻上专门驻守有宿卫士兵。

琼华岛与圆坻四周，即是太液池，湖水周回数里，湖中遍植荷花，每当夏日，蓝蓝湖水，翠绿荷叶，粉红荷花，交相衬托，一派江南水乡的景致。元朝统治者又在湖中制造了富丽堂皇的"龙舟"，宫女乘舟采莲，歌声荡漾，宛如仙境。元人作诗描述道："观莲太液汎兰桡，翡翠鸳鸯戏碧苕。说与小娃牢记取，御衫绣作满池娇。"③

在隆福宫和兴圣宫的西面，又有一座皇家苑囿，被称为西苑。

---

① 见《南村辍耕录》卷一"万岁山"条。
② 见元代刘鹗《惟实集》卷六。
③ 见元代柯九思《草堂雅集》卷一"宫词十五首"。柯九思在诗后又写道："天历间御衣多为池塘小景，名曰'满池娇'。"

其规模与太液池、琼华岛相比，却要小得多。西苑亦有山有水。只是山不甚高，水不甚阔，故而所建宫殿、亭台亦不多。小山东面，有木香洞，又有合抱大树六七株。小山南面，有大殿三座，其中，又以元朝后期所建之九龙殿最为壮观，"其缔搆高广，尤为奇伟"①。

在另一处大殿屋内，则放置有小金殿一座，制作十分精美。此外，在殿中还放有计算时间的刻漏仪，制作也很精美。小山西南面，又建有船屋，平时，不用的龙舟皆存放在这里，当有水道与太液池相通。在船屋的后面，还建有浴堂一处。这座西苑，虽然规模不大，却很幽静，"有閬苑清幽之胜"。

在西苑附近的空旷之地，元朝统治者又设置有一处球场，也是元朝贵族、官僚举行娱乐活动的场所。元朝统治者与皇太子、诸宗王、武职高官，以及侍卫亲军等，经常在端午节、重阳节等时候聚集在这里，骑着骏马，挥棒击球，驰骋如飞，"盘屈旋转，倏如流电之过目，劝者动心骇志，英锐之气奋然"②。

在皇宫后门厚载门的北面，还有一座皇家苑囿，因为位于皇宫的后面，又被称为"后苑"。这座苑囿面积较大，园中有农田八顷，种植有各种农作物，如谷、粟、麻、豆及其他种类的蔬菜，还种植有各种果树。在园中负责农业劳作的，都是宫内的宦官。其耕作之方法，全都按照《农桑辑要》一书的记载。灌溉这些田亩的水源，则引自海子(今积水潭)。

在这座苑囿中，元朝统治者还每年举行"藉田"的典礼，以表示其对农业生产的重视。而蒙古族贵族及亲近侍从，也都参加这一

---

① 见《析津志辑佚》中的"古蹟"门。
② 见《析津志辑佚》中的"风俗"门。

仪式，象征性地耕一小块地。在后苑的东部，设置有大水碾一座，利用水流的动力来碾磨粮食，"日可十五石碾之"，主要用来碾磨皇宫中所用的粮食。而苑中种植的瓜果时蔬，还常常被用在各种祭祀仪式上，作为"祭品"。

由于后苑的地方比较开阔，元朝统治者还曾在这里举行"斗驼"的活动。元统二年(1334年)，文士许有壬因入宫奏事，得以观看到了这一壮烈的场面。据他后来的描述，骆驼两两对峙，一旦相斗，"脱羁发纵，势迈角觝"。"飘忽若风燕，盘旋如磨蚁。划然踊跃，人立对起"①。因其争斗激烈，久久不能分出胜负。而旁观的蒙古族贵族的情绪尤为奋激，有的甚至振臂高呼以助驼威。

在皇宫正殿的西北面，还有一处小小的苑囿，被称为"灵囿"。在这个小园里面，饲养了一些珍禽异兽，其异兽主要有狮子、老虎、豹子等猛兽，乃是由边疆地区的少数民族部落首领及周边各国的使臣进贡的。而其中喂养的珍禽种类也很多。元代文士王恽在其《宫禽小谱序》中所列出的珍禽即多达17种②。时人作诗以述这座皇家动物园的情景道："圈虎割肉喂，韝鹰搏禽嚼。灵囿白兽游，禁籞黄鹄落。"③

在京城近郊的皇家园林又被称为"行宫"，其中，元朝统治者最常去的，则是柳林行宫。这处行宫位于京城的西南方，原来属于通州的潞县境内，由于有了这座重要的行宫，于是，元朝统治者将其辖区从通州划出，另外升格为潞州。由此可见元朝统治者对这处

----

① 见元代许有壬《至正集》卷一所载"斗驼赋"。
② "序文"见王恽《秋涧集》卷四十二。
③ 此诗句为元代文士马祖常所写，见其所著《石田集》卷一载"都门一百韵"诗中。

行宫的重视程度。

此地的自然环境十分优越，是一处面积较大的湖泊湿地，有许多禽鸟栖息在这里。特别是每年的春天，南来北往的候鸟都汇聚在此，是十分理想的狩猎场所。早在辽代，就已经成为契丹统治者岁时狩猎的"捺钵"之地，当时称为"延芳淀"。元朝统治者承袭了前代的习俗，也是每年春天在此举行大规模的狩猎活动。

元朝统治者崛起于大草原，以武力夺取天下，因此，对骑马射箭等武功十分重视，而举行大规模的狩猎活动，正是练习骑射之术的一种重要方法。当时有人曾指出，在蒙古族看来，大宴会与大狩猎乃是国家最重要的两件事。而要举行大规模的狩猎活动，以皇城内的苑围为场所显然是不够的。只能在城郊选择合适的场所，而柳林行宫就是最理想的场所。

漷州的柳林行宫水域面积非常大，"延芳淀方数百里，春时鹅鸯所聚，夏秋多菱芡"①。这里不仅湖泊广阔，而且种有许多树木，十分便于禽鸟栖息。元朝统治者自从定鼎大都之后，几乎每年春天都要到这里来狩猎。为此，元朝统治者多次派遣军士，在行宫修建宫殿，修筑湖堤和桥梁、道路。

元朝统治者在柳林行猎，一般是在每年的二月，时间或长或短，总之要尽兴而归。有时，元朝统治者在行宫的时间稍长，汉族大臣往往进谏，劝其早日回朝，以免荒废政务。元朝统治者却不以为然，有的一高兴，竟在行宫游猎一个多月②。

元朝统治者的狩猎活动规模颇大，以帝王为首，皇太子、诸宗

---

① 见《辽史》卷四十《地理志》。

② 据《元史·顺帝纪》记载，后至元三年(1337年)正月，"帝猎于柳林，凡三十五日"。

王、宰相、武将等皆随从，又有大批军队事先做好狩猎的准备工作，牵犬驾鹰，十分热闹。元朝文士曾作诗以述其情景曰："日奏云间紫凤箫，春随天上赭黄袍。仗前虎将千金斧，马上鹰儿五色绦。猎士开弓黄犬疾，宫官击鼓紫驼高。侍游亦有中书令，七宝雕笼看绿毛。"①

元朝统治者在柳林行宫除了狩猎之外，还要随时商议和处理一些国家大事。如元世祖忽必烈就曾在柳林行宫与谋士商议派谁出任南伐宋朝的大军统帅。一些大臣也在随侍狩猎的时候向元世祖揭发奸臣桑哥的罪行。南宋降臣叶李也曾在柳林行宫向元世祖谈论天下大事。文士王恽更是在柳林觐见元世祖时当面奉上"万言书"。

此后，元成宗在柳林行猎之时，还曾命随侍的文士焦养直为其讲解《资治通鉴》，以求明了治理国家的历史经验。元朝统治者还在狩猎之余，在行宫召见有关的大臣，赐以宴席，以示恩宠。当然，有时元朝帝王由于某种原因未能参加行猎活动，则由皇太子或是宰相来主持这项活动。上文诗中所言"侍游亦有中书令"的中书令，即指皇太子。

与柳林行宫的自然环境相似的，又有南海子行宫，在元代又被称为"下马飞放泊"，比喻其距离京城很近，一下马就到。飞放，也就是指狩猎活动。因为元朝贵族在狩猎之时，大多带有鹰犬，特别是有一种猎鸟，被称为"白海青"，身体很小，却很凶猛，能够捕获比自己大得多的天鹅，因此深受宠爱。时人称曰："独能破驾鹅之长阵，绝雁鹜之孤塞，奔众马之木鱼，流九霄之毛血。云间献奏，臂上功勋，此则海青之功也。"②这里到了清代仍然是皇家园

---

① 见元代诗人萨都剌《雁门集》卷二"忆观驾春蒐二首(之二)"。
② 见《析津志辑佚》中的"物产"门。

林——南苑。

在元朝初年，由于全国政局尚未统一，元朝统治者狩猎的主要目的是练兵，因此，柳林行宫等处的湖泊对于驰骋骑射亦有不便之处，故而在大都周围地区，元朝统治者划定了一个禁猎区，大都城的方圆八百里内，只有元朝统治者可以狩猎，而百姓是不能狩猎的。这时的狩猎行宫，分布在大都城南面的保州、易州，和北面的狼山、汤山等处。

此外，由于元朝统治者每年均要从大都城前往上都城度夏，所以在两都之间的沿途各处，亦设置有行宫，其中，最著名的有，京城北面的龙虎台驻跸之处、缙山县的行宫，等等。这些行宫主要是用于长途跋涉时的临时休憩之所，故而使用的时间很短，其重要性也自然不可与琼华岛、柳林行宫等处相比。

三、祭祖有太庙 讲经在太学

作为全国政治中心的大都城，有着一些代表皇权至高无上象征的建筑群落，在这些建筑群落中，统治者举行各种仪式，以表示其统治权是得自上天的安排，因此是具有其合法与合理性的。这些礼制建筑，也就具有了都城的象征意义。

大都城的礼制建筑，大致可分为五类。第一类，是祭祀祖先的太庙，大蒙古国统治者在进入中原地区之前，是没有这种建筑的。在进入中原地区之后，接受了历代汉族封建王朝的祭祖传统，于是也兴建太庙，岁时举行祭祖仪式，这种做法，显然是受到了"汉化"的影响。

第二类，是祭祀国家的社稷坛。蒙古少数民族长期生活在大草原上，以游牧、狩猎为主，很少从事农业耕作的生产活动，因此，对于代表农耕文化的"社稷"观念，也是不甚重视。进入中原地区之后，元朝统治者对农业生产的重要作用有了越来越深刻的认识，故而对"社稷"的祭祀活动，也传承下来。

第三类，是祭祀各种自然之神。这些祭祀活动，也以中原王朝原有的各种仪式为主，如祭祀天地、日月的天坛、地坛、日坛、月坛，乃至于风、雨、雷、电诸神。由于元朝统治者所信奉的萨满教也是一种较为原始的自然崇拜的宗教，故而对这些自然神的祭祀，从观念上更容易接受。

第四类，是祭祀各种历史上的重要人物。如在中国政治史上产生重要影响的历代帝王；在中国文化发展历程中产生巨大作用的孔子等先哲；以及其他各种人物。对于这些人而言，由于历代皆加以祭祀，因此，已经被人为地加以"神化"，而与其他宗教的偶像等同起来。

第五类，则是各种杂祀。所谓的杂祀，就是将那些未列入前四类祀典的祭祀活动，都归入这一类中。因此，在此类的祭祀活动，有许多是与各种宗教的祭祀活动混杂在一起的，很难将二者截然分开。这种现象，也正是中华民族所特有的一种文化现象。

大蒙古国统治者在进入中原地区之前，虽然也祭祀祖先，但是却没有"太庙"的概念。从元太祖攻占金中都，到元宪宗的大蒙古国时期，即使占有中原地区已经很长时间了，却仍然没有采用中原王朝贯行的"太庙"祭祖的典礼。直到元世祖忽必烈执政之后，才开始大量采用中原王朝的各种典制，其中，也包括了太庙祭祖的典礼。

元朝统治者建造的第一座太庙，不是在元上都，而是在燕京。中统四年(1263 年)三月，元世祖下令，"诏建太庙于燕京"①。到了至元元年(1264 年)十月，燕京的太庙竣工，元世祖遂将祖先的神主供奉到了太庙之中。最初建好的太庙，共设七室。到至元三年(1266 年)九月，增设为八室。

　　此后，元朝统治者又决定在新修建的大都城内再建太庙，因为新建的大都城已经成为元朝统治者活动的主要场所，如果再到燕京旧城去举行祭祀祖先的活动，是不合适的。于是，从至元十四年(1277 年)八月元世祖下诏，到至元十七年(1280 年)十二月止，新建的太庙又告竣工。其庙址，就位于大都新城的齐化门(今朝阳门)内，符合《周礼》建都城的"左祖右社"原则。

　　大都城的新太庙建成后，元朝统治者遂将燕京旧城太庙中原来供奉的祖宗神位等迁置到这里，然后，将旧城的太庙拆毁。此后，元朝政府又调集人力、物力，将大都新太庙的建筑进一步加以完善，共建有正殿、寝殿、夹室等。新建成的太庙根据太常寺的礼官研究并绘制的庙图，共设为七室。

　　其规制如下：太庙正殿东西七间，南北五间，其中设为七室。寝殿东西五间，南北三间。正殿与寝殿，围以墙垣，其门称为神门。墙垣四角，又建有角楼。墙垣之外，还建有馔幕殿七间，齐班厅五间，省馔殿一间，其余还有初献、亚终献斋室，雅乐库，法物库，仪鸾库，神厨局，酒库等建筑。其外，再筑有高墙围护之。

　　到了元代中期，已故的帝王越来越多，于是，在元英宗至治元年(1321 年)，礼官又建议，要扩大太庙的规模，并得到了元英宗的

---

① 见《元史》卷七十四《祭祀志》。在《元史·世祖纪》亦有记载，"初建太庙"。

允许。礼官建议，将太庙现有的宫殿作为寝殿，然后在前面再建新殿十五间作为正殿。不久，正式动工，到至治三年(1323年)竣工。元英宗还没有来得及在新太庙亲行祭祖大典，就被逆臣弑于南坡。

至治年间新建的太庙正殿的规模更加宏大，"室皆东西横阔二丈，南北入深六间，每间二丈"①。除了在原有宫殿的前面扩建的十五间正殿之外，又在太庙西北面建有大次殿三间。而其他的附属建筑，如馔幕殿、齐班厅、献官斋室、雅乐库、仪鸾库、神厨等，也都依次向南扩展。此后，大都城的太庙就没有大的变更了。

元朝统治者在建造太庙之时，对于中原王朝的各种祭祀礼仪也加以模仿。元世祖忽必烈在中统元年(1260年)刚刚即位不久，还没有在燕京修建太庙之时，就命手下文臣，"始制祭享太庙祭器、法服"②。为举行太庙的祭祀活动做准备。并且，在中统三年(1262年)燕京的太庙尚未竣工之时，就已经举行了祭享太庙的仪式。

此后，元朝统治者又陆续将太庙中的各种祭器不断增补，使之更加完备。元朝政府最初收集到的祭器，大多数是宋朝的遗物，而且多为宋帝赐给臣下的礼器，并不配套。如至元十二年(1275年)十一月，"遣太常卿合丹以所获涂金爵三，献于太庙"。翌年八月，又"遣太常卿脱忽思以铜爵一、豆二，献于太庙"。又明年正月，"以白玉碧玉水晶爵六，献于太庙"③。

其中，太庙所获祭器最多的有两次，其来源皆自江南。一次，是在至元十三年(1276年)三月，元军统帅伯颜进占南宋都城临安(今

① 见《元史》卷七十四《祭祀志》。在《元史·世祖纪》亦有记载，"初建太庙"。

② 见《元史》卷四《世祖纪》。

③ 以上引文，均见《元史·世祖纪》。

浙江杭州)，"遣郎中孟祺籍宋太庙四祖殿，景灵宫礼乐器、册宝暨郊天仪仗，及秘书省、国子监、国史院、学士院、太常寺图书、祭器、乐器等物"，然后将其运回大都城。①这一次收集到的太庙祭器，是比较完备的官方成套祭器。

还有一次，是在至元十六年(1279 年)，这时南宋的残余反抗势力基本上都被消灭了，江南的政治局势也趋于稳定。在这一年的八月，元朝政府又获得了一批较为珍贵的祭器，"以江南所获玉爵及坫凡四十九事，纳于太庙"②。这一次获得的祭器，大概是因为战乱而从宋朝宫殿中流失到民间的。此后，元朝统治者又曾收集到一些较为珍贵的祭器。

元大都城的太庙里面虽然陆续收集到了一批珍贵的祭器，但是在平时举行祭祀典礼的时候，所行用的仍然是以铜制的、瓦制的祭器为主。到了元武宗即位后，随着统治者对太庙祭祀活动越来越重视，于是有的大臣提出，要制作一批银祭器，来换掉瓦制和铜制的祭器。这个建议，得到了元武宗的批准。然而，这时祭祀所用祭器，仍是杂用金朝和宋朝的旧器物。直到元英宗扩建太庙时，才专门命江浙行省制造了一套新的祭器，加以行用，而将原来的旧祭器存放起来。

在元世祖在位时期，太庙中用来代表祖宗的牌位(称为"神主")是用栗木制作的，涂以光漆，体现了崇尚节俭的淳朴风气。此后，随着统治者的生活越来越奢侈，太庙中的"神主"也由木制的变为

---

① 见《元史》卷九《世祖纪》。此事又可参阅《元史》卷一百六十七《张惠传》："宋降，伯颜命惠与参知政事阿剌罕等入城，按阅府库版籍，收其太庙及景灵宫礼乐器物、册宝、郊天仪仗。"

② 见《元史》卷十《世祖纪》。翌年八月，元朝政府又得到一批祭器，"纳碧玉盏六、白玉盏十五于太庙"。

涂金的，再变为金制的。于是，开始多次出现了"神主"被盗的情况①。至于到底是外来窃贼，还是监守自盗，就不得而知了。

由于太庙的祭祀活动十分庄严隆重，因此，在举行仪式时按照惯例要使用雅乐来演奏乐曲。元世祖在燕京修建太庙之后，举行仪式时也使用了雅乐。"至元三年，初用宫县、登歌、文武二舞于太庙，烈祖至宪宗八室，皆有乐章。"②这时负责演奏雅乐的乐工多达四百余人，都经过训练。而演奏的乐曲，其乐章则由翰林院的官员制定。

世祖时的太庙雅乐，自烈祖至元宪宗皆有专名。"烈祖曰《开成之曲》，太祖曰《武成之曲》，太宗曰《文成之曲》，皇伯考术赤曰《弼成之曲》，皇伯考察合带曰《协成之曲》，睿宗曰《明成之曲》，定宗曰《熙成之曲》，宪宗曰《威成之曲》。"③除太庙各室专有乐章之外，又有文舞与武舞。在元朝新编定的太庙乐舞中，充分展示了大蒙古国不断向外扩张的历程。④

元朝统治者对太庙的祭祀活动有一个逐渐重视、逐渐提高规格

① 据《元史》卷二十九《泰定帝纪》记载，至治三年(1323 年)十二月，"盗入太庙，窃仁宗及庄懿慈圣皇后金主"。泰定四年(1327 年)四月，"盗入太庙，窃武宗金主及祭器"。此后，元顺帝至正年间，也曾发生过盗贼入太庙窃"金主"之事。

② 见《元史》卷六十七《礼乐志》。

③ 此处所云烈祖，即太祖铁木真之父也速该。皇伯考术赤为太祖长子，察合带为太祖次子，太宗窝阔台为太祖第三子，睿宗拖雷为太祖第四子，亦为宪宗及元世祖之父。定宗为太宗长子，宪宗为睿宗长子，亦为世祖之长兄。

④ 据《元史》卷六十八《礼乐志》记载，文舞与武舞共分为六个部分，分别为：一、灭王罕；二、破西夏；三、克金；四、收西域、定河南；五、取西蜀、平南诏；六、臣高丽、服交趾。在此处，王罕为元太祖铁木真崛起草原时的一大劲敌。西夏和金朝是中原地区的少数民族政权。西域指中亚各地，河南指中原汉地。西蜀及南诏为今四川、云贵等地。高丽为今朝鲜与韩国之地，交趾为今越南之地。因此时南宋尚未攻灭，故而没有在乐舞中显示出来。

的过程。最初的祭祀活动，大致上是每年一次，有特殊的情况例外。到后来增加到每年二到四次。开始时是由礼官或者是宰相等大臣代为行礼，到元武宗时开始帝王亲祭，此后遂成惯例，元英宗、元泰定帝、元文宗、元顺帝皆曾举行亲祭之礼。

从祭祀的内容来看，可以大致分为以下几大类。第一类，是日常的祭享活动。这类祭享每年有较为固定的时间，而且大多数是由礼官代行各种仪式。主要表示的，是对祖宗的奉献。这项活动在政治上的意义，是排列统治者在历史上的地位。其手段，即是对统治者谥号、庙号的制订。如上所述，太庙之中，按惯例只能摆放历代祖宗之中的即帝位者，如太祖、太宗、定宗、宪宗等。而也速该、术赤、察合带、拖雷皆未登大汗之位，却在太庙各室之中，占有一席之地。

第二类，是对皇后、皇太后、皇太子的册封活动，要在太庙举行告庙仪式。如至元十年(1273年)二月，元世祖忽必烈册封皇后及皇太子，即遣礼官太常卿合丹代行告太庙仪式。大德九年(1305年)六月，元成宗因册立皇太子，遣御史大夫铁古迭儿代行告庙仪式。至大三年(1310年)二月，元武宗因册封皇后，"遣官告谢太庙"①。不久，又以上皇太后尊号，再次"告祀太庙"。由于政治上的原因，有时也不举行册封告庙仪式。如元武宗即位后，遵从皇太后之意，未立其子，而立皇弟爱育黎拔力八达(即元仁宗)为皇太子；此后，元仁宗未立武宗之子，而立己子硕德八剌为皇太子，就皆未行告庙仪式。

第三类，是帝王即位，行告谢太庙之礼。元世祖即位之时，因为太庙尚未建造，故而未有该仪式。元成宗即位后，也未行告庙之

---

① 见《元史》卷二十三《武宗纪》。

礼。直到元武宗兄弟在经过宫廷争斗才夺得皇位，因此，武宗在大德十一年(1307年)七月，即位不久就遣官行告谢太庙之礼。并且，将其父追尊为顺宗，安置于太庙之中，排位在成宗之前。到至大二年(1309年)正月，武宗又因为受群臣所上尊号，而亲行祭享太庙之礼。

第四类，是遇有重要事情，帝王亲行祭祀太庙的仪式。如上所述，元代帝王亲祭太庙的仪式，始于元武宗。而到了元英宗的时候，帝王亲祭太庙的活动规模愈加扩大，延祐七年(1320年)十一月，元英宗因即位后亲行祭享太庙之礼，备有法驾仪卫。翌年四月，再行亲祭之礼。至治二年(1322年)正月，又行亲祭之礼，"始陈卤簿，亲享太庙"①，其祭祀活动的规模越来越大。

第五类，是帝王、后妃、皇太子等死后安置入太庙，要举行祭享仪式。元世祖时，即因皇后死后祔于太庙，而行祭享之礼。元成宗时，又因将世祖、皇后及裕宗(成宗之父)祔于太庙，而行祭享之礼。元武宗即位后，又将其父与元成宗一并祔入太庙，而将其牌位重新排序。到元仁宗死后，元英宗因有阴阳家之"拘忌"，而在太庙大次殿之旁临时建一彩殿，以安放仁宗神主。这些活动，都要举行祭享仪式。

由于太庙中的牌位十分尊显，因此在政治上也就极为敏感。元英宗被弑之后，泰定帝即位，将其父追尊为显宗，与英宗等一同祔入太庙。及泰定帝死后，元文宗在大都城发动政变，击败泰定帝之子而夺得皇位，然后将泰定帝增入太庙的显宗神主除去，"毁显宗室，升顺宗祔右穆第二室，成宗祔右穆第三室"。②这种排序的变

---

① 见《元史》卷七十四《祭祀志》。
② 见《元史》卷三十二《文宗纪》。

动，充分表现出蒙古族贵族之间的矛盾冲突。及元顺帝即位后，由于旧怨，又将元文宗的神主从太庙中除去。

元朝统治者每年祭享太庙时，供奉的祭品十分丰富。每年的大祀，供奉的牺牲有：马、牛、羊、猪、鹿、獐、兔；其他尚有天鹅、野马、黄羊、塔剌不花(其状如獾)、野鸡、胡寨儿(其状如鸠)等等。其他岁时进献的祭品，则有野猪、黄鼠、大雁、雏鸡、鲤鱼等；其蔬果则有樱桃、竹笋、菱芡、栗子、梨子、红枣、芝麻等。此外，还有特制的酒、羹、马奶等饮品，以及黍、稷、稻、麦等粮食。

至元七年(1270年)十月，元世祖曾专门下令："敕来年太庙牲牢，勿用豢豕，以野豕代之，时果勿市，取之内园。"翌年九月，元世祖又下令："敕今岁享太庙毋用牺牛。"①到了至元十年(1273年)九月，又再定制，凡今后秋猎所获猎物，先荐于太庙。到元成宗时，于大德元年(1297年)下令："增太庙牲用马。"②

到了元朝末年，政治日益腐败，国家财政入不敷出，元朝统治者在举行祭享太庙的典礼时，也感到财力的困难。元顺帝于至正二十年(1360年)公开下诏曰："太庙、影堂祭祀，乃子孙报本重事。近兵兴岁歉，品物不能丰备，累朝四祭，减为春秋二祭。"③这种状况，一直延续到元朝的统治被推翻。

至正二十八年(1368年)七月，大明军攻到大都城下，元顺帝率后妃、皇太子，及诸大臣仓皇弃城而逃往漠北，就连太庙里面的祖宗神主也来不及带走。到八月初大明军进入大都城后，自然变成了战利品。大都城里的元朝太庙也完成了其历史使命，而被废毁了。

---

① 见《元史》卷七《世祖纪》。此处所指"内园"，即是皇宫延春阁后面的御苑，其中有熟田二十顷，由宦官种植各种粮食和果蔬。

② 见《元史》卷十九《成宗纪》。

③ 见《元史》卷四十五《顺帝纪》。

元大都城社稷坛的建造，比起太庙来，要稍迟一些。因为元朝统治者起于朔漠，习惯于游牧生活，对于农业生产却较为陌生，故而对"社稷"的观念也很淡漠。在成吉思汗及其后代的军队刚刚进入中原地区之时，甚至有的蒙古族贵族竟然提出，要把农田废去，改换为牧场。随着北方游牧少数民族与中原地区汉族民众的交往越来越多，他们对农业生产的优越性了解得也就越多，故而对"社稷"观念的认识也就越来越深入。

元世祖忽必烈对社稷的认识，是从他手下的汉族文臣，如姚枢、许衡、刘秉忠等人那里得到的，作为一个代表国家的重要观念加以使用，首见于中统二年(1261年)的"伐宋诏书"，其中提到了"宗庙社稷之灵"，这个诏书，当然是汉族文臣拟定的，但是，至少是得到了元世祖忽必烈的首肯的。

对于正式使用社稷的祭祀仪式,是在至元七年(1270年)十二月，元世祖下令，"敕岁祀太社、太稷、风师、雨师、雷师"①。这时虽然开始有了祭祀之礼，却没有固定的场所。到了至元十一年(1274年)，由于祭祀社稷的典制已经议定，于是元世祖又下令，在全国各路②颁发社稷坛壝仪式。

由于元朝统治者的重视，在至元十六年(1279年)，中央政府又命主持礼仪工作的太常寺官员进行专门的研究工作，参酌古往今来的各种典籍，经过讨论，确定了祭祀仪式、坛壝和祭器的制度，并绘制成图，编纂成书，称为《至元州县社稷通礼》。然后上报元朝统治者，以供施行祭祀仪式时加以参考。

---

① 见《元史》卷四《世祖纪》。

② "路"为当时的一级行政单位，宋、金时期就已行用，元代沿用，在中书省和各行省之下，分为路、府、州、县等几个行政级别。现在的北京地区，在元代被称为大都路。

到了至元二十九年(1292 年)七月，元世祖采用御史中丞崔彧的建议，决定在大都城西南面的和义门(今西直门)内金水河之南，占地四十亩，修建社稷坛，"建社稷和义门内，坛各方五丈，高五尺，白石为主，饰以五方色土。坛南植松一株，北墉瘗坎壝垣，悉仿古制。别为斋庐，门庑三十三楹"。①到了翌年正月，正式动工。

新建的社稷坛，其制度为：社坛与稷坛各自为之，皆方五丈，高度亦为五丈。社坛如上所述，覆以五色土，象征五行(金、木、水、火、土)之色；而稷坛则全都覆以黄土。二坛之间的距离，亦为五丈。而在社坛之南，又用白石制成社主，高五尺，宽二尺，半埋于土中。稷坛则没有石主。在二坛周围，修建有墙垣，用砖砌之，如坛之高，亦为五丈。

社稷坛周围修建的附属建筑，已经十分完备。计有：望祇堂七间、齐班厅五间、献官幕室八间、院官斋所三间。又有祠祭局、仪鸾库、法物库、都监库、雅乐库，一排十间。此外，还有百官厨、太乐署、乐工房、馔幕殿、神厨、酒库、牺牲房、执事斋郎房、监祭执事房、井亭，等等。

元朝统治者对社稷的祭祀，其规格比太庙要稍差。每年按常规举行祭祀仪式共两次，一次是在仲春二月，另一次是在仲秋八月。其祭品，亦不如太庙之丰盛，计有：牛、羊、野豕等数种，此外，其饮品亦有酒及马奶。元朝统治者对社稷的祭祀，只是一种象征性的活动，往往派遣礼官代为祭祀，只是到了元代中后期，元文宗曾亲行祭坛之礼。

元朝统治者除了每年按惯例举行祭坛活动之外，遇有重大事情，也派遣官员到社稷坛举行祭祀典礼。如元武宗在登上皇位之后，

① 见《元史》卷一七《世祖本纪》。

于大德十一年(1307年)七月遣官告祭社稷坛。此后，亦成为一种惯例，元英宗、泰定帝、元明宗、元文宗等，皆在即位之后遣官告祭于社稷坛，以示其继承皇位的正统意义。

　　元朝政府在社稷坛举行祭祀活动时，也要演奏雅乐，为此，特命翰林国史院的文官制作乐辞，而命太乐署的乐官制作乐曲。制成之后的雅乐有《镇宁之曲》《肃宁之曲》《亿宁之曲》《丰宁之曲》《保宁之曲》《咸宁之曲》，在行祭祀仪式时演奏，以配合礼官的迎送神祇，进献祭品的活动。

　　在大都城，比社稷坛稍晚一些建造的，又有郊坛，因为是元朝统治者举行祭天仪式的地方，所以又被俗称为天坛。元朝统治者对于天的尊崇和敬畏，是与汉族统治者一样的，因此，其对祭天的仪式，并不陌生。自大蒙古国建立以后，始行祭天礼仪的，是元宪宗蒙哥。他在即位后的第二年，就在日月山亲行祭天之礼。"又用孔氏子孙元措言，合祭昊天后土，始大合乐，作牌位，以太祖、睿宗配享。"①

　　到了元世祖即位之后，仍然沿袭祭天的仪式。曾于至元十二年(1275年)，因为群臣上尊号，而行祭天之礼。是时，命太常寺礼官按照唐、宋、金各代的典制，在大都城南丽正门外七里之地，建祭台一座，"自后国有大典礼，皆即南郊告谢焉"②。翌年，又因为攻占临安城，推翻南宋政权，遂又于上都近郊行祭告天神之礼。据此可知，上都城近郊，亦有类似于大都郊坛的祭祀场所。

　　到至元三十一年(1294年)四月，元成宗即位之后，才在旧郊台的基址上，改建郊坛。这次改建的郊坛，主要是为了元世祖死后行告天请谥之礼。到了大德九年(1305年)，元成宗又在丽正门外新建

――――――――――――――

　　①② 见《元史》卷七二《祭祀志》。

了一座郊坛。新建的郊坛规模宏大，占地三百余亩。郊坛共分三层，最上面一层五丈见方。第二层十丈见方，最下面一层十五丈见方，其面积比社稷坛要大；而其高度却不及社稷坛之半，每层皆高八尺一寸，三层合计二丈四尺三寸(约合七米半高)。

在郊坛的四周围，也建有各种附属建筑，如香殿、馔幕殿、省馔殿、献官斋房、执事斋房、齐班厅、仪鸾局、祠祭局、法物库、都监库、雅乐库、演乐堂、献官厨、牺牲房、神厨、酒库等设施，合计建房一百三十九间。其规制及功效，皆与太庙和社稷坛大致相同。而其祭品，亦为马、牛、羊、野豕、鹿等。

元朝统治者的郊天祭祀之礼，曾经反复变更。最初的祭天之礼，是以元太祖及睿宗等作为配享。其后，有官员议论，认为用祖宗配享是汉人的办法，应该只祭天神，不用祖宗配享。于是，元朝统治者在行祭天礼时，去掉了祖宗配享。此后，又有礼官提出，应该用祖宗配享，遂又恢复旧制。

元朝的郊坛在举行祭天神之礼时，又往往同时行祭地祇之礼。于是，又有礼官提出，这种做法是不合典礼的。南郊的祭坛只能祭祀天神，而应该在大都城北郊再建方丘(俗称地坛)，以祭祀地祇。其行礼之时间也不同，每年的冬至行祭天之礼，而于夏至行祭地之仪。这项建议只是一些空谈，由于无法得到元朝统治者的认同，地坛也就一直没能建成。

对于其他各种自然神祇，元朝统治者也沿用前朝惯例，岁时加以祭祀。如与天有关的神祇，有风、雨、雷师。至元七年(1270年)，主持农业生产的大司农司提出，每年的立春之后，在大都城东北郊举行祭祀风师之礼，而在立夏之后，于西南郊举行祭祀雷师和雨师之礼，遂成定制。到元仁宗延祐五年(1318年)，元朝政府又在东北郊和西南郊分别建立祭坛，以祀其神。

元朝政府又经常举行祭日和祭星的活动，却没有像后世那样建有日坛、月坛等建筑。这些祭祀活动，大多数是在司天台举行。如至元二十五年(1288年)正月，"祭日于司天台"。翌年十二月，元世祖又下令，"命回回司天台祭荧惑"。而在至元三十一年(1294年)五月，元成宗刚即位不久，即下令，"祭太阳、太岁、火、土等星于司天台"①。

　　在中国古代历史上，最有影响的历史人物之一，是孔子。由他创立的儒家学说，在中国古代文化三大支柱(即儒、释、道)中列于首位。因此，后世人们在广建佛寺、道观的同时，也在各地建造了大大小小的宣圣庙(即孔子庙)，岁时对这位思想伟人加以祭享。而且，由于孔子在中国古代教育事业中的重要贡献，故而人们往往在其庙宇旁边再建有学宫，并合称为庙学。②

　　大都的孔子庙，是建造最早的祠庙之一。当元太祖铁木真攻占燕京城不久，宣抚使王檝即将旧金枢密院的官衙改建为孔子庙，并率儒生岁时加以祭享。他的这种做法，得到了蒙古族统治者的认同。元太宗时，因找到孔子后裔五十一代嫡孙孔元措，命其袭封衍圣公，遂又在癸巳年(1233年)和丙申年(1236年)两次重修燕京的孔子庙。与此同时，元太宗又在燕京的孔子庙创立国子学。

　　元世祖即位之后，对儒学的重要作用有了更深刻的认识，于是，一面沿用燕京原有的孔子庙，另一方面又在元上都开平府建造了新的孔子庙。及至元初年开始在燕京城东北兴建新的大都城之后，元

---

　　① 见《元史》卷十八《成宗纪》。

　　② 在元代，孔子庙的建造也极为普遍，时人所谓："我国家定中国，庙祀如故，而学隶焉。舟车所至，凡置郡县之地，无小大莫不皆有庙学。其重者，京师有国学之建，东鲁有阙里之祠。"见元代苏天爵所编《国朝文类》卷四十一"宣圣庙"。

世祖又在新都城为营建更宏大的孔子庙预留了用地。只是由于各种政务十分繁忙，一直没有能够开工修建新孔子庙。

到元成宗即位之后，许多蒙古族和汉族的大臣都提出了修建新孔子庙的建议，并且得到了元成宗和当朝宰相哈剌哈孙的支持。于是在大德三年(1299年)开始在大都城修建新孔子庙。这次建造工程历时数年，才告竣工。

大都城的新孔子庙占地一百五十亩。其主殿大成殿规制十分宏大，面宽为十三丈(约合40米)，进深为七丈五尺(约合23米)，高度为六丈五尺(约合20米)。其他的附属设施也很完备，"配享有位，从祀有列；重门修廊，斋庐庖库"等等，共有房舍四百余间①。大成殿建好之后，元朝政府又命著名雕塑家阿尼哥专门塑造了孔子像。

元朝统治者自建成孔子庙之后，对孔子的祭祀活动也很重视。在大蒙古国时期，祭祀所行礼仪皆仿用金朝的旧制。到元成宗建成新孔子庙之后，一方面，命太常礼官和大乐署乐官制订新的孔庙雅乐，另一方面，又命江浙行省制作了一整套新的孔庙专用乐器，"以宋旧乐工施德仲审较应律，运至京师"②。

元朝统治者对孔子的封号及从祀之人也很重视，元武宗在至大元年(1308年)加封孔子为"大成至圣文宣王"，到元仁宗在位时，先后命以先秦儒学大师孟子等人作为配享之人；以宋代大儒周敦颐、程颐、司马光、朱熹，及元代大儒许衡等人，作为从祀之人。

大都城的新孔子庙建成后，旧燕京城的孔子庙并没有废弃，而是改为大都路学及大都路孔子庙，署其名为提举学校所，仍是教育

---

① 见元代苏天爵所编《国朝文类》卷十九所载程钜夫撰"国子学先圣庙碑"。
② 见《元史》卷六十八《礼乐志》。

学子、祭祀孔子的主要场所。此后，在元仁宗延祐年间、泰定帝泰定年间、元文宗天历年间，多次加以修缮及扩建。

元朝政府还规定，对于路府州县的孔子庙，政府官员要给予尊崇，每月的朔、望之日，"郡县长吏率其参佐僚属，诣孔子庙拜谒礼毕，从学官升堂讲说"[①]。把尊崇孔子与讲授儒学结合在一起。同时，元朝政府还规定，禁止任何人士在孔子庙内从事宴饮、做工及住宿等活动。

在大都新旧两城之内，还遍布着各种各样的杂祀建筑。如在《析津志辑佚》一书中所记载的杂祀建筑，即有：

铁牛大力神庙，在旧城施仁门里，庙中铸有铁牛，直到清末尚存，其祀典无考。

杜康庙，在大都新旧两城皆有，所祀之杜康传为造酒之神。

东岳庙，也是新旧两城皆有，所祀之神东岳大帝据说执掌世人生死祸福，因此在社会上的影响相当广泛。而在这些东岳庙中，又以齐化门外由正一教道士修建者最为著名，其香火之盛，冠于京师，至今尚存，为国家级文物保护单位。

舜帝庙，在旧城金故宫遗址西泽潭之西，到了元代，尚存有唐代刻立的石碑。

武安王庙，在新旧两城多达二十余所，其中规模较大的有四所，存有前朝及元朝的碑刻。在《元史·祭祀志》中，又称为武成王庙，元朝政府命以孙子、管仲、乐毅、张良、诸葛亮等十人从祀。

白马神君庙，在旧城铜马门，为晋末慕容氏所建，此后历朝相沿，亦为燕京特有的祠祀之一。

刘便宜祠堂，在旧城白云观附近，为纪念元初刘仲禄而建。刘

---

① 见《元史》卷一百三《刑法志》。

第二章　皇宫入仙境　衙署伴庙坛
——都城中心区域及外延

77

仲禄为元太祖使臣，曾奉命接引全真教道士丘处机到西域谒见元太祖，而使全真教在燕京地区盛行起来。

其他杂祀，如关帝庙、城隍庙等，亦所在多有，于兹不赘述。

四、五云中书省 澄清御史台

大都城作为元朝的政治中心，集中了从中央到地方的各级官僚机构。这些机构，大致可以分为以下三大部分。其一，是中央官僚机构。从中书省及其下辖的六部等政务机构，到枢密院及其下辖的诸侍卫军等军事机构；从御史台及其下辖的察院等监察机构，到宣政院等宗教机构，等等，皆是掌管国家大政的重要官僚机构。这些机构，主要围绕在皇城的周围。

其二，是大都地区的地方行政机构。从大都路总管府及其下辖的州县衙门，到大都留守司及其下辖的府、司、监、寺等地方机构。这些机构，主要负责处理日常的具体行政事务，在政治上的作用，要远逊于中央各机构，因此，其所处的位置，也比中央机构距皇城更远一些，其州县衙门，更是设置在京畿各自的辖区之内。

其三，是皇家贵族机构。从直接为帝王日常生活服务的宣徽院，到为后妃服务的徽政院(后改称中政院)，再到为皇太子服务的詹事院等等，这些机构，由于具有极为特殊的性质，因此，其所处的位置大都距皇城较近，有的甚至是设置在皇城之内。而其职权之大，有时亦会超过某些中央政府机构。

以上三大类官僚机构，在元朝初期经历了一个逐渐完善的过程，其在变化、完善的过程中，自然要引起其办公场所的变更及完善。而这些机构，或迟或早，都在大都城修建了办公场所。这些官僚用于办公的场所，构成了大都城建筑的一个重要组成部分。

在大都城里，最重要的官僚机构是中书省。早在大蒙古国时期，元太宗在汉族大臣耶律楚材的支持下，于辛卯年(1231年)八月，"始立中书省，改侍从官名"[①]。并任命耶律楚材为中书令。但是，这时的中书省还没有具备中央政府的各项职能，只能算是窝阔台政权的一个秘书班子，耶律楚材所担任的中书令，只是一个"秘书长"。

及元世祖忽必烈即位之后不久，在中统元年(1260年)四月，再次设立了中书省，这时的中书省，才有了中央政府的职能。而在中书省任职的官员，多为居于燕京的汉族官僚，如王文统、张文谦等。不久，又命在燕京主持政务的祃祃任行中书省，赵璧任平章政事等职[②]。这时的中书省，还没有固定的办公场所。直到翌年九月，元世祖下令，"诏以忽突花宅为中书省署"[③]。

到中统末年，元世祖忽必烈封真金为燕王，作为皇储，任中书令，"领中书省事"，故而此后的元朝政府，除皇太子以外，再也没有其他官员担任中书令一职。而真金这时处理中书省的政务，常常是在琼华岛上的万岁山广寒殿，而很少到用忽突花宅改建的中书省署去。

---

① 见《元史》卷二《太宗纪》。

② 在这时的中书省中，王文统和赵璧任平章政事，张文谦任左丞，祃祃任行中书省。名义上祃祃的职务最高，而实际的大权则由王文统执掌。这时的行中书省，是因为中书省分设在上都、燕京两处，故而在燕京的中书省官员乃是代行中书省的权力，与后来的行中书省(简称"行省"，是各地方的最高行政机构)，是两个完全不同的概念。

③ 见《元史》卷四《世祖纪》。而在《析津志辑佚》一书中亦记载，"中统二年九月，以□都火宅为中书省"。此处所指"□都火"，即为忽突花，所佚之"□"，当为"忽"字。

及元世祖定鼎大都城之后，根据宰臣刘秉忠的规划，也为中书省设计了办公衙署，其地点，是在皇城北面的凤池坊内。"始于新都凤池坊北立中书省。其地高爽，古木层荫，与公府相为樾荫，规模宏敞壮丽。"①其衙署的位置，根据星象之说，正处于紫薇垣的方位。

到了至元七年(1270年)，朝中宰臣阿合马为了搜刮民财，请于中书省之外，另立尚书省，专掌财政，得到元世祖的支持。于是，阿合马又在皇城东南面的五云坊再建尚书省衙署，作为其办公的场所。到了至元九年(1272年)，元世祖下令将尚书省合并到中书省，阿合马等人仍任中书省官，于是，便有了"南省""北省"的区别。同年，"建中书省署于大都"②。即是指南省的建设工程完毕。

新建成的南省衙署，规模比北省更加宏敞，其外仪门上，刻有"都省"二字的大牌匾。中仪门前有通衢，可供兵卫戟仗陈列。内仪门里，则为省堂大正厅，共有五间，东西又有耳房。其建筑十分精美，"宽广高明，锦梁画栋，若屏障墙。耳房画山水林泉，灿然壮丽"③。

由大正厅向后，有五间穿廊连接，到中书省正堂。正堂亦为五间，也有东西耳房。每年的春季和冬季，中书省官在东耳房处理政务；夏季和秋季，则在西耳房处理政务。因为中间的正堂摆设有皇太子(也就是中书令)的御位，用护栏围了起来，故而不便于办公。

此外，在中书省衙署内，还建有断事官厅三间、参议府厅三间、西右司厅三间、东左司厅三间，以及左右提控掾史幕司、左右属司

---

① 见《析津志辑佚》中的"朝堂公宇"门所载之文。
② 见《元史》卷七《世祖纪》。
③ 见《析津志辑佚》中的"朝堂公宇"门所载之文。

幕司、东检校厅、西架阁库、东西司房等官房数十间。此后，在至正十七年(1357 年)，中书省官员又在省衙内建有医厅一间，作为省医办公之处。此外，在正堂之后，有小花园一处，内有假山、小亭，花木葱郁，景色十分雅致。

在中书省的外仪门与中仪门之间，则是吏、户、礼、兵、刑、工六部的衙署。这些衙署的厅堂有些为任职官员自题匾额，有些则请文士代拟匾额，今可知者，如吏部有考功堂，请名士欧阳玄为之作记；礼部有合化堂，由名士马祖常为之作记；其他的户部、兵部、刑部、工部等，也都请文士揭傒斯、危素等为之作记。

在皇宫东面的保大坊内，建有枢密院的衙署。枢密院负责全国的军事要务，其地位也很重要。而其衙署的规制，与中书省大致相同。也是建有外仪门、中仪门与内仪门。在外仪门与中仪门之间，设置有各个军卫的衙署，其数量远远超过了中书省的六部。

据《析津志辑佚》一书所载，诸卫的衙署有"中卫、前卫、后卫、钦察卫、唐兀卫、右卫阿速、贵赤司、武卫、左卫、右卫、崇仁卫、西域卫、左卫阿速、宣忠扈卫"等等三十余卫。这些卫所，有的负责帝王的保卫工作，有的负责城垣、宫殿的修缮工作，还有的负责各种物资的生产、供应工作。

在内仪门里面，有正厅五间及东西耳房，穿廊五间，与正堂五间相连接。正堂亦设置有皇太子办公之位，用护栏围绕着。办公也是在东西耳房。其他办公场所，也分为断事官厅、参议府厅、左右司幕府、客省使厅、经历知事厅、令史宣使房、架阁库、官厨局，等等，"一如中书省制"。而在枢密院的衙署后面，又建有库房，贮满粮食，以备不时之需。

与中书省、枢密院并列的中央机构为御史台。元朝的御史台始建于至元五年(1268年)，是时，大都城已经在营建之中，故而也为其安排了办公的场所。根据星象之说，御史台的官衙最初是被安排在了大都城西北方的肃清门内，其地"在左右执法天门上"。由于该地距皇城及中书省、枢密院等中央机构距离较远，不便于办公，于是将其官衙加以变更。

经过选择，新的御史台官衙被安排在了皇城东南面的澄清坊东，哈达门第三巷。该处原来是准备安置翰林国史院的官衙之址，被御史台占用之后，翰林国史院的官员被挤到了中书南省衙署内办公。此后，因中书南省公务日繁，遂又将翰林国史院迁到了凤池坊的中书北省之内办公。

新建成的御史台衙署，其格局与中书省和枢密院大致相同。有外仪门、中仪门和内仪门。入内仪门，为正厅、穿廊直舍与正堂，又有东西幕庑。其他如经历司、照磨、管勾、架阁库、堂仓局等，皆有办公用房。而在外仪门内，东面设有殿中司，西面设有察院，亦皆有办公衙署。此外，在御史台的西边，又有一排廊房，分别为江南行御史台(简称"南台")、陕西行御史台(简称"西台")及各道廉访司的办公场所，俗称为"台房"。

其他的中央政府机构，又有大司农司，主持督促全国的农业生产，最初是在旧吏部的衙署内办公，到大德八年(1304年)，才购买了大都城里蓬莱坊的一处民宅作为其衙署。大司农司的衙署共有正厅三间，左右翼室两间，东西司房各三间，东西架阁库各三间，前后临街房十五间，佛堂一间。此外，又有供膳司、籍田署等房舍各数间。到了元朝后期，大司农司的衙署又一度迁到权臣伯颜在时雍坊的住宅之内，其规制更加宽敞。

位于大都城东南面文明门附近的太史院，也是一处较为重要的机构。太史院的衙署是在至元十六年(1279 年)开始兴建的。在衙署的中央位置上，修建有灵台，共有三层。最上面一层，安放有仰仪、简仪等观测天象的仪器。中间一层，建有八间屋子，分别放置有景曜、水运浑天壶漏、浑天象盖天图，以及各种与天文相关的典籍。最下面一层，则为太史院官员的办公场所。灵台的东面建有一座小台，放置有玲珑浑仪；灵台的西面则设置有高表、石圭等仪器。

在大都城里的最高地方官僚机构，是大都路都总管府(相当于现在的市政府)。该机构设置于至元二十一年(1284 年)，最初也没有正式的办公衙署，而是借用寺庙的房舍，或是租用百姓的民宅。直到元武宗至大年间，才由中书省官员提议，在大都城中部的灵椿坊购买了民宅二十亩，用来修建总管府的衙署。其位置，相当于现在的鼓楼东大街路北之处。

新旧大都两城，被元朝政府分为大兴和宛平两个县来进行管理。其中，宛平县的衙署，大约位于平则门西南五华里处。衙署初建时并不宽敞，到元仁宗延祐二年(1315 年)，时任宛平县尹的李承直加以扩建，共建有正厅、幕府、库房、厨堂、监狱等各项设施用房五十余间，其衙署规模遂告完备。到元英宗至治三年(1323 年)，监县赛甫丁忠显、县令张让等人，又调集人力物力，将县衙大门重建一新。大兴县的衙署，其规模当与宛平县衙大致相同。

大都留守司，是一个介于中央政府和地方政府之间的官僚机构。因为元朝统治者有每岁巡幸上都的惯例，于是在大都城和上都城都设置了留守司。每年春天，元朝统治者从大都去往上都，此后的皇宫管理、修缮等所有事情，皆由大都留守司负责。到了秋天，元朝统治者从上都回到大都城之后，留守司的责任即告结束。

由于留守司的地位十分特殊，是直接为元朝统治者服务的机构，因此，其衙署被安置在皇城里面、宫城外面的西南处。留守司下辖的日常工作机构有很多，有负责皇城和大都城警备及门钥的大都城门尉及仪鸾局；有负责皇城和宫城修缮工作的修内司、祗应司、大小木局、上林局等等，其衙署遍布于大都的宫城、皇城和都城内外，其规制亦大小不等。

在大都城里，直接为蒙古族贵族服务的官僚机构也自成一系统，有别于中央政府的政务、军事、监察三大体系。直接为帝王服务的机构是宣徽院，该机构前代已经设置，其职能也在不断发生变化。到了元代，其地位变得越来越重要。元代宣徽院的衙署，设置在大都皇城之外的东南方，而其下辖的机构，则有光禄寺、尚舍寺、尚食局等①，专门为帝王提供住宿、饮食等全方位的服务。

直接为后妃服务的机构是徽政院及中政院，皆为元成宗时所设置。徽政院系由詹事院改置②，故而其衙署，被安置在大都皇城里面的隆福宫和兴圣宫之间。是直接为皇太后提供全方位生活服务的机构，其下辖有内宰司、宫正司、延庆司、掌医署、掌谒司、延福司、奉徽库、寿和署、掌仪署，等等。而中政院则是为皇后服务的机构，"掌中宫财赋营造供给，并番卫之士，汤沐之邑"③。其下则辖有中瑞司、翊正司、典饮局等机构。徽政院及中政院都是元朝

---

① 其详，可参阅《元史》卷八十七《百官志》。宣徽院下辖机构，主要有光禄寺、大都尚饮局、上都尚饮局、大都尚醞局、上都尚醞局、尚舍寺、尚食局、尚珍署、大都生料库、大都太仓、诸物库，等等，机构相当庞大。

② 至元年间，元世祖为皇太子真金设置詹事院。其后，皇太子病死，而詹事院未废。及皇孙(即成宗，真金之子)即位，乃将詹事院改为徽政院，其职能，则从为皇太子服务转变为替皇太后服务。

③ 见《元史》卷八十八《百官志》。

创立的机构，后世也没有延续下去。

　　直接为皇太子服务的机构是詹事院，又称储正院。这个机构，前代已有，元代仍加沿用，只是将其规模加以扩大。却由于元代的皇太子时立时废，体制十分混乱，故而其机构亦时设时废。詹事院下辖的机构，则有家令司、府正司、延庆司、典幄署、骥用库、典用库、典医监、典牧监、典宝监、储膳司等等，其设置时间先后不同，亦时有变更。

元

第三章

街巷纵横处　灯火连万家
——都城的居民与民居

在金元之际，燕京城经历了一个巨大的变迁过程。从金朝统治者迁都南逃，到成吉思汗的军队占领中都城，改其为燕京行省，作为向中原地区扩张的军事大本营。然后，是元世祖忽必烈受命主持中原地区的政务，建立开平府，加强了与燕京的联系；到元宪宗突然死亡，忽必烈即位，与阿里不哥争夺皇权并取得胜利，升开平府为上都，又升燕京为中都，继而再升为大都。这里的政治上的巨大变迁，带来了居民人口构成的不断变化。

在金朝统治者南逃之前，中都城里的女真贵族人士和金朝政府的各级官僚机构中的政府官员，占有中都城居民的相当大的一部分。而在迁都之后，这部分人中的绝大多数都从都城中消失了。此外，许多富商大贾和殷实富户也都随之南逃，中都城的总体居民人数锐减。而战争的牺牲带来的人口减少现象，在当时的中原地区也是很普遍的。由于蒙古族统治者采用了野蛮的"屠城"政策，使得人口减少的速度在不断加快。这个过程，一直到大蒙古国在中原地区的统治逐渐得到巩固之后，也才逐步得到缓解，使"屠城"的现象得到遏制。

由于大蒙古国的统治逐渐巩固，政府开始从各地向燕京地区迁徙人口，这些被迁徙的民众，有些是出于自愿的行为，有些则是被强迫的。有关资料显示，这些新来的居民中，有些是官员，有些是工匠，有些是军士，还有一些是农民。这些新居民大多数都是合家迁徙而来，并且此后长期定居在这里。这个过程，主要是在燕京旧城完成的。

随着元世祖忽必烈营造新的大都城，使这里成为新的、全国的政治中心，于是，有大批的蒙古族贵族和其他少数民族人士开始定居在这里，使居民的构成由此发生变化。与此同时，又有大量的军士和工匠被征调到这里，使居民的人数得到迅速增加。政治中心的确定，又使其文化中心的功能逐渐形成，由此而使一大批文化界人士和宗教界人士也汇集到了这里，并且很快成为这里的常住居民。这个变化过程，主要是在大都新城完成的。

当然，居民结构的变化对其居住的环境是有一定影响的，而城市的变迁对居民的居住环境的影响就更大。大都新城的兴建，以及旧城的逐渐荒废，给整个城市的民居带来了巨大的影响。首先，是居民的居住面积有了极大的扩展。新建的大都城，其空间面积比旧燕京城要大得多，而且，在新城被使用之后，旧城也仍然没有完全废弃，还在被充分加以利用，从而使都城居民的生活空间更加宽裕。

其次，是居民的居住环境得到了较大的改善。城市用水系统的改善是最重要的一个因素。大都新城的居民从原来使用的莲花池水系，改变为高粱河水系，水质有了较大提高。城市的交通环境也得到进一步改善，这是又一个重要的因素，新兴建的都城道路笔直而宽阔，而且有着较为完备的排水系统，保证了交通的顺畅。

简而言之，这些变化，对于那些达官贵人而言，是最为显著的。他们的居住空间的扩展是与普通百姓不可同日而语的，有的当朝权贵，不仅在大都新城建有豪华的宅第，而且在旧燕京城还保留有幽静的私家园林。而那些贫苦的居民，其居住环境的改善则是微不足道的，有的甚至全无变化，仍居住在陋巷破屋之中。

一、贵族赐第近皇城

蒙古族贵族和政府上层权贵，是大都城里的特权阶层，他们在居所方面也自然享有特权。这种现象，从大蒙古国的军队攻占燕京之时就已经出现了。成吉思汗的军队在占领中都城之后，这里的一切就都变成了大蒙古国统治者的囊中之物，当然也包括房屋宅第等建筑，元太祖铁木真可以随意地把它们赏赐给部下，作为奖励。许多蒙古族贵族和政府上层权贵，都是通过这种"赏赐"的手段来占有居所的。

如随同元太祖崛起于蒙古草原的大将镇海，因为从征四方，屡立战功，因此，当成吉思汗的军队攻占燕京城后，"既破燕，太祖命于城中环射四箭，凡箭所至园池邸舍之处，悉以赐之"[①]。这种做法，乃是一种赤裸裸的掠夺，堪称后来清军入关后跑马圈地的滥觞。大蒙古国的大将在得到园池、邸舍之后，有些是用来居住，另有一些则被出租以牟利。据史称，镇海后来曾任中书右丞相。他是最早占有燕京房地产的大蒙古国权贵。

到元世祖即位时，旧燕京城的居住空间已经被占满了，再像镇海那样强占园池邸舍已经是不可能的了。甚至连最高统治者要定都于此，修建皇宫也已经很困难了。于是，在谋臣刘秉忠的帮助下，元世祖忽必烈决定另建新的都城，从而新拓宽了更多的都市居住空间。对于这些新开拓的居住空间，在进行新的分割的过程中，必然是以权力和财富作为基准点的。

至元二十二年(1285年)，大都新城的基建项目大多数已经竣工，于是，元世祖下令："诏旧城居民之迁京城者，以赀高及居职者为先，仍定制以地八亩为一分；其或地过八亩及力不能作室者，皆不得冒据，听民作室。"[②]在这道诏令中，有两点值得注意。其一，是对新的居住空间的占有顺序，赀高者是有钱人，居职者是有权人，

---

① 见《元史》卷一百二十《镇海传》。
② 见《元史》卷十三《世祖纪》。

都是拥有优先的特权。其二，是对每户居民的占有居住空间的限制，每户只能占有八亩地基。这就保证了大都新城的大街小巷整齐划一，充分体现出了中央集权的威势。

对于元朝统治者的诏令，大多数百姓是必须遵守的，但是，那些蒙古族贵族和政府权贵却往往违例，受到特殊照顾。其受到的照顾根据身份的不同、功绩的不同、受宠信程度的不同，等等各种因素，而亦有所不同。大致可分为以下几种情况：其一，是由统治者直接修建房舍加以赐予；其二，是由政府购买大都市民的现成房舍，然后转赐之；其三，是把原来属于某些大臣的房舍罚没之后再转赐给另外一些大臣；其四，是直接给予钱钞命其建房或购房。

享受第一种优待的主要是那些被称为黄金家族的蒙古族贵族。大蒙古国统治者自立国以来，即实行分封之制，大量蒙古族贵族被封为宗王，出镇各地。元世祖忽必烈即位之后，仍然实行这个制度。他在把众多皇子分封到各地为王的同时，又在大都城里为这些宗王修建有王府，以供外地宗王入京朝觐时住宿，或是供那些尚未封到外地的皇子住宿。这些王府的位置比较集中，当在今王府井一带，其地距皇城极为近便。

有些被分封而出镇外地的宗王，还保留着其在京城的王府住宅，以便有事进京时居住。如在元成宗时，元武宗、元仁宗兄弟皆被封为宗王，出镇外地，却仍保留了其在京城的王府。及元成宗死，元仁宗闻讯，"至大都，与太后入内，哭尽哀，复出居旧邸，日朝夕入哭奠"[①]。此处所指旧邸，即是元武宗、元仁宗兄弟所居之旧王府。

---

① 见《元史》卷二十四《仁宗纪》。

这些王府修建得十分宏大，不仅平民百姓的住宅不能与之相比，就是当朝的宰臣也不敢与之相比。如元朝后期的元顺帝时，太皇太后赐给握有朝中大权的宰臣伯颜一所住宅，"太皇太后赐第时雍坊，有旨雄丽视诸王邸，伯颜力辞，制度务从损约"①。就连权倾一时的"大丞相"伯颜，其住宅都不敢与王府相比，由此可见王府的规制是相当雄丽的。

对于这些王府的修缮工作，是与皇宫的其他建筑相同的。在大都留守司下面的所属机构中，设有祗应司，其职责之一，即是"掌内府诸王邸第异巧工作"。祗应司下面，又设有油漆局、画局、销金局、裱褙局、烧红局等机构，主要负责"掌诸殿宇藻绘之工"，"掌诸殿宇装潢之工"②等等。其所辖工匠，多达700户。

从元朝初年开始，元朝统治者在都城给当朝权臣也往往赐以宅第，以供其居住。如元初少数民族大臣廉希宪，由陕西来到燕京，出任中书省平章政事，元世祖即"赐宅一区"③。因为这时大都城还没有开始营造，故而所赐之宅第是在旧燕京城里。

另一位少数民族大将撒吉思，在元朝初年奉命平定济南军阀李璮的叛乱，然后负责镇守济南。为了奖赏他的功劳，元世祖下令，"赐京城宅一区，益都田千顷，及璮马群、园林、水碓、海青、银鼠裘之属"④。赐给他的京城宅第，也是在旧燕京城里。

又如元成宗时的朝中大臣哈剌哈孙，在成宗死后，扶持元武宗、元仁宗兄弟夺得皇位，及元武宗来到大都城之后，为了奖赏他的功

---

① 见《元史》卷一百三十八《伯颜传》。
② 见《元史》卷九十《百官志》。
③ 见《元史》卷一百二十六《廉希宪传》。
④ 见《元史》卷一百三十四《撒吉思传》。

劳，"拜太傅、录军国重事，仍总百揆，赐宅一区"①。这次赐予的住宅，是在大都新城之内。当然，哈剌哈孙在京任职多年，应该已有居所，故而这次的赏赐，只是为其增加了一处新的房产。

当然，这些被赏赐宅第的当朝大臣，其得到的赏赐来得容易，失去也很容易。由于政治局势的变化多端，使曾经权倾朝野的大臣转眼之间就变成阶下囚的现象比比皆是。而失去权力的同时，这些大臣也就同时失去了他的所有财产，包括他的宅第。而那些新掌握朝中权力的大臣，有些也同时获得了失势大臣的宅第。这种居所的轮换周期，有时是很短的。

元朝初年的当朝宰臣阿合马因为善于敛财，受到元世祖忽必烈的宠信，为他在大都新旧两城都建造有豪宅。但是，当至元十九年(1282年)阿合马被千户王著刺杀后，为了平定百姓对阿合马的怨恨，于是，元世祖抄没了阿合马的全部财产，并且下令，"以阿合马居第赐和礼霍孙"②。当时的和礼霍孙，亦为当朝宰臣。

到了元代中后期，由于元朝统治集团内部的矛盾斗争越来越尖锐，导致了当朝掌权官员的更换频率越来越快，涉及的人员范围越来越广泛，因此，这种官员居所的更换也越来越多。如在致和元年(1328年)，泰定帝病死于上都，当朝大臣燕铁木儿在大都发动政变，迎立元文宗，并且击败了元上都军队的反攻。于是，在大都城遂展开了一场对财富的重新瓜分。

同年十月(元文宗已改元为天历元年)，"燕铁木儿请以蒙古塔失等三十人田宅赐彻里铁木儿等三十人，从之"。不久，元文宗又下令，"以倒剌沙宅赐不花铁木儿，倒剌沙子泼皮宅赐斡都蛮，内

---

① 见《元史》卷一百三十六《哈剌哈孙传》。
② 见《元史》卷十二《世祖纪》。

侍王伯颜宅赐唐其势"①。到十一月，"燕铁木儿请以乌伯都剌等三十人田宅赐斡鲁思等三十人"②。在短短的两个月时间里，被更换的政府高级官员的豪宅即多达六十余处。

对于主持这次宫廷政变的首脑人物燕铁木儿，元文宗自然也不会亏待。至顺二年(1331年)二月，元文宗特下令，"建燕铁木儿居第于兴圣宫之西南，诏撒迪及留守司董其役"③。不仅如此，翌年正月，元文宗又特别下诏令，命上都留守司专门在上都城再为燕铁木儿建造一处居第，真可谓是荣宠备至。

但是，没过多久，元文宗与燕铁木儿相继死去，元顺帝即位，很快就清除了燕铁木儿一派的势力，并将燕铁木儿的财产抄没，将其新建的兴圣宫西南的豪宅赐给了藏传佛教僧人曩哥星吉，"号大觉海寺，塑千佛于其内"④。是时，距这座豪宅的开始兴建仅有四年。

当然，有的政府官员在朝廷中的地位时有升降，而其居所也会随之出现失而复得的情况。元顺帝时，中央政府的宰臣脱脱因为受到奸臣的攻击，一度被罢官，其家庭财产(自然也包括其居所)也被抄没。此后，元顺帝见他忠心耿耿，又有才干，于是再次命其执掌朝政，同时将抄没的居所还给了他。

由于达官显贵的住宅都十分宽敞，所以元朝统治者有时又将那些被抄没的豪宅改为官衙，作为政府职能部门办公的场所。如元文宗在将大批泰定帝亲信的宅第赐给自己亲信的同时，又将其中的一些改为官衙。至顺元年(1330年)七月，元文宗下令，"以阔彻伯

---

①② 见《元史》卷三十二《文宗纪》。此处所指倒剌沙，是泰定帝的宰臣，而不花铁木儿、唐其势等人，则是为元文宗夺取皇权奋战的大将。

③ 见《元史》卷三十五《文宗纪》。

④ 见《元史》卷三十九《顺帝纪》。

宅赐太禧宗禋院"，不久又下令，"以所籍野理牙宅为都督府公署"①。

元朝统治者对于所宠信的大臣往往赐予宅第。但是，有时会出现没有抄没的宅第，也没有空闲的宅第，于是，为了赏赐的需要，元朝政府不得不出钱钞购买大都居民的住所，来用于赏赐。如元成宗时，张珪任江南行台侍御史，因其祖张柔、其父张弘范在元世祖时皆为显官，故而受到宠信，被召回大都枢密院任职，"入见，赐只孙冠服侍宴，又命买宅以赐，辞不受"②。元武宗时，当朝宰臣赤因铁木儿受到宠信，于是，元武宗在至大元年(1308 年)二月下令，"命有司市邸舍一区，以赐丞相赤因铁木儿，为钞万九千四百锭"③。

有的时候，对于那些特别宠信的蒙古族贵族及朝中权贵，元朝统治者还直接赐以钱钞，使其购买居所。如元文宗时，为了给皇姐在大都城安家，曾于天历二年(1329 年)正月"赐鲁国大长公主钞二万锭营第宅"。同年五月，"复赐鲁国大长公主钞二万锭，以搆居第"④。当时大都城的一处豪宅，大约价值钞币二万锭，而公主之宅第，自然要比一般的豪宅还宽敞。

此后，元顺帝亦曾下令，"赐宣让王帖木儿不花市宅钱四千锭"⑤。在当时，钱钞四千锭是无法买到一处豪宅的，或者是统治者对宗王的一种"住房补贴"，或者是宗王帖木儿不花的"市宅"

---

① 见《元史》卷三十四《文宗纪》。

② 见《元史》卷一百七十五《张珪传》。此处所指赐只孙冠服，是参加大宴会时的礼服。能够被允许参加大宴会，是一种很高的政治待遇。

③ 见《元史》卷二十二《武宗纪》。

④ 见《元史》卷三十三《文宗纪》。

⑤ 见《元史》卷三十九《顺帝纪》。

行为乃是一种不公平的交易。蒙古族权贵恃权强买百姓物品的事情在当时是司空见惯的。

也有的朝中权贵，确实得到过元朝统治者的"住房补贴"。如后至元二年(1336年)，朝中大臣孛罗因为更换住宅，得到了元顺帝的"补贴"。"中书平章政事孛罗徙宅，赐金二锭、银十锭。"①这些"补贴"，差不多又够孛罗买一所新的宅第了。

元朝统治者有时又调动大批人力、物力，为朝中权贵修造私人宅第。元武宗在即位后，就在大都城为手下宠臣修造私宅。因为当时各项建筑工程极为繁多，御史台大臣遂上言谏之，请罢行为大臣修建私宅的土木之役，以纾缓民力。元武宗下令，除了极为宠信的大臣如三宝奴等人的居所之外，暂时停止为其他大臣修造私宅。

也有些朝中大臣，不依赖政府的力量，而自己建造宅第。如少数民族官员布鲁海牙，随元太祖征伐四方，又曾受命在燕京管理蒙古族贵族的财产。其后虽然出外在顺天、真定等地任职，却把家安置在了燕京，"布鲁海牙性孝友，造大宅于燕京，自畏吾国迎母来居"②。他的宅第，是建造在燕京旧城之内。这种由政府官员自己出资兴建居所的情况，在当时也较为普遍。

二、文人园林　享誉京华

此处所指的官僚士大夫，乃是元朝的汉族官僚阶层。因为当时的民族界限是颇为明显的。政府中的达官显贵主要是蒙古族贵族

---

① 见《元史》卷三十九《顺帝纪》。
② 见《元史》卷一百二十五《布鲁海牙传》。

(当时被称为国人)和其他少数民族人士(当时被称为色目人)，汉族官员中只有极少数人，从大蒙古国一进入中原地区就已经归降者，并为元朝在中原地区的扩张立下汗马功劳的，才能够在政府中占有比较重要的位置。而对于大多数汉族官僚而言，只能处于政府中的中下层位置，但是，他们的才干又往往超过蒙古族和其他少数民族官员，因此也就会产生较大的政治影响。

由于汉族士大夫在政府中的数量较多，因此，也就构成了大都城里常住居民的一个组成部分。就他们的居所而言，情况较为复杂。有些人因为世代都在大都地区定居，所以其居所是由祖先传承下来的。还有些人由于受到元朝统治者的宠信，也与其他蒙古族权贵一样，享受到了政府赐给的宅第。又有一些人因为是从外地到大都城来任职，并没有打算把家庭安置在这里，所以往往采取租赁居所的办法。一旦有工作调动，或者是退休回乡，抬腿就走。也有的外地官员，虽然在京城任职时间不长，却购置地产，把家眷也接来在此定居，成为新的都市居民。

世代居于燕京的官僚士大夫，首推耶律楚材。耶律楚材祖上系契丹贵族，早在辽代即已在燕京定居。到了金代，耶律楚材先人仍在朝中为官，故而居于金中都城里。及成吉思汗的军队攻占中都城之后，耶律楚材归附于元太祖铁木真，并得到其宠信，随侍左右，而其子孙，仍然生活在燕京。

此后，耶律楚材之子耶律铸亦在大蒙古国任职，往来奔走于四方，但是仍然把其子耶律希亮留在燕京学习儒家学说，"乃命希亮师事北平赵衍"。及元世祖即位后，定鼎燕京，耶律铸在中书省任职，遂又回到燕京故居。此后，耶律希亮亦在中央政府任职多年，一度曾因病退职休养，"谢事而去，退居漯阳者二十余年"。到元武宗即位后，又出仕为官，再次来到京城居住，"闲居京师，四方之士多从之游"①。

据文献记载，耶律楚材家族的居所，一处是在燕京城里的阁街东北面的咸宁坊，其地尚有耶律氏祠堂。另一处是在燕京西北郊的瓮山(今颐和园附近)，为耶律氏的祖坟所在地，至今尚有耶律楚材墓等古迹遗存。还有一处是在漯阳，应是耶律希亮在郊区的养病之所。此外，耶律希亮复出任官之后，似在大都新城又有寓所，因无文献考证，遂不得而知。

世代居于燕京的另一位官僚士大夫，为梁德珪。其祖上在金朝任职，长期居住在燕京城里。梁德珪自幼侍奉蒙古族贵族，通熟蒙古族语，因此得到元世祖忽必烈的宠信，被昵称为梁暗都刺。至元末年，梁德珪升官至中书省参知政事。其祖上故居在旧燕京城里，"南城有故宅，在阁西南针条巷内"②。因其在元朝官至宰臣，故而在大都新城也有居所。

还有一位世代居于燕京的官僚士大夫，是张九思。他也是在至元初年受到元世祖忽必烈赏识，任皇太子真金部下之官。其后，到元成宗时，升官至中书省参知政事。他祖上的居所在旧燕京城的施仁门北面，因在燕京城的西部，故而俗称为"西园"。其中，尤以别墅中的遂初亭最为著称，又称"遂初园"。当时的许多文人学士，都曾在这里聚会，饮酒赋诗③。

---

① 见《元史》卷一百八十《耶律希亮传》。

② 见《析津志辑佚》中的"名宦"门。

③ 元代大文豪赵孟頫就曾在遂初园中留宿，并写下了《都南张氏园寓居》一诗："尺五城南迹似幽，乡心空折大刀头。杏花飞尽胭脂雪，日日东风未肯休。"(见《松雪斋集》卷五)元代另一位大诗人范梈亦曾到此游历，并写下了《追和卢修撰张平章园亭观花饮》一诗："白藕花边香已秋，西郊风物野亭幽。未须短杖扶持病，且遣孤尊断送愁。紫气近连飞凤阙，青山遥隔钓鱼舟。胜游纵在招要外，犹解因诗颂醉侯。"(见《范德机诗集》卷七)

在元世祖营建大都城的前后，有许多官员被调到这里任职。对于这些人而言，有时也会得到蒙古族统治者赏赐的居所。如少数民族人士阿沙不花，在元世祖至元年间来到大都任侍从卫士，因其办事坦诚，受到奖励，"赐宅一区，钞万五千缗，兼两城兵马都指挥使事"[①]。负责大都城的治安工作。

又如著名学者王鹗，为曹州东明人。元定宗时，宗王忽必烈闻其大名，遣使召见，进讲儒家的齐家治国平天下的道理，深得忽必烈赏识，命部下阔阔、柴桢等人从其学习儒术，"继命徙居大都，赐宅一所"[②]。其所得之宅第，在旧燕京城的清夷门里。王鹗自号慎独老人，曾自刻有"百一帖"。

另一位以精通儒学而受到元世祖忽必烈赏识的士大夫是焦养直。他是东昌堂邑人，至元十八年(1281 年)被举荐到大都城来做官。十年以后，由于得到元世祖赏识，"赐宅一区。入侍帷幄，陈说古先帝王政治，帝听之，每忘倦"[③]。这些儒学大师，虽然学识渊博，却无权无势，又无钱财，受到元朝统治者赐予宅第，方可安心居住。

至元年间，又有太原人何荣祖来到大都任职。因其家境并不富裕，因此，一直没钱购置居所，"而僦第以居"。在他升任中书省右丞之后，官位已经十分显赫，仍是如此。皇后得知这一情况后，立刻下令，"赐以上尊，及金五十两、银五百两、钞二万五千贯，俾置器买宅，以旌其廉"[④]。这种由中宫皇后赐钱购置居所的情况，

---

① 见《元史》卷一百三十六《阿沙不花传》。
② 见《元史》卷一百六十《王鹗传》。此处所云大都，实际上是指燕京旧城。是时，新的大都城尚未营建，此为明代史官之笔误。
③ 见《元史》卷一百六十四《焦养直传》。
④ 见《元史》卷一百六十八《何荣祖传》。

在当时是不多见的。

在此前后，又有南宋降臣弟子程钜夫，来到大都城充任元世祖的侍卫。他在来到大都城后，先是住在旧燕京城的最南面，上朝十分不便。而在此后的十年之间，更换了八处住所，仍然不满意。到了至元二十年(1283年)，元世祖忽必烈"赐地京师安贞门，以筑居室"①。虽然如此，程钜夫仍然觉得从其居所到皇宫的距离太远，于是，戏称其宅第曰"远斋"。

元代初年，亦有山东曹州商挺先后在大都定居生活。早在忽必烈为宗王之时，商挺即受到赏识和重用，及忽必烈即位后，商挺亦曾屡任要职。其在中书省曾任参知政事，在枢密院又曾任枢密副使。大约在这时，全家定居在燕京旧城。其后，商挺出任安西王相，到京兆(今西安)主持政务，其诸子仍然在大都生活和任职。②

至元十五年(1278年)冬，商挺由于官场政治斗争而受到牵累，被罢官，并被籍没家产。数年之后，冤案才被昭雪，复官枢密副使。但是不久又被旧案牵扯，再度罢官。于是，对仕途感叹不已，自比宋代大文豪苏轼，称曰："苏端明贬黄州，作雪堂于东坡，贬惠州，筑室于白鹤观，若将终身，善处变矣。"遂在燕京旧城筑一小圃，隐居于此，"澹然与造物者游。朝士及僧道日造门问遣不绝，益为世所重"③。

---

① 见《元史》卷一百七十二《程钜夫传》。

② 其长子商琥，曾两任监察御史，后官至国子司业。三子商瑭，曾任太子中书舍人、右卫屯田千户等职，献议开漕渠会通河。幼子商琦，官至集贤侍讲学士，以善画山水著称于时。诸子皆长期生活在大都。

③ 见元代苏天爵编辑《元朝名臣事略》卷十一所载"墓志"。

与商挺同时任职的士大夫又有一位少数民族官员廉希宪。廉希宪是畏吾氏(今维吾尔族)，深得元世祖忽必烈赏识，先后在陕西、川蜀、山东等地出任要职，因元世祖赐其居所一处，遂又自营私家园林一所，为岁时游赏之地。其园林景致极美，被当时的文人墨客称为京城第一，因廉希宪之姓，故又称为"廉园"。当时的许多著名学者都曾到此游赏，并题写诗篇加以赞赏①。

　　在廉园之内，建有清露堂、后乐堂等建筑。其中的"后乐"，当是取用宋代大学者范仲淹的名句"先天下之忧而忧，后天下之乐而乐"之意。园中最为著名的，是种植有十分名贵的牡丹花。当元世祖营建大都新城时，负责营建东宫(即隆福宫)的官员曾提议，希望从廉园中移植几棵牡丹花到东宫，却遭到廉希宪的拒绝②。

　　在大都城里，还有许多官僚士大夫，既没有得到元朝统治者赏赐的宅第，也没有钱财自己购置居所，因此，只得出钱租赁大都居民的空闲居室，或是借住在寺院、道观之中。如上文提到的中书省宰臣何荣祖，在京多年为官，"而僦第以居"。又如著名文士宋本兄弟，祖上为大都人，父辈到外地任官时，因为没有钱用，遂将在

---

　　① 当时在廉园游赏并留下诗作的文人学士，有元代初年的刘秉忠、王恽，元代中期的姚燧、袁桷，元代后期的许有壬、张翥等人。其中，袁桷所写《集廉园》一诗，描述颇为详细，"芳菲廉家园，换我尘中春。古树不受采，白云为之宾。中列万宝枝，天娜瑶池神。背立饮清露，耿耿猩红新。层台团松盖，其下疑有人。奕罢忽仙去，飞花点枰茵"。(其诗载《清容居士集》卷三)。

　　② 据《元朝名臣事略》所记载，工部官求移植牡丹时，廉希宪答曰："若出特命，园虽先业，一无所靳。我蚤事圣主，备位宰相，未尝曲丐恩幸，方尔病退，顾以花求媚耶！"文中，"靳"字为"禁"字之意，"蚤"字为"早"字之意。由其所述，可知廉园不是元世祖忽必烈所赐。由此事，亦可见廉希宪为人之耿直。

大都的宅第卖掉。

其后，宋氏兄弟先后回到大都任职，祖先没有留下房产以供居住。因此，在大都任职时，只得租房居住。如长兄宋本，在京历任翰林院、国子监学、礼部、吏部及行台监察等官，其后官至集贤直学士、兼国子祭酒，"历仕通显，犹僦屋以居"①。其租赁之居所，在为美坊。当然，有许多官员，特别是南方富庶地区到大都来任职的官员，因为经常有工作调动，或是已经打算退休后回乡养老，没有必要在大都城购置宅第，也就都是租房居住。

三、民居八亩 四合毗邻

在元代的大都新旧两城中，蒙古族统治者和其他少数民族官员，都是"外来户"。但是，这些新来的居民乃是一批又一批陆续定居到这里的，而在民族融合的过程中，又经历了半个多世纪的缓冲阶段，故而使得居住状况变得十分混杂，达官显贵的宅第与普通民众的居所并没有人为的阻隔界线，在这一方面，与后来清朝的满族统治者占据北京，并严格与汉人区分居住区的做法，有着很大的差异。

在前代的金中都城里，占据城市中心位置的乃是皇宫和苑囿，城市居民只能居住在皇宫周围的地方。当成吉思汗的军队攻占金中都城之后，皇宫及苑囿等建筑遭到了极大的破坏，一部分被金朝军队拆掉修筑防御设施，另一部分被成吉思汗的军队烧毁。除此之外

---

① 见《元史》卷一百八十二《宋本传》。

的民众住所，也随之受到较严重的损坏。在这时的燕京城里，除了一些宅第被蒙古族统治者赏赐给宗亲权贵及部下之外，大多数的住所仍然是供居民使用的。

在此后的半个世纪中，由于迁居到这里的居民越来越多，原来属于金朝皇宫和苑囿的地方也陆续被民众占有和使用。也正是因为这个缘故，蒙古族统治者才不得不在燕京城的东北面另外营建新城，修筑皇宫和苑囿。当然，有些占用城市空间不大的皇家和官方设施，仍然被设置在这里，如前文提及的太庙、孔庙等。

及大都新城修筑完工之后，元朝统治者下令，将旧城的居民(当然包括达官显贵和普通百姓两部分)迁移到新城定居。在这时候，元世祖只是提出了一个迁居的原则，即任职者和钱财多者优先。并没有提出以少数民族和汉族作为区分的界线。因此，在大都新城迁居来的民众仍然是混杂而居的状况，与在旧燕京城里是大致一样的。

但是，没过多久，朝廷中的有些大臣却向元世祖忽必烈提出，新都城里的蒙古族人与汉族人应该分开来居住，以防备发生突然的变故。这个建议看起来是对元朝统治者的忠告，实际上却是某些人为了借机牟利。时任中书省平章政事的少数民族大臣不忽木及时向元世祖上言，"乃图写国中贵人第宅己与民居犬牙相制之状上之而止"①。从而避免了一次城市居住环境人为制造的混乱。

在燕京旧城，居住的百姓，其居住环境较为优越者，一部分是前朝的遗老遗少，这些人的居所大多数都是祖上留下来的遗产，故而较为宽敞。另一部分则是富有钱财者，他们在政治上没有地位，

---

① 见《元史》卷一百三十《不忽木传》。史书所写"国中贵人"，指的就是蒙古族权贵。

在祖上也没有身份和遗产，只是靠自己的苦心经营，才获得大量钱财，自然要购置或者建造宽敞的住宅，以改善自己的居住环境。

在旧燕京城，金朝遗民仕宦之家中，以赵亨的种德园最为著称。园在燕京旧城丰宜门里，周桥西南面。赵亨字吉甫，自号汲古，祖上为金朝官员。园中有汲古斋，恒斋等建筑。汲古斋为赵亨读书、隐居之处，因其喜好与文人士大夫相结交，故而许多学者都曾到其种德园来聚会，饮酒赋诗，"一时翰苑元老，咸有诗题咏"①，名儒郝经曾为其作有《种德园记》，学士王恽亦曾为赵亨八十大寿而作诗以贺之。

此外，张仲和家的柏溪亭与刘仲明家的野春堂，在燕京旧城也很有名。张仲和世代居于燕地，其居所在燕京城内东部。张氏以孝义著称于世，兄弟八人，"五世不异居，事亲至孝"。由此观之，八家共居之地，其宅第当十分宽敞。燕地著名文士卢挚曾为柏溪亭作有"亭记"，时人亦作诗曰："桃李东城酒一盃，转头红雨扫莓苔。麻衣醉卧溪亭月，不管东风来不来。"②

刘仲明家在燕京也是一个较大的家族，因其排行十二，故而又被时人称为刘十二。其野春堂位于大都新城文明门外，旧燕京城之东，因其宅第中之堂十分著名，该地遂又被称为刘十二角头，元初名臣商挺亲自为其堂手书"野春"之堂匾，"一时大老咸有题跋"③。亦为元朝初年文人士大夫聚会的场所之一。

---

① 见《析津志辑佚》中的"名宦"门。郝经所作《种德园记》，见载于《陵川集》卷二十五。

② 见《析津志辑佚》中的"名宦"门。诗中所吟"红雨"，指明其园宅之中所种桃李等树颇多，落花如红雨。

③ 见《析津志辑佚》中的"名宦"门。题写匾额的商挺，自号左山老人，亦为燕京居民，可参见本章第二节的相关内容。

元初著名学者刘因有一位亲戚也住在燕京旧城，并在城郊有一所规模颇大的庄园。刘因曾到燕京来，在庄园游览过，作诗以述其景曰："陈氏园林千户封，晴楼水阁围春风。翠华当年此驻跸，太平天子长杨宫。浮云南去繁华歇，回首梁园亦灰灭。"①据称这座庄园在金末曾经为金章宗驻跸之处，其晴楼水阁之建筑亦必十分豪华。

　　此外，在金元之际，战乱频繁，因为燕京被成吉思汗的军队占领较早，相对而言比较安定，故而许多民众避难迁居到这里，成为新的燕京居民，如在元初被列入仕籍的羊舌吉甫、韩仲晦等即是。羊舌吉甫为泰安人，于金朝末年，"贞佑之乱，避兵至燕，居崇智门"②。韩仲晦为禹城人，亦因金末战乱，迁至燕京，其别墅位于旧城丰宜门外西南面，其中"远风台"最为著称，"诸老有诗"③。

　　又有一些居民，除在城里居住之外，还在城郊建有别墅，在韩仲晦远风台之外，又有甄氏之"访山亭"为京郊一大别墅。据时人所云："乡先生甄退翁，读书而不求官，集园亭于负郭之野，为岁时游息之所。大德中，故翰林学士王公、宣慰使周公皆休致里君，日偕修斋马君、西泉郭君徜徉于退翁园亭间，饮酒赋诗，悠然娱乐。"④

――――――――――――――

　　① 刘因所作之诗，名为《陈氏庄》，载于元代苏天爵所编《国朝文类》卷五。诗后又有注文曰："陈氏，先父之外家也。金章宗每游猎，必宿其家。"只是在刘因到访之时，陈氏庄园已经荒颓，不复有往日的繁华景象了。
　　② 见《析津志辑佚》中的"名宦"门。
　　③ 见《析津志辑佚》中的"古蹟"门。
　　④ 见元代苏天爵《滋溪文稿》卷二十八"题访山亭会饮唱和诗"。今可见元人之诗，有陈观所作《题甄氏访山亭》二首，其二曰："雨后西山翡翠堆，结亭直欲近岩隈。从今记取溪头路，一日须来一百回。"(载《元朝文类》卷八)据此诗可知，其访山亭当在大都城西北一带的西山附近。

燕京居民亦有经商致富而建私家园林者，姚仲实堪称其代表人物。姚氏为河南人，金朝灭亡后，奉老母迁居燕京，元初曾任燕京敖盐局使，后弃官从商，"累赀巨万"，于是在燕京城东面的艾村修筑园林，"构堂树亭，缭以榆柳，环以流泉，药阑蔬畦，绮错棋布；嘉果珍木，区分井列。日引朋侪觞咏啸歌其间"①，怡然自得。

当然，这种既有居所，又有别墅的大都居民毕竟是少数，大多数的居民只有较为简陋的住宅。如元代中期居住在大都城的学者武恪，原为宣德府人，出游江南，得到名儒吴澄的赏识，号为神童，被推荐到大都的国子学来学习，遂奉母定居在大都城。其后，曾任元明宗藩府的说书秀才，从镇云南。因为与元明宗的部下谋议不合，"恪遂还京师，居陋巷，教训子弟"②。是时，其老母已死，乃隐居不仕，其居所即十分简陋。

由于普通百姓的钱财有限，故而所修建的宅第，其坚固性较差，遇有大的自然灾害，首先遭到破坏的，就是这些普通的民居。如暴雨对民居的损坏就很严重。元朝初期，世祖至元九年(1272年)六月，"京师大雨，坏墙屋，压死者众"③。又有狂风亦危害于民居。元朝中期，泰定三年(1326年)八月，"大都昌平大风，坏民居九百家"④。还有洪水冲毁民居之灾害。元朝后期，顺帝后至元三年(1337年)四月，京城西南的浑河(今永定河)发大水，"没人畜、庐舍甚众"⑤。

---

① 见元代程钜夫《雪楼集》卷七所载"姚长者碑"。
② 见《元史》卷一百九十九《武恪传》。
③ 见《元史》卷七《世祖纪》。
④ 见《元史》卷三十《泰定帝纪》。
⑤ 见《元史》卷三十九《顺帝纪》。

除了这种不时发生的自然灾害之外，有时由于发生人为的政治冲突，也会损害到普通百姓的民居。如在泰定帝死后，宰臣倒剌沙扶持其子阿速吉八在元上都即帝位，是为天顺帝。而留在大都的权臣燕铁木儿却又把元武宗之子图帖睦尔迎接到大都，并扶立为帝，是为元文宗。于是，在元大都与元上都之间，两大蒙古族贵族势力集团展开了激烈的武装冲突。

在一开始的时候，是元上都的元朝军队频频向元大都发动进攻，燕铁木儿率领大都军队四面防御，形势十分被动。为了强化防御体系，大都的军队拆毁了许多民居，用来构筑壁垒，以阻止上都军队，逐步稳定了局势。此后不久，支持大都的一支元朝军队突袭防御空虚的元上都，并获得成功，一举擒获天顺帝及倒剌沙等人，遂使这场"两都之战"倏然中止，大都的元文宗及燕铁木儿等获得胜利。

战乱结束之后，一方面，是元文宗给拥戴自己登上皇位的燕铁木儿等功臣分发各种战利品，如宅第、田产、钱财等；另一方面，又要安抚那些在战乱中饱受伤害的百姓，以稳定政治局势，巩固自己的统治。于是，元文宗在天历元年(1328 年)十二月下令："诸关隘尝毁民屋以塞者，赐民钞，俾完之。"①这一纸诏书是无法弥补百姓在战乱中所遭受到的伤害的。

在大都地区，还有一些极为贫困的百姓，连最基本的生活条件都不具备。对于这些百姓，元朝政府为了保证社会秩序的稳定，不得不给予赈济，以维持其最低生活水准。至元八年(1271 年)正月，元世祖下令："诸路鳏寡孤独疾病不能自存者，官给庐舍、

---

① 见《元史》卷三十二《文宗纪》。

薪米。"①于是，元朝各级地方政府设置了诸多济众院，以安排无助贫民的食宿生活。

此后，元朝政府的赈济制度日渐完善，在地方政府的路一级的行政单位皆设置有养济院，并且由监察机构加以管理。对于政治和文化中心的首都，大都城的贫困百姓受到了更多的照顾。除了大都路设置有养济院之外，元世祖又于至元二十年(1283年)下令，"给京师南城孤老衣粮房舍"②。因为这时大都新城已经基本建好，许多达官显贵和富商大贾都迁居到新城，而旧燕京城(即京师南城)剩下的大多数都是贫困百姓，因此有必要加以特别的赈济。

综上所述，在大都地区，普通民众的居住环境，其差别是非常大的。有些民众的居所十分宽敞，还另外建有别墅、园林，与官僚士大夫的居所相差无几。而更多的民众则居于陋巷之中，有的贫困百姓甚至无家可归，要住到元朝政府设置的养济院中去。

四、军士屯垦　匠居连排

在元朝，职业人口的大量存在乃是当时社会的一个显著特征。人们被政府强行划分为不同的职业户，其户籍则由政府的相应部门分别掌管。除民户之外，根据不同的职业，其主要的户籍有：军户、匠户、站户、儒户、医户、打捕户、释道户、回回户、畏吾儿户、答失蛮户、也里可温户，等等。这些户籍中的民众，受到政府的严格控制，军户内的民众只能从军出征，匠户内的民众只能从事手工

---

① 见《元史》卷七《世祖纪》。
② 见《元史》卷九十六《食货志》。

业生产，而不允许轻易改行。

这些不同职业的民众，因其管理机构的相对集中，故而其居住的环境也大致相同。军士大多是集中居住，虽有散居者，亦相对较为集中。匠户也是如此，大多居住在手工工场附近。站户主要居住在驿站附近，释道户主要居住在寺庙、道观之中，等等，皆为其职业工作方便之故。

军士的居住情况主要有三种。其一，是职业需要的住所。如在蒙古族统治者身边充任宿卫士的军士，出于职业的需要，政府为他们在皇城之内专门建有居所，以供其日夜不停地为统治者提供防卫服务。如元世祖至元二十八年(1291年)二月，"营建宫城南面周庐，以居宿卫之士"①。到了元英宗至治元年(1321 年)八月，元朝统治者又在"东内皇城建宿卫屋二十五楹，命五卫内摘军二百五十人居之，以备禁卫"②。

这些住宅是供负责保卫工作的军士轮番居住的。按照元朝的制度，宿卫之士被分为四批，每批值班三日，四批一个轮回为十二日。这些住在皇城里面的宿卫士，大多数是由当朝权贵的弟子出任的，深受蒙古族统治者的信任，他们在当值时住在皇城，平时在京城里面还拥有自己的豪宅，以供其居住。

其二，是和普通百姓一样的居所。十三世纪上半叶，大蒙古国的军队在攻占燕京及中原地区之后，出于进一步对外扩张的需要，在燕京等地区的民众之中征发壮丁为军士，这种大规模的征兵活动的结果，就产生了一支庞大的军队。而被征为军士的百姓，其家里的户籍，也就由原来的民户转变为了军户。虽然居住的环境没有变

---

① 见《元史》卷十六《世祖纪》。
② 见《元史》卷九十九《兵志》。

化，其职业身份却已经完全不一样了。

其三，是集中的居所。元朝统治者在把大都城作为全国的政治中心之后，长期生活在这里。为了保障自身的安全，从全国各地调集了大批军队前来驻扎在此。这些自成系统的军队，被整体调集到大都之后，自然要由政府作出统一的安置。在南宋灭亡之前，被征调到大都地区来的军队，主要是西北地区的少数民族军队。在南宋灭亡之后，又有许多江南地区的军队被征调到这里来。

这些被征调而长期驻守在大都城的各支军队，在来到大都时，往往又带着家属一起前来，合家居住在一起。为了减少庞大军队的日常开支，元朝政府在京畿地区又开辟了许多屯田，让军士们轮流垦荒种粮，以供军需。故而又有相当数量的军士，连同其家属被安置到了京畿地区居住。这一举措，在减轻政府的军费日常支出负担的同时，也缓解了大都城市民众居住的密度越来越大的压力。

手工业工匠的状况与军士的状况有许多类同之处。在元代，政府把手工业工匠专门设立户籍，并且设置了许多官僚机构，对这些工匠进行管理，使其为元朝统治者生产各种需要的手工产品。这些官僚机构中下辖的工匠，有些是燕京本地祖传的手工业生产者，被政府汇聚到一起，从事生产。有些则是从全国各地调集到大都地区来的手工生产高手。对于这些人，元朝政府要负责安排其居所，以供其居住使用。

如在至元八年(1271 年)，元世祖为了加强对南宋王朝的进攻力量，于是从西域地区征调会制造大炮的工匠到大都来。西域宗王阿不哥遂派遣著名工匠阿老瓦丁、亦思马因前来，"二人举家驰驿至京师，给以官舍"①，他们制造的大炮在伐宋战争中起到了重要的

————————————————

① 见《元史》卷二百三《阿老瓦丁传》。

作用。对于这种技艺高超的手工业工匠，元朝政府给予了优厚的待遇。

而对于大多数的手工工匠，其待遇(当然也包括住所)却是较差的。在 20 世纪的 60—70 年代，我国的考古工作者对元大都遗址进行了大规模的考古研究工作，其中，在建华铁厂发掘的居住遗址，就是一处排房建筑^①。这种简陋的平房，正是大多数工匠聚居的场所。像这种聚居的排房，大多数是在手工工场的四周。

在大都城里，随着城市经济的日益繁荣，来到这里从事商业活动的商人也越来越多。这些商人，由于其财力雄厚，故而将其居所修建得十分宽敞。另外，由于元大都新城打破了高大坊墙的阻隔，因此，许多商店都是临街而设，商人为了便于经商活动，也就往往居于闹市之中。

有些商人的居所，采用的是前店后厂的格局。临街的房屋，用来销售其经营的产品，而后面的房屋，则作为生产商品的手工工场(俗称"作坊")，以及居住的地方。以大都城里的酒店最具典型。据当时人记载"酒槽坊，门首多画四公子：春申君、孟尝君、平原君、信陵君。以红漆阑干护之，上仍盖巧细升斗，若宫室之状。两旁大壁，并画车马、驺从、伞仗俱全"^②。这些酒槽坊，因为需要对外经营，故而临街门面修整得非常漂亮。

对于那些中小商户，及出卖手艺的服务业经营者而言，其临街的门面房就没有这般富丽堂皇。在大都城里，"官大街上作朝南半

---

① 据《中国大百科全书·考古卷》所载的徐苹芳先生撰写的《元大都遗址》条目，明确记载："在建华铁厂发现的居住遗址，是前明后暗的长方形房屋，并列成排，形式相同，两家共用一堵山墙，显然是统一修建的简陋的'廊房'，出土遗物也多是普通瓷器和一般生活用具。"

② 见《析津志辑佚》中的"风俗"门。

披屋，或斜或正，于下卖四时生果、蔬菜。剃头、卜筭、碓房磨，俱在此下"①。这些门面店不仅十分窄小，而且多为半披屋，当是白天从事经营活动，晚上用来休憩的"两用"居所。

还有一些商人，专门从事大量商品的倒买倒卖活动，为了便于商品的贮存与运输，故而在大都城里占有大批房屋，用来放置货物。对于这种用于商业牟利活动的房屋，按照规定，政府是要征收一定额度的商货税的。当然，也有一些商人，自己不购置存放货物的房屋，而是租用那些空闲的房屋，向房产主交纳租金。

由于这种用于商业活动的房屋利润很高，使得一些达官显贵也染指其间，并且利用其手中的政治特权，来免于交纳商货税。如在至顺二年(1331年)八月，元文宗即曾下令："命宣课提举司毋收燕铁木儿邸舍商货税。"②此处所指"邸舍"，就是燕铁木儿用来存放货物的房屋，而宣课提举司则是专门负责征收商税的官僚机构。

在大都城里，还有一些特殊的群体，笔者也将其列入职业人口的范围之内，其一，是宗教界人士；其二，是学者(包括老师和学生两部分)。因为在元代，宗教界人士的户籍也如同军户、匠户等一样，是区别于普通民户的，而学者则有儒户，亦区别于普通民户。而二者的居住环境与普通百姓相比，也有所不同。

在大都地区，人数最多的宗教界人士当属僧侣和道士。这些人的居所，也就是他们的宗教活动场所。僧侣通常都是住在寺院之中，在大都地区的众多寺院中，有些是从前朝沿袭下来的，有些是元朝政府重新建造的，还有一些则是僧侣自己化缘兴修的。大致而言，从前朝沿袭下来的著名寺院和元朝政府主持建造的寺院，其规模都

---

① 见《析津志辑佚》中的"风俗"门。
② 见《元史》卷三十五《文宗纪》。

较大，故而寺中的居住环境也就自然会好一些。而那些由僧侣化缘兴修的寺院，由于财力有限，其规模也就较小，而僧侣的居住环境也就较为简陋。

道士居住的道观，其状况也是如此。当然，从总体情况来看，由于元朝统治者对佛教，特别是藏传佛教的重视程度要远远超过道教，因此，大都地区的许多寺庙建筑规模皆超过了道观。换言之，大多数僧侣的居住环境，也就较之道士要优越一些。

除了僧侣和道士之外，大都地区还居住着许多伊斯兰教和基督教的信徒。但是，这些不同宗教的信徒中的许多人却往往居住在宗教场所之外。伊斯兰教的清真寺只是用来做"礼拜"，而元代大都城里的伊斯兰教徒往往都很富有，居住环境自然很好。对于那些信奉基督教的教徒而言，也是十分富有的。当时信奉该教者，多为蒙古族贵族和其他少数民族权贵，他们也很少居住在教堂里面。

对于大都地区的教学机构而言，主要有国子监学和大都路学，以及州、县、乡学等。其中，规模最大的，当属国子监学。早在元太宗时期，大蒙古国统治者就在燕京设立了国子学。由于学校的教师和学生人数较少，因此政府负担支付老师和学生的日常生活费用(包括吃、住等)。而到了元世祖时期，又在大都重新设置国子学，学校的规模有所扩大，老师和学生的人数越来越多，而旧的校舍已经不够用了。于是，这些师生的日常生活问题，特别是住宿问题，就变得越来越棘手。

时任国子司业的学官耶律有尚对此一再向元朝政府提出建议，"时学馆未建，师弟子皆寓居民屋，有尚屡以为言"①，由此可见，学舍的建造对于兴办教育是十分重要的。此后，经过当朝宰臣的大

① 见《元史》卷一百七十四《耶律有尚传》。

力支持，终于在大都新城建造了新的国子监学，使师生的居住和学习环境都有了较大的改善。而旧国子学的校舍则被改建为大都路学。

五、五方杂凑驿馆中

当大都城成为元王朝的政治和文化中心之后，从全国各地，乃至世界各国来到这里的人们越来越多。这些人包括以下几大类：其一，是元朝周边各国的使节；其二，是境内外的各种商人；其三，是元朝政府的各级官员；其四，是不同宗教派别的领袖人物；其五，是旅游观光者。此外，当元朝恢复科举考试制度之后，又有许多儒士到这里参加科举考试，等等。由此可见，在大都城里，有着大量的外来人口(又可称为流动人口)在从事着各种各样的活动。

这些来到京城的外来人口，其在大都停留的时间长短不一。有的只是停留几天或十几天，办完一些具体的事情之后即离京返回，如各国的使节或各地的政府官员等。有的则停留几十天或几个月，视其办事的进展情况而定，如各地前来经商的商人、赶考的儒士等。还有的一住就是几年或十几年，甚至从外来人口变成了常住人口。

当然，这些外来人口的身份有时又是很复杂的。如元代初期来到大都的马可波罗，有人说他是一个大旅行家，有人说他是一个外国商人，还有人说他是欧洲教廷的使节。其实，他的身份是三者兼而有之。而他在来到大都城后，又变成了一个元朝政府的官商，及回国时则又变成了一个使臣，其身份的不断变化，是很正常的现象。而他在大都的生活时间，在外来人口中是比较长的。

由于这些外来人口的身份不同，经济状况不同，其前来大都城的目的也各不相同，因此，其在大都城的居所也自然各不相同。从国外来的正式使节，通常是被安置在会同馆居住。至元九年(1272年)十月，元朝政府在大都设立会同馆。翌年九月，元世祖又下令，"敕会同馆专居降附之入觐者"①。此后，会同馆一度改称四宾库。

　　除了国外的使节之外，元朝统治者分封到全国各地的宗王也有使节经常来往于京城和各地藩府之间，这些宗王使节，在来到京城之后，往往住宿在宗王原来在京城修建的王府之中。而政府各级官员在来京城办事之时，则大多住宿在驿馆之中。驿馆中的各项开销是由专门的站户百姓来负担的。

　　从国外来到大都城的商人和旅行家，首先进行联络的，是那些比他们先到大都的"乡亲"。如马可波罗到大都的一路之上，除了住在客舍之外，主要联络的就是本地的基督教教徒。而非洲大旅行家伊本白图泰在来到中国之后，也主要是住在各地的伊斯兰教信徒家中。他们有共同的语言，共同的生活习俗，以及共同的宗教信仰，因此，很容易融合在一起。

　　作为外来的宗教领袖，他们的居所主要是其教派的宗教活动场所。如佛教领袖在来到大都城之后，往往住宿在教派相同的寺院之中；而道教领袖来到京城后，则住在道观之中。当然，如果大都城尚未有该教派的活动场所，这些宗教领袖往往会自创其场所，或是得到元朝政府的支持，给予其活动场所。

　　如北方道教的一个重要派别太一教的领袖人物李居寿在元世祖时到大都城来从事道教活动，于是，元世祖下令，"赐太一真人

---

　　① 见《元史》卷八《世祖纪》。

李居寿第一区，仍赐额曰太乙广福万寿宫"①。这所赐予的宅第就成为道教太一派的重要活动场所，也是太一教的宗教领袖在京城活动时的居所。

至于从全国各地到大都城来赶考和观光的儒士，其住所情况就比较复杂。有些人是短期的停留，或是住在旅舍之中，或是住在寺院、道观之中的客房之中，还有的则是投亲靠友。至于那些停留时间较长，而又在经济上不甚富裕者，为了维持生活经费，还要谋求一些临时的职业。如有些文士因为有着较高的文学修养，遂到京城的达官显贵之家担任家庭教师，既有了一些经济收入，有些还能解决住宿问题，节省了一笔开支。

① 见《元史》卷八《世祖纪》。

元

第四章

店铺满闾里 歌舞见昇平

——都城的公共空间

每一个较为发达的城市，都会有或大或小的公共空间。一个城市的文明发展程度越高，其公共空间的面积也就越大。而大都城作为元王朝的政治和文化中心，其文明发展程度，在全国的各大城市之中，显然是名列前茅的。因此，其城市公共空间所占的面积之大，亦当为各大城市之冠。

大都城的公共空间，是与非公共空间相对而言的。本书第二章及第三章所述，从宫殿苑囿，到政府衙署，从王府豪宅，到百姓陋巷，都属于非公共空间。而这一章所述的城市空间，主要包括：(一)商业贸易场所；(二)文化娱乐业场所；(三)手工业场所；(四)教育活动场所等。这些都属于公共空间。而都市中的宗教活动场所，也是公共空间的一个重要组成部分。因为具有较为特殊的性质，故而放在下一章中，专门予以叙述。

公共空间，是城市居民从事社会活动的主要场所。因此，也就与居民的日常生活有着极为密切的联系。在大都城里，达官显贵的数量之多，远远超过了其他大城市，因此，其在商业消费方面的支出(包括奢侈的挥霍)是巨大的，这也在客观上促进了城市商业经济的繁荣。大都城在元代能够成为举世瞩目的国际性商业大都会，是与这一点有直接关系的。

由于大都新城的开放式建筑格局，不仅带来了城市经济的飞跃发展，而且也带来了城市文化的进一步繁荣。城市居民在文化娱乐方面的需求，直接导致了杂剧艺术的鼎盛，大都城因此而成为大剧作家关汉卿、马致远、王实甫等人从事艺术创作的摇篮。而蒙古等少数民族崇尚武功的风气，又使得各项体育活动开展得十分频繁。这些特色，既是对前朝传统的继承，也是对后世北京都市文化的启迪。

在元代的大都，手工业，特别是官营手工业的发展，其规模之大、种类之多，超过了以往的各个朝代，达到空前的程度。而私营手工业的发展，由于受到官营手工业的影响，也是较为繁盛的。在官营手工业主要是为皇家和政府服务的情况下，私营手工业则主要是为城市居民的日常生活服务。因此，其手工作坊，有时又是一处处的商业小店铺，将小手工业与小商业合为一体。

大都城作为全国文化中心的一个主要标志，就是最高学府——国子监学的设立。与之相配套的，在这里有着一整套从上到下的、完备的教育体系。许多著名的学者，都曾在这里担任过教师，并且培养出了一批又一批的人才。有许多全国各地的学子，也纷纷来到大都求学，亦学有所成。在这里，元朝政府对兴建教育设施所提供的大量物资支持，以及教育经费的不断投入，是一个重要的因素，也是其他任何一个地方都无法与之相比的。

一、珠宝山积　马驼成市

在中国古代的城市，商业贸易活动乃是城市的基本功能之一。就"城市"二字而言，城，是指城墙、城门、护城池等建筑。市，则是指商市。因此，商市自然成为中国古代城市中的公共活动空间。只是这个活动空间也在不断发生着变化，随着商业贸易规模的不断扩大，商业利润也就越来越大，而统治阶级对商业贸易活动的控制力量也就越来越强，对这种城市公共空间的管理也就变得越来越严密。

到了元代，作为全国政治中心的大都城，随着城市经济的日益繁盛，也逐渐发展成为全国的商业中心，随着这种城市发展的需要，商业贸易的场所也在不断增加，其数量之多，远远超过了以往的任何一个朝代。由于商业贸易额的不断增长，大都城商业市场的规模也在不断扩大。其商业市场经营的商品种类之多，也达到了空前的程度。①

在这里，主要的贸易活动有以下一些特色：其一，是统治者需要的日常奢侈品的交易；其二，是北方游牧民族的产品与中原农耕民族的产品的交易；其三，是大量江南地区各类产品的北上与交易；其四，是在一段特定时期的人口交易的活跃；其五，是对外贸易的活跃。

由于商业贸易场所具有的重要功能及其特点，使得其场所在城市中自然占有了重要的位置。在大都城里，这种特点表现尤为突出。其特点之一，是商业贸易场所大多设置在主要的居民区之内，换言之，也就是大多位于"闹市"区里面，只有这样才便于城市居民从事各种交易活动。其特点之二，是商业贸易场所大多位于交通便利的地方，只有这样才便利于大量商品的运输工作。如果交通不便，肯定会影响商业贸易活动的开展。

大都城的商市分布，完全符合这两个特点。在大都城里，主要

---

① 马可波罗是从欧洲前来经商的众多商人中的一员，他在来到大都城后，对这里的商业贸易活动之繁盛，大加赞叹，称曰："外国巨价异物及百物之输入此城者，世界诸城无能与比。盖各人(此指各种商人)自各地携物而至，或以献君主，或以献宫廷，或以供此广大之城市，或以献众多之男爵骑尉(此指蒙古族贵族和近侍宿卫)，或以供屯驻附近之大军。百物输入之众，有如川流之不息。"见冯承钧译本《马可波罗行记》卷二，第九十四章。此处所曰"或以献君主，或以献宫廷"，实际上是一种变相的交易行为。外国商人打着进献珍宝的旗号，却从元朝统治者那里得到更多的回赐之物。其价值之高，有时远远超过市场交易所能获得的利润。

的商业区是在城市中心的钟、鼓楼一带，并向西南方延伸到海子(今积水潭)沿岸。这里既是居民居住最集中的地区，也是交通最便利的地区。①据《析津志辑佚》一书所载，在这一带有明确位置的商业贸易场所有。

(一)米市、面市，"钟楼前十字街西南角"。米市和面市是供应城市居民日常食粮的主要场所，设置在城市的中心位置，便于城中各处居民前来交易。(二)段子市，"在钟楼街西南"。段子等纺织品也是城市居民日常生活必不可少的物品，故而亦设置在此。(三)皮帽市，"同上"。这里的同上，是指皮帽市与段子市位置相同，也在钟楼街西南一带。北方气候寒冷，冬天人们出外活动，皮帽也是必不可少的物品。(四)帽子市，"钟楼"。帽子市与皮帽市的货物略有差异，故而《析津志辑佚》一书将其另外标出。(五)鹅鸭市，"在钟楼西"。家禽在很久以前就已经成为民众的日常食品，这里所指的鹅鸭市，除了鹅和鸭之外，大概也经营鸡类等家禽。

在钟鼓楼一带，除了汇聚有许多为城市居民提供日常生活服务的商业贸易场所之外，还有一些上文提及的特色市场。(一)珠子市，在"钟楼前街西第一巷"。这处商市，应是经营珠宝等贵重商品的场所。(二)沙剌市，"一巷皆卖金、银、珍珠宝贝，在钟楼前"。沙剌一词，是外来语，也是珠宝的意思。因为经营珠宝的商人多是从西域等地外来的，也就带来了许多外来语，在大都流行。以上商市，显然是为达官显贵阶层服务的商业场所，普通百姓是很少光顾的。

---

① 在元世祖至元年间，为了改善漕运条件，开辟了新的人工运河线路，名之为"通惠河"。这条运河的一端连接通州的京杭大运河，另一端，则通过大都城里的海子，故而使得海子成为水路大动脉的一个中心点。其详，请参阅本书第八章的相关内容。

在大都城的商市中，有些商人经营的商品，又和制造工作联系在一起。(一)靴市，"在翰林院东。就卖底皮、西甸皮，诸靴材都出在一处"。这处商市不仅售卖靴子等成品，而且还售卖皮子等原材料和半成品。靴市的位置，是在翰林院东。元代中期以后，翰林院迁入旧中书省衙署，位于凤池坊，在钟鼓楼的西面，而靴市又在翰林院东，正好是在钟鼓楼附近。(二)铁器市，"钟楼后"。铁器市在销售各种铁制成品的同时，自然也要根据客户的需要，临时打制各种铁器。①

在大都城里，还有一处商市比较集中的地方，即羊角市，其地，位于今西四一带，也是一处交通十分便利的地方。据《析津志辑佚》记载："羊市、马市、牛市、骆驼市、驴骡市，以上七处市，俱在羊角市一带。"在这里，商品的特色十分突出，羊、马、牛、骆驼等，都是北方游牧民族的产品。在元朝以前，由于中原地区的汉族政权与北方游牧民族的少数民族政权一直处于政治和军事上的对抗状态，也就影响了双方之间的正常贸易活动，北方的牛、马、羊等牲畜，只能通过受到严格控制的"互市"榷场来进行交易。到了元代，这种人为的阻隔被消除了，游牧产品可以在都城里面进行自由交易。

在大蒙古国军队刚刚进入中原地区的时候，对待汉族民众就如同对待牲畜一样，被掠获的百姓沦为奴隶，遭受到非人的虐待。对于占有大量民众的蒙古族贵族而言，民众的地位是与牲畜一样的，可以被随意买卖。这种野蛮的现象，一直延续到了元代初年。大都城作为北方地区最大的商业都会，也为人口买卖的丑恶行径提供了场所。据《析津志辑佚》记载：大都城里有专门的人市，"在羊角

---

① 以上引文，皆见载于《析津志辑佚》中的"城池街市"门。

市，至今楼子尚存，此是至元间。后有司禁约，姑存此以为鉴戒"。①
到了元代中后期，买卖人口的行径虽然被废止了，而其市场的楼子
尚未废毁。

与买卖人口的"人市"性质极为相近的，又有"穷汉市"。"一
在钟楼后，为最。一在文明门外市桥；一在顺承门城南街边；一在
丽正门西；一在顺承门里草塔儿。"②这些穷汉市，是大都居民出
卖自己劳动力的地方，在大都城竟然多达五处，由此可见在大都城
里依靠出卖劳动力以维持生计的民众数量是很多的。值得注意的
是，在七八百年前的封建王朝的都城，就已经有了这种对临时劳动
力的需求市场，这是否即是有些当代学者提出的"资本主义萌芽"
现象呢？

对于日常交易额较大的市场，元朝政府设置了专门的机构，加
以管理。这些管理机构，是陆续设置的。总的管理机构称为大都宣
课提举司(初称税课提举司)。是在至元十九年(1282 年)将燕京旧城
税务机构并入大都新城时设置的。在其下，又设置有马市、猪羊市、
牛驴市、果木市的官员，提领、大使、副使等每市各一人，"世祖
至元三十年始置"③。到元武宗时，又在鱼蟹市设置有大使、副使

① 大都城的"人市"是和羊市、马市、牛市等一起被安置在羊角市一带，
人们可以体会到，到了元代定鼎大都之时，元朝统治者仍然把被奴役的百姓和牲
畜同样对待。元初大文士郝经曾经作有《高丽叹》一诗，诗中描述了当时高丽妇
女被掠卖到燕京的情景，"肌肤玉雪发云雾，罗列人肆真可怜"。诗中的人肆即
是人市，由"罗列"一词可以想见被买卖的妇女人数之多。诗载《陵川集》卷十。
② 见《析津志辑佚》中的"城池街市"门。
③ 见《元史》卷八十五《百官志》。又据《元史·食货志》所载，羊市每
年的征税额为钞二百二十九锭二十九两七钱；煤木所每年的征税额为钞一百锭。
元代的商税为交易额的三十分之一，由此可见羊市及煤木所的交易额，其数量是
很大的。

各一人。此外，设置官员加以管理的还有煤木所。

在大都城内外，还分布着许多中小型的商市。这些商市，遍布在大都城的各个地方。与较大型商市相比，这些中小商市经营的商品，与城市居民的日常生活联系更加紧密。而其所处的位置，主要集中在交通要道的各城门附近。其见于《析津志辑佚》所载者有：(一)菜市，"丽正门三桥、哈达门丁字街。……和义门外"。丽正门为大都城正南门，哈达门即文明门，和义门为正西门，三处皆为交通要冲。(二)猪市，"文明门外一里"。(三)鱼市，"文明门外桥南一里"。(四)果市，"和义门外、顺承门外、安贞门外"。顺承门为大都城西面三门中的最南一门，安贞门为大都城北面二门中东边之门。这些交易场所，大多带有集市的性质。

当大都新城建好之后，商业中心很快就转移到了这里，而旧燕京城里仍然保留了一些小型的商市。主要有：(一)蒸饼市，"大悲阁后"。(二)胭粉市，"披云楼南"。(三)穷汉市，"在大悲阁东南巷内"。①大悲阁在旧城之中，原是一处著名景观，也是闹市之一。后因大都新城建造之后，才日趋荒芜，但仍是旧城的商业中心。从大都新旧两城都设置有"穷汉市"来看，表明当时的雇佣劳动已是较为普遍的现象。

在大都城里，还有一些临时性的贸易场所。这一特点，则是与元朝的两京制度有着密切的联系。蒙古族统治者因为崛起于朔漠，对大草原的深厚感情是久居中原的农耕民族无法与之相比的。因此，当他们进入中原地区之后，仍然设立了两个政治中心。一个政治中心在中原地区，即元大都城；另一个政治中心则是在草原上，即元上都(今内蒙古正蓝旗境内)。在没有特殊原因的情况下，元朝

---

① 以上引文，皆见载于《析津志辑佚》中的"城池街市"门。

统治者每年来往于大都城与上都城之间。而每当元朝统治者巡幸之时，大批的皇亲国戚、政府百官、侍卫军队等等，皆随之迁移。

由于受到这种统治集团每年迁移不定的影响，也就直接影响了城市经济贸易活动。因为在都城之中，消费的主体人群即是统治阶层，他们有大量的钱财可以用来挥霍。一旦他们离开了大都城，去上都城度夏，就使得大都城的商业贸易趋于萧条；而当他们回到大都城之后，就使这里的经济贸易活动再度趋于繁荣，"京都街坊市井买卖顿增"①。这些市井买卖大多是临时搭成的铺面，随时交易之后即可撤除。

另有一些临时性的贸易场所，则与四时节令密切相关。如每年的元旦(即今天的春节)至元宵节(即正月十五)期间，大都城的居民互相拜访，或聚于酒楼饭店，或同游名胜古迹，各种商贩遂利用这个商机，在大都城的热闹场所，摆开临时商市，进行贸易活动。"市利经纪之人，每于诸市角头，以芦苇编夹成屋，铺挂山水、翎毛等画，发卖糖糕、黄米枣糕之类及辣汤、小米团。又于草屋外悬挂琉璃葡萄镫、奇巧纸镫、谐谑镫与烟火爆杖之属。"②既有吃的食品，又有玩的东西。

又如在端午节时，小商小贩也会抓住这个机会，"都中于节前二三日，小经纪者于是中角头阛阓处，芦苇架棚挂画，发卖诸般凉糕等项。(事见风纪。)市中卖艾虎、泥大师、彩线符袋牌等，大概江南略同"③。在这里，有一点值得注意，就是这些小商小贩的商品有着很浓厚的民俗文化气氛。春节时贩卖的山水画、翎毛画，以

---

① 见《析津志辑佚》中的"风俗"门。
②③ 见《析津志辑佚》中的"岁纪"门。

及各种奇巧纸灯、谐趣灯等，端午节时贩卖的挂画、艾虎、泥大师、彩线符袋牌等，都是大都居民文化消费的主要商品。

在大都新旧两城，还有一些由官方设立的官营商铺，这些商铺，其性质是与那些商贩经营的贸易场所有着很大的差异。官营商铺经营的商品(确切地说已经不能算是纯粹意义上的商品)主要有两项，一项是粮食，另一项是盐、酒等受到严格控制的商品。粮食是人们日常生活不能缺少的物品，盐、酒则是与人们生活联系最为密切的物品。

由官方设置的米铺，完全不是为了经商牟利，而是为了稳定社会秩序而采取的赈济措施。大都城里的民众数量非常多，对这些居民的粮食供应工作直接关系到社会秩序的稳定。其一，是对大都城里极为贫困居民的粮食供应，要采取优惠政策；其二，是对大都城周围地区在发生饥荒时的临时赈济工作，因为这些饥民如果得不到赈济，就会大量涌入都城，造成许多人为的不安定因素。

元朝政府在大都新旧两城设立的米铺，始于至元二十二年(1285年)，乃是在两城各设立三处，向贫困居民出售低于市场价格的粮食。到了元成宗元贞元年(1295年)，大都新旧两城的官方米铺已经增加为三十所，而出售的低价粮食的数量，也有很大增加，从最初的每年几万石，增加到每年三十万石左右。这个措施，对于稳定社会秩序、解决一部分居民的困难，确实起了重要的作用。

元朝政府对食盐和饮酒的经营，其目的则主要是控制商品经营的正常化。因为经营食盐和酒类的富商大贾为了追求暴利，往往不择手段地坑害百姓，如在酒中注入大量的水，在食盐中掺进大量沙子，以及不断抬高盐和酒的价格，等等。在这种情况下，受害的居民毫无办法，有的贫民甚至买不起食盐。正是为了解决这个问题，元朝政府采取了各项措施，其中的一项措施，就是政府自己开设盐店、酒店，以正常价格出售盐、酒等物品。

从至元二十一年(1284年)开始，元朝政府在大都等处设立了常平盐局，顾名思义，"常平"者，就是要平抑盐价。到元成宗大德七年(1303年)时，大都新旧两城的常平盐局已经增加到了十五处。与此同时，元朝政府也没有禁止盐商对食盐的经营，而是二者并行。这种做法，显然对盐商哄抬盐价、牟取暴利的行为产生了抑制作用，是对大都城的广大居民有利的。然而，由于受到盐商的反对，以及贪官的经营不善，使得这一制度时行时废，没有能够很好坚持下去。

大都的商市除了作为商业贸易场所之外，还有一项特殊的社会功能，即是杀人的刑场。因为商市是城市居民往来最频繁的地方，故而政府在商市处决重要犯人，可以产生较大的警示影响。如元太宗时，燕京地区的政治局势很不稳定，盗贼横行。于是，元太宗窝阔台命大臣耶律楚材到燕京加以整治，耶律楚材采取了严厉的手段，将横行的盗贼捕获，"戮十六人于市，燕民始安"①。稳定了社会秩序。

又如在元世祖至元十九年(1282年)三月，由于朝中大臣阿合马聚敛财富，欺压百姓，激起民愤，造成益都千户王著等人前来大都，发生刺杀阿合马的叛乱。这次事件很快就被元朝军队镇压下去了。为了向广大的大都居民警示，于是，元世祖忽必烈下令，"诛王著、

---

① 见《元史》卷一百四十六《耶律楚材传》。

张易、高和尚于市，皆醢之，余党悉伏诛"①。这个事件，在当时的社会上造成很大的轰动。

与王著刺杀阿合马事件联系在一起的，则是南宋大臣文天祥的柴市英勇就义事件。同年冬天，被元朝政府俘获并且关押了长达一千多天的文天祥仍然不肯归降于元朝，于是，元世祖下令将其杀害。至元十九年的十二月初九日(1283 年 1 月 9 日)，元朝政府将文天祥押到旧南城柴市，加以杀害。②这个事件，在当时也造成了极大的社会影响。

二、歌棚舞榭杂剧兴

元代的大都城，与其他朝代的封建都城一样，设置有众多的文化娱乐业场所。因为朝廷中的众多皇亲国戚、百官僚属，以及各种外来人口等皆汇集于此，有着庞大的消费群体，产生了大量的消费需求，在这种情况下，文化娱乐业场所应运而生，并且得到了迅速发展，遂使整个城市经济出现了畸形的繁盛状况。即城市经济的发

---

① 见《元史》卷十二《世祖纪》。文中提到的张易，是元朝政府的官员，因为对王著刺杀阿合马之事失察，而受到牵连。高和尚则是王著的同谋者。当时的许多人都对王著刺杀阿合马之事深表同情，有些文士还作诗称赞王著为民除害的侠义行为。如文士王恽就曾写有《义侠行》一诗，把王著比为先秦时期的著名侠客专诸、荆轲。

② 据有关专家认为，文天祥被害的柴市，在今宣武区菜市口一带。然据《析津志辑佚》一书所载，大都城较大的柴炭市共有四处，一处在顺承门外，一处在钟楼附近，一处在千斯仓，另一处在枢密院。以四处的地域位置而言，当以顺承门外的柴炭市较为合理。钟楼、枢密院等处都是城内的热闹街市，又都在大都新城之内，应可予以排除。

展，不是通过扩大生产，而是通过扩大消费来加以实现的。

元朝人对于大都城的商业经济的消费盛况曾经有过十分生动的描写："华区锦市，聚四海之珍异；歌棚舞榭，造九州之秾芬。招提拟乎宸居，廛肆主于宫门。酤户何烨烨哉，扁斗大之金字；富民何振振哉，服龙盘之绣文。奴隶杂处而无辨，王侯并驱而不分。屠千首以终朝，酿万石而一旬。至其货殖之家，如王如孔，张筵列宴，招亲会朋，夸耀都人，而几千万贯者，其视钟鼎，岂不若土芥也哉！"①

通过以上的描写，不难看出，作为都城消费的主体，乃是王侯将相和富商大贾，而其消费的场所，则是"歌棚舞榭"和"张筵列宴"之处。大都的酒楼饭店，最初多集中在旧南城，乃是金中都昔日繁华的写照。据《析津志辑佚》一书所载，计有：(一)状元楼，"前金人任提领建于燕京。原在蓟门北街西"。(二)德星楼，"在丽正门南，状元楼北"。(三)长生楼，"在故京丰宜门北，街东"。(四)寿安楼，"在燕京亡金皇城内，东华门之西，街南中和槽坊也"。(五)西楼，"在燕市"。(六)披云楼，"在故京燕之大悲阁东南。题额甚佳，莫考作者。楼下有远树影，风晴雨晦，人皆见之"。(七)瓦楼三，"明义楼，在燕市东，大安楼在西，仁风楼在南"。其他诸楼还有"崇义楼、县角楼、揽雾楼、遇仙楼，以上俱在南城，酒楼也。今多废"②。

此后，随着大都新城的崛起和旧燕京城的衰颓，越来越多的酒楼饭店开始在新城出现。同据上书所载，大都新城的酒楼饭店计有：(一)庆元楼，"在顺承门内街西"。(二)朝元楼，"在顺承门内，近石桥，庆元楼北"。(三)白云楼，"在北省之西，健德门南十字

---

① 此文见元人周南瑞编辑的《天下同文集》卷十六所载黄文仲作《大都赋》。文中的"廛肆主于宫门"一句中，"主"字当为"立"字，似较妥贴。

② 见《析津志辑佚》一书中的"古迹"门。

街西角上。馆名既醉(今废)"。(四)乐善楼，"在文明门里百步，面东，御史台南(今废)"。(五)紫云楼，"在文明门之北，馆名黄鹤(近废)"。(六)飞宇楼，"在钟楼街西北，太平时最为胜丽"。(七)安贞楼，"在安贞门里"。(八)怀安楼，"在北省西"。(九)凝翠楼，"在肃清门西，高梁河南"。

在这些酒楼饭店之中，经营的菜肴种类之多，堪称全国之冠。因为在京城的消费群体中，既有北方草原上的蒙古族贵族和其他少数民族官僚，也有中原地区的汉族官僚，以及从东西南北各方汇集到这里的政府官员、富商大贾、军队将领、宗教界人士，等等。这些人的饮食口味各不相同，为了适应他们的需要，故而形成丰富的多种饮食风味并存的局面。

当时人对此有精辟的描述，指出："京城食物之丰，北腊西酿，东腥南鲜，凡绝域异味，求无不获。"①北腊指的是北方地区的肉类多经腊制而成，西酿则是指西北及西南地区的菜肴多经酒类及醋类拌调，东腥指沿海地区的鱼类产品，南鲜则指南方人士喜食之虾蟹一类产品。这些各具特色的地域食品，都可以在大都城内的酒楼饭店中享受到。

作为中华民族的传统饮食文化而言，其着眼点并不仅仅是享受各种菜肴的美味，而且在饮食过程当中，还伴随着许多文化娱乐活动。其中之一，即是在宴席间欣赏音乐舞蹈，这项活动在当时极为普遍。如对王孙贵族而言，这只是一种惯例。"内家楚楚诸王孙，白马金鞍耀晴日。尊前细乐耳厌闻，世上闲愁生不识。海棠花下昼闻莺，太液池边春洗马。千枝万枝桃杏红，花枝飘香薰酒中。归来月落酒未醒，有诏早入明光宫。"②他们对于宴席上的歌舞，已经

---

① 见元人许有壬《至正集》卷三十二"如舟亭燕饮诗后序"。

② 见元人萨都剌《雁门集》卷一"海棠曲"。

欣赏得厌烦了。

又如对文人学士而言，一面在宴席上欣赏歌舞表演，一面吟诗赋词相互唱和，别有一番风趣。而那些表演歌舞的女演员，有的文化修养较为深厚，亦能与文人学士对答吟唱，更为时人传为佳话。如元代中期的大学者虞集，一次在宴会上见到了大都城著名的歌伎郭氏顺时秀，郭氏当场吟唱乐府"折桂令"一曲，"一句而两韵，名曰'短柱'，极不易作"。虞集为了显示文才，亦即席写下一曲，"盖两字一韵，比之一句两韵者为尤难"[①]。其才思之敏捷，使时人为之叹服。

当时大都城里，娱乐业中汇集了一批歌舞艺人，这些人中的佼佼者，大多隶属于元朝政府的教坊司、仪凤司及其下辖的兴和署、祥和署、云和署、安和署、常和署、天乐署等机构。他们每当节令时分，要为元朝统治者的各项庆典活动服务，而在平时，则是在酒楼饭店及达官显贵的家中活动，依靠各种应酬来获得收入。如上文提到的郭氏顺时秀，"字顺卿，行第二。姿态闲雅，杂剧为闺怨最高，驾头诸旦本亦得体"[②]。她与当时的许多文人学士，如虞集、刘致、王元鼎等都有来往。

又如在郭氏顺时秀之前的至元年间，大都的娱乐场所中名气最大的当属歌伎珠帘秀朱氏。"珠帘秀，姓朱氏，行第四。杂剧为当今独步，驾头、花旦、软末泥等，悉造其妙"[③]。一时名流，如翰

---

① 见《南村辍耕录》卷四"广寒秋"条。
② 见元人夏庭芝《青楼集》。
③ 见《青楼集》。是时，文士胡祗遹曾赠她元曲一首，曰："锦织江边翠竹，绒穿海上明珠。月淡时，风清处，都隔断落红尘土。一片闲情任卷舒，挂尽朝云暮雨。"冯子振亦作小曲赠她，曲曰："十二阑干映远眸，醉乡空断楚天秋，虾鬚影薄微微见，龟背纹轻细细浮。红雾敛，翠云收，海霞为带月为钩。夜来卷尽西山雨，不著人间半点愁。"二首元曲载于《南村辍耕录》卷二十"珠帘秀"。

林承旨卢挚、翰林学士王恽、集贤待制冯子振、著名杂剧作家关汉卿等人，皆与她往来甚密，时有唱和。其他著名歌伎，尚有连枝秀孙氏、解语花刘氏等。

在大都城的酒楼饭店之中，还有一些技艺高超的乐器演奏家，随时为前来就餐的客人演奏各种乐曲，以助其雅兴。在元代的大都，流行乐曲有一首《白翎雀歌》，描写蒙古族贵族狩猎飞禽的情景，其曲调传自西域，时人作诗赞赏其乐曲曰："西河伶人火倪赤，能以丝声代禽臆。象牙指拨十三弦，宛转繁音哀且急。"[①]曲调十分感人。

在大都的艺人中，还有一些时人罕见的演奏绝艺，受到称赏。"河内人焦其氏者，作乐器，仅容一握。张以二弦，隐弹袖间。因双鸣起舞，周旋跕躃，曲尽音节，昔人未之见也。因状其名曰'鸣凤双栖曲'。"[②]这种且奏乐且舞蹈的表演形式，确是不多见。而其所使用的乐器，也极为罕见，至今已经失传，十分可惜。

大都城的文人学士除了在酒楼饭店之中饮酒赋诗，相互唱和，有时还要到寺院、道观之中与僧人和道士聚会在一起，或是饮酒赋诗，或是谈玄论道。如元初著名文士王恽于至元八年(1271 年)八月，与燕京名刹开泰寺金灯长老义方，及好友冯君用、聂文超、刘敬臣、王仲通等人会聚于寺中，饮酒赋诗，为一时之兴会。到至元二十年(1283 年)三月，王恽又与宋衜、张明之等人在王恽住宿之道观相聚，和道观中之萧道师一起，饮酒赋诗，"酒数行，开口笑，灿殊

---

① 见元人张昱《张光弼诗集》卷二"白翎雀歌"。此处所云演奏"白翎雀歌"的艺人使用的乐器为十三弦。而时人杨维桢亦作有《白翎雀辞》一首，却云："朔客谈四弦，有'白翎雀调'。"则是演奏的乐器只有四弦(见《铁崖古乐府》卷七)。虽然乐师使用的乐器不同，其曲调旋律应大致相同。据传，这首"白翎雀曲"，系元世祖命乐官石德间创作的。

② 见元人王恽《秋涧乐府》卷二"木兰花慢"。

适然也"①。

在文人学士饮酒赋诗，相互唱和的同时，与这种"雅"的文娱活动同时并行的，则有更多市民参与的"俗"的文娱活动，也在蓬勃发展起来。其最具代表性的，则是元杂剧的兴起。在大都城，有着许多发展杂剧艺术的优越条件。其一，是大都城的居民人数众多，而这些居民中，许多都是"有闲"的人，如官僚士大夫和他们的家属等，因此，有着广泛的观众基础，也就有着对杂剧艺术进行观赏的社会群体。

其二，是为表演杂剧艺术提供必要的场所，这一点，在当时也是具备的。在大都城兴建之前，不论是辽代的燕京城，还是金代的中都城，其城市格局都是承袭了汉唐时期的坊里制，城市居民的住所是被封闭在高大的坊墙之内的。在这种情况下，公共活动的娱乐场所自然受到了严格的限制。而当大都城兴建之后，这种封闭性很强的坊里制度被废止了，城市空间的自由度有了极大的扩展，使得各种娱乐活动场所(包括表演杂剧艺术的场所——勾栏)的设置更加方便。

其三，是杂剧艺术的创作群体汇聚在这里，为杂剧表演艺术提供了大量优秀的剧本。早在辽代，燕京城就是北方少数民族政权的文化中心。到了金代，中都城更是成为整个北方地区的文化中心，当时的文人学士都汇聚在这里。到了元代，在全国统一之前，这里仍然是北方地区的文化中心；而在攻灭南宋之后，这里又很快就变成了全国的文化中心。当时的许多著名杂剧作家，如关汉卿、马致远、王实甫等，都曾长期在大都生活过。

其四，是杂剧艺术的表演群体也汇聚在这里，由于优秀表演艺

---

① 见王恽《秋涧集》卷九"紫藤花歌"。

术家的聚集，大大提高了杂剧艺术的表演水准。如上文述及的，元朝统治者把全国各地的、大量的、杰出的表演艺人都征调到大都城来，设置教坊司、仪凤司等机构加以管辖，以便岁时为其举行的各种典礼活动服务。而在平时，这些表演艺人就要为大都城的居民从事各种表演活动，以获得相应的经济报酬，其中，杂剧表演就是一项主要的内容。

当时表演杂剧的场所称为勾栏，也就是小戏园。元代大都城的勾栏，其实物现在已经没有了，见于出土文物及相关文献记载，仍可略知一二。是时的勾栏，其主体是戏台，三面向着观众，一面有门道通向后台。其戏台有六七米见方，台顶有的有重檐为饰。台下的观众席为一排排的木板椅构成，有的木板椅层层加高，以便于后排观众观赏时更加清楚。在勾栏门外，画有大幅的节目招牌，告知表演的剧目。

当时杂剧表演的内容已经十分丰富，有的涉及社会问题，其最具代表性的即是关汉卿所作《窦娥冤》一剧，充分揭露了元代社会的腐朽黑暗。有的涉及男女爱情问题，其最具代表性的即是王实甫的《西厢记》，表达了人们反抗封建等级观念、追求美满爱情的进步思想。有的则是神话故事和民间传说，如以唐僧师徒西域取经和水浒英雄除暴安良为主题的；还有的则是历史故事，如三国时期的刘关张故事和宋代的包公判案的故事等。

除了杂剧之外，在大都城的许多公共娱乐场所，还都延续有前朝留下的表演艺术，正如时人所述："唐有传奇；宋有戏曲、唱诨、词说；金有院本、杂剧、诸宫调。院本、杂剧，其实一也。国朝院本、杂剧始釐而二之"①。这里说到的唱诨、词说等，就是今日的

①见《南村辍耕录》卷二十五"院本名目"。文中所云"国朝"，指的就是元朝。因陶宗仪为元末明初时人，故而奉元朝为"国朝"。

评书一类表演艺术，以讲故事为主，间杂以短小的笑话、诗词等，而有时亦有简单的乐器伴奏，以烘托情节和气氛。

大都城的体育活动场所，也是公共活动场所之一。当时的体育活动，主要有射箭、打马球、摔跤和长跑等。射箭自古以来就是中华民族十分重视的一项体育活动，先秦时期的著名教育家孔子在教育弟子六项技艺(即礼、乐、射、御、书、数)中，射箭就是其中的一项。而到了辽、金、元时期，契丹、女真、蒙古等少数民族对于骑马、射箭的技艺尤为重视，因此，也就相沿成俗，岁时举行射箭比赛的活动。

在大都城里，举行射箭比赛的场所，其一，是在西苑，其二，则是在东华门外。每年的春秋之日，诸王百官陪同皇太子至射箭场所，先有侍从摆下箭垛，四周用苇席围好，称为"开垛场"。然后众人分成若干组，由皇太子先射三箭，其余之人依次比赛射箭，胜负各有赏罚。射箭比赛之后，再摆开宴席，尽欢而散。在平时，皇太子与诸宗王等蒙古族贵族亦经常练习射箭。①

打马球的活动也是一项传统的体育活动，早在隋唐时期的幽州城里，就开辟有专门的打马球场所，当时驻守幽州的唐朝军队经常举行打马球比赛。此后，历经五代、辽、金而至元代，六百余年之间，一直延续下来。在大都城里，打马球的场所是在西华门内，每年的春秋之日，上自皇太子、诸王，下至千户、侍卫等，皆可参与，"咸用上等骏马，系以雉尾、缨络，萦缀镜铃、狼尾、安答海，装

---

① 据《元史》卷一一五《裕宗传》所记载，元世祖时，皇太子真金(即裕宗)"每与诸王、近臣习射之暇，辄讲论经典"。由此可见，其练习射箭是很频繁的，有闲暇之时，才讲论儒学。

饰如画"①。所打马球，用皮革缝制。设有球门，以击球入门为胜。

摔跤活动在古代又被称为"角抵"，也是自汉代以来就很盛行，一直延续到元代。据有关文献记载，在元代的诸帝王之中，尤以元武宗、元仁宗兄弟最为喜爱摔跤活动。元武宗曾一次即赏赐给摔跤勇士阿里白银千两、钞币四百锭。而元仁宗不仅经常在西苑举行摔跤比赛，而且还在延祐六年(1319年)六月专门设立了管理摔跤的衙署，"置勇校署，以角抵者隶之"②。这大概是元朝政府专门管理体育活动的唯一机构。

长跑活动是显示人们身体素质的一项最好的运动。在元代的大都城，大规模的长跑活动是每年举行一次。在当时，又被称为"放走"。参加这项比赛的运动员先到河西务(大都城的漕运重镇，在漷州)集合，由监督比赛的官员点名，然后用一根长绳拉齐比赛人员，一起开始跑，"越三时，走一百八十里，直抵御前，俯伏呼万岁"③。胜者赐银饼一枚，其他参加人员亦有缎匹等赏赐。

大都城内外，还有一些景色秀丽的空旷之地，也是居民四时娱乐休闲的公共场所。如位于大都皇城北面的海子(今积水潭)一带，碧波荡漾，波光粼粼，四周堤岸花红柳绿，景色宜人。每当泛舟湖中，观景品茗，吟诗诵赋；或是在岸边小亭之中，摆上时令蔬果，饮酒唱和，确实令人得到无尽的享受。元代大文豪赵孟頫即曾与友

---

① 见《析津志辑佚》中的"风俗"门。其书又云："当其击球之时，盘屈旋转，倏如流电之过目，观者动心骇志，英锐之气奋然。虽耀武者，捷疾无过于是，盖有赏罚不侔耳。"

② 见《元史》卷二十六《仁宗纪》。

③ 见《南村辍耕录》卷一"贵由赤"。文中所云"放走"的走字，即是跑的本意。古代成语有"走马观花"的走字，也是跑的意思。

人在海子游玩，而留有诗篇①。

三、巧匠夺天工

元代的大都城，不仅是全国的商业和文化中心，而且也是手工业生产中心。元朝统治者在这里建立了一整套庞大的手工业生产体系，设置了众多的隶属于中央政府、皇家贵族、地方政府等各种机构的手工工场，使得大都地区的手工业发展水平，达到了历史上的最高点。与此同时，大都地区的私营手工业生产也随之有了较大的发展，出现了许多小作坊，进行个体生产。在这种情况下，大都城的手工业场所遂遍布于京城及京畿的各个地方。

由于当时手工业生产的性质不同、手工产品的种类不同，以及生产环境的不同，也就决定了手工业场所的分布位置的不同，及其生产场地的大小不同。从总体来看，官营手工业的生产规模较大，其生产的场地也就较为宽敞；私营手工业的生产规模较小，其生产场地也就很小，有些甚至是家庭作坊。从生产的产品种类来看，其产品越精细，其生产场地也就较小，其分布的位置也往往是在城里；其产品越粗糙，其生产场地越大，也就大多被安置在城郊或是远郊区县。

---

① 赵孟頫游玩海子所作诗曰："小姬劝客倒金壶，家近荷花似镜湖。游骑等闲来洗马，舞靴轻妙迅飞凫。油云判污缠头锦，粉汗生怜络臂珠。只有道人尘境静，一襟凉思咏风雩。"见《松雪斋集》卷五"海子上即事与李子构同赋"。李子构所作诗有"光风渐绿瀛洲草，细雨微生太液波"之句，描述亦细致入微。又如《析津志辑佚》中的"岁纪"门中记载：每年的春天，"若海子上，车马杂沓，绣毂金鞍，珠玉璀璨，人乐昇平之治，官无风尘之虞。自此后游玩无虚日。"其记述亦颇为生动。

在大都城里的手工业生产场所，是和商业贸易场所融合在一起的。这些生产场所主要制作的是手工艺产品，"湛露坊自南而转北，多是雕刻、押字与造象牙匙筯者，及成造宫马大红鞦辔、悬带、金银牌面、红绦与贵赤四绪绦、士夫青匾绦并诸般线香。有作万岁藤及诸花样者，此处最多"①。由此亦可见，元代的人们随身及骑马等相关饰物的工艺生产已经十分普遍。

在大都城的近郊地区，手工业生产场所的规模比较大，主要从事的生产种类以建筑材料为多。如在大都城的营建过程中，需要大量的建筑材料，为此，元朝政府于至元十三年(1276年)专门在平则门外设置了窑场，用于烧造砖瓦等物品。由政府官窑场烧制的砖瓦，有些质量非常好，如当时有一种砖，被称为镜面砖，"光可鉴人"③，砖的表面光亮似镜子，当然也不是一般普通的民居所能够使用的。

在此前不久，元朝政府的中书省工部下面，又曾设置有石局、木局等，负责生产石材和木料。石材的生产，主要是在大都城西面的西山一带，"都中桥梁、寺观，多用西山白石琢凿阑干、狻猊等兽"④。因此，石局当设置在西山一带的石材生产场所。到了至元二十五年(1288年)，又在光熙门外设置了一处窑场。此外，元朝政府还在旧南城宣曜门外，设置有一处官窑场。由此可见当时的大都地区，对建筑材料的需求量是很大的。

大都地区的官营手工业生产的许多部门是直接为元朝统治者的奢侈生活服务的。如在大都旧南城的彰仪门外，就设置有磨玉局，"南城彰仪门外，去二里许，望南有人家百余户，俱碾玉工"⑤，为元朝统治者制造各种名贵的玉器。与之相同的官营手工业机构还有

---

①②③ 见《析津志辑佚》中的"风俗"门。

④ 见《析津志辑佚》中的"风俗"门。

⑤ 见《析津志辑佚》中的"古蹟"门。

隶属于将作院的诸路金玉人巨总管府，其下又辖有玛瑙提举司、瓘玉局等。当时由这些玉工制作的精美玉器有：陈设在万岁山上广寒殿中的玉殿，以及渎山大玉海等。

在大都旧南城一带，元朝政府还设置有织染局，生产的手工艺产品也极为精致。如夏天常用的扇子，因其制作的产品是进贡给蒙古族统治者使用，故而精美异常，"有串香柄、玛瑙、犀角，成雕龙凤，金涂其刻"。不仅扇柄十分精致，扇面也画有山水、人物、花鸟、宫殿等各种图案，"妙绝古今"[①]。由织染局制作的拂子，有些用纯白牛毛，还有些被染成各种颜色，也十分精美。

在大都的官营手工业生产体系中，矿冶业是一个重要的分支。因为在大都周边的群山之中，不仅有石材，还有煤炭和金、铁等矿材，故而元朝政府在这些矿材的产地，设置了一些手工业生产场所。如铁冶一项，在元世祖至元年间，时人曾云："窃见燕北燕南，通设立铁冶提举司大小一十七处，约用煽炼人户三万有余。周岁可煽课铁约一千六百余万。"[②]其冶炼规模是相当可观的。元朝政府又曾设置有檀景等处采金铁冶都提举司，檀州即今北京密云一带，可知当时在这里曾经出产过金矿石。

在大都城的西北郊区的群山之中，还盛产煤炭。元朝政府于至元二十四年(1287 年)专门设置有西山煤窑场，"领马安山大峪寺石灰煤窑办课，奉皇太后位下"[③]。这是官营采矿业诸多生产场所中的一处。此外，私营的小煤窑在西山一带也很多。大致而言，官营的煤窑主要是为元朝统治者和其他贵族服务的；而私营的煤窑则是

---

① 见《析津志辑佚》中的"岁纪"门。

② 见《秋涧集》卷九十"省罢铁冶户"疏。

③ 见《元史》卷八十九《百官志》。文中所云"马安山"，通常被写为"马鞍山"，以其山形似马鞍之故，为京西名山之一。大峪之地名，今亦存。

通过商业运营模式，为大都城的居民服务的。

在大都地区，还有许多的私营手工业生产作坊，生产各种各样的人们日常生活用品。这些手工作坊，有的规模虽然不大，但是其生产能力却是很强的。如文房四宝的制造业，就是私营手工业的一项特色产业。由于大都城里的各级政府部门日常对文具的需求量非常大，许多文人学者的个人消费量也很大，所以，除了有些商人从南方向大都城贩运的文房四宝之外，大都城里的生产笔、墨的手工业者也较为著名。

在大都城里以制笔著称于时的，有笔工张进中，他制作的毛笔，倍受时人赞赏，称其"管以坚竹，毫以鼬鼠，极精锐宜书，人争售之"①。由于毛笔质量精良，许多著名的文人学士，如王恽、宋渤、赵孟頫等人，都喜用之，而与他交往密切，并建立了友谊。他生产的毛笔数量也很大，仅一次捐赠给元朝政府用于抄写佛经的毛笔就多达数万支。

大都的制墨工艺也颇有渊源。早在大蒙古国时期担任中书令的耶律楚材，就曾向被俘的江南墨工杨子彬学习制作墨的技法，并且将其技艺传授给了儿子耶律铸。耶律铸遂在燕京用杨氏之法制作墨丸一万枚，质量很好，"其妙即远过雪堂，蔑视诸家，可与李廷珪相先后焉"②。此外，元代初年的大都檀州(今北京密云)人王仲玄，也以善于制墨而著称。由于受到元世祖的赏识，"累奉旨造墨，选墨工数十人，俾领之"③。其制墨的规模也越来越大。

在元代，大都地区的造纸业也颇具规模。其手工业生产场所，

---

① 见元人苏天爵《国朝文类》卷五十六所载王士熙撰"张进中墓表"。
② 见元人耶律铸《双溪醉隐集》卷四"玉泉新墨序"。
③ 见元人张之翰《西岩集》卷十九"王仲玄传"。

是在旧南城的西南，其地称为白纸坊。至元九年(1272年)，元朝政府设立白纸坊，"掌造诏旨、宣敕纸札"①。此外，元朝开始在全国行用纸制钞币，其印造钞币所用之纸，则是在大都新城西北肃清门里的抄纸局进行生产的。由于印造钞币关系国家财政收支，极为重要，因此，这项手工艺生产工作是由官方严密控制下进行的，是不允许私营手工业者参与的。

纺织品的制造则是大都许多居民的一项手工业生产技艺。中国自古以来的封建经济形态，就是以男耕女织的自然经济作为主体。在有些家庭，纺织业的收入甚至变成了居民的主要收入。如世居大都城的赵荣祖、赵敬祖兄弟，先后病故，其二人之妻刘氏及徐氏，遂依靠纺织手工以维持生活，"娣姒织纴以为生，保育其孤"②。她们通过出卖自己织造的纺织品来养育后代。像这样的家庭，在当时并不是特例。

在大都城里，还出现了一些通过纺织生产而获得利润的居民，为了获取更多的利润，他们在进行纺织生产时，甚至不惜采用非法手段，制作劣质纺织品，以坑害用户。由于这种现象在当时较为普遍，因此，元朝政府不得不下令，加以禁止。"据大都申：街下小民不畏公法，恣意货纰薄窄短金素缎匹、盐丝药绵、稀疏绫罗、粉饰纱绢绸棉，并有不堪使用的狭布，欺谩买主，诱骗愚人。拟合钦依在先已降旨禁治。"③这些专门从事纺织生产的居民当时被称为机工或者机户。

---

① 见《元史》卷八十五《百官志》。白纸坊，在当时是一个官僚机构，设大使一人，秩从八品，副使一人，专门负责制造白纸。此后，历代相沿，遂成为地名，白纸坊一词至今尚沿用不废。

② 见元人危素《危太朴集》卷四"赵氏家法记"。

③ 见《元典章》卷五十八"禁军民缎匹服色等第"。

在大都的居民中，还有一些人从事着一项特殊的手工业生产，就是制作一种很有特色的鞋子。"市民多造茶褐木绵鞋货与人。西山人多做麻鞋出城货卖。妇人束足者亦穿之，仍系行缠，欲便于登山故也。"①这种木棉鞋和麻鞋，其功效颇类似于江南地区用于登山的"谢公屐"，大多数是卖给外来人士，特别是那些来到大都而到西郊登山游览者的。

与大都居民生活密切相关的，还有一些粮食加工场所，即磨房，又称碾房。在大都地区的磨房中，有不同的石碾，如旱碾、水碾、纺纱碾、罏纱碾，等等，其形制各异。据时人所述，旱碾、水碾、纺纱碾等是放置在碾房之内的，而罏纱碾则是放置在露天之处的。水碾用水力，旱碾等则用牛、马、驴等畜力及人力，其碾的制作形制也十分精巧②。

由于元代漕运及海运的盛行，作为京杭大运河最北端的大都城，也就有了造船手工业生产。其生产场所，是在大都东面的通州。为此，元朝政府专门设有提举司，主持造船工作。这些造船的工匠，大多是从外地征调到京城来的。如至元二年(1265年)正月，元世祖下令，征调镇海、百八里、谦谦州的工匠到京城来，同时，"又徙奴怀、忒木带儿炮手人匠八百名赴中都，造船运粮"③。

---

① 见《析津志辑佚》中的"风俗"门。

② 据《析津志辑佚》中的"物产"门记载，大都地区的碾，旱碾为"半边石糟（'糟'字当为'槽'字之误），如月样，数人相推，力难而未熟"。可知乃是人力碾。纺纱碾为"其制甚巧，有卧车力轮，大小侧轮，日可三五十斤"。可知其形制由多个轮子组成，巧妙利用力学原理，惜其形制今已失传。其水碾，以京城之南长春宫及京城西面的斋堂村的最为知名，利用水力，可日碾粮食三十余石。而大碾房的石碾，"以牛、马、驴、骡拽之。每碾必二三疋马旋磨，日可二十余石"。

③ 见《元史》卷六《世祖纪》。文中所云"中都"，就是元大都，在至元初年尚称中都，后改称为大都。文中又云"奴怀""忒木带儿"等，为西域官员。

在元代的大都城，造船的另一项功能，则是为蒙古族统治者的生活享乐服务。在大都皇城里面，有景色宜人的太液池和万岁山，湖光山色之间，有船荡漾往来，自然是很好的享乐。在元代中期，元英宗曾于至治二年(1322 年)十一月，"造龙船三艘"[①]。其样式今已不详。到元代后期，元顺帝于至正十四年(1354 年)，又在皇城内苑造有龙船，其形制，十分精巧，"帝于内苑造龙船，委内官供奉少监塔思不花监工"。龙船造好之后，"自后宫至前宫山下海子内，往来游戏，行时，其龙首眼口爪尾皆动"[②]。

上述的大都手工业场所，有些(如大多数的官营手工业生产场所)显然占用的是公共空间；有些(如大多数的私营手工业生产场所)则属于私人所有的生活空间，因为二者之间有着密不可分的联系，故而在此一并述及之。有些生产场所，如造酒业的前店后厂制，因为在前文的商业贸易场所中已经述及，故而在此不再赘述。

四、三方文字 皆有学舍

元代的大都城，又是全国的文化教育中心。在这里，既有中央及地方各级政府设置的学校，也有一些专门机构设置的专业学校；既有宋代以来开始流行的书院，也有众多教书先生自办的私塾，等等。此外，诸如军卫、驿站等部门，也都设置有学校。而有些达官

---

① 见《元史》卷二十八《英宗纪》。

② 见《元史》卷四十三《顺帝纪》。书中详细记载了龙船的形制，"船首尾长一百二十尺，广二十尺，前瓦簾棚、穿廊、两暖阁，后吾殿楼子，龙身并殿宇用五彩金妆，前有两爪"。

贵人，又专门聘请著名文士到自己家中，为子女讲学。因此，大都城内外的教育场所，其规模之大，数量之多，种类之全，位居全国各大城市之前茅。

在大都地区，规模最大、规格最高的学校是国子监学，这所学校是由中央政府直接设置，并且加以管理的。早在成吉思汗的军队攻占金中都城之后不久，作为地方长官的王楫就曾恢复庙学之制。[①]而大蒙古国最早设置的国子学，即是在燕京城里王楫恢复庙学之处。元太宗五年(1233 年)六月，窝阔台政权下令，在燕京建立国子学。[②]选派蒙古族贵族子弟十八人，与汉官子弟二十二人，及必阇赤(主管文书者)子弟十人，合计五十人，入学校中学习。

大蒙古国统治者对于在燕京国子学中学习的蒙古族子弟及汉人子弟给予了优厚的待遇，赐给良田四百八十亩，岁收租税以供其吃喝之用。又派政府官员杨惟中、陈时可等主持国子学之事，并选派有文化的道士李志常、冯志亨等出任教官，[③]教授蒙古族子弟学习汉文，汉人子弟学习蒙古族文字。到元宪宗二年(1252 年)，时为宗王的忽必烈受命主持中原地区的政务，又下令，命燕京断事官牙

---

① 据《元史》卷一百五十三《王楫传》记载："时都城庙学，既毁于兵，楫取旧枢密院地复创立之，春秋率诸生行释菜礼，仍取旧歧阳石鼓列庑下。"王楫恢复庙学是在元太祖十七年(1222 年)，当时王楫任燕京宣抚使。文中所云"都城庙学"，是指金朝设置在中都城里的国子学，这时已经毁坏。文中所云"歧阳石鼓"，是金朝攻灭北宋时，从汴京运到燕京来的十个石鼓，后来又被运到大都城新建的国子学中，现仍陈列在北京的孔庙之中。

② 据《析津志辑佚》中的"学校"门记载，"太宗五年癸巳，初立四教读，以蒙古子弟令学汉人文字，仍以燕京夫子庙为国学"。

③ 据《析津志辑佚》所载之文介绍李志常曰："志常，亦儒者避难为道家者流，濮州人。"李志常曾随从丘处机西行拜见元太祖，回到燕京后撰写有《长春真人西游记》一书，文笔流畅，至今尚传于世，由此可见其文化水准颇高。

老瓦赤等人将孔庙及国子学加以增修。这时设置的国子学只是初具规模，各项典制尚不完备。

元世祖忽必烈在即位之前，就对中原地区的农耕文化十分重视，曾经聘请中原地区的著名学者向其子弟讲授传统的儒家政治学说。因此，在他即位之后，又接受众多中原学者的建议，于至元六年(1269 年)七月下令，"立国子学"①。实际上，是在两年以后，元世祖才命名儒许衡为集贤大学士、国子祭酒，并且设置了国子学的各职官，"命设国子学，增置司业、博士、助教各一员，选随朝百官近侍蒙古族、汉人子孙及俊秀者充生徒"②。这时候的国子学，与元太宗时所设置的国子学没有相承关系，但是，所使用的校舍却是原有的。

到了至元二十四年(1287 年)，元朝中央政府在大都新城专门为孔子庙和国子学设置了用地，并且大兴土木，加以修建校舍，③于

---

① 见《元史》卷六《世祖纪》。

② 见《元史》卷七《世祖纪》。据《元史》卷八十一《选举志》记载，"世祖至元七年，命侍臣子弟十有一人入学，以长者四人从许衡，童子七人从王恂"。与《世祖纪》所记载不同。又据《元朝名臣事略》卷八之三所载耶律有尚所撰《国学事迹》记载，"先生(指许衡)方居相府，丞相传旨，令教蒙古生四人，后又奉旨教七人，至是有旨，令四方及都下愿受业者，俱得预其列，即今南城之旧枢密院设学"。其所述，又与《选举志》不同。耶律有尚为许衡弟子，曾亲自参加国子学的教学活动，他的叙述可信性很高。

③ 据《元史》卷一百七十四《耶律有尚传》记载，"二十四年，朝廷乃大起学舍，始立国子监，立监官，而增广弟子员。于是，有尚升国子祭酒，儒风为之丕振"。然据《元史》卷一百七十三《叶李传》记载，叶李上奏元世祖，请设置国子监学，"乃荐周砥等十人为祭酒等官，凡庙学规制，条具以闻，帝皆从之"。由此可知，至元二十四年(1287 年)任国子祭酒的是周砥，而耶律有尚是接替周砥之后任国子祭酒。又据《元史》卷十五《世祖纪》记载，在至元二十五年(1288 年)十一月，元世祖下令，"修国子监以居胄子。"可见当时确实动工修建了国子监学。

是将原来的国子学的校舍让给大都路学，而国子学的国子祭酒又兼管大都路学之事。但是不知何故，在此后的很长一段时间里，国子监学校舍的修建工作，直至元世祖去世时仍没有完成。

元成宗即位后，先是着手修建大都新城的孔子庙。在大德十年(1306年)，大都孔子庙修建基本完工之后，元成宗遂下令，"营国子学于文宣王庙西偏"①。但是，开工不久，元成宗又死去。及元武宗即位后，在至大元年(1308年)五月，御史台的大臣上奏："成宗朝建国子监学，迄今未成，皇太子请毕其功。"②得到了元武宗的许可。又经过近两年的兴建，才使国子监学的校舍初具规模。

新兴建的国子监学共有校舍一百六十七间，大致可分为南北两个功能区。一个功能区是国子监的官员办公和休息的地方，另一个功能区则是国子学的学生学习的地方。在北面的工作区里，有国子祭酒、国子博士、国子监丞等官员的办公室和休息室，又有放置文具等的仓库。在南面的学习区里，则东西相对，建有六斋，又称六馆，分为上、中、下三等，根据入学学生的文化程度的高低不同，分别在不同的斋里学习。学有所成，即可升斋。

此后，元仁宗在位时期，中央政府又筹集资金，在国子监学兴建了一座规模宏大的藏书楼。兴工于延祐四年(1317年)夏，③竣工于延祐六年(1319年)冬，藏书楼盖好之后，元仁宗命其名曰"崇文阁"。阁高四丈有余，东西宽约十丈，南北进深约有五丈，"雄伟

---

① 见《元史》卷二十一《成宗纪》。

② 见《元史》卷二十二《武宗纪》。此处所指"皇太子"，即是元武宗之弟爱育黎拔力八达，及武宗死后，即位为仁宗。

③ 据《元史》卷二十四《仁宗纪》记载，皇庆二年(1313年)六月，"建崇文阁于国子监"。这个记载只是元仁宗的一个决定，真正的动工兴建，是五年以后的事情了。对于这件事，元代名儒吴澄有较为详细的记述。

壮丽，烨然增监学之辉"①。这也可算是元代修建的第一座国立高等学校图书馆。

到元文宗在位时期，时任国子祭酒的孛术鲁翀又利用国子监学校舍中的空地，使用学费建造了一批供学校教师和学生使用的宿舍，②使国子监学中的师生得以安心教授和学习，而无后顾之忧。至此，大都城的国子监学中的各项设施，基本上得以完备。在此后的岁月中，再没有大兴土木工程。

至元二十四年(1287年)，国子监学搬到大都新城去之后，旧燕京城里的校舍就被大都地区的地方最高学府大都路学校所沿用。大都路学校的规模虽然比国子监学要逊色，各项典制也很完备，"有提举教授专任教养。迨今有提举一人，教授二人，学正、学录俱备，支郡文宫诸职与京外并同。学在南城章宗养鱼池南。学中古刻並石经、金朝策士碑等，犹有典刑古制焉"③。在大都路学校讲堂西侧，还竖有中统二年(1261年)的提学圣旨碑。

国子监学的旧校舍，在正式划归大都路学校使用之后，在元世祖、元成宗、元武宗三朝一直没有进行过大规模的修缮，直到元仁宗即位之后，更加重视教育，在兴建国子监学的崇文阁时，由大都路的地方官筹资，对大都路学也进行了修缮和扩建，"仁宗延祐四

---

① 见元人吴澄《吴文正公文集》卷二十六"崇文阁碑"。

② 据元人苏天爵在其所撰"孛术鲁翀神道碑"中记载："先时学官多僦民舍以居，监有隙地在居贤里，公曰：'古者教有业，退有居。'乃积弟子入学贽礼，得楮缗二万有奇，为宅数区，筑室完美，以居师生。"其文载于《滋溪文稿》卷八。

③ 见《析津志辑佚》中的"学校"门。

年，大兴府尹马思忽重修殿门堂庑，建东西两斋"。^①在此后泰定帝的泰定三年(1326年)和元文宗的天历二年(1329年)，分别由大兴府尹曹伟和大都路学校提举官郝义恭主持，进一步加以修缮和扩建。如天历二年(1329年)郝义恭增建学校的斋舍，当是仿照国子监学祭酒孛术鲁翀的做法。

元朝政府在创建国子学的前后，还曾创办有蒙古国子学。早在至元六年(1269年)七月，设置国子学之前，元世祖即下令，"立诸路蒙古字学"^②。这是在全国各地都设置学校，教授由帝师八思巴所制定的蒙古新字。翌年四月，元世祖又下令，"设诸路蒙古字学教授"^③。又过了一年，"世祖至元八年春正月，始下诏立京师蒙古国子学，教习诸生，于随朝蒙古族、汉人百官及怯薛歹官员，选子弟俊秀者入学，然未有员数"^④。

新创立的蒙古国子学，虽然政治地位较国子监学更加优越，但是，却很少有汉官子弟去入学学习，^⑤入这所学校的，主要是蒙古

---

① 见《元史》卷八十一《选举志》。

② 见《元史》卷六《世祖纪》。

③ 见《元史》卷七《世祖纪》。

④ 见《元史》卷八十一《选举志》。此处所云"然未有员数"，是指没有名额限制。

⑤ 据《元史》卷七《世祖纪》记载，至元九年(1272年)七月，"和礼霍孙奏：'蒙古字设国子学，而汉官子弟未有学者，及官府文移犹有畏吾字。'诏自今凡诏令并以蒙古字行，仍遣百官子弟入学。"和礼霍孙是主持蒙古国子学工作的官员，他所说的"官府文移犹有畏吾字"，指的是旧蒙古族文字，而不是真的维吾尔文字。蒙古族语言原来没有文字，乃假借维吾尔文以行于世。及帝师八思巴创造的新蒙古族文字，借用的是梵文的方法，与旧蒙古族文字不同。而元朝政府大力推广的则是新蒙古族文字。

族贵族子弟。①而与国子监学一样的是，蒙古国子学在很长一段时间内也没有固定的校舍。直到元顺帝的后至元元年(1335年)十二月，"蒙古国子监成"②。蒙古国子学才有了正式的固定校舍。

元朝政府在创建了国子监学和蒙古国子学之后，又在至元二十六年(1289年)五月，"设回回国子学"③。但是，真正的设置时间是在同年八月。④ 但是，此后的回回国子学时而重设，时而罢废。如元仁宗于延祐元年(1314年)四月下令，"立回回国子监"⑤。但是，元英宗在即位后，却于延祐七年(1320年)四月下令，将回回国子监学罢废。而泰定帝即位后，回回国子学似又重设，师生有五十余人，"学之建置在于国都，凡百司庶府所设译史，皆从本学取以

---

① 据《元史》卷一百一十五《裕宗传》记载了这样一件事情，至元二十二年(1285年)，"中庶子伯必以其子阿八赤入见，谕令入学，伯必即令其子入蒙古学。逾年又见，太子问读何书，其子以蒙古书对，太子曰：'我命汝学汉人文字耳，其亟入胄监'"。由此可见，蒙古族贵族子弟认为的"入学"，就是入蒙古国子学学习。而阿八赤所读的蒙古书，则是用蒙古族新字转译的《通鉴节要》。又据《元史》卷四十四《顺帝纪》记载，至正十五年(1355年)六月，有的大臣在提到整顿蒙古国子学时，还说"旧立蒙古国子监，专教四怯薛并各爱马官员子弟，今宜谕之，依先例入学，俾严为训诲"。直到元朝后期，蒙古国子学仍以教育蒙古族贵族子弟为主。

② 见《元史》卷三十八《顺帝纪》。因为蒙古国子监的官僚机构早在元世祖至元十四年(1277年)就已经设置，而且一直也没有罢废。因此，这里所指的，自然就应是蒙古国子学的校舍。

③ 见《元史》卷十五《世祖纪》。

④ 据《元史》卷八十一《选举志》记载，这一年的五月，尚书省的官员上奏曰："亦思替非文字宜施于用，今翰林院益福的哈鲁丁能通其字学，乞授以学士之职，凡公卿大夫与夫富民之子，皆依汉人入学之制，日肄习之。""是岁八月，始置回回国子学。"

⑤ 见《元史》卷二十五《仁宗纪》。

充焉"①。只是其校舍的具体位置，不得而知。

在宋元时期，儒家著名学者兴起广建书院，讲经论道之风，于是，在南方出现了岳麓书院、白鹿洞书院等一批著名书院。这种风气，在金元之际也传到了燕京地区。元太宗十二年(1240年)，时任中书令的杨惟中随同大蒙古国军队南伐，"凡得名士数十人，收伊、洛诸书送燕都，立宋大儒周惇颐祠，建太极书院，延儒士赵复、王粹等讲授其间，遂通圣贤学，慨然欲以道济天下"②。太极书院的创建，使宋儒的理学得以在燕京地区广泛传播。

在大都地区，还有各种各样的学校，最有名的专门学校，当为天文学与医学的两所学校。天文学的学校隶属于司天台，元朝政府在司天台中设置有提点、监官、监丞、知事、提学、教授等职官，而在学校中学习的学生多达七十余人，其规模在当时也比较可观。主持医学教育的机构称为医学提举司，负责教育时任太医的医生们的子弟。

在元代，由于人们的职业被政府强行固定，很少能够改行，因此，在不同行业中也设置有各自的学校。如驻守在大都城内外的五卫亲军，就都设置有军卫的学校，一些著名学者，还曾在军卫的学校中出任教官。遍布在大都地区的众多驿站，有条件的站户也设置有学校，以教育自己的子弟。至于在大都的坊里和乡镇间设置的私塾、义学，更是数不胜数。

---

① 见《元史》卷八十一《选举志》。
② 见《元史》卷一百四十六《杨惟中传》。

元

第五章

庙宇烟缭绕　众神汇一城
——大都城的宗教活动场所

自古以来，宗教信仰一直是人们精神生活的一个重要组成部分。因此，当人类开始产生各种不同的文明之时，几乎在人们生活的所有范围内，就都留下了人们从事宗教活动的遗迹。随着人类文明的不断发展，人们的宗教信仰也在不断变化，其宗教活动的规模越来越大，活动的频率也越来越高，其在社会上的影响也就越来越大。

　　在中国古代，中华民族的祖先在很早就产生了原始宗教的信仰，这种信仰，最初是通过丧葬仪式和随葬物品间接反映出来的。随着中华文明的不断发展，人们的宗教信仰观念越来越复杂，宗教活动越来越多，开始有了专门的宗教活动场所。宗教派别的体系日趋完善，宗教教义越来越明确，宗教信徒也开始专职化，出现了专门从事宗教活动的人士。

　　在中国封建社会发展中期的元代，世界上各种主要的宗教体系已经形成，如佛教、道教、伊斯兰教、基督教、犹太教，等等，皆是如此。由于元代初期在中亚、西亚和东欧地区的扩张，使中国和这些地区的国家和民族之间的文化联系越来越密切，其中，宗教文化的交流也越来越频繁，于是，原来较少在中国活动的伊斯兰教、基督教等宗教派别，也迅速增加其活动频率，扩大其活动范围，吸纳其宗教信徒，建立其活动场所。

　　作为全国政治和文化中心的大都城，自然而然地成为全国的宗教活动中心。在这里，既有长期在中华民族广大民众中产生重要影响的佛教和道教宗派，也有刚刚进入都城的伊斯兰教和基督教；还有元统治者一直信奉的原始宗教——萨满教，以及从青藏高原传入的藏传佛教，等等。这些不同文化渊源的宗教派别，都在大都城内外建有众多的活动场所，从事各种宗教活动。

由于这些宗教派别的教义不同，宗教活动的仪式不同，宗教文化的渊源不同，等等，使得受其影响的民众构成也就自然有所不同。大致而言，由于佛教很早就传入中国，到了唐代以后已经完全中国化了，因此，其在民众中的影响最为广泛。道教是发源于中国本土的宗教派别，有着独特的宗教文化的渊源优势，故而信奉其教派的民众人数也很多。

基督教的正式传入，最早是在唐代，并在都城长安(今陕西西安)建立了活动场所，其社会影响却是微不足道的。到了大蒙古国时期，基督教的一个分支派别聂斯托利派——被人们称为"景教"，从大草原传入，开始在许多蒙古族贵族人士中受到尊崇。及大蒙古国大举西征，影响到欧洲的教廷，于是，基督教的正宗派别开始遣送其教会的代表前来，与大蒙古国联系，随后，又派出传教士团，到中国开展传教活动。而信奉其教派的，主要仍然是少数的蒙古族贵族。

伊斯兰教的传入，时间虽然最晚，其发展速度却相当快，是和大量的西域地区的人口迁入中原地区定居有着重要的联系。因为伊斯兰教最初是活跃在西域地区的，并于大蒙古国时期在这一地区逐渐取代了佛教的主要地位，使众多的西域少数民族人士皈依该教派。此后，随着大蒙古国在中原地区的不断扩张，西域少数民族人士亦随之进入中原地区，该教派也就随之而广泛传播。信奉该教派的，主要是来自西域地区的少数民族民众。

藏传佛教在大都城及中原地区的传播，也是大蒙古国向外扩张的结果。早在元太宗窝阔台在位时期，大蒙古国宗王就曾出兵，向吐蕃地区发动进攻。吐蕃地区的藏传佛教领袖经过协商，对大蒙古国表示臣服。及元宪宗即位之后，为了向南扩张，攻灭南宋王朝，于是命其弟忽必烈(即后来的元世祖)从青藏高原向南直插云南，准备对南宋迂回夹攻。忽必烈对藏传佛教有了更多的接触。当忽必烈取得大汗之位后，遂召请藏传佛教领袖前来大都城，以弘传其教派的法术。

在这里，还有一个问题值得注意，即对中国宗教的认识和评价问题。许多西方学者和一些中国学者，依据西方宗教所具有的强烈排他性，而断定中国没有真正的宗教。还有一些西方学者，则把儒家学说也看成是一种宗教，这两种观点，显然都是片面的。首先，中国的宗教是以中国传统文化作为基础的，而中国文化的主要特征之一，就是它的兼容性，所谓"海纳百川，有容乃大"。它的另一主要特征，则是大力提倡的"仁"的观念。这一点，显然与西方宗教中对异教徒采取残酷迫害的观念是完全不同的。这两大特征，其实并不排斥宗教的产生和发展，反而在中国宗教中有着突出的表现。

正是由于元朝统治者对于各种不同的宗教派别采取了兼容并蓄的宗教政策，使得各个宗教派别的领袖人物可以在大都城及全国各地自由从事宗教活动，于是，也就使得大都城成为全国乃至全世界的宗教活动中心。而那些由基督教和伊斯兰教信徒统治的城市，因为其教派的定义中所具有的强烈的排他性，是绝不允许其他宗教派别展开自由的宗教活动的，故而也就不可能成为全球性的宗教活动中心。

一、白塔耸立耀京城

在中国古代，佛教是社会影响最为广泛的宗教之一。早在汉代即由西土印度传入中国，此后，经过数百年的发展变化，到了唐代，遂被越来越多的中国百姓所崇拜，而位列三教之一，除了儒教的地位仍是独尊，佛教与道教之间的势力之争，已经是旗鼓相当。在此后的历史发展进程中，佛教与道教仍然时常发生矛盾和冲突，佛教的社会影响却越来越大，逐渐超过了道教，而排在了第二的位置上。

在北京地区，佛教的传入和发展进程比中原地区要慢了一些，汉唐时期的僧侣和寺庙的数量，与中原地区及江南地区相比，还是较少的，这是与该地区文化发展的繁盛程度成正比的。这时的幽州(即北京)地区只是边防军事要塞，文化的发展进程要落后于中原和江南地区。然而，这一时期的幽州，仍然修建了一些著名的寺庙(如潭柘寺、奉福寺、慧聚寺、云居寺、悯忠寺，等等)[1]，也出现了一些在当时的佛教界较有名望的高僧。[2]

到了辽金时期，燕京地区的佛教迅速兴盛起来，寺庙随之越建越多，僧侣的数量也越来越多，而信奉佛教的民众也在猛增。这种情况的出现，是和辽代的燕京升为陪都，金代的中都再升为首都，有着密切的关系。辽代的燕京，已经成为辽王朝的文化中心，而金代的中都，更发展成为整个北方地区的政治和文化中心。自然，这里也就成为北方佛教发展的中心。正是在这个基础上，元代的佛教

---

[1] 潭柘寺，始建于晋代，称嘉福寺，位于京西群山之中。到唐代称龙泉寺，金代称万寿寺，清代称岫云禅寺，因寺旁有龙潭和柘树著称。奉福寺，始建于北魏，位于幽州城内，规模宏大，为幽州寺庙之冠，后毁于兵燹。慧聚寺，始建于唐代，后又称戒坛万寿寺，位于京西群山之中。云居寺，建于唐代，位于京西白带山，以刊刻石经而著称。悯忠寺，亦建于唐代，位于幽州城内，到清代称为法源寺。

[2] 北朝时期，燕地较为著名的高僧，如良乡人智梵(539—613)、固安人靖嵩(537—614)、渔阳人灵询，唐代的高僧如范阳人义净(635—713)及常遇(817—888)、玉田人道膺等皆是。是时，游方僧人至幽州地区弘传佛教而著称者，则有在云居寺刊刻石经的静琬(？—639)、在盘山讲佛法的宝积禅师、道宗禅师及晓方禅师等。

第五章　庙宇烟缭绕　众神汇一城
——大都城的宗教活动场所

155

活动有了进一步的发展，其活动场所也在不断增加，佛教的社会影响亦在继续扩展。

在大都新城修建之前，这里的佛教活动场所大多数都集中在燕京旧城之内，这时的佛教寺庙，基本上是沿用了金中都城的旧庙宇，如大仙露寺、大悯忠寺、大开泰寺、大昊天寺、大圣安寺、大庆寿寺，等等。这些寺庙，有些是唐代和唐代以前兴建的，有些则是辽金时期新建的。①经过金元之际的战乱破坏，许多寺庙破败了，众多僧侣死的死，逃的逃，佛教势力被严重削弱了。从 1215 年大蒙古国军队攻占中都城，到 1234 年元太宗窝阔台与南宋联兵攻灭金朝，经过 20 年的经营，大蒙古国在燕京地区的统治基本上得到巩固，佛教宗派的势力也开始逐渐得到恢复。

到了元世祖忽必烈即位之后，对佛教的扶持力度开始不断加大。在这一时期，佛教活动的规模较小，其活动的次数也较少。有些规模较大的佛教活动，则是为统治者祈福消灾。如中统三年(1262年)十一月，元世祖即曾"敕圣安寺作佛顶金轮会"。不久，又"作佛事于昊天寺七昼夜，赐银万五千两"②。

---

① 据赵万里先生辑佚本《元一统志》所载，仙露寺建于唐代高宗乾封元年(666年)，在此后的辽金元时期，一直是燕京名刹。悯忠寺建于唐代武则天万岁通天元年(696 年)，系为悯悼唐代初年东征高丽阵亡将士而造。开泰寺为辽代初年契丹贵族所建，称为圣寿寺，到辽圣宗开泰六年(1017 年)，改赐其名为开泰寺，"殿宇楼观雄壮冠于全燕。至金国又增之，灵址磅礴，涌出庭甸"。昊天寺亦为契丹贵族舍宅建寺，始建于辽道宗清宁五年(1059 年)，其规模也十分壮观，"大殿之后建宝塔，高二百尺，有神光飞绕如火轮"。圣安寺建于金初天会年间，到金熙宗皇统初年赐名为大延圣寺，到金世宗大定七年(1167 年)改赐其名为大圣安寺。寺中有延洪阁，"崇五仞，广十筵，轮奂之美，为都城冠"。庆寿寺建于金世宗大定二十六年(1186 年)，在金朝即是名刹，到元朝又加重修，"完整雄壮，又为京都之冠"。

② 见《元史》卷五《世祖纪》。

及元世祖忽必烈开始营建新的大都城，这时对佛教的扶持力度越来越大，于是，在大都城之内，元朝政府出巨资兴建新的佛教寺庙，也就成为城市建设的一项重要内容。在当时兴建的最著名的寺庙，在都城之内的，当首推大圣寿万安寺；在都城近郊的，则为大护国仁王寺①。

在大都城里的大圣寿万安寺，乃是元世祖为藏传佛教的东来而专门修建的寺庙。该庙位于大都新城平则门内街北，今尚存，称妙应寺，俗称白塔寺。系因寺中修建有一座形状巍峨的大白佛塔，这座佛塔的样式与中原地区原有的众多佛塔的造型完全不同，是由当时著名工匠阿尼哥主持建造的，因其独特的造型为世人瞩目，遂以白塔名其寺。

大圣寿万安寺的规模十分宏大②，其主殿之宽敞，可与皇宫大内相媲美。因此，元朝中央政府的官员，常常在此练习"大朝会"的各种仪式(包括各级官员的站立位置、上拜帝王的礼仪等)。③而为

① 据《元史》卷七《世祖纪》记载，至元七年(1270 年)，"建大护国仁王寺于高良河"。至元九年(1272 年)，又建大圣寿万安寺。高良河，又称高粱河，流经新建的大都城西郊。

② 据赵万里先生辑佚本《元一统志》卷一记载："国朝建此大刹在都城内平则门里街北，精严壮丽，坐镇都邑。"此处"国朝"，即指元朝。言其"坐镇都邑"，以形容其规模宏大。元人张宪作有《白塔寺》一诗，亦述其寺之宏大气派，诗曰："绀殿瑶台列梵区，舞鸾翔凤绕阶除。黄金飞出旃檀像，白马驮来贝叶书。七宝浮屠殊结伞，五龙交椅玉为舆。法旨一派钧天起，万籁声高振碧虚。"诗载《玉笥集》卷九。诗中所云"七宝浮屠"，当是指大白塔。

③ 元朝官员在大圣寿万安寺练习朝仪，在文献中是有许多反映的，如《元史》卷六十七《礼仪志》记载，每年的元月一日，帝王受朝贺，而百官"前期三日，习仪于圣寿万安寺"。此后，帝王新即位举行仪式，亦于前三日，百官在大圣寿万安寺练习朝贺仪式。《元史·五行志》亦云，该寺"自世祖以来，为百官习仪之所，其殿陛阑楯，一如内庭之制"。

第五章　庙宇烟缭绕　众神汇一城
——大都城的宗教活动场所

了修建这座寺庙，元朝政府花费了巨额钱财和物资。如在至元二十二年(1285年)十二月，元世祖下令，"以中卫军四千人伐木五万八千六百，给万安寺修造"①。一次修造，即耗费如此巨额的木材。

在对大圣寿万安寺的装饰方面，元朝政府也极尽奢侈之能，"万安寺成，佛像及窗壁皆金饰之，凡费金五百四十两有奇、水银二百四十斤"②。为了保证该寺的充足经济供应，元朝统治者曾于大德五年(1301年)赐其良田六百顷、钞币一万锭③。为了对该寺的钱财进行管理，元朝统治者又下令，专门设立了大圣寿万安寺都总管府，其官员为正三品④。

大圣寿万安寺在元代初期，是元朝帝王举行各种佛教活动的主要场所。如至元十六年(1279年)十二月，因为南宋残余势力基本上被消灭，该寺的大白塔亦已竣工，于是，元世祖忽必烈"敕诸国教师、禅师百有八人，即大都万安寺设斋圆戒，赐衣"⑤。及元世祖死后，元成宗将其神位安放在寺中，设置神御殿加以供奉，⑥又于国忌日"即大圣寿万安寺饭僧七万"⑦。

此后，元成宗、元英宗等还多次在大圣寿万安寺举办水陆大会等大规模的佛教活动，元英宗还在寺中召集众多高僧，进行校雠佛教典籍的活动。作为寺中的主持僧人，也受到元朝帝王的宠信，给

---

① 见《元史》卷十三《世祖纪》。
② 见《元史》卷十五《世祖纪》。
③ 见《元史》卷二十《成宗纪》。
④ 见《元史》卷二十五《仁宗纪》。
⑤ 见《元史》卷十《世祖纪》。
⑥ 见《元史》卷五十一《五行志》。其文曰："成宗时，置世祖影堂于殿之西，裕宗影堂于殿之东，月遣大臣致祭。"裕宗，即成宗之父真金。
⑦ 见《元史》卷十八《成宗纪》。

予很高的政治待遇。如元文宗时，该寺僧严吉祥曾被授以司徒的待遇，因其多行不法之事，遭到御史台官员的弹劾，"大圣寿万安寺坛主司徒严吉祥，盗公物，畜妻孥，宜免其司徒、坛主之职"①。此后不久，元文宗又恢复其司徒的待遇。

到了元末至正二十八年(1368年)六月，该寺遭受一次严重的火灾，"大都大圣寿万安寺灾。是日未时，雷雨中有火自空而下，其殿脊东鳌鱼口火焰出，佛身上亦火起。帝闻之泣下，亟命百官救护，唯东西二影堂神主及宝玩器物得免，余皆焚燬"②。不久，元朝亦亡。

大护国仁王寺建于京城西郊的高良河畔，与大圣寿万安寺规模略同，"寺宇宏丽雄伟。每岁二月八日大阐佛会，庄严迎奉，万民瞻仰焉"③。时人称该寺曰："迄致重门复殿，金碧交辉，巍巍煌煌，为京师诸宝坊冠冕。"④共建有殿宇一百七十余间。寺中佛像，则是由大都著名雕塑家阿尼哥(即建万安寺大白塔者)塑造的。

在每年的二月八日，传为佛祖诞辰之日，大都百官及民众皆举行迎帝师游皇城的活动，极为热闹。是日，百官及民众汇于大护国仁王寺，奉迎帝师乘坐象辇(由大象背负的辇舆，只有皇帝才能乘坐)，前面有教坊司的乐工及艺人载歌载舞为前导，街道两旁则有万人围观，"扶老携幼，轩车接武，耸瞻如林"⑤，游行队伍绕皇城一周，终日而散。

---

① 见《元史》卷三十五《文宗纪》。
② 见《元史》卷五十一《五行志》。
③ 见赵万里辑佚本《元一统志》卷一。
④ 见元人程钜夫《雪楼集》卷二十九"白鹤歌并序"。据程钜夫所云，该寺的修建工程系由大护国仁王寺总管府的总管李明之主持。
⑤ 见元人周南瑞所辑《天下同文集》卷四所载卢挚撰写的"迎佛会歌"。

大护国仁王寺的寺产也极为富裕，除寺宇之外，又占有其他房舍两千余间。由元朝帝王赐给该寺的田产，仅在大都地区，即有水田二万八千六百余顷、旱田三万四千四百余顷，以及山林、河泊、陂塘、柴苇场、鱼场、竹场等二十九处，玉石、银、铁、铜、煤炭、盐场等矿产十五处，另有栗树二万余株，其他外地的房产、田产等钱财尚不计在内。

为了管理这笔巨额财产，元朝政府设立了大护国仁王寺总管府，其下又分设有负责修建寺宇的仁王营缮司、管理田产的大都等路民佃提领所、管理钱钞的会福财用所、管理贮存的盈益仓等机构。该寺还把寺中的钱钞用于放债取息。在至正六年(1346年)时，该寺"凡贷民间钱二十六万余锭"①。

大圣寿万安寺和大护国仁王寺，皆是元朝帝王为藏传佛教的领袖人物修建的宗教活动场所，许多著名的藏传佛教高僧，如帝师八思巴、亦怜真、国师胆巴等，经常在这里从事佛教活动。帝师是元朝帝王赐给藏传佛教领袖人物八思巴的最高称号，此后，由其弟子与其他藏传佛教高僧世代传承，遂成为一种制度。由帝师管辖的有宣政院，设在大都城里，专门负责处理吐蕃(今西藏一带)地区的各种事务，其官员大多数由帝师任命。

在元代兴建的藏传佛教寺庙，还有元成宗时修建的大天寿万宁寺(位于大都城内鼓楼东面，今已废)、元武宗时修建的大崇恩福元寺(位于大都旧南城内)、元仁宗时修建的大承华普庆寺(位于大都城内，今宝产胡同，已废)、泰定帝时改建的大天源延圣寺(在城郊西面卢师山，旧称卢师寺)、元文宗时修建的大承天护圣寺(在城郊今玉泉山下)，等等，其规模皆极为宏大壮丽。

---

① 见《元史》卷四十一《顺帝纪》。

从西域来的众多藏传佛教僧侣，就在这些寺庙中进行各种佛教活动，其名目极为繁杂，据称有：镇雷阿蓝纳四(意为庆赞)、亦思满蓝(意为药师坛)、搠思串卜(意为护城)、朵儿禅(意为大施食)、察儿哥朵四(意为回遮)、出朵儿(意为出水济六道)、笼哥儿(意为风轮)、坐静(意为狮子吼道场)、搠思江朵儿麻(意为护江神施食)，等等。[①]

与藏传佛教相比，中原地区原有的佛教各宗派，在政治上的地位显然要逊色一些，其寺庙的规模与寺产的数量也要逊色得多。但是，就其在广大民众中产生的影响而言，中原佛教(如禅宗、律宗等)却比藏传佛教要广泛得多。由于有对前朝佛教的传承关系，因此，中原佛教各宗派的僧侣主要是在旧有的寺庙中开展佛教活动，而较少兴建新的寺庙。

属于禅宗一派的著名寺院，位于大都新旧两城的有：大开泰寺、大天宁寺、大天庆寺、大庆寿寺、仰山寺、竹林寺、万寿寺、仙露寺、延洪寺、报先寺、兴禅寺、三学寺、崇仁寺、崇寿寺，等等。在这些寺庙中从事佛教活动的著名僧侣，则有万松行秀、海云印简，以及他们的弟子及再传弟子等，如可庵朗公、颐庵僐公、西云安公、北溪延公、鲁云兴公、秋亭亨公、万山行满、佛心宝印，等等。

属于律宗一派的著名寺院，则有：大昊天寺、大崇国寺、大悯忠寺、大奉福寺、大明寺、原教寺、永庆寺，等等。在这些寺庙中从事佛教活动的高僧则有祐圣志玄、隆安善选、通辨定学、雄辨定义、寂照定志、圆明定演、圆照恒迁、通理道明、广慧祖璋、崇教慧英，等等。

头陀教在中原地区的佛教各派中被视之为旁门左道，但是，在元代却因为有该派高僧的活动而使其影响在社会上越来越广泛。属

---

① 见《元史》卷二百二《释老传》。

于该教派的寺庙，则有大胜因寺、兴福寺、清安寺、清凉寺、常乐院、兴教院(又称头陀妙真院)、曲河院，等等，其数量比起禅宗和律宗等正宗教派的寺院来，显然少得多。该教派的著名僧侣，则有临猗觉业、普化守戒、清安练性、白霅妙公、雪庵溥光、寂庵志诚，等等。

元大都佛教寺庙一览表见文后附表三。

二、燕九丘仙 游长春宫

与佛教相比，道教的产生要晚一些，其势力的发展最初也很兴盛，特别是在东汉末年的燕地，道教的势力曾经十分强大，成为农民起义的骨干力量。此后，随着中原政局的变幻不定，道教在燕地的发展也是时盛时衰，直到金朝中后期，才又有了另一次的发展高峰。这时的道教，已经分别发展为南北两大派系。

在当时的北方地区，道教派别又发展出三个支派，即全真教、真大教和太一教，其中，尤以全真教的发展速度最快，其宗教势力也最大。金世宗时，有陕西咸阳人王喆创立道教全真派，因其道号重阳子，故而世称为王重阳。他在创立全真教之后，收有马钰、谭处端、刘处玄、丘处机、王处一、郝大通、孙不二等七大弟子(后世称为"北七真")，弘传其教法，其中，又以丘处机的影响最大。

十三世纪初，蒙古族统治者在攻占中原地区之后，又发动大规模的西征军事行动。这时，元太祖铁木真在西域命人回到中原，召见丘处机。而丘处机不畏战乱纷起的危险，毅然随同大蒙古国使臣一起西行，经过长途跋涉，在西域朝拜元太祖(即成吉思汗)，并且受到元太祖的赏识，遂赐其号为"丘神仙"。及丘处机从西域回来之后，即以燕京为中心，开展大规模的传教活动。①

这时，燕京城里的道教宫观等活动场所比起佛教的寺庙来，数量要少一些，其规模也要小一些。大蒙古国政府把一座金代建造的道观作为丘处机进行道教活动的场所，并且因为丘处机的道号是长春子，故而将道观之名亦改称为长春宫。于是，长春宫就成为全真教在燕京地区从事宗教活动的中心场所。

当时在燕京的大蒙古国官员中也有许多人崇奉全真教，经常与丘处机交游。为了给丘处机提供更加理想的宗教活动场所，这些官员特别将原来金朝统治者居住的苑囿琼华岛和太液池辟为丘处机的修道场所，并且下令禁止百姓在其附近打鱼和砍柴，琼华岛遂成为丘处机时常居住的另一处场所。

由于丘处机受到元太祖的赏识，于是，他在燕京地区的传教活动也就得到了大蒙古国政府的支持。当时正是战乱时期，被大蒙古国军队俘掠为奴隶的中原民众数量相当多，而在丘处机和其诸多弟子大力传播全真教的时候，凡是加入全真教的民众，都可以免除被奴役的苦难，据史传载："处机还燕，使其徒持牒招求于战伐之余，由是为人奴者得复为良，与滨死而得更生者，毋虑二三万人。"②

丘处机拯救百姓于水深火热之中，产生了极为广泛的社会影

---

① 丘处机在西行拜见元太祖之时，曾有十几位弟子随同西去。其中的一位弟子李志常将这次西行的所见所闻撰写成书，名为《长春真人西游记》，记载了丘处机的各种活动情况，为当时的第一手资料，现有多种版本，可供参阅。

② 见《元史》卷二百二《释老传》。此处所指其徒持牒之"牒"，据史传乃是一面金牌，系元太祖赐给丘处机的，上面刻有"如朕亲临"的字样，代表着帝王的权力。

第五章　庙宇烟缭绕　众神汇一城
——大都城的宗教活动场所

响，同时也对其教派的发展带来了较大的促进作用。在这种情况下，该教派遂成为当时华北地区的第一大道教派别。正如丘处机的得力弟子李志常所云："诸方道侣云集，邪说日寝。京人翕然归慕，若户晓家喻；家门四辟，百倍往昔。"①

及丘处机死后，全真教的徒众特别为其在长春宫的东面修建有白云观，作为安放丘处机遗骸的场所，经过半年的兴修，白云观竣工后，于丘处机的忌日在这里举行了隆重的葬礼，"黄冠羽服与奏者数千人，率道之众又复万余"②。全真教的道士还设道场三昼夜，以期进一步扩大该教派的社会影响。

全真教的发展，道士数量的猛增，使得该教派道士原来的活动场所已经远远不能够满足需要。在这种情况下，全真教的道士在燕京地区建造了一大批新的道观。这些道观，主要是建造在燕京(即大都南城)城内外，较著名的有烟霞崇道宫、丹阳观、洞真观、兴真观、崇元观、清逸观、真元观，等等。③这些道观，主要是由全

---

① ② 见元人李志常所撰写的《长春真人西游记》卷下。此处所指京人，即是燕京地区的百姓。

③ 据辑佚本《元一统志》记载，烟霞崇道宫在燕京美俗坊，系大蒙古国官员马从道施舍宅居之地三十亩，为丘处机的弟子玄真大师张志远所建。"其地居高爽处，土沃泉甘，竹树茂盛，晨夕之际，佳气蓊然，望之若在尘外。"修建丹阳观的道士姓刘，道号通玄子，曾任长春宫提点，该道观系由与其交游的达官贵人合力出资，买地而建造的。洞真观亦系由燕京百姓施舍宅居，为丘处机弟子清真大师同尘子李志柔建造的。兴真观乃是由丘处机的再传弟子道教都提点何志邈所建，位于燕京康乐坊，"殿堂巍然，两庑翼然"。崇元观在燕京北春台坊，系由全真教道士霍志融所建，该道观规模较大，道观中常住有道士百余人。清逸观位于燕京广阳坊，由丘处机弟子玄都广道冲和真人潘德冲买民宅地所建。"建正殿，翼左右二室，以居天尊。仍筑琴台于殿之阴。"系因潘德冲以善于弹琴而著称。真元观，则为全真教另外一位大宗师王处一(号栖云子)的弟子李志方奉师命而加以建造的，"度材用工，极力三十年，正殿云堂，方壶厨舍，碾房蔬圃，罔不毕备"。其规模亦十分壮观。

真教的道士和那些崇奉全真教的达官贵人出资兴建的，其殿宇规模都较小，与蒙古族统治者出资建造的宏大佛教寺庙相比，自然逊色得多。

在兴建新的道观的同时，全真教的道士还聚集在一起，手持棍棒，闯入佛教寺庙，驱赶僧众，拆毁佛像，将寺庙改建为道观。与此同时，全真教的道士还强占了许多原来属于寺庙的田产①。对于这种突如其来的变故，寺庙中的僧众并没有准备，只得四散而逃。这次大规模的争夺寺庙事件，以燕京为中心，波及了中原的其他地区。

由于一大批寺庙变成了道观，众多僧侣无处可归，自然要引发佛教与道教之间的宗教冲突。于是，以少林寺长老为首的中原佛教领袖，与藏传佛教的高僧一起，赶到大蒙古国的都城和林，向最高统治者提出申诉，要求对全真教的"不法行为"加以制裁。当然，大蒙古国统治者对佛教势力给以大力扶持，对道教的势力则予以严厉打击。

在这种情况下，大蒙古国统治者(时为元宪宗在位)采用两教大辩论的形式，召集佛教和道教的领袖人物到都城和林，经过所谓的辩论，宣告佛教的胜利。于是，大蒙古国统治者下令，将全真教强占的五百多处寺庙全部退还给佛教界。由于牵扯到宗教冲突，又下令，将数十种道教典籍焚毁，十余名代表道教的首领亦被强迫剃发为僧，"其落发道士，遍散诸寺，无一逃失。若去了者，与贼同罪"②。

在全真教迅速崛起，又很快受到打击的时候，北方地区的另外

---

① 其事，详见《至元辨伪录》卷三。
② 见元代僧人祥迈所撰《至元辨伪录》卷四之文。

两支道教宗派，即真大教和太一教也在逐渐发展其势力，并且相继在燕京地区兴建了各自的活动场所。真大教的创立者为道士刘德仁，他是乐陵(今河北沧州)人，自创立该教派之初，即受到金世宗的赏识，被赐号为东岳真人，并命其在金中都著名道观天长观中传教。

其后，该教派的道士传承有序，到大蒙古国军队占领中原地区之后，该教派的首领又受到蒙古族统治者的赏识，元宪宗时封其第五代掌教首领郦希诚为太玄真人，并赐其教派名为"真大道"。该教派的主要活动场所是燕京城内开阳坊的天宝宫，系掌教首领郦希诚率领其徒众于元太祖二十二年(1227年)购买居民宅地而兴建的①。

真大教占有的另一座道观为玉虚观。该道观在金朝即为著名道观，金末战乱，道观亦荒废，元太祖末年，真大教第四代掌教道士纯阳子毛希琮率其徒众重新修缮，其后，第五代掌教道士湛然子李希安又加以重建，"修葺琳宇，妆严圣像，奂然一新"②。其后，元宪宗赐其法服，元世祖又命其掌管该教派，并在道观之中刻石立碑，称《玉虚观大道祖师传授之碑》。

真大教的发展比较缓慢，自郦希诚死后，由其弟子岳德文执掌教务，元朝统治者于至元二十一年(1284年)赐其号为崇玄广化真人、掌教宗师。岳德文在执掌教务时期，对天宝宫进一步加以修缮，"创

---

① 见《元一统志》卷一所载元人王之纲撰写的《大元创建天宝宫碑》，碑文称，郦希诚兴建道观，"为殿为门，像设俨然，辟道院以栖云众，正函丈以尊师席"。其后，再传之掌教道士通玄真人孙德福于至元八年(1271年)将道观加以扩建，"通玄于琳宇之左创立殿五楹，金碧辉煌，高出霄汉。而又建层坛于中央，敞三门于离位"。此后不久，元世祖敕赐其观额为"天宝宫"。

② 见《元一统志》卷一，书中所载真大教的传教祖师脉络有所不同。其中一说为：始祖刘德仁，二祖陈师正，三祖张信真，四祖毛希琮，五祖郦希诚，六祖孙德福，七祖李德和，八祖岳德文。另一说的前四代传承相同，自四祖毛希琮之后，则传之于五祖李希安，再由李希安传之于六祖刘有明。

库藏，修宫宇，广门墙，充田亩"，^①等等，做了许多实际工作。及元成宗即位后，又追封真大教历代掌教宗师的道号，刘德仁被封为无忧普济真人，陈师正被封为大通演教真人，张信真被封为冲虚静照真人，毛希琮被封为体玄妙行真人等。

到了元代中期，道士张清志出任掌教宗师，使该教派的发展趋于鼎盛，仅在天宝宫中修行的道士，即多达数百人。张清志亦对道观加以修缮，"祝圣之殿，诵经之堂，礼师之祠，安众之寮，以至庖、庾、廪、厩，各有攸宜"^②。由于他对真大教发展做出的贡献受到元朝统治者赏识，元仁宗遂赐其道号为演教大宗师、凝神冲妙玄应真人。

与全真教、真大教相并立的道教派别，系由道士萧抱珍创建的太一教，因为萧抱珍精于太一三元法箓之术，故名其教曰太一教。该教派最初是在河南卫州一带流传。及至在金元之际，也传到了第四代掌教道士东瀛子萧辅道手中。大蒙古国统治者闻其名，将其召到都城和林，予以接见，并赐其封号为太一中和仁靖真人。

及萧辅道死后，其弟子李居寿接掌教门。元世祖忽必烈即位后，将李居寿召到燕京，举行道教仪式，元世祖又赐其道号为太一演化贞常真人，还多次赐其金冠、锦服、玉饰、玉尊像、宝妆剑、龙杖等珍宝，以示尊崇。到至元十一年(1274 年)，元世祖又在大都旧南城奉先坊为该教派修建了太一广福万寿宫，作为该教派在京城的主要活动场所。^③

---

① 见元人虞集《道园学古录》卷五十"岳德文碑"。
② 见元人吴澄《吴文正公文集》卷二十六"天宝宫碑"。
③ 据《元史》卷八《世祖纪》记载，至元十一年(1274 年)，元世祖"赐太一真人李居素第一区，仍赐额曰太乙广福万寿宫"。此处所云"第"，即是民居宅第。

在这里，有一个小插曲与太一教有关。元世祖忽必烈在即位之前，曾受命主持中原地区的政务，于是，他招揽了一大批汉族杰出人物在幕府之中，其中最杰出的一位是刘秉忠。刘秉忠在受到忽必烈重用之前，曾经研究过道教，又投入空门为僧，而他对儒家的政治学说也十分熟悉，因此，在忽必烈的幕府中起到了重要的作用。

刘秉忠死后，为了表示对他的纪念，元世祖忽必烈专门在大都和上都各建有一处祠宇，赐其名为灵应万寿宫，岁时加以祭祀。[①]元世祖认为刘秉忠所尊崇的道教派别与太一教是同源的，故而又下令，在大都城的太一广福万寿宫中奉祀刘秉忠，"中建斋坛，继太保刘秉忠禋六十神将"[②]，以传其法术。

李居寿还曾请求蒙古族统治者对太一教的历代祖师赐以名号，于是，始祖萧抱珍被赐号为太一一悟传教真人，二祖韩道熙被赐号为太一嗣教重明真人，三祖王志冲被赐号为太一体道虚寂真人，四祖萧辅道被赐号为太一中和仁靖真人，李居寿自己也得到了赐号。其后，李居寿将掌教之位传给弟子李全祐，以嗣其教。

到了元代中期，元朝帝王对太一教仍然十分重视，泰定帝在位时期，曾下令，"命道士祭五福太一神"[③]。又曾在天寿节，派道士至卫辉，专门奉祠于太一教的祖庭太一万寿宫。此后，元文宗也

---

① 据《析津志辑佚》中"寺观"门所载，其文曰："灵应万寿宫 元自开国始创建于西山，赐上名额，实自太保刘文正公之主也。其祖坛在上都南屏山，即太保读书处，有碑文纪事。而此坛天下有二焉，因著其开坛阐教之名氏次第于后：第一代宗师刘忠太保文正公，第二代李，三代张，四代林，第五代林，六代毛，七代谢，八代郭，九代刘，十代谭，十一代潘。"此文中"刘忠太保"的"忠"字当为衍文。

② 见元人王恽《秋涧集》卷四十七"太一五祖李居寿行状"。该行状之原文中曰"禋六十神将"，当为禋六丁十神将，原文中缺一"丁"字。

③ 见《元史》卷二十九《泰定帝纪》。

曾于至顺元年(1330年)下令，"以立冬祀五福十神、太一真君"①。翌年，又在大都新城修建了五福太一宫，作为太一教举行宗教活动的主要场所。

元朝统一天下之后，在政治局势南北合一的同时，在宗教方面也是如此。是时，以江西龙虎山为活动中心的正一教领袖人物，也被征召到大都城来。②这次正一教的北上大都，也是有其历史渊源的。早在元宪宗率军大举进攻南宋的时候，忽必烈作为大汗之弟，统率东路军助攻，曾派遣使臣到龙虎山，向正一教的领袖、第三十五代掌教"天师"张可大询问天下变化的趋势，张可大只说二十年后天下当归于一统。

此后的二十年间，忽必烈果然登上皇位，攻灭南宋，一统天下。于是，对正一教的崇敬之心油然而生，认为该教派能预知天下大事的变化，乃召请正一教第三十六代掌教天师张宗演前来大都城。于是，张宗演率其得力弟子张留孙等人一起来到大都城。元世祖赐张宗演之道号为演道灵应冲和真人，并命其统领江南诸路道教之事。

因为这时的正一教在都城还没有修建宗教活动场所，故而张宗演率其徒众只得在长春宫设周天大醮，来为元朝统治者祈福。此后不久，张宗演回归龙虎山，于是将其得力弟子张留孙留在大都城，作为正一教的代表，从事各种道教活动。元世祖于至元十五年(1278年)七月下令，"建汉祖天师正一祠于京城"③。经过几个月的修建，"正一祠成，诏张留孙居之"④。于是，正一教在大都城开始有了

---

① 见《元史》卷三十四《文宗纪》。

② 据《元史》卷八《世祖纪》记载，至元十二年(1275年)四月，元世祖"遣兵部郎中王世英、刑部郎中萧郁，持诏召嗣汉四十代天师张宗演赴阙"。此处所云"四十代天师"，应为三十六代之误。

③④ 见《元史》卷十《世祖纪》。

正式的宗教活动场所。

新建的正一祠又称崇真万寿宫①，与灵应万寿宫一样，也是在大都和上都各建一所。因为元朝统治者每年都要巡幸两都，张留孙也要随从巡幸，故而在两都皆建有道宫，以便举行法事之需。张留孙自留居大都，侍奉元世祖、元成宗、元武宗、元仁宗、元英宗五朝帝王，历时近五十年，一直受到宠信，为正一教在大都地区的发展和开展宗教活动，做出了重要贡献。②

张留孙死后，正一教的势力仍在发展，到元代中期，正一教的领袖又在齐化门(今朝阳门)外修建了另一座著名的道观——东岳仁圣宫(俗称东岳庙)。这座道观位于大运河北端的通州通往大都城的交通要道旁边，地理位置十分优越。特别是每年的三月二十八日，传为东岳大帝的生日，京城百姓皆来庙里游览、求仙问卜，络绎不绝，遂成为一时之盛会。③正一教的道士也就有了进一步扩大其社会影响的极好场所。

元大都道教宫观一览表见文后附表四。

三、新建的清真寺与教堂

基督教和伊斯兰教，自其产生以来，主要盛行在西亚、中亚及

---

① 可参阅《元一统志》卷一"崇真万寿宫"条的相关内容。

② 张留孙在大都的宗教活动，可参阅元人虞集《道园学古录》卷五十"张留孙墓志"，及元人吴澄《吴文正公文集》卷三十二"张留孙道行碑"。

③ 据《析津志辑佚》中的"岁纪"门记载，"(三月)二十八日，乃岳帝王生辰，自二月起，倾城士庶官员、诸色妇人，酬还步拜与烧香者不绝，尤莫盛于是三日。道途买卖，诸般花果、饼食、酒饭、香纸填塞街道，亦盛会也"。

欧洲各地，在元代以前还很少在中原地区传播。随着蒙古族统治者进入中原地区，以及大量西域少数民族人士的东迁并定居在这里，遂使这两大宗教派别开始逐渐在中原地区传播开来。

基督教自产生之后，也分成了若干支派，其中的一个派别称为聂斯托利派，在中国又被称为景教，早在唐代即曾传入中国，并在都城长安(今西安)建有自己的宗教活动场所，称为崇圣寺。该教派在西亚一带十分盛行，却被欧洲的罗马教廷视为异端邪教。在金元之际，该教派的势力已经从西亚传入蒙古大草原，当时的许多蒙古大部落，如克烈部、乃蛮部、汪古部等的贵族，皆为景教的信徒。

当大蒙古国的势力不断向南扩张之后，景教的宗教势力也随之而进入中原地区，因为这些蒙古族贵族对景教的尊崇，使得元朝统治者对该教也采取了崇奉的政策。当时许多景教的教士受到朝廷的礼遇和供养，"大汗获悉复活节是我们的一个主要节日，便召集所有基督教徒到他那里，要求他们带给他一部《四福音经》，然后命他们对此经多次焚香大礼敬奉，他虔诚地吻此经，并命所有在场高官大臣同行敬礼。每逢基督教的这些主要节日，如复活节和圣诞节，他总要遵此惯例"[①]。

由于这些信奉景教的蒙古族贵族既有政治上的特权，又有雄厚的财富，因此，他们在大都建造了多座豪华的教堂，"其派教堂皆整齐华丽，有十字架及像，以供奉天主及古先圣贤"。这些蒙古族贵族在教堂里举行各种宗教活动，他们进行祷告和唱赞歌时使用的是叙利亚文，而其他仪式也具有景教的特色，"其人皆守希腊教会

---

① 见英国人穆尔《一五五〇年前的中国基督教史》所引《马可波罗游记》(郝镇华译本)。文中所指大汗，即是元世祖忽必烈。忽必烈的母亲就是一位虔诚的景教徒。

礼节，不从罗马教堂，崇奉各派"①。

大蒙古国在东方的崛起及其向西方的扩张，使得欧洲的罗马教廷也想与之联手，共同对抗伊斯兰教势力。早在忽必烈即位之前，罗马教廷就曾多次派出教团前来大蒙古国都城，与蒙古大汗联系，及忽必烈即位之后，教廷又派出教团前来大都，在与元朝取得政治联系的同时，也想将其宗教势力在中原地区加以传播。

其中，在大都宗教界产生一定影响的西方传教士，首推孟特戈维诺。他是在至元三十一年(1294年)到达大都城的，当时元世祖忽必烈刚刚去世，元成宗即位不久。孟特戈维诺由于宗教派别不同，受到景教徒的排挤，被拘禁了五年之久，并且遭到拷打和审讯。但是，他并没有屈服，在得到元成宗的信任后，获得了在大都弘传罗马教派的正统宗教的权力。

于是，孟特戈维诺在大都城建造了第一座天主教派的教堂，在此后的六年中，孟特戈维诺开展了大量宗教活动，为六千余名信奉该教派的教徒施行了洗礼，他还将大都城里的孤儿四十余人收养在天主教堂之中，"我为他们施洗后，教他们拉丁文字母和圣教礼仪。我为他们抄写三十首《附谱圣咏》、两篇《圣务日课》"②。并且把他们组成唱诗班，专门在教堂中进行祷告和唱诗等活动。

由于孟特戈维诺的努力，使得信奉该教派的人越来越多，于是孟特戈维诺又在大都城的显要位置兴建了第二座天主教堂，这座教堂在大都皇城的前面，与皇城只有一街之隔。这座新建的教堂规模更加宏大，除了建有主教住所和祷告室之外，还建有一间能够容纳

---

① 见张星烺编《中西交通史料汇编》(第一册)所引《大可汗国记》。
② 见穆尔《一五五〇年前的中国基督教史》所引孟特戈维诺写给教皇的信。

二百人的礼拜堂，这在当时的大都城，确实可算得上是一座令人瞩目的建筑了。

元代中期，在大都生长并且信奉景教的教徒拉班·扫马受大都地区的景教徒的委托，前往西亚，与当地的景教势力进行联系。然后，他又前往欧洲，受到罗马教皇的接见。大都的另一位景教徒马·雅巴拉哈也远游西亚，并且被当地的景教徒推选为西亚地区景教中心的总主教。据传，他们在大都修行景教的时候，是在远离京城的山中，而恰好在今房山区的三盆山，尚留有元代十字寺的遗迹。[①]有些学者据此认为，这里就是拉班·扫马和马·雅巴拉哈等人修行的地方。

在元代，不论是正宗的罗马天主教的教徒，还是被视为异端邪教的景教的教徒，都被称为也里可温。他们与在中原地区从事宗教活动的其他教派的教徒是享有同等待遇的，如元朝政府颁布的一些法令之中，即将其相提并论[②]，并且设有管理该宗教派别事务的相

---

① 在三盆山的半山腰，有一座寺庙，尚存有断壁残垣，及两方石碑。一方石碑，是辽代的崇圣寺碑；另一方石碑，则是元代十字寺碑。元代的碑文称，撰文之人为元代著名文士黄溍，书写碑文之人，亦是当时文士李好文。该碑系明代重刻，而其撰文者，据笔者考订，决不会是黄溍，当另有其人，借黄溍之名而为之。但十字寺却是不假，在二十世纪二十年代，在这里曾经发现有石柱，其上有用叙利亚文所刻的经文。

② 据《元史·世祖纪》记载，元世祖曾于至元元年(1264年)下令，"儒、释、道、也里可温、达失蛮等户，旧免租税，今并征之"。前不久，又曾下令，"也里可温、答失蛮、僧、道种田入租，贸易输税"。到元武宗刚即位不久，又下诏重申，"僧、道、也里可温、答失蛮，并依旧制纳税"。(见《元史·武宗纪》)到了元泰定帝时，又给予其优待，"诏免也里可温、答失蛮差役"。(见《元史·泰定帝纪》)

应官僚机构①。当时信奉该宗教派别的，主要是少数民族的民众。

伊斯兰教在中国旧称回教，系因西域有信奉伊斯兰教的国家在当时被称为回回国。早在元太祖之时，成吉思汗的军队即曾向其发动大规模进攻，并将俘获的民众分赐给蒙古诸宗王及将领。此后，随着大蒙古国的势力不断向南扩张，许多回回民众也随之进入中原地区，而伊斯兰教亦开始传播到全国各地。

在元代，回回是一个十分宽泛的概念。它既可以代表一个国家，也可以代表一个部落、一个民族、一种文化、一种宗教，乃至一个人的名字。当它作为一个民族进入中原地区之后，很快就散布到全国各地，甚至成为其他少数民族民众的代名词②。

作为伊斯兰教文化，在大都城里的活动场所比其他地方要多得多。其一，是伊斯兰教的医学机构在大都的设置。中统四年(1263年)，元世祖忽必烈设置西域星历、医药二所，命少数民族大臣爱薛主管其事，因其星历、医药皆为伊斯兰教之法，故而又称为回回爱薛所。至元十年(1273年)正月，元世祖下令，"改回回爱薛所立京师医药院，名广惠司"③。

广惠司隶属于中央负责医疗卫生工作的太医院，其职责，为"掌

---

① 在元代，掌管基督教事务的中央官僚机构称为崇福司，据《元史》卷十五《世祖纪》记载，至元二十六年(1289年)二月，"诏立崇福司，为从二品"。又据《元史》卷八十九《百官志》记载，其职责为"掌领马儿哈昔列班也里可温十字寺祭享等事"。而在全国各地，元朝政府还设有也里可温掌教司数十处，以掌管地方上的相关宗教事务。

② 如《元史》卷六《世祖纪》记载，至元二年(1265年)二月，元世祖下令，"以蒙古人充各路达鲁花赤，汉人充总管，回回人充同知，永为定制"。这里所说的回回人，就是指除蒙古族之外的其他少数民族人士，当时又被称为色目人。

③ 见《元史》卷八《世祖纪》。

修制御用回回药物及和剂，以疗诸宿卫士及在京孤寒者"①。由此可见，广惠司的医生使用的药物与中原地区长期流行的中医是完全不同的。而在广惠司之下，又分设有大都回回药物院和上都回回药物院，"掌回回药事"。回回医师在医疗方面，确有许多灵验的方法②。

与回回医学同样著称的，有回回历法。早在元太祖西征之时，就已经接触到了回回历法，是时，精通中原历法的汉族大臣耶律楚材曾与精通回回历法的西域历学人士切磋过技艺，测验月食的日期，并且胜其一筹。③从个人角度来看，相互较量分出了优劣，但是从历法的总体来考虑，则是各有短长。

元世祖即位后，于中统元年(1260年)立司天台，使用的是中原地区的历法官员，是时，已有回回历法人士在为其服务，但是，直到至元八年(1271年)七月才设立正式的机构，"设回回司天台官属，以札马拉丁为提点"④。到元代中期，改回回司天台为司天监，其下，设教授、天文科管勾、算历科管勾、三式科管勾、测验科管勾、漏刻科管勾各一人。

---

① 见《元史》卷八十八《百官志》。

② 据元人陶宗仪在其《南村辍耕录》卷二十二"西域奇术"条记录一事曰："任子昭云：向寓都下时，邻家儿患头疼，不可忍。有回回医官，用刀划开额上，取一小蟹，坚硬如石，尚能活动，顷焉方死，疼亦遄止。当求得蟹，至今藏之。"此处所云都下，即指大都城。由此描述可知，西域医师的外科医术是相当高明的。

③ 据元人苏天爵编纂的《国朝文类》卷五十七所载的宋子贞撰写的"耶律楚材神道碑"记载，耶律楚材随同元太祖西征，"初，国朝未有历学，而回鹘人奏，五月望夕月食，公言不食。及期，果不食。明年，公奏，十月望夜月食，回鹘人言不食。其夜，月食八分。上大异之"。文中所云"公"，指耶律楚材，"上"指太祖，而"回鹘人"，即指精通历法的回回人士。

④ 见《元史》卷七《世祖纪》。

当时的回回司天台不仅是一个测验天体运行的机构，还是一个进行宗教活动的场所。如至元二十六年(1289 年)十二月，元世祖下令，"命回回司天台祭荧惑"①。到元英宗即位不久，亦曾下令，"禜星于回回司天监四十昼夜"②。其时间之长，与佛教和道教的大规模宗教活动相比亦不逊色。

当时在大都城，专门传播伊斯兰教文化的教育机构为回回国子学及回回国子监。回回国子学的设置，时间较晚，始于至元二十六年(1289 年)，主要是教习亦思替非文字(即波斯文)，当时的尚书省大臣上奏曰："今翰林院益福的哈鲁丁能通其字学，乞授以学士之职，凡公卿大夫与夫富民之子，皆依汉人入学之制，日肄习之。"③得到元世祖的同意。其后，元仁宗时又曾设立回回国子监，不久，又将其罢掉。

在元代，掌管伊斯兰教的中央机构亦为崇福司，而在各地方机构中，则设有专门的回回掌教哈的所。最初，不仅负责主持伊斯兰教的宗教活动，而且还依据伊斯兰教的法典来处理回回民众之间的民事纠纷。到元仁宗时，为了限制伊斯兰教哈的大师的权力、加强对回回民众的管理，"敕回回合的如旧祈福，凡词讼悉归有司，仍拘还先降玺书"④。

在元代，伊斯兰教的发展状况，是与中央政府的政治局势的变化密切相关的，每当回回大臣受到元朝帝王的重用，伊斯兰教的发

---

① 见《元史》卷十五《世祖纪》。
② 见《元史》卷二十七《英宗纪》。
③ 见《元史》卷八十一《选举志》。此处所云"皆依汉人入学之制"，指得就是大都的国子监学。
④ 见《元史》卷二十四《仁宗纪》。文中所云"回回合的"，即指伊斯兰教宗师，又称哈的大师。

展也就得到了政府的大力支持，而一旦回回大臣在朝廷的政治斗争中失败，伊斯兰教也随之受到压制和打击。如在元世祖至元初年，信奉伊斯兰教的回族大臣阿合马受到宠信，许多伊斯兰教的人物都很活跃。而阿合马被刺杀后，罪行败露，随之而来的是在大都对伊斯兰教徒的宗教迫害。

此后，在元代中期，元朝帝王在位的时间都较短，政局变幻不定，伊斯兰教的发展亦受到影响。元英宗在位时，崇奉藏传佛教，压制伊斯兰教，曾在至治元年(1321年)五月下令，"毁上都回回寺，以其地营帝师殿"①。到泰定帝即位后，回回大臣倒剌沙等受到宠信，在朝中执掌大权，伊斯兰教又活跃起来。而此后元文宗即位后，在与泰定帝派系的势力激战的同时，为了削弱其影响，于是下令，"罢回回掌教哈的所"②。

伊斯兰教的发展虽然受到政局变动的影响较大，但是，其发展速度仍然很快，这是和当时许多回回民众经商致富，财力雄厚有密切关系的，当时人曾指出："今近而京城，远而诸路，其寺(指清真寺)万余，供西向以行拜天之礼。其殿则空焉。"③清真寺与佛教寺庙塑有佛像、道教宫观塑有三清神像、基督教堂绘有耶稣圣像完全不同，这一特点，当时人已经观察到了。

---

① 见《元史》卷二十七《英宗纪》。此处所云"回回寺"，即是清真寺，所云"帝师"，即是指藏传佛教的领袖。

② 见《元史》卷三十二《文宗纪》。

③ 见《伊斯兰教在中国》一书所收录的"定州重建礼拜寺记"碑文。元代诗人张昱曾作诗对伊斯兰教的习俗加以描述，诗曰："花门齐侯月生眉，白日不食夜饱之。缠头向西礼圈户，出浴升高叫阿弥。"(见《张光弼诗集》卷二"辇下曲")。诗中所云缠头和沐浴等习俗，至今仍为伊斯兰教信徒所保留。

四、烧饭有园 消灾迎福

蒙古族统治者在进入中原地区之前，有其自身所信奉的宗教，也就是现在人们通常所说的萨满教。这种宗教，是大多数北方少数民族民众都曾信仰的一种原始宗教。蒙古族统治者在进入中原地区之后，也把这种宗教带到这里来了。由于蒙古族统治者曾经长期信奉该教派，所以，在全国政治中心的大都城，该教派也占有十分显著的位置。

元世祖忽必烈所奉行的宗教政策乃是对各种宗教的兼容并蓄，因此，在大都城的许多宗教活动也是将其蒙古族旧俗与中原地区的风俗并行。如其在祭祀祖先的典制方面，既仿照中原王朝的做法修建有太庙，以供奉自元太祖以来的诸位元朝帝王[1]，又沿袭辽宋以来的旧俗，为各位帝王修建有神御殿，又称影堂[2]，岁时加以祭祀。

元朝帝王的神御殿，不似太庙一类的独立建筑，而是分别设置在不同的、著名的寺庙之中。最初，元世祖为了纪念祖先，曾命翰林院的官员绘制元太祖、元太宗、元睿宗(即元世祖忽必烈之父拖雷)的遗像，称为御容，安放在翰林国史院中，岁时命政府官员加以祭祀。而因为翰林院的衙署十分狭窄，不宜于安置太祖、太宗、睿宗三朝御容，曾一度将其移置于太常寺，此后不久，又迁回翰林国史院。

---

① 请参阅本书第二章第三部分的相关内容。

② 安置元朝帝王御容的场所，旧称"影堂"，到元文宗即位之后，才改称"神御殿"，又因其中安置帝王织造画像，又被称为"御容殿"。

而自元世祖死后，元朝诸帝王及其皇后的神御殿开始被陆续安置到了京城的各个寺庙之中。先是在元成宗时，于大德五年(1301年)正月下令，"奉安昭睿顺圣皇后御容于护国仁王寺"①。到了元仁宗的时候，又在即位后不久下令，"敕绘武宗御容，奉安大崇恩福元寺，月四上祭"②。此后不久，元仁宗又追封其父答剌麻八剌为顺宗，并于延祐五年(1318年)十一月下令，"敕大永福寺创殿，安奉顺宗皇帝御容"③。这是在寺庙中专门建造御容殿。

到元英宗即位后，于至治元年(1321年)二月下令，"作仁宗神御殿于普庆寺"④。此后不久，元英宗又将仁宗御容安置到了大圣寿万安寺。元英宗又在大承华普庆寺修建神御殿，将原来安置在翰林国史院的元太祖、太宗、睿宗三朝御容也迁移到这里安置。元朝诸帝王御容遂全都被放在寺庙之中。

元英宗被弑之后，泰定帝即位，也仿照元仁宗的做法，追封其父甘麻剌为显宗，并且在泰定三年(1326年)下令，"建显宗神御殿于卢师寺，赐额曰大天源延寿寺"⑤。此后不久，泰定帝又下令，命建元成宗神御殿于大天寿万宁寺。在此之前，为了抚定元武宗、元仁宗一派蒙古族贵族的势力，泰定帝还曾下令，为昭献元圣皇后在大承华普庆寺建造神御殿，并亲至其神御殿加以祭祀。

---

① 见《元史》卷二十《成宗纪》。昭睿顺圣皇后即元世祖的皇后察必，为元成宗的祖母。

② 见《元史》卷二十四《仁宗纪》。元武宗为元仁宗之兄长，武宗传位于弟而没有传位于子，乃是受其母昭献元圣皇后的影响而被迫的行为。

③ 见《元史》卷二十六《仁宗纪》。

④ 见《元史》卷二十七《英宗纪》。此处所指普庆寺，即大承华普庆寺。为元仁宗时所建造，其地在今西城区宝产胡同。

⑤ 见《元史》卷三十《泰定帝纪》。

及元文宗经过两都之战，从泰定帝一派手中夺得皇权之后，没有再给泰定帝设置神御殿，却把以前设置的元朝诸帝神御殿加上了正式的名称①。以"正名"为旗号，而将泰定帝之父显宗的神御殿废去。明宗虽然是被文宗派人害死，却被保留了神御殿的待遇。

元文宗死后，元宁宗即位不足一年亦死去，元顺帝遂即位，他亦仿照前朝之制，为文宗和宁宗设立神御殿。文宗的神御殿被安置在大承天护圣寺，而宁宗的神御殿其位置不详。元顺帝为了尊崇其父元明宗，又曾下令，命著名文士揭傒斯撰写了《明宗神御殿碑文》刻石立碑。

元朝诸帝王的神御殿计有：

元太祖、元太宗、元睿宗的三朝御容，先是被安置在翰林国史院，其后被安放在大承华普庆寺。元英宗时，又曾下令，在大兴教寺为元太祖建造神御殿。而元睿宗的神御殿，还有一座是在真定(今河北正定)玉华宫。元世祖及其子元裕宗的神御殿，在大圣寿万安寺(今阜成门内白塔寺)。元成宗的神御殿，在大天寿万宁寺(寺已无存，位于今鼓楼东面)。元武宗的神御殿，在大都旧南城中的大崇恩福元寺。元仁宗的神御殿，在大承华普庆寺。元英宗的神御殿，在大永福寺(位于今阜成门四条)。泰定帝因死后其皇位即被元文宗夺去，故而没有设置神御殿。元明宗的神御殿，在大天源延圣寺(今西郊卢师山)。元文宗的神御殿，在大承天护圣寺(位于今西郊玉泉山下)。元顺帝为亡国之君，亦无神御殿。

---

① 据《元史》卷三十五《文宗纪》记载，在至顺二年(1331年)三月，元文宗下令"诏累朝神御殿之在诸寺者，各制名以冠之：世祖曰元寿，昭睿顺圣皇后曰睿寿，南必皇后曰懿寿，裕宗曰明寿，成宗曰广寿，顺宗曰衍寿，武宗曰仁寿，文献昭圣皇后曰昭寿，仁宗曰文寿，英宗曰宣寿，明宗曰景寿"。

在这些元朝帝王中，有些是实际上并没有登基称帝的，如裕宗、显宗、顺宗等，只是受到后人的追封。还有一些，虽然曾登基称帝，如元定宗、元宪宗等，却始终没有设置神御殿。还有个别特例，如元文宗时，皇太子过早夭折，于是，文宗为其在大庆寿寺亦设有影堂[①]，岁时加以祭祀。

元朝诸帝王的神御殿设置，还有一个特点值得注意，就是神御殿和寺庙的关系。其中有一个较为普遍的共同点，乃是安置神御殿的寺庙，大多数为帝王在世时所建造的。如元世祖在世时建造的大圣寿万安寺，元成宗在世时建造的大天寿万宁寺，元武宗在世时建造的大崇恩福元寺，元仁宗在世时建造的大承华普庆寺，等等，皆是如此。

在元朝诸帝王的神御殿中，皆放置有精心织造的帝王画像。"神御殿，旧称影堂。所奉祖宗御容，皆纹绮局织锦为之。"[②]其中，有些御容为著名工匠所制，如曾塑造大圣寿万安寺大白塔的著名工匠阿尼哥，就曾在元世祖时，织造太祖、太宗及睿宗三朝御容，"原庙列圣御容，织锦为之，图画弗及也"[③]。这些织成的帝王画像，由于技术要求非常高，有的织一幅画像即需费时数年之久[④]。

在诸帝王的神御殿中摆放的各种祭祀器皿也是十分珍贵的，如用黄金打造的瓶、斝、盘、盂等，以及"黄金涂银香合碗碟之属以

---

① 又据《元史》卷三十五《文宗纪》记载，皇太子死后，文宗下令，"绘皇太子真容，奉安庆寿寺之东鹿顶殿，祀之如累朝神御殿仪"。这里所指真容，系因皇太子尚未登基称帝，故而不能称为御容。

② 见《元史》卷七十五《祭祀志》。

③ 见《元史》卷二百三《方技传》。

④ 据《元史》卷一百三十四《唐仁祖传》记载，元成宗时，唐仁祖曾任将作院使，"复奉诏督工织丝像世祖御容，越三年告成"。可见历时之久。

百数，银壶釜盉匜之属称是。玉器、水晶、玛瑙之器为数不同，有玻璃瓶、琥珀勺"①。其他珍宝，则以元世祖神御殿中的珍珠帘、珊瑚树最为珍贵。

元朝统治者对神御殿的祭祀活动，比太庙频繁得多，依惯例为每月四次，即初一日、八日、十五日及二十三日。逢年过节还有特别的祀典。主持祭祀活动的，既有蒙古族巫祝，也有政府官员，还有僧人，甚至基督教传教士。如元文宗时，即曾下令，"又命也里可温于显懿庄圣皇后神御殿作佛事"②。元文宗还曾因为"织武宗御容成，即神御殿作佛事"③。

元朝统治者还设置有专门的官僚机构，负责神御殿的日常祭祀工作。最初的元朝帝王，在建造寺庙之后，往往设置相应的管理机构，以负责管理寺庙中的钱财。到泰定帝时，由于诸帝王的神御殿陆续被设置到寺庙中，于是，在泰定元年(1324年)十月，"立寿福总管府，秩正三品，典累朝神御殿祭祀及钱谷事"④。

其后，元文宗为了加强对神御殿的管理，又在天历元年(1328年)九月，"立太禧院，以奉祖宗神御殿祠祭，秩正二品，罢会福、殊祥两院"⑤。其后不久，元文宗又将这一机构加以充实，"立寿福、会福、隆禧、崇祥四总管府，分奉祖宗神御殿，秩正三品，并隶太禧院"⑥。此后，元文宗还曾下令，命宣政院负责显懿庄圣皇

---

① 见《元史》卷七十五《祭祀志》。
② 见《元史》卷三十二《文宗纪》。此处所指显懿庄圣皇后，即是睿宗拖雷之妻，为景教信徒，故而文宗命基督教(包括景教)的教士为其祈祷，此处称为作佛事。
③ 见《元史》卷三十三《文宗纪》。
④ 见《元史》卷二十九《泰定帝纪》。
⑤⑥ 见《元史》卷三十二《文宗纪》。

后神御殿的祭祀工作。

除了元朝帝王的各处神御殿之外，蒙古族巫祝举行萨满教的活动场所，又有烧饭院。其所举行的活动，则主要是祭祖、消灾等内容。所谓的"烧饭"，乃是每年的九月和十二月，择日遣蒙古族贵族官员协同蒙古族巫觋等，于烧饭园内，"掘地为坎以燎肉，仍以酒醴、马湩杂烧之。巫觋以国语呼累朝御名而祭焉"①。其所使用的祭品，则有马一匹、羊三只、红织金币及裹绢各三匹，和马湩、酒醴等物。这种烧饭的活动，大概类似于汉族民众的烧纸钱、冥衣等物品。

其所举行的消灾活动，为每年的十二月，择日，命元朝帝王及皇太子等用白色和黑色的羊毛线从头缠到脚，坐于寝殿之中。然后由蒙古族巫觋手拿银槽，槽中装满米糠，浇上酥油，燃之使冒烟，一面念咒语，一面用烟熏帝王，将羊毛线熏断。帝王复将红帛一块扯碎，同唾液吐之，再抛入火中，并将所穿服装交给蒙古族巫觋，这项仪式乃告结束，称为"脱旧灾，迎新福"。

在元朝帝王祭祀祖先的太庙仪式中，也有蒙古族巫觋的活动。每当有大的祭祀活动，"则蒙古太祝升诣第一座，呼帝后神讳，以致祭年月日数、牲齐品物，致其祝语。以次诣列室，皆如之。礼毕，则以割奠之余，撒于南棂星门外，名曰抛撒茶饭"②。显然，在蒙古族礼仪和汉族礼仪并行的时候，蒙古族礼仪的政治地位要远远高于汉族礼仪。

到了元代中后期，蒙古族统治者的"汉化"程度越来越深。特别是元文宗，长期生活在中原地区，其对汉族文化的领悟也很深。

①　见《元史》卷七十七《祭祀志》。此处所云国语，即是蒙古族语。在元代，蒙古族人自称为国人，故其本民族的语言也就被称为国语。

②　见《元史》卷七十四《祭祀志》。

因此，在对萨满教的尊崇方面，也采用了"汉化"的办法。至顺二年(1331年)正月，元文宗下令，"封蒙古巫者所奉神为灵感昭应护国忠顺王，号其庙曰灵祐"[①]。至此，萨满教的巫师有了自己专用的宗教活动场所——灵祐庙。萨满之神灵也变成了灵应护国忠顺王。

① 见《元史》卷三十五《文宗纪》。

元

第六章

都城无琐事 运行有系统

——大都地区的城市管理与市政建设

任何一个城市的管理系统，都是随着城市建设的不断发展而日趋完善。作为一个封建王朝的统治中心，都城的建设是发展最快的地方，而其管理系统，自然也是最为完善的。它主要表现在行政机构的设置十分完备，行政机能的运行相对效率较高，防卫设施十分严密，防卫力量尤为强大，等等。

在城市基础设施的建设方面，都城与其他地方性城市相比，也占有明显的优势。从城墙的建造与维护，道路的修筑与补筑，桥梁的搭建，仓库的兴建及管理，城市的供水与排水系统的建设，等等，不仅其规模是最大的，而且其功能也是最先进和最完善的，因此，对其建设及维护所需的人力、物力，都得到优先的保障。

在元代，城市的管理体制，其模式与前代的差异并不大，都是通过官僚行政机构的网状管理来实现的。这种管理，既有对居民的人身控制，又有对其财富的搜刮。前者是政治上的奴役，而后者则是经济上的掠夺。当然，在遇到特殊情况时，如水旱灾害、兵祸连年，政府也会采取救济手段，以调节社会矛盾，取得必要的平衡。

当一座城市建好之后，许多配套的市政设施需要不断完善，而对于城市中各种建筑的维护与修缮，也是地方政府的一项重要职能。在当时的情况下，主要是调动两个方面的力量。一个方面，是一些政府常设机构，如大都留守司及其下辖的工匠司局和总管府等，主持日常的维修工作；另一个方面，则是临时调动的人力物力，主要是军士和百姓。

大都城的市政设施，在当时的条件下，是修建得最好的，因为是新建的城市，居民住房肯定都是新的，官僚衙署和寺院道观也是新的，就连皇宫的主体建筑也是新的。宽阔的道路，厚实的城墙，遍布街坊之间的各种商市，以及城内及郊畿的大小仓库，等等，皆充满了新生的气息。

　　当大都新城建好之后，所有旧城的政府官员和居民全都被迁移到新大都城来，这种大规模的迁移工作，竟会是井然有序，没有出现较大的事故，也没有出现动乱，表现出元朝政府在城市管理方面所具有的相当高的水准。迁到大都新城的居民，显然要经过重新组合。这种组合在当时的条件下是一个十分复杂的问题，却被元朝政府顺利地加以解决。

一、修造留守司　警戒兵马司

　　在大都地区，除了中央的各级机构之外，地方行政机构分为行省、路、府、州、县、坊(里、乡)等六级。都城因为政治地位十分重要，因此直接受中书省管辖，而没有行省这一级行政机构。所以，在大都地区的地方行政机构，最高的一级为大都路，其下，辖有大兴府和六个直辖县、九个州，及十五个州辖县。①这个数字所反映的，是元世祖至元末年至元成宗大德年间的状况。

　　早在成吉思汗的军队攻占金中都城之后，元太祖即下令，将这里改称燕京路，而大兴府仍沿用旧名。此后不久，大蒙古国又在燕京设立都行省。从整个大蒙古国的角度来看，其统治中心是在漠北

---

　　①《元一统志》所载的大都地区的行政建置如下"大都路　领院二　县六　州九　州领十五县　右警巡院　左警巡院　大兴县　宛平县　良乡县　永清县　宝坻县　昌平县　涿州　领县二　范阳县　房山县　霸州　领县四　益津县　文安县　大城县　保定县　通州　领县二　潞县　三河县　蓟州　领县五　渔阳县　丰润县　玉田县　遵化县　平谷县　漷州　领县二　香河县　武清县　顺州　檀州　东安州　固安州"。

大草原上①，而中原地区尚为有待征服和统治的地区。也就是说，中原地区只是整个大帝国的一个不很重要的组成部分。而从整个中原地区的角度来看，燕京又确实起到了一个政治中心的作用。当时主持开拓中原疆域的大蒙古国军队最高统帅木华黎，就是以燕京为中心向东、西、南三个方面进行扩张的。

作为地方行政组织而言，大蒙古国基本上沿用了金朝的旧制，燕京路的格局与金朝的中都路大致相同，其范围略有缩小。计有：大兴府及其直辖的十县一镇，另有通、蓟、易、涿、顺、雄、霸、保、安、遂、安肃等十一个州及州下直辖县数十个。此外，将原金中都路的平州和滦州划分出去，另外设置了永平路。到元太宗十一年(1239年)，再将保州、雄州、易州划分出去，另外设置为顺天路(即保定路)。

这时的燕京行省，职官的设置较为简略，最有权势者为大蒙古国统治者派到这里来的大断事官，这一职位基本上是由蒙古族贵族出任的。此外，在燕京行省，还有一些负责日常具体事务的政府官员，被称为燕京留守长官，或者称为宣抚使、兼行尚书六部事。由此可知，当时所谓的行省，乃是行尚书省的简称。

而在行省任职的大蒙古国官员，最初并没有明确的职责分工，而是军事权、司法权、行政权一起抓。后来在中原地区的大臣建议之下，才将这三权分开，将领只有军权，断事官主要负责司法事务，行省长官主持行政事务。到了元太宗时期，在中原大臣耶律楚材的

---

① 元太祖时，因连年东征西讨，许多典章制度皆未建立，都城制度也是如此。这是与游牧民族的生活方式密切相关的，大汗的营帐驻扎在哪里，哪里就是帝国的政治中心，其带有较大的流动性为显著特征之一。到了此后的元太宗窝阔台在位时期，才建立了都城制度。

建议下，制订了中原地区的赋税制度，于是，窝阔台政权又专门设置了主持赋税征收工作的行政官员，称为课税使。

到元世祖忽必烈即位之后，在其部下众多汉族臣僚的辅佐之下，使中原地区的各项政治制度进一步规范化，地方行政建制的规范化，就是其中的一项重要内容。首先，是统治中心的确立。元世祖忽必烈在即位之初，是以上都开平府(今内蒙古正蓝旗境内)为其统治中心的。到了至元初期，开始确立大都城作为统治中心的地位，于是，在行政建置方面，也就有所体现。

与普通的地方行政机构不同的体现之一，是警巡院机构的设置。这个制度，是沿用了辽金时期的旧制。早在辽代，曾于五京之中皆设置有契丹警巡使。到了金代，把其升为警巡院，成为正式的机构，仍然是设置在金中都和几个陪都之中，由于金中都的政治地位尤为重要，因此，设置有两个警巡院，即右警巡院和左警巡院。每个警巡院中，又设置有警巡使、警巡副使等职官。

据《元史·百官志》及《元一统志》所记载，大都地区的警巡院的设置和变更，是与城市的发展建设密切相关的。在大都新城建好之前，旧城分为东南、东北、西南、西北四隅，六十二个坊。元朝政府于至元六年(1269年)设置左、右二警巡院，左警巡院负责管理东南、东北二隅的二十个坊的事务；右警巡院则负责管理西南、西北四十二个坊的事务。及大都新城的建设初具规模之后，元朝政府又于至元十二年(1275年)在新城设置大都警巡院，专门负责管理大都新城的事务。这时的大都地区，共设置有三处警巡院。

到了至元二十四年(1287年)，大都新城完全建好，旧城的衙署等机构全都迁入新城之时，原来负责管理旧城事务的左、右二警巡院也迁移到新城来，于是，将大都警巡院撤掉，其职能则合并到左、右二警巡院之中。也就是说，这时的左、右二警巡院不仅仍要管理大都旧城的事务，而且也要同时管理新城的事务。

到了元成宗时期，原来被基本上迁移空旷的大都旧城，其居民又变得越来越多，于是，在大德九年(1305年)十一月，元朝政府又下令，"置大都南城警巡院"①。专门负责管理大都旧城的事务。于是，大都地区再次出现了三处警巡院。到了元武宗时期，为了加强对大都城的控制与管理，元朝政府于至大三年(1310年)二月再次下令，"增大都警巡院二，分治四隅"②。由此可知，大都新城这时也被分为东南、东北、西南、西北四隅，而分别由四个警巡院负责管理③。

与普通的地方行政机构不同的体现之二，是留守司机构的设置。留守司的机构设置，亦为唐宋以来的旧制，其发展历程，则由一个临时的官僚机构，逐渐发展为常设机构。在宋代以前，有留守之官名，而无留守司之专职机构。宋代分设东京(汴梁)、西京(洛阳)、北京(大名)等都城，其中，东京为首都，而西京、北京等为陪都，故而在陪都设有留守司，而在首都东京未设置留守司。

与宋朝对峙的辽朝，在都城制度方面也是实行的多京制。其与宋朝不同之处，是没有首都与陪都的区别，五京皆设置有留守司。

_____

① 见《元史》卷二十一《成宗纪》。

② 见《元史》卷二十三《武宗纪》。

③ 元武宗设置的四个警巡院制度，可能并没有实行很久，于是到了元朝后期的至正十八年(1358年)，元顺帝为了加强对大都城的控制，又在左、右二警巡院的基础上，于京城四隅，"各立警巡分院"。其事，见《元史·百官志》。在这里值得一提的是，原来旧城的四隅，和后来新城的四隅，其中的"隅"字，不是一个方位的概念，而是一个区域的概念。换言之，一个"隅"，是由若干个相邻的坊(或称为里)所组成。它的定位，介于县和坊的两级行政机构之间。以往有些学者在考订金中都及元大都的坊里方位之时，常常把"隅"理解为边、角的意思，是一种误解。

这一点，是与辽代帝王岁时巡幸之典制密切相关的。因为辽代的契丹贵族每年分四季，到不同的地方去狩猎，而没有长期定居在首都，因此，不论是首都还是陪都，就都设置有留守司。

到了金代，女真族统治者虽然没有了岁时巡幸的习俗，也仍然在首都及陪都设置了留守司。这时的留守司官员，权力很大，据《金史·百官志》所载，留守司的官员，"留守一员，正三品，带本府尹兼本路兵马都总管"。是既管政务又有军权的一方要员。同知留守事及副留守等官员的权力也很大。

到了元代，在沿用多京典制的同时，也陆续在各个都城设置了留守司。在这时，最为重要的都城就是大都和上都。而元朝帝王所行两都岁时巡幸的习俗，与辽代帝王的四时狩猎之制，颇有类似之处。最先设置留守司的是上都。早在至元三年(1266年)七月，元世祖在巡幸上都之时即下令："诏上都路总管府，遇车驾巡幸，行留守司事，车驾还，即复旧。"①这时的上都留守司，还只是一个临时性的机构，是由上都路总管府兼职为之。直到至元十八年(1281年)二月，才正式设立上都留守司。

大都留守司的设置时间，略晚于上都留守司。据《元史·地理志》及《元史·百官志》的记载，是在至元十九年(1282年)，而据《元史·世祖纪》的记载，则是在至元二十一年(1284年)，当以《地理志》及《百官志》的记载为是②。大都留守司的设置，是由当时的宰臣阿合马建议的。曾受到一些官员的反对。

---

① 见《元史》卷六《世祖纪》。

② 因为在《元史·世祖纪》中，至元十九年(1282年)的有些史料，已经出现了与"留守司"相关的事情。如是年四月，元世祖曾下令，"敕以大都巡军隶留守司"。同月又记载："以阿合马家奴忽都答儿等久总兵权，令博敦等代之，仍隶大都留守司。"由此可知，是年大都留守司已经设置了。

在大都留守司下面，元朝政府又设置了许多具体的办事机构。因为它兼有行工部之职责，故而对皇宫、蒙古族贵族宅第、著名皇家寺院道观、政府衙署，以及城墙等土木工程的营造和修缮工作，皆负有责任。所以其下辖有负责修建皇宫建筑及美化皇家园林的修内司与上林署；负责建造诸宗王宅第及寺院道观的祗应司，负责建造官僚衙署的器物局；以及负责生产建筑材料的大都四窑场、凡山采木提举司、木场等。

大都留守司与上都留守司相比，有一个最大的不同之处，即是上都留守司在元朝帝王巡幸上都之时在承担其工作，及帝王离去之后，留守司的工作也告结束，由上都路总管府接管其职责。而大都留守司恰恰相反，帝王巡幸之前，基本上很少有大的土木工程，而在帝王前往上都之后，留守司才开始履行职责，进行各项建造工作。而当帝王回到大都之后，留守司的工作又告一段落。

在元代以前，各个都城的留守司官员往往兼行地方行政长官的职权，而到了元世祖时，留守司与都城的地方行政机构分离，各自为政。至元二十一年(1284 年)，立大都路总管府[①]。到至元二十七年(1290 年)，元朝政府又将其升格为大都路都总管府，其职责为："凡本府官吏，唯达鲁花赤一员及总管、推官专治路政，其余皆分

---

① 见《元史·世祖纪》及《元史·地理志》《元史·百官志》等相关资料。但是，大都路总管府的名称在此之前已经见于史文。仅据《元史·世祖纪》的记载，即有：其一，至元十三年(1276 年)元世祖下令，"敕大都路总管府和顾和买，权豪与民均输"。其二，至元十五年(1278 年)，"监察御史韩昴劾同知大都路总管府事舍里甫丁殴部民至死，诏杖之，免其官，仍籍没家赀十之二。"其三，至元十八年(1281 年)，元朝政府下令，"申严大都总管府、兵马司、左右巡院敛民之禁"。这几处提到的大都路总管府，就都是在至元二十一年(1284 年)之前。

任供需之事，故又号曰供需府焉。"①也就是说，大都路都总管府的主要职责，是为元朝帝王及中央政府提供全方位的服务。

在大都路都总管府之下，又设置了一些具体的工作部门，主要有：大都路兵马都指挥使司、司狱司、左右警巡二院、大都警巡院、大都路提举学校所、管领诸路打捕鹰房总管府、宛平县、大兴县、东关厢巡检司、南关厢巡检司及西北关厢巡检司等机构。这些机构，分别掌管供需、民政、司法、治安、教育等日常事务。

与普通的地方行政机构不同的体现之三，是大都路兵马都指挥使司的设置。这一机构，简称大都兵马司。兵马司之职，元代以前既已有之，一般多为执掌军权的机构，到了元代，其衙署的名称没有变更，而其职责则发生了变化，"掌京城盗贼奸伪鞫捕之事"，成为首都专门负责社会治安的机构。

在元朝军队占领江南地区之后，元朝政府遂将原来南宋政府在各地设置的兵马司都改为录事司，以区别于京城设置的兵马司。而到了元代后期的至正年间，元朝政府为了镇压各地的农民起义军，曾经在大名、东平、济南、徐州等战略要地设置有四处兵马司，这时的四处兵马司，又成为执掌军权的机构。

大都路的兵马司，是在元世祖至元九年(1272年)由千户所改为兵马司的。其衙署，因为分别设置在大都地区的新、旧两城之中，故而又有南北两城兵马司之称。设置在大都新城的，又称北兵马司，而在旧城的则称为南兵马司。南宋大臣文天祥在被捕之后，曾被关

---

① 见《元史》卷九十《百官志》。正是由于大都路都总管府的供需工作量非常大，因此，在元成宗大德五年(1301年)，"又分大都路总管府官属，置供需府"。其后，改称广谊司，其职责为，"总和顾和买、营缮织造工役、供亿物色之务"。由此可见，这些工作，最初都是由大都路总管府承担的。

押在大都的北兵马司之中很长一段时间。

大都城因系帝王长期居住的地方，治安工作十分重要，所以，大都兵马司的职责就受到了各方面的关注。为此，兵马司曾一度归于中书省直接管辖。而兵马司在归于大都路总管府管辖之后，仍有中书省刑部的尚书一员"提调司事"。在职权方面，兵马司也有其相对的独立性，"旧制京师州县捕盗，止从兵马司，有司不与"①。

大都的南、北两城兵马司，其管理城市治安，不是动用元朝的军队，而是征调一些所谓的巡军和弓手②，这些人，只是一些百姓充当准兵士的角色。在元世祖至元十六年(1279年)时，大都两城兵马司所管辖的弓手数额是不同的。是时，旧南城的居民还没有迁移到大都新城来，因此，南城兵马司共设有治安站点三十二处，管辖弓手一千四百名；而北城兵马司则设有治安站点十七处，管辖弓手七百九十五名。及至旧城中居民大多数迁往新大都城，其两城兵马司弓手的数量也会给予相应的调整。

大都兵马司在创立之初，设置有都指挥使二人、副指挥使五人，知事一人，提控案牍一人，吏员十四人。到了元仁宗的时候，为了加强对都城的治安管理，元朝政府又下令，"增置大都南、北两兵马司指挥使，色目、汉人各二员，给分司印二"③。及至到了元代后期，大都地区的社会治安状况越来越差，而使得大都兵马司的管辖范围也变得越来越大。至正十三年(1353年)四月，元朝政府下令，

① 见《元史》卷二十《成宗纪》。这里所谓的"有司不与"，也就是说不受地方政府的干预。

② 据《元史》卷一百一《兵志》记载："元制，郡邑设弓手，以防盗也。内而京师，有南北两城兵马，外而诸路府所辖州县，设县尉司、巡检司、捕盗所，皆置巡军弓手，而其数则有多寡之不同。职巡逻，专捕获。"

③ 见《元史》卷二十六《仁宗纪》。

"命南北兵马司各分官一员，就领通州、漷州、直沽等处巡捕官兵，往来巡逻，给分司印，一同署事，半载一更"①。

在大都路总管府之下，直辖的县有六个，即大兴县、宛平县、良乡县、永清县、宝坻县、昌平县。其中，永清、宝坻二县，今已不属于北京市的辖区，而良乡县在今北京房山区境内，昌平县今为昌平区。而大兴、宛平二县，则位于大都的新旧两城。早在大都新城建好之前，旧南城即划分为两个部分，东半部为大兴县，西半部为宛平县。及新大都城建好之后，仍然划分为东、西两个部分，其名称也仍然没有变化。也就是说，大都新旧两城的东半部分，都是大兴县，而两城的西半部分，都是宛平县。

大兴县和宛平县，又被称为赤县。旧城的两个县被划分为四隅、六十二个坊。新城的两个县则被划分为四隅四十九个坊。②我们如果笼统而言，两城共计有八个隅、一百一十一个坊。这种简单的累加看似并没有错误，实际上却是与当时的情况差异极大。因为在大都新城建造的十几年间，居民人口并没有出现翻倍增长的情况。因此，当旧城六十二个坊住满居民之时，新城的四十九个坊是空的，换言之，也就是虚设的。而当旧城居民绝大部分都被迁移到新城之后，新城的四十九个坊被充实之后，旧城的六十二坊又变成空的了。没有居民的坊是不存在的，故而简单地累加也就是错误的。据笔者掌握的史料来看，从元代中期到元代后期，大都新旧两城最多时合

---

① 见《元史》卷四十三《顺帝纪》。

② 据《析津志辑佚》一书所载，称大都新城有五十个坊，但是，据《元一统志》所记载的详细坊名之数，只有四十九个。当然，《元一统志》所反映的情况，只是元世祖到元成宗时期的坊里情况，而《析津志辑佚》所记载的坊名，则是元代后期的情况，其间随着城市的发展，坊里的情况也在不断发生变化，记载方面所表现出来的不同，是很正常的现象。

计，共有六十至七十个坊。

大兴县和宛平县，不仅包括城里的几十个坊，而且还包括城郊的几十个乡。在大都城的这些坊中，元朝政府设置有坊正，负责管理坊内的日常事务。在坊的里面，又分为若干巷和社，并且设置有巷长和社长。而在城郊的乡中，又设有里和村(社)等基层单位。通过这些坊、巷、乡、里等基层组织，元朝政府对居民加以严密控制。

元朝统治者对居民加以严密控制的另一个重要手段，乃是分类的户籍制度。与前代不同的是，元朝政府把大都地区的居民(全国亦是如此)按照不同的专业加以户籍分类。除了原有的民户之外，军人另外设置有军籍，称军户；工匠设有匠籍，称匠户；念书人设有儒户，僧侣和道士设有释道户；负责驿站工作的百姓设有站户，从事医务工作的设有医户，研究星象占卜之术的设有阴阳户，等等。每一个不同户别的民众在正常情况下，只能从事相对应的工作，不允许改行。也就是说，军户的子弟只能当兵，匠户的子弟只能从事手工业生产，儒户的子弟只能教书，等等。

对于不同行业的民众，元朝政府加以控制的系统是不同的。如军户的民众，是受到万户、千户、百户这种组织的控制，而其户籍，统归枢密院掌管，而不是归地方政府掌管。匠户的民众，是受到诸多工匠总管府等司局的控制，其上又分属于中书省的工部、户部等政府部门，及一些蒙古族贵族的掌管。通过这种分条切块的管理系统的控制，使广大民众的人身自由受到极大的束缚。

二、坊里跨街道 桥梁连通衢

在中国古代，一座完整的城市，其最基本的构成要素为城墙、城门、街道、桥梁和民居。而作为都城，还要有宫殿、园囿等建筑。在元代的大都城，有一些是从历史上延续下来的，有一些则是重新修建的。在这座城市的发展进程中，元代初期的变化应该是最大的。在政治体制上是如此，在城市建设方面也是如此。

大都城的城市延续部分，主要是指旧南城。这里在金代即是首都，有着恢宏的规模，不论是城池的大小、宫殿及园囿的富丽堂皇，还是城市经济和文化的发展，都达到了当时北方地区的最高水平。从整个城市的面貌来看，作为城市主体的民居部分，仍然保留了自汉唐时期以来的幽州城的封闭式的坊里制度。而作为都城核心部分的宫殿、园囿等部分，却吸收了北宋都城汴京的文化内涵及主要形式。这两部分的完美结合，自然成为当时南北文化融合的典范。

但是，在金代末年大蒙古国军队攻打金中都城的战乱中，中都城里的各种建筑都遭受到很大破坏，有些民居被金朝政府拆毁，构筑防御体系，有些宫殿则被攻进城来的蒙古族士兵放火焚毁。一座富丽堂皇的城市转眼之间就变得残破不堪。当大蒙古国政权占领中都城之后，劫后余生的城市居民很快就开始修建自己的家园，恢复正常的生活。而大蒙古国统治者也派出各级官员，来对这座华北平原上最大的城市进行管理。

这时的管理体制，仍然沿用金代的旧制，也就是把城里的居民划分成一个个的坊。每个坊有高大的坊墙围起来，四面临街各开辟一个坊门，门上写着坊的名称。这种形制的城市格局已经延续了上千年之久，一时还很难加以改变。而在这时的燕京城里，变化最大的是皇宫和园囿。由于金朝统治者的南逃，大蒙古国军队进城之后的烧杀抢掠，使得毁坏最快的就是皇宫和园囿。

许多宫殿的建筑材料被百姓拆走去盖自家的宅第，以前需要工匠岁时加以修缮的园囿也失去了维护而日渐荒芜。这种情景，在金元之际的燕京是有目共睹的。金末大文豪元好问曾吟诗二首以抒其感慨，此后不久，自幼生长在燕京的耶律铸也作有文赋以述其怀①。随着宫殿与园囿的荒废，及城中居民的不断增加，原来宫殿、园囿占用的荒地也逐渐被城里居民占用，而形成新的民居，又被元朝政府划分为新的坊里。

这个过程，从大蒙古国军队攻占中都城开始，直到元朝政府纂修完《元一统志》为止，历时八十余年。这时的大都旧南城，已经完全被民居和政府衙署、寺院道观等建筑占满，而没有了重建宫殿与园囿的空间。也就是在这时候，大都旧南城的民居，被划分为六十二个坊②。《元一统志》所记载的，也只能是至元年间大都旧南

---

① 耶律铸所作之文称为"龙和宫赋"，在赋文前面又有短序，其序文曰："余从北阙言归中州，税驾燕都，因游览前朝圯宫废苑，讯诸遗老，得睹龙和故址，桂窟琼林，光沉蕙歇，但瓦砾榛芜，驰迈狐兔而已。"载于《双溪醉隐集》卷一。文中所云"北阙"，指大蒙古国都城和林。其所找"前朝圯宫废苑"，已经踪迹难寻，必须询问故都遗老，才能够确认其遗址。

② 以往许多研究金中都的专家学者，在述及金中都的坊数之时，因为没有金代文献的明确记载，故而皆以《元一统志》所记旧南城的六十二个坊作为金中都的坊数，这一观点，显然是错误的。在金代的中都城里，宫殿与园囿所占用的空间面积，约为全城的三分之一至四分之一，而元大都的旧南城所设六十二个坊，是占用了全城的空间，如果减去其空间面积的三分之一，随着原来民居面积的缩小，其坊数自然也会减少。据笔者的估算，金中都城的坊数，大约在四十个左右。当城中原来的宫殿与园囿变为民居之后，增加的坊数约为二十个。其一，这与城市民居使用的居住面积的增减是成正比的；其二，这与左、右两个警巡院所管辖的坊数也是大致相同的。原来的左警巡院管辖为二十个坊，右警巡院管辖的也应该是二十个坊左右。其后，宫殿与园囿变为民居之后增加的二十二个坊，也就全都被划归右警巡院管辖。因为尚无金代文献加以认证，只能算是一种较为合理的推测而已。

城的现状，而绝非是金中都原来的状况。

这六十二个坊，可以分为三个部分，一个部分，是汉唐幽州时期的旧坊；另一个部分，是金海陵王扩建金中都城之后增加的坊；第三个部分，则是大蒙古国军队攻占金中都城之后再增加的坊。这三个部分，是在三个历史阶段形成的。对于第一个部分，其数量历史文献是有记载的，共有二十六个坊，对于这些坊，有学者进行过专门研究。对于第三个部分，《元一统志》也有明确记载，为六十二个坊。只有居于中间阶段的这一个部分，因为金代文献没有明确的记载，故而其坊数，乃是一个未知数。

笔者认为，要考订其变化和增加的过程还是有迹可循的。首先，是元代旧城东南、东北二隅的二十个坊，其变化只有两个阶段，即汉唐时期的十三个坊，及金中都时期的二十个坊，增加的数量为七个。因为这一部分的增加，没有受到宫殿、园囿变化的影响。汉唐时期的十三个坊，其坊名在辽代及辽以前的文献中多有记载，比较易于辨别。而新增加的坊，一个特点是有方位的称谓，另一个特点则是不见于以前的文献记载。

金中都城扩建之后，新增加的坊有些仍然沿用旧坊名，只是根据方位的不同而加以区别。如汉唐时期的幽州城有蓟宁坊，在金中都扩建之后，即分为南蓟宁、北蓟宁坊，增加了一个坊。此外，如南卢龙坊、北卢龙坊，及南春台坊、北春台坊等，皆是从一个坊增加为两个坊。还有一些以前文献未见其名的坊，如啄木坊、康乐坊、齐礼坊、为美坊等，应该也是金代增加的坊。

大都旧城西南、西北二隅的坊，其变化情况就比较复杂，而且经历了三个历史阶段。在汉唐的幽州城时期，这里也是只有十三个坊。是时，幽州城的西南有相当大的一部分，先是幽州军政长官的衙署，后来变成了辽南京的宫殿。这十三个坊，分布在宫殿的东面和北面。及金海陵王扩建中都城，展宽了东、南、西三面之后，又扩建了宫殿和园囿，就使得西南、西北二隅的坊受到城垣变动的较大影响，方位变化也很大。

其中一部分，和上述的东南、东北二隅的情况大致相同，只是增加了方位的称谓，如开远坊被分为南开远坊、北开远坊；永平坊被分为南永平坊、北永平坊；揖楼坊被分为南揖楼坊、北揖楼坊；孝慈坊被分为西孝慈坊、东孝慈坊，等等。在扩建之后的坊数，大约也应是二十个。这时的金中都的东、西两大部分的分界线，仍然是在景风门与崇智门之间的连线上。

到了大蒙古国时期，金朝的宫殿和园囿在几十年的历史变迁中，逐渐由统治者的禁地变为平民百姓的宅第，于是，又增加了二十余个坊。这些新增加的坊，因为都是在西部的西南、西北二隅的辖区之内，故而沿袭旧的政区状况，没有再调整，遂使西南、西北二隅的坊数，大大超过了东面的二隅。

元大都新城建好之后，对旧城坊的变化，影响巨大，超过了以往任何一个时期。因为坊的含义，不仅是一个地理上的方位，更重要的，则是居民的居住、生活场所。没有居民的坊，是没有任何意义的。因此，当元朝政府在至元二十四年(1287年)把旧城居民全都迁往新城之后，旧城的绝大多数的坊很快就荒废了，也很快就在城市发展的轨迹中消失了。只有一些与大都新城毗邻的旧坊，由于还有一些居民在居住和生活，才得以保留，其数量，也只有旧城原有坊数的三分之一左右。

元大都新城的坊，在《元一统志》一书中记载是较为完备的。该书记载了各个坊的名称、名称的来源、各坊在城里的位置，等等。

通过比较可以看出，新城的坊名有一个突出的特点，就是大多数取材于儒家的经典著作，如《周易》《诗经》《尚书》《春秋左传》《论语》《孟子》等①。由此可见，为大都新城诸坊拟定坊名的，一定是饱学儒家典籍之人②。当然，在这些新城的坊名之中，也有许多包含了著名的地方历史掌故，如金台坊、灵椿坊、丹桂坊等皆是。

有一点是值得注意的，那就是大都新城的坊名，是与大都新城的城门名、皇宫城门之名、宫殿之名、衙署分布等，有着十分密切的关系，由这几个方面共同构成了一个城市命名的整体文化模式。如玉铉坊，因为靠近中书省衙署而得名；保大坊，则因靠近枢密院衙署而得名；澄清坊，因为靠近御史台而得名；八政坊，亦因靠近万斯仓而得名。而五云坊和万宝坊，则因地处皇宫大内之前而得名，

---

① 据《元一统志》记载的大都新城的坊名，有些来自于《周易》，如玉铉坊，其说明文字曰："按《周易》，鼎玉铉大吉，以坊近中书省，取此义以名。"又如明时坊，其说明文字曰："地近太史院，取《周易·革卦》君子治历明时之义以名。"有些来自于《诗经》，如宜民坊，其说明文字曰："取《毛诗》宜民宜人之义以名。"又如甘棠坊，其说明文字曰："按燕地乃周召公所封，诗人美召公之政有'甘棠篇'，取此义以名。"还有一些来自于《尚书》，如文德坊，其说明文字曰："按《尚书》诞敷文德，取此义以名。"又如时雍坊，其说明文字曰："取《尚书》黎民于变时雍之义以名。"等等。

② 据《析津志辑佚》一书所云：诸坊之坊名"元五十，以大衍之数成之，名皆切近。乃翰林院侍书学士虞集伯生所立。外有数坊，为大都路教授时所立"。虞集，字伯生，是元代著名学者。此说颇有问题。其一，大都新城坊名的拟定时间，最早应该是大都旧城民众迁入新城之前，也就是至元二十四年(1287年)之前。因为没有坊名，政府的许多管理措施是很难贯彻的。有了坊名，大都民众迁入之时，才能够对号入座。而这时候，虞集还没有来到大都城，不可能拟定这里的坊名。其二，大都城坊名的拟定，在当时是一件大事，必须由那些身居显要的著名文士来承担，而虞集在当时显然还不具备这种身份。因此，拟定大都新城坊名之人，必是元世祖至元年间在翰林院任职的学士无疑，但是，决不可能是虞集。

等等。其他如乐善坊因为靠近诸王府、湛露坊靠近官酒库，故而得名，皆是如此。

从元世祖至元年间先后制定新旧两城的坊名，到元代末年，前后历时将近百年，自然会有一些坊名发生变化。这种情况，体现在《析津志辑佚》一书中所记载的坊名，与《元一统志》的坊名，其间出现了一些异同之处。有些坊名，在两部书里是一样的，由此可以相互印证其存在的可靠性，如福田坊、金城坊、玉铉坊、保大坊、灵椿坊、丹桂坊、明时坊，等等。[①]有些坊名，则是《析津志辑佚》一书中新出现的。

对于这种情况的出现，有些学者认为，这是大都的坊在不断增加的结果，而笔者则认为，乃是大都新城坊名有所改变的结果，其坊的数量并没有增加。因为在城市里面，坊的设置是有其特定的要素的。其一，是各个坊之间面积的大小，在没有特殊情况时，应该大致相等。其二，坊与坊之间的间隔界限，是以城市中的主要街道为标志的。如果城市的总体面积没有明显扩大、城市中的主要街道没有被大规模加以变更和调整，要随意增减坊的数量，是不可能的。

《元一统志》是至元年间由官方修订的志书，其可靠性是很高

---

① 《析津志辑佚》一书中的坊名，不仅可以印证《元一统志》一书中的坊名，而且，还可以对其中的一些事情加以补充。如《元一统志》在记载福田坊时，称："坊有梵刹，取福田之义以名。"但是究竟是哪一座梵刹，则没有明确指出。而《析津志辑佚》一书在相同的坊名下称："福田坊　在西白塔寺。"此处所指白塔寺，即是今日妙应寺的藏式大白塔。当时称大圣寿万安寺，因位于元代的皇宫西面，故又称西白塔寺。又如在《元一统志》中，记载了灵椿坊和丹桂坊的拟定坊名原因，却没有指明这二坊的方位。而《析津志辑佚》一书则明确记载："灵椿坊　在都府北。丹桂坊　在灵椿北。"这些记载，都是对《元一统志》的很好的补充。

的；《析津志辑佚》一书虽系个人撰著，由于著者本人长期生活在大都地区，故而其文献记载的可靠性也很高。因此，出现两书之间关于记载坊名的差异，其反映的，是时间段上的差异，即元代前期坊名与元代后期坊名的差异。当大都新城既没有再度扩建，又没有变更其主要街道的情况下，增加坊数的可能性几乎没有。因此，对二书出现差异的结果，用坊名的改变来加以解释，应该是最合适的。

元大都新旧两城的主要街道，都是和城门联系在一起的。旧南城沿用的，仍然是金中都的十三个城门，其中的十二个城门，是两两相对的。在金朝旧宫殿、园囿废去后，相对的城门之间，其通道也就成为贯穿全城的交通要道。而在大都新城，其情况有所不同。其一，是全城的中心部位有元朝帝王居住的宫殿和园囿，阻隔了相对两门之间的交通；其二，是大都新城只有十一个门，东面和西面的各三个城门是两两相对的，而南面的三个城门与北面的两个城门之间，是没有对应关系的，也就不存在纵贯南北的交通要道。

不论是大都旧南城，还是新大都城，都有一条大道贯穿在全城的中轴线上。以这条中轴线为基准，两边建有相对称的各种建筑。对于大都新城的街道，《析津志辑佚》一书有一段十分精辟的概括："自南以至于北，谓之经；自东至西，谓之纬。大街二十四步阔，小街十二步阔。三百八十四火巷，二十九衔通。"[①]据当代考古学家对元大都遗址的街道进行的考察，印证了《析津志辑佚》一书记载的准确无误。

根据《析津志辑佚》一书的介绍，我们得知大都城的街道分为大街、小街和衔通(包括火巷)三个类别。能够被称为大街的，乃是

---

① 见《析津志辑佚》中的"城池街市"门。

第六章　都城无琐事　运行有系统
——大都地区的城市管理与市政建设

203

城里的主干道。主要是城门与城门之间的通道。当时大街的二十四步的阔度，约合现在的二十五米宽，这个宽度，在当时的交通环境下，是绰绰有余的。在大都城里，著名的大街有"千步廊街、丁字街、十字街、钟楼街、半边街、棋盘街"[①]，等等。

在这些大街之中，位置最重要的，是千步廊街。其位于皇城的正南方，也就是中轴路的一段组成部分。街分三道，中间一道为御道，只有元朝帝王可以用，平时，官员和百姓只能用东面的一条道路。另一条重要的大街，是十字街。其位于全城中心的钟楼前面，十字之意，乃四通八达，为全城的交通枢纽。在这条街的两旁，遍布着米市、面市、段子市、帽子市、珠子市、沙剌市等商贸场所，是城里最热闹的地方。

在大都城里，小街的宽度是大街的一半，大约有十二到十三米。大都新城的四十九个坊，即是以这些街道来划分的。这些小街，主要是在大街与大街之间，起到沟通的作用。由于大都地区的民宅大都是坐北朝南的建筑，因此，是东西向连贯在一起的。故而胡同也就形成了东西方向的为主，而很少有南北向的。在这种情况下，南北向的小街所起的交通作用，就显得越加重要。

在大都新城之中，由于元朝统治者明确规定了每座居民的宅地都是八亩，从而保证了城里大街小巷的整齐划一。胡同与胡同之间、街道与街道之间的距离是大致相同的。这时虽然高大的坊墙被拆除了，但是，在坊与坊之间，仍然有一些近似于栅栏之类的人为阻隔物。坊与坊的交界处，也还设置有坊门。

桥梁是城市交通的一个重要组成部分。在有河流、沟渠的地方，

① 见《析津志辑佚》中的"城池街市"门。

都要搭建桥梁以保证交通的顺畅。在大都城内外，较大面积的水域有太液池及海子(今积水潭一带)，主要的河流则为高梁河及金水河，人工的河渠则有通惠河(又称闸河)及坝河，此外，则是护城河。在这些水域与交通要道交会之处，就要修建桥梁，以便于人们交通往来。

与重要的交通干道相连接的桥梁，通常都是石桥，而且，这些石桥往往被冠以与之相关的桥名，也就成为城市中的显著坐标，用以辨别方位。在大都城的桥梁中，最为著称的，是万安桥和龙津桥。这两座桥正好位于全城的中轴线上。万安桥为皇城正门外的第一座桥，"古今号为国桥"。而龙津桥为大都城正南门丽正门外的第一座桥，"俗号第一桥"。元朝帝王岁时前往南郊祭天，就都要跨过这两座桥。

大都城的 11 座城门，都是交通要冲，因此，在各门内外，也就搭建有多处桥梁。如在京城南面东南的文明门外，建有文会桥；在京城南面西南的顺承门外，建有析津桥，等等。在其他各城门内外，也建有无名之桥数十座。仅据《析津志辑佚》一书所载者，即有：健德门里外各一桥、肃清门里外各一桥、崇仁门里外各一桥、平则门里外各一桥，及光熙门内外有三桥、安贞门内外有二桥，此外，丽正门外又有二桥、文明门内外又有三桥、顺承门内外又有一桥、和义门内外又有三桥，等等①。这些城门内外的桥，大多数是

---

① 据《析津志辑佚》中的"河闸桥梁"门所载，有一处颇难解，即其文中的"里外"和"内外"的区别。其文在无名桥的条目下，即有健德门里外二、肃清门里外二、崇仁门里外二等说明，同时又有健德门内外二、肃清门内外二、崇仁门内外二，等等文字。还有顺承门内外一，这些记载过于简略，故而难解。"里外二"与"内外二"肯定是有区别的。而"内外一"与"内外二"的含意也不确定，"内外一"如果是城门内外各一座桥的意思，那么，"内外二"则是城门内外各二座桥。当然，"内外二"也可以理解为城门内外共有两座桥。未知孰是，有高明见解者，还望不吝赐教。

与护城河相关的。

　　与高梁河及金水河等自然河道及通惠河等人工河渠相关的桥梁，有些位置靠近皇城，自然也就建造精美，并冠之以名。主要有：(一)位于皇城左掖门的朝宗桥；(二)位于皇城右掖门的拱宸桥；(三)位于皇城东华门外的朝阳桥(因为靠近枢密院，故又俗称枢密院桥)；(四)位于皇城后红门东面的望云桥；(五)位于皇城厚载门外的昇平桥，等等。

　　此外，各种石桥、土桥，[①]遍及大都城内外，《析津志辑佚》一书中有名可查者，尚有隆福宫桥、通明桥(俗称酒坊桥)、曩八总管府桥、神道桥、盈进桥、会通桥、洪济桥、周桥(大都新城与旧城皆有)、高梁河桥、铁平章桥、烧饭桥、柴场桥、马市桥、中和桥、金绳桥、云集桥、保康桥、观光桥，等等。这些桥梁与街道、胡同有机地结合在一起，共同构成了大都地区的完备的交通体系。

---

① 据元代人苏天爵编纂的《国朝文类》卷四十二所载《经世大典·工典总序》中的"桥梁"门，记载了大都城桥梁的变迁过程。其文曰："都城初建，庶事草创，其内外桥梁，皆架木为之，而覆以土，凡一百五十六。至大德间，年深木朽，有司以为言，改修用石。都水监计料，工部应付工物，委官董工修理，然后人无病涉之患。"此处所云156座木桥，皆为交通要道之处的大桥，后改为石桥，其他小桥不在此列。

三、多建仓廪 以备岁用

大都城作为全国的政治和文化中心，汇聚了一大批政治、经济、军事及文化方面的人才。在这种情况下，每年需要耗费的生活资源和其他物资，其数额巨大。元朝政府为此而调动了大量的人力和物力，开通了两条水运大通道和无数条的陆运通道，从全国各地运来巨额的物资。这就必然需要有一整套完备的存储系统和管理制度，才能使运来的巨额物资有效供应各方面的需求。因此，随着大都城市建设的不断发展，其仓储系统也迅速建立起来，并且日益完善。

大都城内外的仓库之多，其数量是惊人的，远远超过了当时的任何一个其他城市。以服务的对象而言，既有为元朝统治者和蒙古族贵族贮藏珍宝的仓库，也有为元朝政府各职能部门贮藏各种物品(包括钱钞、粮食、簿书、武器及各种礼器等)的仓库；既有为寺庙道观贮藏其生活物资的仓库，也有为商旅贮藏贸易货物的仓库，等等，牵涉到了社会上的各个阶层。由此不难看出，仓库系统不仅在经济上的直接作用极为重要，而且在政治上的潜在作用也是巨大的。

在大都城的仓库中，是以为元朝统治者服务的仓库最为重要，其中，又以禁中三库(即内藏库、左藏库及右藏库)为直接贮藏帝王财富者。至元十九年(1282年)十月，"禁中出纳分三库：御用宝玉、远方珍异隶内藏，金银、只孙衣段隶右藏，常课衣段、绮罗、缣布隶左藏"①。为了对元朝统治者的财宝加以管理，元朝政府专门设置有太府监这一官僚机构②。

直接为元朝帝王日常生活服务的仓库，主要隶属于宣徽院。如负责酿造帝王及蒙古族贵族饮酒的大都尚饮局及尚醖局，即有御酒库。而大都醴源仓，则专门贮藏为酿御酒而收纳的酒药及糯米等物品。负责帝王日常食物的尚食局，其下即设置有大都生料库和大都太仓。生料库负责贮藏各种野生动物之肉，而太仓则贮藏各种食粮。此外，负责元朝帝王出行用品的，则有尚舍寺，其职责为："掌行在帷幙帐房陈设之事，牧养骆驼，供进爱兰乳酪。"③其下设置有诸物库，负责出纳各种相关的物品。

作为储君的皇太子，在元代也有一整套为其服务的官僚机构，与为帝王服务的机构大同小异，仓库系统也不例外。为皇太子储藏钱财的仓库有三座，被称为供须、文成、藏珍三库，类似于帝王的内藏、右藏及左藏三库，皆隶属于典用监(一度称为甄用监)。供须库收掌皮毡鞍辔等物品，文成库收掌缎匹丝绵等物，而藏珍库则收掌金银珠玉宝货。

---

① 见《元史》卷十二《世祖纪》。此处所云"衣段"之段，今日皆写为"缎"。据《元史·百官志》记载更为详细。内藏库的职责为："掌出纳御用诸王段匹纳失纱罗绒锦南绵香货诸物。"左藏库的职责为："掌收支常课和买纱罗布绢丝绵绒锦木绵铺陈衣服诸物。"右藏库的职责为："掌收支金银宝钞、只孙段匹、水晶玛瑙玉璞诸物。"其贮藏物品，与《世祖纪》之记载略有不同。

② 据《元史》卷九十《百官志》记载，太府监的职责为："领左、右等库，掌钱帛出纳之数。"自秦汉以来，太府主要负责国家政府的财政，帝王私人财政归属于少府。而到了元代，太府转而为帝王及蒙古族贵族私人服务。

③ 见《元史》卷八十七《百官志》。此处所指"帐房"，不是指人们俗称的收钱的地方，而是指蒙古族毡帐(俗称蒙古包)。此外，在至元十五年(1278年)七月，元世祖曾下令，改太仓之名为御廪。见《元史·世祖纪》。

皇太子所需的其他物品，收贮于备物库，其职责为"掌东宫造作颜料，及杂器等物"。在皇太子位下，还设有府正司，"掌鞍辔弓矢等物"。其下则设置有资武库(收掌军器)和骥用库(收掌鞍辔)等。①掌管皇太子财政的重要部门，则有提举备用库，"掌出纳田赋财赋、差发课程、一切钱粮规运等事"。其他如负责皇太子日常饮食的典膳署、嘉醞局等，也应有自己的库房，因其规模小，而未能设置正式的官员加以管理。

元朝后妃位下的仓库，其数量也很多。因为元代后妃在政治上的影响力较大，而且在很多时候直接影响到了政局的变化，故而隶属于后妃系统的官僚机构的变更也较为复杂。但是，其主体结构的功能与帝王及皇太子的机构亦为大同小异。如负责贮存后妃财物的有奉宸库，始置于元世祖时期，"掌中藏宝货钱帛给纳之事"。在至元二十七年(1290年)五月，曾一度罢去，到元成宗大德二年(1298年)六月，复设置之②。后妃位下的广禧库，设置于大德八年(1304年)，"掌收支御膳野物，职视生料库"③。

为元朝帝王和皇太子、后妃、诸宗王服务的仓库，大多数都设置在皇城里面和皇城的四周。元世祖至元年间来到大都城的意大利商人马可波罗曾经在他的著名游记之中对其加以描述，"在第二道

---

① 见《元史》卷八十九《百官志》。另据《元史·武宗纪》所载，至大元年(1308年)三月，"立骥用、资武二库，秩正五品，隶府正司"。

② 据《元史·百官志》所载，奉宸库是在大德元年(1297年)设置的。但是，《元史·世祖纪》在至元二十七年(1290年)有"罢奉宸库"的记载，显然，该仓库设置时间早于至元二十七年。而《元史·成宗纪》又明确记载，该仓库重新设置的时间为大德二年(1298年)，也与《百官志》所载不同。当以《世祖纪》及《成宗纪》所记载者为准。

③ 见《元史》卷八十八《百官志》。

围墙里面的中央有一排宏伟壮丽的建筑物，共有八个，是皇家军需库。每座建筑物只收藏一类东西。例如马缰、马鞍、马镫和骑兵所用的设备，都放在一个仓库中；弓、弓弦、箭袋、矢和属于弓箭术应用的其他物件收藏在另一个仓库中"。

马可波罗又描述道："皇宫主体的后面，有几幢宏伟的建筑物，内有几套房间，收藏着皇帝的私产或金银财宝，比如金条、银块、宝石、珍珠、金银器皿和餐具。"这里提到的贮存珍宝等物品的仓库，大概就是上文提到的内藏三库等建筑①。

在大都城的诸多仓库中，隶属于中央政府的，主要以户部和工部的最为重要。因为户部是主管全国财政的衙门②，而工部是负责大规模工程的衙门③，皆与钱财之物关系密切，故而其仓库的数量极多。其他如中书省的礼部，及大司农司、太禧院、将作院、大都留守司，和武备寺、尚乘寺、利用监、中尚监、章佩监，等等，皆设置有规模大小不等的仓库。

在中书省的户部，最重要的仓库就是万亿四库。这四库的名称及职责如下：其一，为万亿宝源库，"掌宝钞、玉器"。其二，为

---

① 见《马可波罗游记》第二卷第十章(陈开俊等译本)。在马可波罗的游记中，有些记述的细节可能会有差异，但是基本内容还是可供参考的。如其所言武器仓库一事，在《元史》之中即可得到印证。至元十年(1273 年)正月，元世祖下令，"置军器、永盈二库，分典弓矢、甲胄"。(见《元史·世祖纪》)在大都皇宫之内，除了内藏三库之外，还建有一些其他仓库，以贮存财宝。如至元二十五年(1288 年)九月，"从桑哥请，营五库禁中以贮币帛"。(见《元史·世祖纪》)

② 据《元史》卷八十五《百官志》记载，中书省户部的职责为："掌天下户口、钱粮、田土之政令。凡贡赋出纳之经，金币转通之法，府藏委积之实，物货贵贱之直，敛散准驳之宜，悉以任之。"

③ 据《元史》卷八十五《百官志》记载，中书省工部的职责为："掌天下营造百工之政令。凡城池之修濬，土木之缮葺，材物之给受，工匠之程式，铨注局院司匠之官，悉以任之。"

万亿广源库，"掌香药、纸札诸物"。其三，为万亿绮源库，"掌诸色段匹"。其四，为万亿赋源库，"掌丝绵、布帛诸物"。此后不久，元朝政府又专门在皇宫之内建造了富宁库，"分掌万亿宝源库出纳金银之事"。①万亿四库的位置，乃是在都城新开凿的通惠河的朝宗闸上闸以北约百步之处。

由于万亿四库每年收纳和支出的各种钱物数额巨大，因此，管理这些仓库的官员往往利用职权贪污库中的珍宝和钱帛等物。元朝政府曾在至元十九年(1282年)对万亿库的官员进行了一次大规模清理，经过近一年的清理之后，发现有大批库官犯了错误，"麦术丁等检核万亿库，以罪监系者多，请付蒙古人治"②。为了便于对万亿库中的金银加以控制，元朝政府遂于至元二十八年(1291年)二月，"徙万亿库金银入禁中富宁库"③。

在户部掌管的仓库之中，还有一些仓库非常重要，这些仓库是和钞币的印制、管理及回收处理密切相关的，即宝钞总库、印造宝钞库、烧钞东西二库，及行用六库等。宝钞总库负责对钞币的管理，印造宝钞库负责印制钞币，烧钞东西二库则负责回收破烂不堪的钞币加以销毁，而行用六库负责用新钞换易已不能使用的旧钞(当时称为"昏钞")。这些仓库统归诸路宝钞都提举司掌管。

除了行用六库之外，其他几座仓库都位于大都城的西北抄纸坊。行用六库是陆续设置的，最初是在元世祖中统初年，称为中都行用库，只有一座。到至元二十四年(1287年)，旧城的衙署及百姓全都迁徙到了大都新城，于是，元朝政府又在光熙门、文明门及顺

---

① 见《元史》卷八十五《百官志》。
② 见《元史》卷十二《世祖纪》。
③ 见《元史》卷十六《世祖纪》。

承门三处分别设置了行用库，这是为了方便民众换易钞币。两年之后，元朝政府又在健德门、和义门及崇仁门再增设三处行用库，遂成定制，统称为行用六库。

中书省工部的仓库，大多数是与修造工程联系在一起的，因此，其仓库所贮存的物品，以建筑材料居多，管理仓库的机构，也大多为工匠司局。如诸色人匠总管府，"掌百工之技艺"。其下设置有诸物库，"掌出纳诸物之事"。负责供给镔铁局、玛瑙玉局、石局、木局、油漆局等所需物料。又如诸司局人匠总管府，"领两都金银器盒及符牌等一十四局事"。其下设置有收支库，"掌出纳之物"。此外，掌管各种物资最多的，是左、右八作司①。

负责收掌各种仪仗、礼器等物的仓库，大多隶属于中书省礼部及太禧院。在礼部的拱卫直都指挥使司下面，设置有仪从库，"掌收仪卫器仗"。而在仪凤司和教坊司之下，都设置有收掌各种乐器的广乐库。此外，礼部会同馆之下，则设有收支诸物库(曾一度称为四宾库)。

太禧院的职责为"掌神御殿朔望岁时讳忌日辰禋享礼典"②。除此之外，因为元朝诸帝王的神御殿都安置在大都城的寺院之中，故而太禧院又兼管各大寺院的寺产。如所辖隆禧总管府之下，即设置有资用库及万圣库，掌管大崇恩福元寺等处的财物诸事。又如会福总管府，即设置有财用库及盈益仓，以掌管大护国仁王寺等处的

---

① 据《元史》卷八十五《百官志》记载，右八作司，"掌出纳内府漆器、红瓮、捎只等，并在都局院造作镔铁、铜、钢、鍮石，东南简铁，两都支持皮毛、杂色羊毛、生熟斜皮、马牛等皮、骒尾、杂行沙里陀等物"。其左八作司，"掌出纳内府毡货、柳器等物"。早在中统年间，元朝政府即设置了八作司。到元世祖至元末年，因其掌管的各种物品太多，遂将其分为左、右二司。
② 见《元史》卷八十七《百官志》。

财物。

由于大都城的人口众多，因而，对其粮食供应就成为一个十分重要的问题。为此，元朝政府在大都地区，特别是在通州大运河北端至京城沿线，建造了一大批粮食仓库。这些粮仓大多数归中书省户部下面的官僚机构管辖，主要有京师二十二仓、通州十三仓、河西务十四仓，以及直沽广通仓等。在京杭大运河的沿岸地区，元朝政府也设置了许多粮仓，从而构成了一整套较为完备的粮食存储系统。

在大都城周围的京师二十二仓，是陆续修建起来的。最早是在中统二年(1261年)，元世祖忽必烈下令在大都旧城南面的葫芦套一带修建了四座粮仓，即千斯仓、万斯仓、相因仓和通济仓。这四座粮仓共可储存粮食约六十万石。到了至元四年(1267年)，增设粮仓三座，即广贮仓与永济仓、丰实仓。到了至元十九年(1282年)，又增设粮仓二座，为丰润仓及永平仓。在至元后期，又陆续修造了惟亿仓、盈衍仓、既盈仓、既积仓、大积仓、广衍仓和顺济仓这七座粮仓。

此外，在至元二十四年(1287年)，元朝政府又曾将万斯仓分建为万斯北仓和万斯南仓。前后累计，统称为大都十七仓[①]。到元仁宗皇庆元年(1312年)，再增建有大有仓、屡丰仓、积贮仓、丰穰仓和广济仓等五座粮仓，合计为京师二十二仓。这些粮仓，其规模大小不同，大的建有仓库七八十间，小的只有仓库一二十间。每间仓库可储存粮食两千五百石。故而一座大粮仓，最多可储粮二十余万石；而一座小粮仓，亦可储粮五万石左右。

---

① 诸仓设置的前后时间，《元史·百官志》的记载，与元代其他文献有差异，当是《百官志》所记有误。

通州为京杭大运河的北端，不论是漕运还是海运来的粮食，都要先运送到这里，再转运到大都城里来。因此，元朝政府在这里也修造了一大批粮仓，统称为通州十三仓。据《元史·百官志》所载，这十三座粮仓为：有年仓、富有仓、广储仓、盈止仓、及秭仓、乃积仓、乐岁仓、庆丰仓、延丰仓、足食仓、富储仓、富衍仓和及衍仓。这十三仓也有库房数百间，可储粮数百万石。

从至元年间开辟海运航道之后，从江南地区运来的粮食越来越多，于是，元朝政府又在入海口的直沽镇(今天津市)和直沽镇与通州之间的河西务镇(在元代属漷州)相继设置了一批粮仓。在直沽镇的粮仓称为广通仓。在河西务的粮仓较多，统称为河西务十四仓。其名称为：永备南仓、永备北仓、广盈南仓、广盈北仓、崇墉仓、大盈仓、大京仓、大稔仓、足用仓、丰储仓、丰积仓、恒足仓及既备仓。这两处仓库的作用，都是转运粮食的中转站。

管理大都地区众多粮仓的官僚机构，为京畿都漕运使司。该机构几经变更，其管辖的则是京师二十二仓。而元朝政府又设有都漕运使司，负责管辖通州十三仓、河西务十四仓及直沽广通仓的储运事务。在诸多仓官之中，有些利用职权，大肆贪污，营私舞弊；也有一些因为不善管理，连年亏损，最后导致倾家荡产①；只有极少

---

① 在大都地区，出任粮仓的官员是一件苦差事。正如时人所云："京仓有折阅(即亏损)之患，人皆避不肯为。"(见元代人黄溍《黄金华文集》卷三十五"张光祖墓志铭")元朝政府为此曾制定了仓库允许亏损的数额(称为"粮耗")，却仍然使很多仓官破产。据元代的《通制条格》中的"仓库"门记载，至元二十九年(1292年)，中书省的丞相完泽等人曾专门上奏此事曰："通州、河西务的仓官每俺根底告说有，仓里收来的粮内，前省官人每定的鼠耗分例少的上头，卖了媳妇、孩儿家，缘陪纳不起，至今生受行有，么道告有。"此处所云"鼠耗"，即是粮耗。

数人能够维持治道，留下较好的政绩。

这些粮仓储存的大量粮食，除了日常供给元朝帝王及贵族、百官、军队士兵等食用之外，遇有较大的水旱灾害之时，又成为广大民众的救命粮食来源。如至元二十六年(1289年)夏天，大都地区出现水灾，元世祖接连下令，出直沽镇和河西务粮仓的粮食赈济灾民①。到了大德六年(1302年)夏天，大都地区又出现严重的水旱灾害，元成宗下令，"发通州仓粟三百石，赈贫民"②。至大四年(1311年)正月，元武宗死，元仁宗即位不久，为了收买人心，下令"减价粜京仓米，日千石，以赈贫民"③。

元朝政府除了用官仓之粮赈济百姓之外，还仿照前代的做法，在各处设置有民间的粮仓，称为常平仓，又称义仓。在元代，常平仓的大规模设置是在至元六年(1269年)，由政府出官钞，在大都地区和全国各地皆设置粮仓，遇丰收之年，收购粮食存于仓内，至歉收之年再用来赈济饥荒。到了至元二十一年(1284年)十月，元世祖又下令："立常平仓，以五十万石价钞给之。"④大约前此设置常平仓的工作不甚理想，遂重申此令。

在大都地区，还有一些性质十分特殊的仓库。其一，为平准库。中统四年(1263年)五月，"诏立燕京平准库"。此后不久，元世祖又下令，"立诸路平准库"⑤。平准库是政府控制物价，保证社会

---

① 据《元史》卷十五《世祖纪》记载，这一年八月，"霸州大水，民乏食，下其估粜直沽仓米五千石"。同月又载有："漷州饥，发河西务米二千石，减其价赈粜之。"此类记载，在史书中并不少见。

② 见《元史》卷二十《成宗纪》。

③ 见《元史》卷二十四《仁宗纪》。

④ 见《元史》卷十三《世祖纪》。

⑤ 见《元史》卷五《世祖纪》。

稳定的一项重要举措。与平准库性质略同者，又有回易库。至元十三年(1276年)正月，元世祖又下令，"立回易库于诸路，凡十有一，掌市易币帛诸物"①。其目的，也是为了控制商业贸易。

其二，为赃罚库与司籍库。赃罚库隶属于负责监察工作的御史台，顾名思义，乃是储存因贪赃而被抄没的财物。在元世祖至元年间，由于这种赃物数量不断增加，于是，元世祖曾下令，将赃罚库加以扩建。司籍库也是元世祖时设置的，乃是用于存放那些因为犯罪而被籍没家产的官员的财物的，直属于太府监。到元成宗时，曾一度下令加以罢去。

其三，典当铺，在当时被称为"质库"，也就是存放人们典当物品的库房。这种"质库"在当时的大都城数量不少，而且使典当行为成了人们日常生活中的常见现象②。在元代中期，元文宗曾因为手下大臣燕铁木儿在两都之战中为其夺得皇位立下汗马功劳，而在至顺元年(1330年)正月下令，"赐燕铁木儿质库一"③。

此外，有些达官显贵在任官期间，大量搜刮民财，并因此私设库房，以存放这些不义之财。如元世祖至元年间在中央政府执掌大权的阿合马，就是一个搜刮民财的聚敛之臣，他在为元世祖聚敛大量财富的同时，也为自己聚敛了数额也很巨大的财富，"阿合马方

---

① 见《元史》卷九《世祖纪》。
② 元代大都城的典当行为，不仅在广大民众中十分常见，而且在一些政府官员中也时有所见。如在元代初期曾任中书左丞的姚枢，因为任官清廉，经常需要借债度日，"假质券剂盈束"(见元代人姚燧《牧庵集》卷十五"姚枢神道碑")，此处之质券，就是在质库典当物品的凭证。又如元成宗时任翰林国史院编修官的阎宏，为救朋友之急需，将上朝时使用的象笏也典当到质库中去，"读法上章，宁用槐板"。(见《牧庵集》卷二十九"阎宏墓志铭")这类史料在元代文献中并不少见。
③ 见《元史》卷三十四《文宗纪》。

用事，置总库于其家，以收四方之利，号曰和市"①。正是这种不义的聚敛，激起民愤，为阿合马引来杀身之祸。

因为大都地区的仓库系统具有十分重要的作用，所以，每当政治局势发生突然变化的时候，贮藏各种珍宝、军器、粮食及布帛等物品的仓库，也就成为不同政治势力集团争夺的首要目标。元成宗死后，在大都发生了一场不动声色的政变。作为政变主持人之一的宰臣哈剌哈孙采取了一系列重要措施，"哈剌哈孙密遣使北迎武宗，南迎仁宗，悉收京城百司符印，封府库，称疾卧阙下"②，从而取得了政变的胜利。

此后，在至治三年(1323 年)八月，元朝统治集团内部矛盾激化，一部分蒙古族贵族发动叛乱，在南坡将元英宗弑杀，"贼臣铁失遣使者自上京至，封府库，收百官印"③，企图控制大都的政治局势。虽然暂时达到了目的，最后，泰定帝即位，使叛乱者大多数都受到了应有的惩罚。及泰定帝死后，蒙古族贵族之间发生公开的军事冲突，史称"两都之战"。作为支持元文宗的重要军帅燕铁木儿，也在大都采取了必要措施，"于是封府库，拘百司印，遣兵守诸要害"④，使得大都方面的元文宗最终获得胜利。

元大都仓库一览表见文后附表五。

---

① 见《元史》卷一百六十八《何荣祖传》。
② 见《元史》卷一百三十六《哈剌哈孙传》。
③ 见《元史》卷一百八十二《许有壬传》。
④ 见《元史》卷一百三十八《燕铁木儿传》。

四、京城重地 兵卫严防

作为全国政治中心的大都城，是元朝统治者长期生活的地方，因此，这里的防卫系统是全国力量最强的地方，也是防卫设施最为完备的地方。随着大都城政治地位的不断提高，政治作用的不断增大，其防卫系统也就越来越强大，防卫设施也越来越完备。

以大都地区的防卫系统而言，有一个逐步建立、逐渐完善的过程。这个逐步建立的过程，主要是在元代前期元世祖忽必烈在位时期。而其逐渐完善的过程，则一直延续到元代后期元顺帝在位时期。就大都地区的防卫设施的完备过程，也大致如此。换言之，大都城的防卫系统和防卫设施的建立和完备，是与大都城的城市建设同步进行的，二者之间，又有着许多密切的联系。

就其防卫系统而言，以元朝统治者居住的大都皇城为核心，一层又一层地向外扩展。皇城的防卫系统是最严密的一个防卫层，也是第一道防卫层。在它的外面，以大都城的城墙和城门为界限，构成了第二道防卫层。再往外延伸，在京城四郊州县中驻扎的大量军队，构成了第三道防卫层。而元朝政府在沿长城一线的各个关隘设置的哨卡和驻军，则是第四道防卫层。

此外，由于受到元朝统治者所实行的两都制度的影响，这个防卫系统除了对大都城的防卫之外，又在两都之间的交通要道上岁时设置了防卫层，或者称为防卫线。在元朝统治者巡幸上都的时候，在上都城周围，也形成了一个严密的防卫层。只是这个防卫层表现出了其周期性的特点，每当元朝统治者从上都返回大都城之后，这里的防卫层也随之而削弱，甚至是消失了。

在大都城内，第一道防卫层是由两个部分组成。一个部分，是皇帝、后妃等元朝统治者身边的贴身侍卫，这些人是由各种不同身份的上层人士的子弟组成。元朝统治者出于政治控制方面的考虑，下令，凡是在都城和全国各地政府和军队中担任重要职务的官员，以及边疆地区归降部落的首领人物，都要把自己的子弟送到大都城的元朝帝王身边，充任卫士。这些人在负有防卫职责的同时，还有作为"人质"的特性，故而又被当时的人们称为"质子军"①。

另一个部分，就是侍卫亲军，这些人，没有特殊的身份，只是元朝统治者从军队中精心选拔出来的一批军士。其中，又可分为两部分，一部分是汉族军士，另一部分则是少数民族军士。元朝统治者将其分别组成不同的侍卫系统，分归不同的官员管辖。这两个防卫部分，共同构成大都皇城的防卫系统。而这两部分的分界线，大致是在大都的皇城城墙一带，在城墙里面由卫士负责，而在城墙外面，则是由军士负责②。

---

① 在大蒙古国从大草原开始向外扩张的时候，由于受到大蒙古国强大军事力量的冲击，许多地方的军事力量都纷纷归降，主要包括中原地区的割据地主武装的力量，和西域等地区的少数民族部落的军事力量。为了对这些归降的军事力量便于控制，大蒙古国统治者遂下令，命汉族地主武装的首领和少数民族部落的首领，将其子弟送到大蒙古国统治者身边，充当卫士。如果这些汉族武装和少数民族部落发动叛乱，首先遭殃的就是这些首领的子弟。当然，这些作为人质的贵族子弟，当其父兄去世后，即可承袭职位，而命其子弟再充当大蒙古国统治者的侍卫。

② 据《元史》卷九十九《兵志》记载，至元十四年(1277 年)五月，元世祖下令，"以蒙古军与汉军相参，备都城内外及万寿山宿卫，仍以也速不花领围宿事"。可参阅《元史·世祖纪》。此处所指"万寿山"，为今北海琼华岛上之山，非颐和园之万寿山。而元朝负责皇城防卫系统的，除了蒙古族军与汉军之外，还有许多少数民族的军士。如元仁宗时，掌管宫阙内外门禁的军士，就有唐兀卫、阿速卫、贵赤卫、钦察卫等侍卫亲军系统。

这些负责皇帝周围警卫任务的军士，又被称为围宿军，也就是说，当元朝帝王住宿休息之时，围护在四周的军队。元世祖时，这种随在帝王身边的围宿军，是从侍卫亲军系统中精选出来的一万人，到了元武宗的时候，增加到三万人。到元仁宗时，一度减少到六千人，其后又增加到一万人。此后不久，元仁宗又下令，"诏围宿军士，除旧有者，更增色目军万人，以备禁卫"①。从而使其总数达到了两万人。

在元朝帝王身边负责防卫的军队，最初被称为武卫军，系由汉族地主武装组成，其指挥者也是汉族将领。到了至元元年(1264年)十月，元世祖下令，"改武卫军为侍卫亲军"②。并将其分为左、右二翼，置都指挥使加以统辖，正式成为防卫元朝统治者的一支重要武装力量。在此前后，元世祖又下令，"诏诸翼万户简精兵四千充武卫军"。"敕选诸翼军富强才勇者万人，充侍卫亲军"③。

随着防卫力量的不断加强，到了至元八年(1271年)，元世祖将侍卫亲军组织加以调整和扩充，将其分为左卫、右卫和中卫三个亲军都指挥使司，"掌宿卫扈从，兼营屯田，国有大事，则调度之"④。到至元十六年(1279年)，复增设前卫和后卫两个亲军都指挥使司，合而统称为五卫汉军。这时在侍卫亲军之中，不仅有当时

---

① 见《元史》卷九十九《兵志》。此处所指增加的色目军士，应该就是隶属于唐兀卫、阿速卫、贵赤卫、钦察卫等的侍卫亲军。

② 见《元史》卷五《世祖纪》。

③ 元世祖的这两个命令，一个颁布在中统四年(1263年)，当时的武卫军还没有改名为侍卫亲军。另一个命令颁布在至元二年(1265年)，经过增补，这时的侍卫亲军，其人数已经超过了万人。这两个命令，均见于《元史·世祖纪》。

④ 见《元史》卷九十九《兵志》。此处所云"国有大事"，指的是征伐之事。

被称为"汉人"的北方汉族民众，而且有了被称为"南人"的南方汉族民众①。

这五个侍卫亲军都指挥使司皆为万人左右，皆设有都指挥使及副使、千户、百户等军官加以管辖，其下又皆设有镇抚所、行军千户所、弩军千户所、屯田千户所等机构。其负责日常事务的都指挥使，一般为三人，最多时达到八人。其统辖的万人军士大致被分为三个部分。其中，第一个部分约有三千人，平时专门从事军事训练，遇有统治者出巡，或者是发生战争，即负责扈从警卫之事，或是参加战斗。第二个部分约有两千人，主要驻扎在大都郊外的各州县之中，开垦农田，生产军卫所需的一部分粮食。第三个部分则为其余的五千人，负责充当元朝政府的劳动力，挖河开道、修桥补路、建房搭墙，等等，从事各种杂役。

由于在大都地区的这种杂役特别多，临时从各军卫抽调军士有时很麻烦，于是，在至元二十六年(1289年)，元朝政府决定，从六卫汉军之中，各抽调出一千人，再从屯田的军士中抽调三千人，从镇守江南的侍卫军士中抽调一千人，合为万人，组建了武卫亲军都指挥使司，受大都留守司的直接管辖，专门从事宫殿、衙署、城墙等建筑的修造工程②。武卫亲军都指挥使司虽然冠以"武卫"之名，实际上已经和防卫系统相分离，专职从事各种杂役工作。

---

① 据《元史》卷十《世祖纪》记载，至元十六年(1279年)四月，元世祖下令，"诏谕扬州行中书省，选南军精锐者二万人充侍卫军，并发其家赴京师，仍给行费钞万六千锭"。但是，这些被征调来的南方军士，主要从事的工作，不是皇城的警卫，而是农田中的劳动。《元史·世祖纪》在同年六月记载，"以新附军二万分隶六卫屯田"。此处所云"新附军"，即是上文所云的"南军精锐者"。

② 据《元史》卷八十六《百官志》记载，武卫亲军都指挥使司的职责为："掌修治城隍及京师内外工役，兼大都屯田等事。"

到了元代中期，由其他少数民族(主要为色目人)军士组成的防卫系统不断增加，使得其军事力量开始在整个防卫系统中占有越来越重要的地位。早在元世祖至元十八年(1281年)即设置有唐兀卫亲军都指挥使司，到至元二十三年(1286年)又设置有阿速卫亲军都指挥使司和钦察卫都指挥使司，翌年，再设置有贵赤卫亲军都指挥使司。

在元成宗即位后，于元贞元年(1295年)设置了西域亲军都指挥使司。元武宗时，则设置有广武康里侍卫亲军都指挥使司，又将阿速卫扩充为左、右两个亲军都指挥使司。元英宗时，在建立宗仁卫蒙古侍卫亲军都指挥使司的同时，又将钦察卫扩充为左、右两个都指挥使司。元文宗时，再设置了龙翊侍卫亲军都指挥使司及宣忠斡罗思扈卫亲军都指挥使司。这些由少数民族军士组成的军卫，其人数少则数千人，多则上万人，主要从事防卫工作，而很少参加各种杂役工作。

元朝统治者还为皇太子及后妃设置了专门的防卫机构。至元十六年(1279年)七月，元世祖下令，"置东宫侍卫军"①。称侍卫都指挥使司，辖军一万人，作为专门负责皇太子安全的警卫机构。皇太子真金对于这支防卫部队十分重视，"太子命王庆端、董士亨选其骁勇者，教以兵法，时阅试焉"②。

此后，在至元十九年(1282年)，大都城发生益都千户王著刺杀宰臣阿合马的叛乱，负责皇太子保卫工作的军士因为镇压叛乱有功，受到元世祖的奖励，"赏太子府宿卫军御盗之功，给钞、马有

---

① 见《元史》卷十《世祖纪》。
② 见《元史》卷一百一十五《裕宗传》。裕宗即皇太子真金。

差，无妻者以没官寡妇配之"①。到至元二十一年(1284 年)，元世祖又将原来的五投下探马赤军划归皇太子管辖，称为蒙古侍卫亲军都指挥使司。这支防卫力量的职责范围，只是皇太子的东宫及其周围地区。其职官及下辖机构，与其他的军卫大致相同。

及元成宗即位后，将这两部分侍卫皇太子的部队更名为隆福宫左、右都威卫使司，"隶中宫"，转而负责后妃的警卫工作。此后，在元武宗兄弟夺得皇位之后，元武宗立其弟(即后来的元仁宗)为皇太子，于是，再度设置皇太子侍卫军队，其机构称为卫率府。及元仁宗即位后，将其加以扩充，分为左、右卫率府两个部分，仍然职司皇太子的保卫工作。

这些由蒙古族、汉军和其他少数民族军士组成的众多侍卫亲军系统，严密保卫着元朝统治者的安全。他们中的一小部分驻守在皇城一带，而大部分则驻守在大都城内外，分为数十座军营，构成了第二道和第三道防卫层。这个防卫层的兵力，比第一道防卫层的人数要多，其质量却差得多②。到了元代末年，几乎到了不堪一击的地步。

在大都城北面，沿长城一线的各个关隘之处，元朝政府设置了第四道防卫层。早在元世祖至元年间，元朝政府就在北口、南口等交通要道设置有千户所，驻扎军队，负责警备任务。及元仁宗即位不久，负责军务的枢密院官上奏："居庸关古道四十有三，军吏防

---

① 见《元史》卷十二《世祖纪》。

② 据《元史》卷四十五《顺帝纪》记载，当时有的监察御史上言时政之弊，就曾指出："今京师周围，虽设二十四营，军卒疲弱，素不训练，诚为虚设，傥有不测，诚可寒心。宜速选择骁勇精锐，卫护大驾，镇守京师，实当今奠安根本、固坚人心之急务。"由此可见，到了元代末年，大都城的防卫系统的作用正在逐渐衰退。

守之处仅十有三，旧置千户，位轻责重，请置隆镇万户府，俾严守备。"①得到元仁宗的同意。

皇庆元年(1312年)，元仁宗又将隆镇万户府改为隆镇卫亲军都指挥使司，管辖钦察、唐兀、贵赤、西域、左右阿速卫及汉军等三千六百余人，分为十一个千户所，以镇守各处重要的关隘。这十一个千户所分别为：北口千户所，设置在龙庆州东口；南口千户所，设置在昌平县居庸关；白羊口千户所，设置在昌平县东口；碑楼口千户所，设置在应州金城县东口；古北口千户所，设置在檀州北面东口；迁民镇千户所，设置在大宁路东口；黄花镇千户所，设置在昌平县东口；芦儿岭千户所，设置在昌平县本口；太和岭千户所，设置在大同路马邑县长城隘口；紫荆关千户所，设置在易县紫荆关隘口；隆镇千户所，设置在龙庆州北口。这十一个千户所，设防的范围十分广阔。

此外，元朝政府为了保证从江南地区海运来的大批粮食的安全贮存与转运，又在直沽镇设置了镇守海口侍卫亲军屯储都指挥使司，调集汉军五千人、康里军士二千人，专门负责海运粮食的守护之事。而在每年海运粮到达直沽镇之时，元朝政府还要派遣朝中重臣率镇遏军一千人前往，临时维护海运粮的安全。到了元代后期的至正九年(1349年)四月，元顺帝又下令，"立镇抚司于直沽海津镇"②。其后，农民起义四处爆发，为了护卫海道的畅通，元朝政府又在此设立直沽分枢密院，以主持军务。

---

① 见《元史》卷二十四《仁宗纪》。
② 见《元史》卷四十二《顺帝纪》。

元

第七章

水系穿城过　资源滚滚来

——都城的水源、能源和物资供应

城市的发展，离不开水源，没有水源，人类就无法生存。在世界上，许多古代繁华的城市，由于自然环境的变迁而缺乏水源，迫使人们离去，竟然最后变成了废墟。而在人口众多的大都会，水源是否充足，更是一个制约城市发展的十分重要的因素。

在古代社会中，水源的作用主要有三项，一项是供给人们日常生活之需，如饮用、浣洗衣物等用品；另一项，是灌溉各种植物，如庄稼、树木、花草等，也与人们的日常生活密切相关；第三项，则是利用河流的浮力来运送各种物资，在古代社会生产力较为低下的时候，水利运输是一种最便捷的方式。

除了水利之外，人们在日常生活中也还需要其他的能源，例如燃料、畜力等，这些能源对于人们的日常生活影响也很大。中华民族的祖先很早就懂得利用各种能源，替代人类自身的能力，来为生活服务。早在几十万年前，北京地区的山顶洞人就已经有了用火的经验，从而在人类从猿到人的进化过程中起到重要的作用。

到了元代，大都地区的居民已经能够十分熟练地使用水利(包括水力)和燃料等自然能源，为日常生活服务。而大都地区现有的丰富的水资源及矿藏燃料，则为人们的使用提供了便利的条件。在这种情况下，新建的城市开发了新的城市供水系统，兴修了大规模的水利设施，开采了大量的煤矿，以及木材、石料、金属原材料等等，为都城的进一步发展，提供了雄厚的活力。

一、金水输太液 通惠达江南

大都城位于华北平原的北部，有着较为丰富的水系。其中，最大的一条河流，为卢沟河。其上源来自山西，"其源出于代地，名曰小黄河，以流浊故也。自奉圣州界，流入宛平县境，至都城四十里东麻谷，分为二派"①。其中一支流至都城外，因其水量极大，流速湍急，很难加以控制。金代修建的著名大石桥——卢沟桥，即架设在其上。卢沟河自从流入宛平县境之后，横穿大兴县境，经过都城之后，又流过东安州(今河北安次)、武清县(今天津武清区，当时辖于漷州)及漷州(今州已废，位于今通州南面)等地。②

在大都城的西北面及西南、东北等州县，也有几条发源于本地的河流，较为著名。在大都城的西南面，古地理文献中有记载的，有发源于京城西面良乡县的盐沟河，据《元一统志》记载："源发自龙门口，东南与广阳水合流，又东南入固安州界，合浑河。"这条河流在大都西南一带较为重要，又成为浑河的组成部分。

与盐沟河相距较近的是洗马沟。《元一统志》记载为："在旧城南门外大兴县地。按本路所上《图册》引郦道元《水经》云：蓟南有大湖，其源二，俱出县西北平地。湖东西二里，南北二里，燕

---

① 见《元史》卷六十四《河渠志》。文中"东麻谷"，在有些文献中又作"东麻峪"。同书又一条，为浑河，即是卢沟河下游的分支之一。《河渠志》曰："浑河，本卢沟水，从大兴县流至东安州、武清县，入漷州界。"据《元一统志》记载，卢沟河又称柘沟水，"柘沟水 沟水亦名卢沟水，即浑河与桑乾水也。以其水经柘城，因名柘沟。自大兴县界流至东安州境，南入武清县界"。此处所记，与《元史·河渠志》相合。

② 此据《元史·河渠志》所言之流经区域。但是，在专门考订地理的《元一统志》中，其记载却与上书不同。其文曰："浑河在固安州 在州西二十里。源出涿州，东入州境，南流于霸州，与拒马河合。"此处所云，当是上接《元史·河渠志》卢沟河条之下的另一个分支，即由宛平县南流入涿州，再由固安州入霸州，然后与拒马河相合流，东入于海。因为大都地区的河道由于自然环境的变迁，时时变更，相互交错，并不固定，故而考订河流者，其所云也就很不一致。

之旧池也。东流为洗马沟。"①这条水系，是大都旧南城(也即是隋唐幽州、辽南京、金中都城)的城市主体水系。

在大都城的西北面，除了一条汹涌的卢沟河之外，有着丰富的地下水资源，地下水涌出地面，形成众泉汇流的局面。这些水源多集中在昌平县境内，其一，为玉泉。据《元一统志》记载："泉源出县东南七十里玉泉山，东南流入宛平县界。"②这支水系经宛平县境一直流入都城，又被称为金水河③，成为大都新城中，乃至皇城中的重要水系之一。

与玉泉水相距较近的，为高梁河。早在宋、辽对峙时期，双方为了争夺幽州城，即曾在高梁河畔展开激战。高梁河"原出昌平县山涧，东南流至高梁店，经宛平县境，由和义门北水门入抄纸坊泓淳，逶迤自东坝流出高梁，入海子内，下万宁闸，与通惠河合流，出大兴县潞河"④。也是大都城中的重要水系之一。

在大都城的东北面，水源多集中在顺州(今北京顺义)一带。其中一支为潮河，另一支为白河。这两支水系皆源自顺州北面的檀州

① 书中所引北魏郦道元之言，其指蓟南，为蓟城之南，也就是幽州城之南，而非蓟州之南。许多学者都把二者搞混了，在此特别提出，以期引起读者的注意。

② 此处所云"出县东南七十里"，系指昌平县东南七十里。

③ 据《元史·河渠志》记载："金水河，其源出于宛平县玉泉山，流至和义门南水门入京城，故得金水之名。"其实，这支泉水之所以被称为"金水"，乃是因为它是元朝统治者居住的皇城的主要水源，故而得名。

④ 见《析津志辑佚》中的"河闸桥梁"门。由文中记载可知，高梁河(又作高良河)之得名，系因其流经高梁店，故而得名。民间所云系出于高良赶海，纯属无稽之谈。文中之"抄纸坊"系为"钞纸坊"转写。因为元代的钞币是用一种特制的纸印造的，钞纸坊是制造这种币纸的地方。元朝中央政府专门负责钞币的官僚机构就设置在和义门内。文中又有"逶迤自东坝流出高梁，入海子内"一句，甚不可解，或是抄此书者笔误，或是辑佚时有残文断句。文中所云"海子"，即积水潭。

(今北京密云境内)，至顺州境内相汇而合流，合流之后，又被人们俗称为潮白河，再向东南，流入通州境内，与潞河相合流①。

与潮河及白河相距较近的，又有榆河，古称温渝河(又有的称为温余河)。"其源出昌平境，由本州孙堠店东南流入通州。"②这条河在顺州境内曾与白河相汇合，同入通州。然后，又经过香河县及武清县境内，而达于静海县境内③。这三条河流虽然都没有穿过都城，但是对大都的漕运关系极大。

大都城的东南面，乃是众多水系的下游地区，除了上文述及的诸条水系外，在这里也有一条重要的河流，即潞河。这条河流虽然源自京城西北的昌平，经过顺州，在到通州境内才汇为河流，古称潞水。潞河除了上述的榆河及潮河、白河汇入之外，另有一支水系亦汇入其中，古称鲍邱水。据《元一统志》记载，"湿水南出山谓之清泉河，东流入鲍邱，即潞河也"。

对这条河的开发利用最早，在三国时期，魏武帝曹操为了北伐乌桓，曾开凿了一条人工运河，这条运河使用的水系，就是潞河，故而人们又将这条漕渠称为"新河"。它比隋炀帝开凿的贯穿南北、东西的大运河，要早约四百年。到了元代，这条河流仍然是漕运的

① 据《元一统志》记载："潮河在顺州　发源自檀州界，东北历本州与白河合，又东南接通州潞河。"而白河"发源自密云界，由本州东南流入通州潞河。水势激冲，沙地疏恶，每岁雨潦暴溢，则泛滥散出，广狭深浅，无有常度"。由此可知，白河是一条季节性很强的河流，而且经常发生水灾。

② 见《元一统志》大都路的"山川门"。文中所云"本州孙堠店"指的是顺州孙堠店。

③ 据《元史·河渠志》记载："白河，在潞州东四里，北出通州潞县，南入于通州境，又东南至香河县界，又流入于武清县境，达于静海县界。"这里所云的白河，已经与潮河及榆河相合流。其文，亦可与《元一统志》之文相互参证、考订。

主河道[1]。

由于大都地区的河流纵横交错，因此，在为了保证城市水系的正常流量之时，往往要人为地修建一些渠道，以使其水流量保持稳定，不至因为自然环境的变化影响而出现问题。这在当时的生产力发展状况下，是一种技术要求非常高的工程项目。

例如，在元世祖至元年间由著名科学家郭守敬主持开凿的通惠河，在从京城西北的白浮泉引水，穿过都城，向东南直抵通州大运河北端，全长一百六十四里一百四步，其间交叉的自然河流就有双塔河、榆河、一亩泉、玉泉等，还要经过京城里面的水域积水潭，在与这些河流相互交叉的地方，必须修建引水渠，才能使其互相之间不受影响。

以往学者在谈到元大都城市用水系统之时，特别强调了高粱河水系的作用，而往往忽视了通惠河的作用。其实，自至元末年通惠河修成之后，其供给都城积水潭的水量，是十分可观的。据《元一统志》记载，经由通惠河汇入大都积水潭的水源有：(一)白浮神山泉，(二)王家山泉，(三)昌平西虎眼泉，(四)孟村一亩泉，(五)西来马眼泉，(六)侯家庄石河泉，(七)灌石村南泉，(八)榆河温汤龙泉，(九)冷水泉，(十)玉泉。[2]由于有了充沛的水源汇入，"汪洋如海"，故而当时又把积水潭称为"海子"。

元朝统治者在设计都城的供水系统之时，把城市中的市民百姓的用水，与蒙古族统治者的贵族用水，区分开来，从而形成了两套

---

[1] 元朝负责漕运的官员曾向中央政府上奏曰："通州运粮河全仰白、榆、浑三河之水，合流名曰潞河，舟楫之行有年矣。"见《元史·河渠志》。

[2] 见《元一统志》。书中列举诸泉，有的虽然也流入京城，却没有汇入通惠河，直达积水潭，如玉泉水，下文还要述及，可供参考。

系统。高梁河与通惠河的两大水系的供水系统，是为市民百姓提供服务的；而玉泉河——金水河水系，则是为贵族统治者提供服务的。

为了表示这种尊卑的区别，两条水系也是分开来的。高梁河与金水河的水系，是通过大都西面和义门北面的水关进入城内的，其汇入的水域是积水潭。而玉泉河——金水河水系，则是由和义门南面的水关进入城内的，其汇入的水域乃是皇城里面的太液池。这种区别，明显不是偶然的。

为了保证元朝统治者用水系统的洁净，元世祖曾于至元十五年(1278年)十二月公开下令，"禁玉泉山樵采渔弋"[1]。禁止樵采，是为了保护自然植被，以免水土流失造成水源的污染。而禁止渔弋，也是出于同样的目的，以保证水源的洁净。对于流入城内的金水河，元朝统治者对其卫生更加重视，元世祖又曾下令，禁止居民在金水河中洗手。

到了元英宗的时候，曾重申禁令[2]，并且将金水河重新加以清理[3]。此后元文宗来到大都城之后，也曾在至顺二年(1331年)五月，"调卫兵浚金水河"[4]。其一，这次的清理工作，距元英宗时的清理相隔十年，时间并不长。其二，这次清理工作调用的是卫兵，其清理的范围应该是在皇城之内。

---

① 见《元史》卷十《世祖纪》。

② 据《元史·河渠志》记载，元英宗曾在至治二年(1322年)五月颁布敕令曰："昔在世祖时，金水河濯手有禁，今则洗马者有之。比至秋疏涤，禁诸人毋得污秽。"

③ 据《元史》卷二十八《英宗纪》记载，至治三年四月，元英宗曾下令，"浚金水河"。若与《河渠志》对照来看，这次清理工作还是很认真的。

④ 见《元史》卷三十五《文宗纪》。

元朝政府管理水系工作的官僚机构为都水监。其始设年代已不可知。据《元史·百官志》记载，都水监"掌治河渠并堤防水利桥梁闸堰之事"。"至元二十八年置。二十九年，领河道提举司。"但是，早在至元七年(1270年)，元世祖即曾下令，"以都水监隶大司农司"[①]。由此可知，最迟在至元七年都水监就已经设立了。

又据元代人齐履谦所撰《郭守敬行状》称，至元二年(1265年)，郭守敬就已经担任都水少监之职，到了至元八年(1271年)，升任都水监。"十三年，都水监并入工部，遂除工部郎中。"[②]其后，都水或是隶属于中书省，或是隶属于大司农司，却一直由朝中重要大臣主管其工作。

大都新城在兴建之时，不仅设计了整个城市和皇城的供水系统，同时也设计了较为完善的排水系统。因为刘秉忠等人在勘测新的城址之时，已经注意到了相关的地势问题，所以新城址是在一片既平坦又高敞的原野上兴建的，这就为城市的整体排水提供了很好的前提条件。

元朝政府在建造大都城的城墙和皇城的城墙时，都在相应的位置修砌有水关。有些水关是将城外的水系引到都城里面来的，如本书上文提到的和义门北水关和南水关，就是将高梁河、通惠河、金水河等水系的水引入城内的。还有些水关，则是将大都城里的污水排泄到城外去。北京今存的元大都土城遗址的城墙下面，就可见到元代的排泄污水的水关实物。

---

① 见《元史》卷七《世祖纪》。在至元七年以后，至元二十八年以前，还可在《元史》中多次见到有关都水监的记载。

② 齐履谦所撰"行状"，见元人苏天爵编纂的《元朝名臣事略》卷九。据齐履谦之文可知，至元二十八年(1291年)，为重新设置都水监的时间。在此之前，都水监曾一度罢废，到了这时，因为要大规模兴修通惠河，故而重新设立都水监。

元大都的皇城城墙修建得比较晚，但是，也在墙下修砌有水关，由于其形制比大都城的水关要小，故而在当时又被称为"水窦"。这种"水窦"虽然较小，却也可以钻入一个成人。据元代文献记载，有的卫士就曾从"水窦"出入①。可惜的是，在元朝末年大明军队攻占大都城之后，很快就将元朝的皇城拆毁，其皇城城墙及"水窦"的实际情况已经不得而知了。

在大都新城的街道两旁，也修建有排水渠道，这是为了保护道路的畅通，以免因大雨淹滞而阻碍交通。据《析津志辑佚》一书所载，"初立都城，先凿泄水渠七所：一在中心阁后，一在普庆寺西，一在漕运司东，一在双庙儿后，一在甲局之西，一在双桥儿南北，一在干桥儿东西"。皆在城中的交通干道两旁。

现代考古工作者的发掘显示，这些元代修砌的排水渠道，或为明渠，或为暗渠，宽约一米，深约一米五，都是用大石条砌成，极为结实耐用，至今历时数百年，保存仍然完好。由于有了较为完备的排水系统，不仅日常的雨季排水作用显著，而且居民的日常生活污水，也由此排泄出去，对于城市卫生环境的保护，也起到了一定的作用。

二、西山产蔬果　漠北养骏骑

大都地区的资源及物产，就北方地区而言，是位列前茅的；即

---

① 据《元史》卷一百三十六《阿沙不花传》记载，一次，阿沙不花来皇宫见元世祖，"阿沙不花至，诸门卫皆不纳，乃从水窦中入"。在这里，讲的是上都皇城墙之水窦事，大都的皇城墙与上都形制应该大致相同。

使是在全国各大城市而言，也应该算是十分丰富的。这是与其所具有的各种优越条件相一致的。本节所述资源，是以人力、畜力及物力资源综合而言之。当然，上节所述之水系，也是物力之一种重要资源，只是因其视角不同，故分节而述之。

大都地区的人力资源，在全国都是最集中的。因为元朝中央政府设置在这里，故而政治人才也都汇集到这里。蒙古族贵族大臣在朝廷中执掌着关系国家命运的大权，而其他少数民族(即色目人)大臣及汉族大臣皆为其辅佐，参预军政事务。有的时候，是色目大臣在朝廷中占了上风，受到元朝帝王的宠信，如元世祖时期的阿合马、桑哥，元泰定帝时期的倒剌沙等人；有的时候，则是汉族大臣略占上风。

在大都地区的地方政府中，也是由蒙古族官员与色目官员及汉族官员共同执掌政务。这种格局，从大蒙古国时期即是如此，到元世祖建立元朝以后也是如此。大致而言，蒙古族官员在重大事情上具有决定权，而一般日常事务，大多数是由汉族官员处理。遇有财政收支方面的事务，则多数由色目官员来处理。

大都城作为全国的文化中心，又汇集了大量的文化资源。正如上文述及的，大都地区的教育机构十分完备，集中了一大批著名的学者，在各类学校中任教，全国各地的优秀学子也都汇集到这里，有的应考，有的求学，教学相长，使这里成为全国学术界最具权威的地方。

大都城还是文学艺术资源最为丰富的地方。例如，元代开始时兴的杂剧创作及演出活动，就以大都城最为著称。当时一流的杂剧创作人才，如关汉卿、马致远、王实甫等，一流的杂剧演员如珠帘秀朱氏、解语花刘氏、顺时秀郭氏等，皆长期生活在这里。由于有了他们的创作和演出，使得大都成为全国杂剧艺术的活动中心。

由于司天台、太史院、都水监和太医院等机构设置在这里，于是，在此又汇集了一大批一流的科学家。由全国著名的天文学家共同组织的观测天体运行的活动，为修订精确的历法《授时历》提供了科学的依据。由全国著名的地理学家共同编纂的《大元大一统志》，代表了当时官方修订的最全面的、最权威的地方志书。由著名水利学家主持开凿的通惠河，代表了当时水利工程方面的最高水准。而汇集了全国著名医学家的太医院，也代表了元代医学发展的最高水准。

当时的大都城，又是全国乃至全世界的宗教活动中心。不论是原有的佛教和道教等宗教，还是新传入的藏传佛教、伊斯兰教和基督教，乃至于蒙古族贵族崇奉的萨满教，都有各自教派的领袖人物在这里开展活动。甚至有的宗教领袖对元朝帝王产生较大影响，直接作用于政治局势的变化。

就都市经济而言，大都城也是人才荟萃。在商业贸易的经营方面，这里汇聚了全国各地的富商大贾，经营着各种各样的商品，其种类之多，数量之大，在当时的国内和国外，都是很少有哪个城市可以与之相比的。特别是由于元代交通的发达，使得大量国外的商人，包括远在欧洲和非洲的商人，也纷纷前来这里，如马可波罗父子、伊本白图泰等，即是其著名代表。

在手工业制造方面，由于元朝统治者实行特殊的政策，将全国各地的能工巧匠都调集到这里，组建各种不同门类的官营手工业司局和总管府，并采取严密的人身控制措施，遂建立了一支庞大的手工业生产队伍。其中有些著名的工匠，如阿尼哥、刘元、孙威、阿老瓦丁、亦思马因等人，其技艺巧夺天工，代表了当时制作技艺的最高水准。

在劳动力资源方面，大都地区也是十分充裕的。除了上文提到的一大批手工业工匠之外，元朝政府在大都地区设置了大批的军卫组织，这些军卫中的军士，就成为供政府和蒙古族贵族驱使的廉价劳动力，特别是在许多大规模的建造工程和屯垦、开河方面，大批军士都做出了巨大的贡献。

城墙的修造，是一项大工程，必须要有众多劳动力齐心协作，才能完成工作。大都城的城墙，系用夯土筑成的，在刚刚建好之时，夯土并不牢固，经常需要加以修补。至元二十一年(1284年)闰五月，元世祖曾下令，"以侍卫亲军万人修大都城"[①]。因为夯筑大都城墙需用木板夹在夯土两边，于是，元世祖于至元二十七年(1290年)四月下令，"发六卫汉军万人伐木为修城具"[②]。

对用夯土建造的城墙，元朝政府采用编制苇衣的方法加以保护，以减轻雨水冲刷的损害。但是，如果遇到特别大的暴雨，城墙仍然会被冲坏。至元三十年(1293年)，元世祖又曾下令，"雨坏都城，诏发侍卫军三万人完之，仍命中书省给其佣直"[③]。这次修筑城墙调动的军士多达三万人，可见城墙损坏较为严重。此后，经过雨水不断冲刷，军士反复修筑，大都城的城墙也就变得越来越坚固。

营造宫殿、行宫和官僚衙署，也往往是大规模的工程。调集和使用军士，也是元朝政府的一项便利措施。元大都的宫殿规模十分宏伟，在至元十三年(1276年)建成之后，仍然需要经常加以修补。

① 见《元史》卷十三《世祖纪》。
② 见《元史》卷十六《世祖纪》。
③ 见《元史》卷十七《世祖纪》。

在至元十八年(1281 年)二月，元世祖"发侍卫军四千完正殿"①。此后不久，元世祖还曾调集军士修筑行宫外面的宫墙。

大都的军士由于修造工作量特别大，于是，元朝政府专门成立了一万人的武卫亲军都指挥使司，负责工程建设。但是，这一万人的军士还是无法承担所有的工程，有些外地的行宫建造，也要调动大都的军士去做。至大元年(1308 年)正月，元武宗即曾下令，"敕枢密院发六卫军万八千五百人，供旺兀察都建宫工役"②。

除了皇宫、行宫之外，大都城里还有许多官僚衙署需要营造和修缮，在这些工程中，也少不了广大军士的劳作。如至元二十五年(1288 年)三月，元世祖因为重新设立尚书省，与中书省分衙办公，于是下令，"以六卫汉兵千二百、新附军四百、屯田兵四百造尚书省"③。新造的尚书省位于皇宫的东南面，此后不久，尚书省被罢废，这里就变成了中书省的衙署。

正如上文所述，由于元朝统治者尊崇佛教，于是在大都城里修建有规模媲美于皇宫的寺院，在修建这些宏丽的寺院时，元朝统治者也调动了许多军士。在元世祖在位时期修建的寺庙，最著名的有两座，一座是大都城里的大圣寿万安寺，另一座是大都城西郊的大护国仁王寺。在这两座寺庙的修建工作中，也使用了大量的军士④。

---

① 见《元史》卷十一《世祖纪》。这次的修补工程要调动四千人，其工作量是相当可观的。

② 见《元史》卷二十二《武宗纪》。

③ 见《元史》卷十五《世祖纪》。同年四月，元世祖又下令，"辽阳省新附军逃还各卫者，令助造尚书省，仍命分道招集之"。

④ 据《元史·世祖纪》记载，至元二十二年(1285 年)正月，元世祖"发诸卫军六千八百人给护国寺修造"。同年十二月，元世祖又下令，"以中卫军四千人伐木五万八千六百，给万安寺修造"。

对于调动大量军士频繁从事工役，必然会影响其军事训练，减弱其战斗力。元朝统治者也觉得不妥，曾下令加以禁止。如元世祖在至元十七年(1280年)正月即下令，"诏毋以侍卫军供工匠役"[①]。元泰定帝在泰定二年(1325年)六月亦曾下令，"敕营造毋役五卫军士，止以武卫、虎贲二卫给之"[②]。这些诏、敕并没有起到应有的作用。

农业生产是中国古代最主要的生产方式，也是提供人们基本生活的重要资源，而在大都地区，众多军士又成为从事农业生产的一支生力军。许多军士是元朝政府专门从外地调到这里来进行生产的。如至元元年(1264年)正月，"以益都武卫军千人屯田燕京，官给牛具"[③]。至元十六年(1279年)五月，元朝政府又"徙丁子峪所驻侍卫军万人，屯田昌平"[④]。这只是一些临时的措施。

在此前后，大都地区的防卫系统基本组建完备，有所谓的五卫汉军。于是，利用军士开展大规模的屯田垦种工作，就成为一种制度。仅左卫、右卫、前卫、中卫、后卫这五卫开垦的农田，就多达六十余万亩[⑤]。此后，由各少数民族军士组成的侍卫亲军组织，也要开垦大量农田，生产粮食。有时因为少数民族军士不擅长垦种劳

---

① 见《元史》卷十一《世祖纪》。

② 见《元史》卷二十九《泰定帝纪》。此处所指武卫、虎贲二卫，武卫已如上述，是专门负责大都城的修造工作；而虎贲卫则是专门负责上都城的修造工作，其性质与大都的武卫相同。

③ 见《元史》卷五《世祖纪》。

④ 见《元史》卷十《世祖纪》。

⑤ 据《元史·兵志》记载的军卫屯田数额来统计：左卫与右卫的垦田数额大致相同，皆为一千三百余顷；前卫与中卫的垦田数额大致相同，皆为一千余顷；后卫的垦田数额略多，为一千四百余顷。此外，专门负责大都城营缮工作的武卫，亦有垦田一千八百余顷。

动，元朝统治者还专门调一些汉军负责这些军卫的屯垦工作①。

此外，在大都地区，开河修道等大规模的工程劳作，也都有大量军士参与。由此不难看出，大都地区的众多军士，既充当了工匠的角色，又充当了农民的角色，还要负责军士本身应该承担的警卫工作。这十几万军士遂成为大都地区的重要人力资源。如果没有他们的努力工作，会直接影响到大都城市建设和经济发展的进程。

大都地区的畜力资源也很丰富。早在先秦时期的文献就记载着，幽州地区的自然环境适宜于饲养马、牛、羊、猪，这四种牲畜在当时被统称为"四扰"。到了秦朝统一天下之后，农耕民族与游牧民族之间以长城为界线，相互之间的军事对抗日趋明显，但是，双方之间在商业贸易和文化方面的交流，也变得越来越频繁。在这种情况下，幽州地区一直作为农耕民族与游牧民族之间进行交往的重要场所。

到了元代，蒙古族统治者依恃强盛的武功统一天下，马匹作为最主要的畜力资源，起到不容忽视的作用，古人所谓"马上得天下"即指此。而在大都地区，从大蒙古国时期直到元代，统治者对畜力在军事和经济方面的重要作用是非常关注的。并且采取了许多方法，来获取尽可能多的畜力资源。

在大蒙古国势力进入中原地区之初，大蒙古国统治者主要是通过战争掠夺来获取人力和畜力资源。在蒙、金对抗时期，大蒙古国统治者掠夺的对象是金朝的人力和畜力财富。到了攻灭金朝以后，出现蒙、宋之间的对抗，于是，大蒙古国统治者的掠夺对象就变成

---

① 据《元史·英宗纪》记载，至治二年(1322年)五月，元英宗设置有宗仁蒙古侍卫亲军都指挥使司。同时，又下令，"调各卫汉军二千，充宗仁卫屯田卒"。这种做法并不是特例。

了宋朝的人口和牲畜。在元太宗时是如此，到了元世祖时，仍是如此①。只不过元太宗时掠获的人口和牲畜，许多都被送往了漠北大草原上的都城和林；而到了元世祖时，则大部分掠获来的人口和牲畜，却被送到了大都城。

元朝统治者获取畜力资源的另一个重要方法，就是市买，或者称为和买。元世祖即位之后，为了平定皇弟阿里不哥的分裂，讨伐李瑄等割据军阀的叛乱，需用大量马匹，于是，在中统元年(1260年)及二年、三年连续发布了三个市买马匹的诏令②，以获取中原地区的马匹来增强军事力量。

到了至元二十六年(1289年)，因为西北宗王海都叛乱，元世祖决定亲征，一方面，下令，"命百官市马助边"。另一方面，又下令，"发至元钞万锭，市马于燕南、山东、河南、太原、平阳、保

---

① 元太宗时，曾派皇子曲出率军伐宋，"曲出围枣阳，拔之，遂徇襄、邓，入郢，虏人民、牛马数万而还"。(见《元史》卷二《太宗纪》)元世祖时，曾于至元四年(1267年)派大将阿术率军伐宋，"阿术略地至襄阳，俘生口五万、马牛五千"(见《元史》卷六《世祖纪》)。又如至元七年(1270年)，大将也速带儿、严忠范等率军伐宋，"俘获人民及马牛战舰无算"(同上，卷七)。诸如此类的记载，史不绝书。如大蒙古国元帅木华黎之子孛鲁，在元太祖时奉命出征西夏，"攻银州，克之，斩首数万级，获生口马驼牛羊数十万"。孛鲁之子塔思，在元太宗时奉命伐宋，"塔思攻大苏山，斩首数千级，获生口、牛马以千数"(见《元史》卷一百一十九《木华黎传》附孛鲁传及塔思传)。此处所云"生口"，即指南宋百姓。

② 元世祖在中统元年(1260年)下令，"命诸路市马万匹送开平府"。第二年，元世祖又下令，"命诸路市马二万五千余匹，授蒙古军之无马者"。第三年，元世祖再下令，"诏诸道以今岁民赋市马"。(以上史料皆见《元史·世祖纪》)第三次的市马，其数量未显示，但是以岁赋数量之多，皆用于市马，其买马的数量也必十分可观。

定、河间、平滦"①。到元代末年，元顺帝为了出兵镇压农民起义军，于至正十六年(1356 年)下令，"以今秋出师，诏和买马六万匹"②。这些出于军事目的市买的马匹，主要是分配给军士使用，而许多军士都是驻扎在大都地区的。

元朝统治者获取畜力资源的第三个重要方法，就是强行征用马匹，在当时称为"括马"。这种强行征用民间马匹的行为，比用钞币市买要频繁得多，其数量也要大得多。至元十一年(1274 年)，元世祖下令在各地括马五万匹，至元十四年(1277 年)，又括马三万二千余匹，至元二十三年(1286 年)，元世祖又下令大规模征用民间马匹，"凡色目人有马者三取其二，汉民悉入官，敢匿与互市者罪之"③。

至元二十六年(1289 年)，元世祖在用至元钞万锭市买马匹之后不久，又下令，"诏括天下马"。在至元三十年(1293 年)，元世祖再下令，"括天下马十万匹"④。仅在二十年间，元世祖即强行大规模征用民间马数十万匹。此后，元成宗、元英宗、泰定帝、元文宗、元顺帝诸人在位之时，都曾采取"括马"的措施，给天下百姓带来了严重的损失。

正是因为马匹在军事资源方面具有特别重要的价值，因此，元朝统治者对马匹的管制是非常严格的。中统二年(1261 年)，元世祖专门下令，"申严越境私商，贩马匹者罪死"⑤。到了至元二年(1265 年)，元世祖发现有高级军官私贩马匹，遂立即将其处死，并重申

---

① 见《元史》卷十五《世祖纪》。
② 见《元史》卷四十四《顺帝纪》。
③ 见《元史》卷十四《世祖纪》。
④ 见《元史》卷十七《世祖纪》。
⑤ 见《元史》卷四《世祖纪》。

了贩马的禁令①。至元十五年(1278 年)，元世祖还下令，禁止政府官员隐匿及私自交换马匹，凡违禁者，皆抄没其家产。

元朝政府在大规模市买和强行征用民间马匹之后，除了分一些给侍卫及军士使用之外，政府也饲养一些备用马匹。对于这些备用马匹的数量，在元世祖及元成宗在位时期，正史中没有准确的统计数字显示。到元武宗即位之初，中书省大臣在奏事时提到，由政府负责饲养的马匹和骆驼共有九万三千余匹，又新增有马五万余匹②。二者合计共有十四万余匹。

此后，到元文宗时，中书省大臣又在奏事时提到了政府饲养的马匹数量，"今岁当饲马驼十四万八千四百匹，京城饲六万匹，余令外郡分饲，每匹给荞粟价钞四锭"③。这个数字，与元武宗时中书省大臣所言由政府饲养的马匹数大致相等。

除了丰富的人力和畜力资源之外，大都地区还有较为丰富的自然资源，主要可分为植物与矿物两大类。在大都地区的植物，作为资源而言，都与人们的日常生活密切相关。一种是果树，其果实作为人们日常食用的物品，在大都地区的种类是很多的。在《元一统

---

① 据《元史·世祖纪》记载，在这一年，"邳州万户张邦直等违制贩马，并处死"。然后，"诏申严越界贩马之禁，违者处死"。

② 见《元史》卷二十二《武宗纪》。到至大元年(1308 年)，中书省大臣又上奏曰："大都去岁饲马九万四千匹，今请减为五万匹，外路饲马十一万九千余匹，今请减为六万匹，自十月十五日为始。"这里的马区数字略有出入。但由此可知，元朝政府原来饲养的马匹，在二十余万匹。中书省大臣请削减的数额，几近百分之五十。

③ 见《元史》卷三十五《文宗纪》。然而，就在中书省大臣奏事的前一年九月，元文宗就已经下令，"出马八万匹，令诸路分牧之"。到了十二月，元文宗又下令，"以粟十万石，米、豆各十五万石，给河北诸路牧官马之家"。由此可见，在中书省大臣奏事之前，大批官马已经被分发到大都周围的州县之中去饲养了，见《元史》卷三十四《文宗纪》。

志》和《析津志辑佚》等书中有较为详细的记载①。在当时的果类中，还没有鲜果与干果的类别划分。

另一种是普通树木和灌木。普通的树木，主要有松树、柳树、槐树、榆树等，大多数是用来作为建筑材料。当然，对于果树而言，亦可作为木材使用，下文还要专门叙述。作为灌木而言，虽然无法用来当建筑材料，却也有许多不可替代的效用。据《析津志辑佚》一书中的"物产"门所载的各种器皿，在人们生活中的使用就十分广泛。②

第三种是药材。中国古代的医学十分重视植物中的药用效力，并且在许多有关医药的著作中叙述了各种药材的特征及其药物作用。在大都地区生长的许多植物，就都可用为药材。在《析津志辑佚》一书中的"物产"门，也专门著录有"药之品"③，收录了药

---

① 据《元一统志》中的"土产"门记载的水果，有核桃、桃、冈子桃、香水梨、枣等，其中的核桃、冈子桃、香水梨，还是贡品。又据《析津志辑佚》中的"物产"门的记载尤为详细，其中，专有"果之品"一类，所列水果有："葡萄有如马乳者进上而紫，小核。频婆大如桃，上京者佳。桃络丝桃、麦熟桃、大拳桃、山红桃、鹦嘴桃、御桃、九月桃、冬桃。栗西山栗园、斋堂栗园、寺院栗园、道家栗园、庆寿寺栗园。瓜进上瓜甚大，人止可负二枚，又有小者，西山产亦佳。西瓜、甜瓜、苦瓜、冬瓜、青瓜、黄瓜。胡桃、香水梨、大梨小山梨。榛汉榛胡榛。枣牵丝枣、胖小、密龙瓜，匾。山桃可取打油，香甘腴美，小山梨尤佳。山杏不食肉，取其仁，味香，甘如把耽。"文中的"匾"，当即"匾枣"。

② 据《析津志辑佚》"物产"门中，专有"荆条器"一类，又分为荆条、柳条、蒲草三项。属于荆条器的有："笆、筐、笓篮、车搭、雀笼、杂笼、米囤、无底圈、炊饭荆笆、粪筐、门篱笆、屋椽笆、挑菜筐。"属于柳条器的有："柳条簸箕、斗升、井桶、车箕筐、撮米斗、担水斗。"属于蒲草类的有："蒲帽盒有盖。蒲合作鞯。蒸饼盒、酒盖、座团、鞍鞯、方座、酒瓮盖。"

③ 据《析津志辑佚》所记载的药材有：黄精、葳蕤、榆仁、半夏、柴胡、升麻、荆芥、薄荷、当归、苍术、黄芩、地黄、细辛、五味子、山川乌、乌头、茯苓、茯神、防风、锁阳、大黄、善化屯甘草，共计二十二种。这里记录的药材，显然不是大都地区所产的全部药材，但是，却足以显示出其药材资源之丰富。

用植物二十二种。

作为矿产资源，大多数蕴藏在大都西北的山区之中。对于矿产而言，又可粗分为两大类，一类是金属矿产(在下文中专门叙述)，另一类是煤矿。煤炭在现代化的工业生产中是一种重要的能源，具有多种用途。但是，在中国古代却主要是用于燃烧取暖。在北京地区，冬季十分寒冷，人们用于取暖的燃料，除了柴草，就是煤炭。

早在金代，中都地区的居民就已经懂得冬天利用煤炭取暖。到了元代，用煤炭取暖的人越来越多，需求量越来越大，也就使得对煤炭的开采量越来越大。当时在北京西北一带的山中，人们开掘出了许多煤窑，挖出的煤炭在秋季即被运送到大都城里来出售[①]。人们会根据煤炭的质量好坏，来决定其价格的高低。

三、木石开采建广厦

对于一个城市的发展而言，城市建筑的建造及修缮，乃是一个至关重要的因素。在不同的地区，由不同的民族所创造的不同建筑，构成了文化内涵和外在风格完全不同的城市。其中，建筑材料本身，

[①] 《析津志辑佚》一书，对于西山一带的煤炭开采情况，也有较为详细的记载，其文曰："城中内外经纪之人，每至九月间买牛装车，往西山窑头载煤炭，往来于此。新安及城下货卖，咸以驴马负荆筐入市，盖趁其时。冬月，则冰坚水涸，车牛直抵窑前。往年官设抽税，日发煤数百，往来如织。"文中的"往来于此。新安及城下货卖"一句中的"此"字，当为"北"字之误，这句应读为"往来于北新安及城下货卖"。对于《析津志辑佚》一书中的错讹之处，笔者曾撰写有《〈析津志辑佚〉点校记略》一文，发表在《首都博物馆馆刊》上面，可供参阅。

也是决定一个城市风格的举足轻重的要素。首先，它必须是当地的物产。但是，与物产之间的一个本质差别，就是它带有人们再加工的因素。一棵树，可以是物产资源，但是，它必须要加工成木板、木柱，才能够被称为建筑材料；一块石头，可以是物产资源，但也必须加工成石块、石板、石柱，才能够成为石材。

元代的大都城，在建筑材料的使用方面，完全承袭了前代的规范，不论是皇宫、官衙，还是民居、商店，都是以砖瓦、土木的建筑结构为主体，只有在一些重要的建筑上，如皇宫的主体建筑、重要寺观的主体建筑等，才会使用价格比较昂贵的石材。

大都地区的建筑材料，主要有木材、砖瓦、石材等。就木材而言，大都地区的北面和西面的群山之中，有着大量的森林，为城市建设提供了丰富的木材资源。在元朝政府建造大都新城的时候，就从山里砍伐大量树木，以供建造房屋之用。今日传世的绘画作品《卢沟运筏图》，就真实地反映了当年元朝政府通过卢沟河把从山里砍伐的木材运送到大都城来的情况①。

元朝政府为砍伐木材，专门设立了凡山采木提举司，其职责为"掌采伐车辆等杂作木植，及造只孙系腰刀把诸物"②。有时，出于建筑工程的需要，元朝政府还临时抽调人力，专门砍伐木材，如上文提到的，为了营建大圣寿万安寺，元朝政府在至元二十二年(1285年)临时征调中卫军士四千人，伐木五万八千六百棵。

---

① 据《元史》卷六《世祖纪》记载，至元三年(1266年)十二月，元朝政府"凿金口，导卢沟水以漕西山木石"。这是为第二年大规模动工修建新都城在运送建筑材料。可以和《卢沟运筏图》相互印证。

② 见《元史》卷九十《百官志》。凡山采木提举司只是众多官僚机构中的一个，其职责，也主要不是为了获取建筑材料。

大量的木材被砍伐、运送到大都城之后，元朝政府又设置有专门的机构进行管理和加工。这些专门的官僚机构主要集中在大都留守司，如大都留守司下设的修内司中，又设置有大木局①和小木局。此外，还专门设置了贮存木材的场所——木场，"掌受给营造宫殿材木。至元四年，置南东二木场。十七年，并为一场"。而大都留守司又辖有诸色库，"掌修内材木，及江南征索异样木植"②。

　　当然，作为大都城的主体建筑，大都是用本地的木材修建的，但是，也有许多建筑，特别是用特殊木材修建的建筑，其材料是从外地，甚至外国购入的。如元成宗元贞二年(1296年)五月，"也黑迷失进紫檀，赐钞四千锭"③。到元英宗至治二年(1322年)闰五月，"作紫檀殿"④。这些建造紫檀宫殿的木材，就是从远在万里之外的马八儿国购进的。

　　大都地区的木材，除了建造房屋使用之外，在人们日常生活中，还被用来打造家具。显然，相对而言，打造家具的木材，质量要求

---

　　① 据《元史·百官志》记载，大木局的职责为"掌殿阁营缮之事"。说得更具体一些，是负责宫殿建筑当中的木材加工等事项的。

　　② 见《元史》卷九十《百官志》。凡山采木提举司只是众多官僚机构中的一个，其职责，也主要不是为了获取建筑材料。至元四年(1267年)，正是大都新城开始动工正式兴建的时候，因为所需管理的木材数量很大，故而设置了两处木场。到至元十七年(1280年)，大都新城的主体建筑都已基本完工，所需木材的数量明显减少，因此，遂将两处木场合并为一处。

　　③ 见《元史》卷十九《成宗纪》。然据《元史》卷一百三十一《亦黑迷失传》记载，元世祖至元二十四年(1287年)，亦黑迷失奉命出使马八儿国，"遂与其国人来贡方物，又以私钱购紫檀木殿材并献之"。据此记载，则亦黑迷失进献紫檀材木是在元世祖至元末年，而非元成宗元贞二年(1296年)，二者记载有差异，但是决不可能进献两次，因为他出使马八儿国的次数决不会太多，他个人的家财也有限。

　　④ 见《元史》卷二十八《英宗纪》。

会更高一些。据《析津志辑佚》一书记载，在大都地区用于打造家具的木材，主要有：椴木、涩木、赤郭木、榆木、桦木、榉柳木、槐木、松木、楸木、桑木、梨木、白杨木、牛筋木、青阳木、椿木、柏木等。

除了木材之外，砖、瓦、石材也是极为重要的建筑材料。元朝政府为了生产、管理和使用这些建筑材料，也设置了诸多相关的官僚机构。在中书省负责"掌天下营造百工之政令"的工部之下，专门设置有石局，"董攻石之工"①，管理众多石匠。又设置有平则门窑场及光熙门窑场，负责烧造砖瓦等建筑材料。

在专门负责大都城各项土木工程的大都留守司之下，设置有采石局，"掌夫匠营造内府殿宇寺观桥闸石材之役"②。至元十一年(1274年)，元朝政府曾将石匠二千余户集中起来，成立大都等处采石提举司，加以管理，后来才改为采石局。此外，在大都留守司之下，还设置有大都四窑场，负责烧造专用的白琉璃砖瓦③。其下辖的机构有南窑场、西窑场及琉璃局等。

①　见《元史》卷八十五《百官志》。

②　见《元史》卷九十《百官志》。凡山采木提举司只是众多官僚机构中的一个，其职责，也主要不是为了获取建筑材料。

③　自明清以来，封建统治者的宅第所用砖瓦，在颜色上是与众不同的。皇宫所用琉璃瓦，烧制成黄色；宗王的王府所用琉璃瓦，烧制成绿色，以显示与平民的等级差别。这种状况，我们今天还能够看得见。而在元代，由于蒙古族统治者崇尚白色，故而其居所使用的乃是白琉璃砖瓦，与此后的明清时期是有所不同的。这种状况，今天已经看不见了。

大都城的城墙是用夯土筑成的，为了减少雨水对夯土冲刷的损坏，元朝政府又专门设立了苇场，岁时收购苇席，铺在城墙上面，加以保护。因为苇席在淋雨之后，极易损坏，需要经常更换。于是，到了元成宗即位之后，就有人提出，在城墙的顶部铺上瓦片，以起到保护作用。这一建议，由于受到某些人的反对，而未能实行①。

虽然大都城的城墙是用夯土建造的，但是，有些重要的建筑物，其外墙则是用砖砌成的。如大都城的重要礼制建筑——社稷坛，即是如此。在大都和义门内修建的社坛与稷坛，祭坛的北面建有墉墙，"坛皆北向，立北墉于社坛之北，以砖为之，饰以黄泥"。在祭坛的四周，也修筑有砖墙②。

就建筑材料本身而言，木制的东西比起石制的要省力得多，但是，其经久耐用性能也要差得多。因此，关系到交通大事的桥梁，关系到水利运输的闸门等，在兴建之初，往往是用木制的，行用已久，却大多数都要换成石制的。上面一章在提到大都城内外的桥梁之时，曾经引用史料显示，元世祖在建新大都城时，曾建有木桥156座，到元成宗大德年间，都改建为石桥③。

在大都城通往大运河北端的通惠河上，著名科学家郭守敬曾建有坝闸十处、二十座，用以调节水位，以便往来漕船通行。到了至

---

① 据《元史》卷二百三《靳德进传》记载，"都城以荻苫廪，或请以瓦易之，帝以问德进，对曰：'若是役骤兴，物必踊贵，民力重困，臣愚未见其可。'议遂寝"。靳德进是星象学家，故而他的意见，受到元成宗的重视。

② 据《元史》卷七十六《祭祀志》记载，"二坛周围墙垣，以砖为之，高五丈，广三十丈，四隅连饰"。祭坛外的砖墙高达五丈，宽三十丈，规制十分宏大。社稷坛的墙垣即是用砖砌成，那么，太庙等重要建筑的外墙垣也应是用砖砌成的。

③ 请参阅本书第206页注②的相关内容。

大四年(1311年)六月，中书省臣上奏曰："通州至大都运粮河牐，始务速成，故皆用木，岁久木朽，一旦俱败，然后致力，将见不胜其劳。今为永固计，宜用砖石，以次修之。"①得到元仁宗的允许。

都城中的积水潭，为城里最主要的水域，但是，由于潭水的冲刷，潭畔的堤岸经常被损坏，使其周围的环境也因此受到影响。为此，元朝政府曾经在积水潭的有些堤岸处用石材加固。到了元仁宗延祐六年(1319年)，堤岸又出现一些损坏的地方。于是，都水监的官员经过勘测，决定进行修补工程，"凡用石三百五，各长四尺，阔二尺五寸，厚一尺，石灰三千斤，该三百五工，丁夫五十，石工十"②。

在大都城的建设过程中，还要使用大量的金属建筑材料，为此，元朝政府也设置了一些相应的管理机构。如中书省工部下面设置的铸泻等铜局、银局、镔铁局等；大都留守司下面设置的妆钉局、铜局、销金局、铁局等，都下辖有大批的负责金属加工的工匠。这些工匠与木匠、石匠、泥瓦匠一起，构成了大都城市建设的主力军。

大都地区的金属矿产资源也是较为丰富的，有铁矿、银矿等。这些矿产主要是由政府加以管理，进行开采的。元世祖至元初年，时人曾言其开采、冶炼之状况曰："窃见燕北燕南，通设立铁冶提举司大小一十七处，约用煽炼人户三万有余，周岁可煽课铁约一千

---

① ② 见《元史》卷六十四《河渠志》。又据《元史·泰定帝纪》记载，在泰定三年(1326年)八月，"修澄清石闸"。由此可知，从至大四年(1311年)到泰定三年(1326年)，历时十五年，将木闸改造为石闸的工程仍在进行之中。澄清闸为通惠河的十闸之一，据《析津志辑佚》一书的记载，是在都城中的都水监官衙的东南面。

六百余万。"①可见其规模颇为壮观。元朝政府对这些提举司等官僚机构，也不断进行调整②。

四、百官百姓 盐粮国本

大都城自从确立其作为全国政治中心的地位之后，城市人口的数量在迅速增加。为了保证这些都城居民的正常生活，粮食供应是否充足，就成为一个至关重要的问题。如果粮食供应得不到保障，那么，就连最起码的城市秩序也将无法维持，甚至会导致元朝统治者的统治危机。

大都城里的居民分为以下几类人，其粮食供应的方法是不同的。第一部分居民，是元朝统治者和蒙古族贵族，他们的粮食是从国库中直接支付，甚至有专门的粮仓为他们贮存特殊供应的粮食。为元朝统治者提供粮食的机构称太仓，于至元五年(1268年)分别设置在大都和上都，"掌内府支持米豆，及酒材米麹药物"③。因为是专门为统治者服务的，故而曾一度改称为"御廪"④。此后，又

---

① 见元代人王恽《秋涧集》卷九十"省罢铁冶户"疏。

② 据《元史·百官志》记载了这些机构的调整过程，"国初，中统始置景州提举司，管领景州、滦阳、新匠三冶。至元十四年，又置檀州提举司，管领双峰、暗峪、大峪、五峰等冶。大德五年，檀州、景州三提举司，并置檀州等处采金铁冶都提举司，而滦阳、双峰等冶悉隶焉"。这些提举司，系归中书省户部管辖。

③ 见《元史》卷八十七《百官志》。

④ 见《元史》卷十《世祖纪》。至元十五年(1278年)七月，"改，太仓为御廪"。

专门设立太仓提举司，以掌管其事①。皇后及皇太子等蒙古族贵族，也有专门负责其粮食供应的系统。

第二部分居民，是一般的政府官员，他们的粮食，有一些是从俸禄中支付的，还有一些则是要从粮食市场上购买的。元朝政府官员的俸禄制度是在中统三年(1262年)二月，由元世祖手下儒臣姚枢及刘秉忠等人议定的②。此后，不断有所更改。到了至元三年(1266年)十一月，"初给京、府、州、县、司官吏俸及职田"③。

根据元朝政府的有关规定，不同品秩的官员，其俸禄的多少是有差异的。如中书省右丞相与左丞相的俸禄为"俸一百四十贯，米一十五石"；平章政事的俸禄为"俸一百二十八贯余，米一十二石"；中书省右丞与左丞的俸禄为"俸一百一十八贯余，米一十二石"；参知政事的俸禄为"俸九十五贯余，米九石五斗"，等等。④

在最初制定政府官员俸禄之时，并没有考虑到禄米的问题，只是规定，在都城的中央机构中的政府官员，发给俸钞。而地方官员，在发给俸钞的同时，还发给禄田(又称"职田"或是"公田")，收取粮食，以供日常食用。到了元成宗大德七年(1303年)三月，元朝

① 据《元史·百官志》记载，"十二年，改立提举太仓，设官三员，隶宣徽。二十五年，升正六品"。但是，据《元史·世祖纪》记载，至元十七年(1279年)十二月，"立太仓提举司，秩五品"。其记载的时间与《百官志》不同，其品秩也不同。其相关内容，请参阅本书第六章第三节。

② 据《元史》卷五《世祖纪》记载，中统三年(1262年)二月，"始定中外官俸，命大司农姚枢讲定条格"。又据《元史》卷一百五十七《刘秉忠传》记载，刘秉忠在辅佐元世祖建都城、立宗庙、定国号等大事之外，"他如颁章服，举朝仪，给俸禄，定官制，皆自秉忠发之，为一代成宪"。这些措施中，即有"给俸禄"。

③ 见《元史》卷六《世祖纪》。

④ 有关元代政府官员的俸禄情况，可参阅《元史》卷九十六《食货志》的相应内容。

政府下令，"京朝官月俸外，增给禄米；外任官无公田者，亦量给之"①。

到元武宗即位后，将这一制度加以更改，于至大元年(1308年)十一月下令，"增官吏俸，以至元钞依中统钞数给之，止其禄米，岁该四十万石"②。增加的是钞币，政府可以随时印造，而省下来的，却是实实在在的粮食。由此亦可知，在至大初年，元朝政府每年要发给大都城的官员的禄米，多达四十万石。

及元英宗即位后，又于延祐七年(1320年)十一月下令，"计京官俸钞，给米三分"③。也就是政府官员的俸禄中，十分之七给俸钞，十分之三给禄米。这个制度在此后似未再加以变更，一直延续到元朝末年。而大都的政府官员的禄米，是从设置在大都及其周围地区的粮仓内支取的。

对于一些家庭人口较少、俸禄较高的政府官员而言，由元朝政府发给的禄米是足够食用的；但是，对于那些人口较多、俸禄又低的政府官员而言，有限的禄米是不够食用的。当他们在大都的粮食市场购买粮食之时，却往往慨叹大都城里粮食价格的昂贵。

如元世祖至元年间在大都任职的官员王恽在其《大都即事》诗

---

① 见《元史》卷二十一《成宗纪》。同年五月，元成宗再下令，"诏中外官吏无职田者，验俸给米有差；其上都、甘肃、和林诸处非产米地，惟给其价"。其实，早在这年颁布诏令之前，元成宗就已经实行了分给禄米的制度。据《元史·食货志》记载，"成宗大德三年，诏益小吏俸米。七年，始加给内外官吏俸米"。其具体规定为："凡俸一十两以下人员，依小吏例，每一两给米一斗。十两以上至二十五两，每员给米一石。余上之数，每俸一两给米一升。无米，则验其时直给价，虽贵每石不过二十两。"

② 见《元史》卷二十二《武宗纪》。

③ 见《元史》卷二十七《英宗纪》。

中，就写道，"薪如束桂米如珠"①，把大都的柴米比作束桂、珍珠。此后不久，从江南地区到大都来做官的赵孟頫，在其诗中亦吟诵道，"大仓粟陈未易籴，中都俸薄难裹缠"②。也是切身的感叹。有许多政府官员，对此皆有同感。

第三部分居民，是驻扎在大都的军队中的军官和士兵，他们的粮食，有一些是从军屯的垦田中获取，还有一些，则是靠政府供应。元朝政府发给军官的俸禄，比政府官员略晚一些，是在至元七年(1270年)七月，"初给军官俸"③。这些俸禄，也分为俸钞和禄米两个部分。

元朝政府规定，掌管全国军务的枢密院官员的俸禄为：枢密院知院，俸一百二十九贯余，米一十三石五斗；枢密院同知，俸一百六贯，米一十一石；枢密院副枢密使，俸九十五贯余，米九石五斗；枢密院佥院，俸九十贯余，米九石五斗；等等。而诸侍卫亲军都指挥使司的军官为：都指挥使，俸七十贯，米七石五斗；副都指挥使，俸五十九贯余，米六石；等等。④

当然，这些军官除了从俸禄中支取禄米之外，各个军卫都设置有屯田，因此，有些军官还可以从屯田中所收获的粮食中得到一部分，作为其收入。还有些军官占用公田为私田，并且役使军卫中的士兵为其耕作，以获取粮食。而作为普通的士兵，只有依靠屯田耕种获取的粮食为生。而当屯田的庄稼受到水旱灾害的影响而减产时，政府还要临时调拨粮食给这些士兵。

---

① 见王恽《秋涧集》卷二十八。
② 见赵孟頫《松雪斋集》卷三"送高仁卿还湖州"诗。诗中所云"中都"，即指大都。而所云"大仓"，则是泛指官府的粮仓。
③ 见《元史》卷七《世祖纪》。
④ 有关元代政府官员的俸禄情况，可参阅《元史》卷九十六《食货志》的相应内容。

第四部分居民，是隶属于元朝政府的各级手工业管理部门的工匠，他们也可以经常获得政府发给的定量的粮食，如果不够吃，再到粮食市场去购买。这些隶属于官方的手工工匠，人身受到元朝政府的严密控制，终年为政府生产各种手工产品，却只能得到一些微薄的收入。据元朝政府在至元二十四年(1287年)的规定，每户工匠，其人口超过四人的，按照四口人发给口粮，人口不足四人的，计口授粮。

第二年，元朝政府又作出了详细规定："正身(指工匠本人)月支米三斗、盐半斤。家属大口(指成人)月支米二斗五升，家属小口(指未成年人)并驱大口(指奴仆成人)月支米一斗五升，驱口小口月支米七升五合。"①发放的粮食仍以每户四人为限。这样少量的粮食很难满足工匠们的食用需求。因此，许多在大都地区生活的官属手工工匠，皆因衣食不足而不得不卖儿卖女，甚至举家自杀②，境况极为悲惨。

第五部分居民，是各种宗教界人士，包括僧人(喇嘛)、道士、伊斯兰教经师、基督教传教士等，他们通常是依靠元朝统治者赐给的大量农田收入的租粮，足够食用。元朝统治者对于寺院的赐予，除了钱财之外，田产是一个大项。元世祖时，于中统二年(1261年)八月下令，"赐庆寿寺、海云寺陆地五百顷"③。元成宗时，于大德五年(1301年)二月下令，"赐昭应宫、兴教寺地各百顷，兴教仍赐钞万五千锭；万安寺地六百顷，钞万锭；南寺地百二十顷，钞如

---

① 见《元通制条格》卷十三"工粮则例"。

② 元代人危素曾记述一事，在大都旧南城住家的竹工陈某，因为"贫无以为生"，遂将一家老小四人杀死后，再自杀。(见危素《危太朴集》续集卷七"杜世昌行状")这种情况并不是个别现象。

③ 见《元史》卷四《世祖纪》。

万安之数"①。元仁宗时，于皇庆元年(1312 年)六月下令，"赐崇福寺河南官地百顷"②。

元朝统治者在赐予大都的寺庙以大量田产的同时，还专门设置了一些官僚机构，以负责管理其财务。如为崇恩福元寺设置的平松等处福元田赋提举司，为大护国仁王寺及昭应宫设置的襄阳营田提举司、江淮等处营田提举司及大都等路民佃提领所，为大承华普庆寺设置的镇江稻田提举司、汴梁稻田提举司及平江等处田赋提举司，为大承天护圣寺设置的宣农提举司、平江善农提举司、龙庆州等处田赋提领所等等③，皆为这类机构。

这些由元朝统治者建造的寺院，住在其中的众多僧侣，就是依靠统治者赐予的大量田产，经过转租给民众耕种而征收其税粮，以供日常的食用。寺院中的僧侣人数虽然很多，但统治者赐予的田产数量更多(如大护国仁王寺仅在大都地区就占有水田二万八千六百余顷、旱田三万四千四百余顷)，遂使其衣食不愁。

第六部分居民，则是普通民众，包括依靠教书为生的儒士、依靠手艺加工为生的私营工匠、依靠做小买卖为生的小商小贩，依靠演艺为生的各种艺人，等等。这些人的食粮，主要是从粮食市场购买。正如上文所言，大都城里的粮食价格十分昂贵，因此，就连政府官员都感叹在经济上难以承受，更不要说是普通民众，甚至贫苦百姓。

为了保证都城社会秩序的稳定，元朝政府对居民中的贫困户实行了特殊的优惠政策，以保障其最低水准的粮食供应。自元成宗大

① 见《元史》卷二十《成宗纪》。
② 见《元史》卷二十四《仁宗纪》。
③ 其相关机构及职能，请参阅《元史》卷八十七《百官志》。

德五年(1301年)开始，元朝政府统计大都与上都的贫困百姓人数，然后印制文簿，将其姓名逐一登记，计口定量售粮，"大口三斗，小口半之。其价视赈粜之直，三分常减其一"①，称为"红贴粮"(又称红贴米)。

在"红贴米"之外，元朝政府供应大都贫困百姓的，又有所谓的"散筹米"。其与红贴米的区别为"细民籴于官仓，出印券，月给之者，其直三百文，谓之红贴米；赋筹而给之，尽三月止者，其直五百文，谓之散筹米"②。一是红贴米是常年供应的，而散筹米是每年只供应三个月的；二是红贴米的价格比散筹米要便宜一些。有了红贴米和散筹米的供应，大都城的贫困百姓也就可以勉强度日了。

在大都地区，元朝政府对于盐、酒等日常生活品的控制是十分严格的，其主要目的，是为了增加政府的财政收入。但是，这些日常生活品的供应又是和大都居民的生活密切相关的。盐是人们日常生活的必需品，其重要性仅次于粮食。因此，元朝政府对盐的生产、流通，直到消费的各个领域，都加以控制。早在元太宗在位时期，大蒙古国政权就在大都地区的产盐之地设置有官僚机构，主管食盐的生产工作，并控制商人的销售活动③。

---

① 见《元史》卷九十六《食货志》。所谓"红贴粮"，当是指登记贫困百姓的文簿为红色封面之故。其"红贴粮"的价格，比起赈粜粮的价格，还要低三分之一。元朝政府每年所用的"红贴粮"支出，为二十余万石，由此可知，两都登记在册的贫困百姓，约有七万余人。

② 见《元史》卷一百四十《铁木儿塔识传》。

③ 据《元史》卷九十四《食货志》记载："太宗丙申年，初于白陵港、三叉沽、大直沽等处置司，设熬煎办，每引有工本钱。"此处所云太宗丙申年，即太宗八年(1236年)。

到元世祖即位之后，元朝政府对大都地区的食盐管理更加严格。设置有大都盐运司，主持盐业生产，增加宝坻等三处盐场，并控制商人的销售。到至元八年(1271 年)，因为大都居民大多食用私盐，于是，改变原来"商运商销"的办法，实行"验口给以食盐"的强制分配办法。这种办法，避免了"私盐"的畅销，也避免了盐商抬高盐价以牟取暴利的弊病，但是，却也给元朝政府和大都居民带来了许多不方便的地方。

到至元十九年(1282 年)，元朝政府又恢复了"商运商销"的老办法，命中书省户部在大都城设置盐局，出售盐引(政府许可的卖盐凭证)，"盐商买引，赴各场关盐发卖"。①但是，盐商在高价从政府手中获得食盐专卖权之后，必然要抬高盐价，以成倍收回利润。这就使得盐价暴涨，盐商从政府手中买盐一引(四百斤)用钞十五两，而在大都出售之时，一引盐的价格竟然上涨到钞一百二十两。

元朝政府为了解决这个问题，于是在至元二十一年(1284 年)十二月下令，"立常平盐局"②。采用"商销"与"官销"并行的办法，来压低盐价，限制盐商的暴利。到元成宗大德七年(1303 年)，由政府设立的常平盐局在大都新旧两城增加到了十五处。但是，到元泰定帝即位之后，由于手下大臣与盐商相互勾结，竟然在泰定二年(1325 年)五月，将官方设立的常平盐局全都关闭③，又变成了"商运商销"的状况，而使奸商大获盐利。

---

① 据《元史》卷九十四《食货志》记载："太宗丙申年，初于白陵港、三叉沽、大直沽等处置司，设熬煎办，每引有工本钱。"此处所云太宗丙申年，即太宗八年(1236 年)。

② 见《元史》卷十三《世祖纪》。

③ 据《元史》卷二十九《泰定帝纪》记载，这年的五月，"罢京师官鬻盐肆十五"。被罢去的"官鬻盐肆"，就是常平盐局。

到了元顺帝即位之后，为了解决这个问题，于元统二年(1334年)再度下令，"立盐局于京师南北城，官自卖盐，以革专利之弊"①。但是，到了至正三年(1343年)，由于经营盐局的官吏损公肥私，受到监察御史的弹劾，遂再次将盐局关闭，成为"商运商销"的局面。

在大都地区，元朝政府对酒类的生产与管理，其状况与食盐颇多类似之处。早在大蒙古国时期，元太宗就曾采取中原地区的传统做法，禁止民间私自造酒出售，并且制定了酒税的征收办法。最初为曲酒征税额为十分之一，葡萄酒的税额为三十分之一，后来统一为十分之一。

元世祖忽必烈即位之后，对酒类的生产与管理加以改革，规定，凡造酒之家制造曲酒用米一石，要向政府交纳酒税钞一贯。而葡萄酒的税额又恢复为三十分之一。到了至元十九年(1282年)，元朝政府专门设置了大都酒课提举司，负责征收酒税。此后不久，中书省官员卢世荣建议对酒类实行官造官卖的办法，得到了元世祖的认可。②

但是，卢世荣实行官造官卖的目的不是为了削减酒商的暴利，而是为了征收更多的酒税。③于是，实行不久，即遭到其他政府官员和酒商的反对，而最终失败了。此后，专门管理酒类的大都酒课提举司对大都地区的酒类作坊加以整顿，限制其作坊数量和日常生产量，规定其酒税的数额，并使之固定化。直到元朝末年，大都地区酒类的生产和销售都没有再出现大的变动。

---

① 见《元史》卷三十八《顺帝纪》。

② 据《元史》卷十三《世祖纪》记载，至元二十一年(1284年)十二月，"卢世荣言：'京师富豪户酿酒，价高而味薄，以致课不时输，宜一切禁罢，官自酤卖。向之岁课，一月可办。'从之"。

③ 又据《元史·世祖纪》记载，"初，民间酒听自造，米一石官取钞一贯。卢世荣以官钞五万锭立榷酤法，米一石取钞十贯，增旧十倍"。

元

第八章

水陆遍驿传　天涯咫尺间
——大都地区的交通状况

一个城市的发展，其发展速度的快慢，是由多种因素决定的，其中，最重要的因素之一，就是交通状况是否便利。相对而言，交通状况越便利的地方，其发展速度也就越快；反之，凡是那些交通困难的地方，其发展速度也就越慢。在中国古代，乃至于整个世界的古代，交通状况在很大程度上是与自然环境密切相关的，自然环境较好的地方，相对而言，其交通状况也就较为便利；而那些自然环境恶劣的地方，交通状况也就相对困难一些。

　　其次，交通状况又与人们的生产力发展状况有着密切的联系。相对而言，生产力的发展越先进的地方，人们用于交通的工具也就越先进，故而使其交通状况也就变得越便利；而生产力的发展水准越低下的地方，人们的交通工具也就越落后，遂使其交通状况变得相对困难一些。

　　此外，不同地方的人们，由于受到生产形态的影响不同，其对于交通的影响也自然不同。农耕民族终年劳作在田间，有的数代不出乡里的范围，他们的视野及对交通的感受，也只能是在这个狭小的范围里；而游牧民族终年逐水草而居，千里迁徙对于他们而言，也没有路途遥远的感觉，马背上的民族，其视野之宽阔，绝非农耕民族可比。因此，二者对于交通状况的认知程度也是完全不同的。

　　大都城的地理位置是十分理想的，恰好处于一个交通枢纽之上。它位于华北平原的北端，由中原地区向东北地区出行，这里是必经之地。由中原地区向北面的大草原地区出行，这里也是最主要的通道之一。向东面出海，这里也有水陆并行的通道。而由这里向西面关陕地区出行，也有紫荆关一途。由这里向南面的中原地区出行，更是一马平川，有多条坦途。

　　特别是到了元代，在前人漕运与海运的基础上，对大都地区的交通状况进行了大规模的改进，使这一地区的交通能力有了空前的提高。这无疑是将江南地区与大都地区的距离人为地拉近了。这也充分显示出，元代生产力的发展，在这个方面，也就是交通运输方面，有了长足的进步。当然，元朝政府为了保证全国以大都为中心的网络机制高效运行，也投入了极大的人力和物力资源。在元代立国之初，国力强盛，维持一个庞大的交通网络还是可以的；但是到了元朝末年，国力既衰，庞大的全国交通网络也因此而日渐衰败。

一、两都巡幸　农牧同风

在大都城的周围，分布着许多中小型城市。这些城市，是由于历史原因而形成的，与大都城一直有着十分密切的联系。这种联系，是一种主从关系，在大都城成为全国的政治中心之前，这种关系就已经存在了，只是显示得还不太明显；及大都城成为全国的政治中心之后，这种关系就变得十分明显了。当然，在元代，也有个别城市与大都城的关系乃是一种并列的关系，只是这种关系十分特殊。

就历史进程而言，在大都城周围的诸多城市中，有些在很早以前就形成了，有些则形成得比较晚。就其自身的作用而言，也有一些明显的区别，有一些城市是在军事上起到了重要作用，是大都城的军事屏障；还有一些城市则是在经济上起到了重要作用，是大都城的经济通道；再有一些城市则是对这两种作用兼而有之。此外，也有个别城市乃是在政治上起到了重要作用。

与大都城在政治上联系最为密切、建城时间最晚，自然距离也最大的，当属上都城。上都城的兴建，上文已经述及。其主要营建工作的策划者与策划建造大都城的为同一人，即元世祖的谋士刘秉忠。他在营建上都城时，只是作为一处大蒙古国宗王的藩府来修造的，又由于受到当时人力、物力资源的限制，故而其城市规模是十分有限的。及元世祖将其定为元上都之后，又大力加以营建，较之以前大有扩展，但是，与大都城相比，从城市规模的角度来看，也只能是一座中小型城市。

但是，上都城的重要政治作用却没有因为城市规模较小而受到限制。凡是作为一个政治中心的城市所必备的各种机能，上都城都是具备的。由于元朝统治者在一年之中的将近一半时间是在这里度过的，因此，在这里也建有皇宫。其主体建筑大安阁，规模十分宏大①，为元朝帝王度夏居住之地。

由于每年的春天，大都城的政府百官都要随同元朝帝王去上都城，并且要在这里度过一个夏天，因此，在上都城内也要修建百官办公的衙署。从中书省到枢密院等，皆是如此。这些官僚衙署，大致与大都城的衙署遥相对应。而其他政府官员的衙署，也与皇宫等一同组成了上都城的主要建筑。

在上都城，元朝政府也同样设置有最高学府，称为国子学的分学(类似于现在高校中的分校)，并且专门设置有分学的学官。每年春天，当政府百官随同元朝统治者一起前往上都城之时，在大都国子监学中学习的蒙古族贵族子弟也一起到上都来，为了不使他们的学业中辍，因此，可以继续在国子学分学之中进行学习。

元朝统治者入主中原地区已经很长时间了，中原地区对于元王

---

① 请参阅陈高华先生及史卫民先生著《元上都》和周良霄先生等著《元代史》的相关内容。

次对抗。这次冲突的规模虽然没有"两都之战"那么激烈，但是，大都北面的关隘仍然是双方调兵遣将的重要通道[1]。而到了农民起义军大规模北伐之后，这些关隘又成为元朝政府抵御农民起义军冲击的一道重要防线[2]。

在北面的州县之中，特别值得一提的是龙庆州。据《元史·地理志》记载，"龙庆州，唐为妫川县，金为缙山县。元至元三年，省入怀来县，五年复置，本属上都路宣德府奉圣州"。由此可知，这个在元代初年曾一度被废置的小县城，到了元代中期，其行政建制却突然有了提高，变成直属于大都路的一个州[3]。这主要是因为元仁宗出生在这里，故而为其增添了政治上的重要性。

在大都城的东面，主要有通州、蓟州、漷州及其下辖诸县。通州作为都城的东面重镇，具有军事上和经济上的双重重要性。在军事上，它是首都的东大门，凡是要向都城发动进攻，皆须先攻占通

---

① 据《元史》卷四十六《顺帝纪》记载，至正二十四年(1364 年)四月，蒙古族贵族孛罗帖木儿为了支持元顺帝，命其部将秃坚帖木儿发兵进京声讨皇太子，"壬寅，秃坚帖木儿兵入居庸关"。皇太子派部将也速、不蘭奚迎击，战败后，"皇太子率侍卫兵出光熙门，东走古北口，趋兴、松"。及秃坚帖木儿退兵之后，皇太子回到大都城。同年七月，孛罗帖木儿再发兵入京，"孛罗帖木儿前锋军入居庸关，皇太子亲率军御于清河，也速军于昌平，军士皆无斗志"。于是，皇太子被迫再次出逃。

② 据《元史》卷四十二《顺帝纪》记载，至正十二年(1352 年)五月，由于红巾军的农民起义已经爆发，元顺帝曾下令，"命留守帖木哥与诸王朵儿只守口北龙庆州"。到了至正十九年(1359 年)二月，农民起义军逼近大都城，元顺帝又下令，"命张立将精锐由紫荆关出讨，命鸦鹘由北口出迎敌"。

③ 据《元史》卷二十五《仁宗纪》记载，延祐三年(1316 年)九月，元仁宗下令，"割上都宣德府奉圣州怀来、缙山二县隶大都路。改缙山县为龙庆州，帝生是县，特命改焉"。此处记载，与《元史·地理志》的记载相合。而据《元史·百官志》的记载，缙山县改称龙庆州的时间是在延祐七年(1320 年)，与此处记载不同，存此以备考。

州。早在金元之际，元太祖铁木真派遣大蒙古国军队攻打金中都，通州就是其进攻的外围重点城市①。就在通州被大蒙古国军队攻占不久，金中都城也就随之而陷落了。

到了元代中期，爆发"两都之战"，蒙古族贵族双方在争夺皇权的激战中，都把通州作为攻防的战略要地。天历元年(1328年)九月，元上都的军马在秃满迭儿及诸王也先帖木儿的率领下，攻占通州，准备进袭大都城，大都方面的主将燕铁木儿闻讯，急忙从北面赶来，"燕铁木儿引兵至通州，击辽东军，败之，皆渡辽水走"。②使大都东面的局势得以稳定。

到了元代后期，元朝统治集团内部又出现争夺朝中大权的矛盾，进一步引发兵戎之争。双方在大都及周围地区发生多次军事冲突，其中，在通州的双方交战，关系极大。至正二十五年(1365年)，孛罗帖木儿占据大都城，皇太子出逃在外。孛罗帖木儿调也速之军进讨皇太子，遭到拒绝，于是，孛罗帖木儿又派遣部将姚伯颜不花进讨也速，双方在通州展开对峙，"也速出其不意，袭而破之，擒

---

① 据《元史》卷一百五十《石抹明安传》记载，"乙亥春正月，取通州，金右副元帅蒲察七斤，以其众降，明安命复其职，置之麾下，遂驻军于京南建春宫"。此处所指"乙亥春"，是元太祖十年(1215年)，正月取通州，五月中都城即陷落。另据《元史》卷一百九十三《攸哈剌拔都传》记载，攸哈剌拔都归降蒙古之后，"从木华黎攻通州，献计，一夕造砲三十、云梯数十，附城，州将惧，出宝货以降。木华黎以其功闻太祖，赐名哈剌拔都。从木华黎略地燕南，为先锋"，后官至河东北路兵马都元帅，驻军太原。《元史·太祖纪》的记载，与《石抹明安传》相同。

② 见《元史》卷三十二《文宗纪》。又据《元史》卷一百三十五《和尚传》记载，"天历元年九月，从战通州，以功赏名马"。此处所云"大历元年九月"，与《元史·文宗纪》及《燕铁木儿传》不同，二者皆纪其事于十月，故而当以十月为是。

姚伯颜，杀之"①。孛罗帖木儿失去姚伯颜不花，不久亦被杀于大都皇城之内。

到了元代末年，朱元璋命手下大将徐达等人率大明军北伐，一路势如破竹，在至正二十八年(1368年)七月，攻占了京城的东大门通州，并将驻守通州的元军大将卜颜帖木儿杀死。元顺帝见大势已去，随即率领众多蒙古族贵族逃回到大草原上去。同年八月初二日，大明军攻占大都城，标志着元王朝的腐朽统治被推翻。由此可见，通州在军事上的防卫作用十分重要。

在经济上，通州的作用更加重要，这是与通州的地理环境密切相关的。在元代以前，对通州影响最大的，就是隋代大运河的开凿。这条大运河的北端，就是通州。在隋唐时期，这条大运河的经济作用，对于幽州地区各方面的发展，起到了重要影响。五代至辽代，由于北宋与辽朝的对抗，而使大运河的经济作用，很难影响到通州，也就不可能在辽南京城产生作用。而在金朝政权统一北方地区之后，中原地区的大运河才再次发挥其原有的经济作用。

到了元代，大运河的经济作用所产生的影响越来越大，直接关系到大都城的发展速度，运河的畅通，会加快都城的发展速度，而运河的阻滞，会减慢其发展速度。简言之，元代的大运河乃是大都城的一条经济大动脉，这条大动脉的一端，原来是在通州，到了元代则延伸到了大都城里。其详细情况，本文下面还要述及。

正是由于通州具有的军事和经济的重要作用，因此，元朝政府对这一地区的控制也自然要格外重视。为了保证这一地区的治安稳定，元成宗于大德三年(1299年)四月下令，"自通州至两淮漕河，

---

① 见《元史》卷二百七《孛罗帖木儿传》。

置巡防捕盗司凡十九所"①。在元代前期和中期，大运河沿线的地区，其社会治安相对还是比较稳定的。

到了元代后期，由于元朝政府的统治越来越腐败，对人民的压迫越来越沉重，人民的反抗越来越多，社会治安也就越来越混乱。在至正七年(1347年)，通州地区的农民反抗斗争越来越多，作为天子耳目的监察御史向元顺帝报告说："通州密迩京城，而盗贼蜂起，宜增兵讨之，以杜其源。"②却没有受到元朝统治者的重视。

才仅仅过了几年之后，农民起义的威力越来越大，使元朝统治者不得不给以足够的重视。于是，在至正十三年(1353年)四月，为了加强治安工作，元顺帝下令，"命南北兵马司各分官一员，就领通州、漷州、直沽等处巡捕官兵，往来巡逻，给分司印，一同署事，半载一更"③。但是，这种加强治安的办法对于愈演愈烈的农民起义而言，是无法根本解决问题的。

在通州的东南面是漷州。这里的自然环境非常理想，有着大片的湖泊湿地，十分适宜于射猎活动。早在辽代，这里被称为延芳淀④，到了元代，蒙古族统治者承袭了前代契丹统治者喜爱狩猎的习俗，也把这里作为每年春天狩猎的主要场所，并且修建了行宫、幄殿。(见文前插页《元人秋猎图卷》)元世祖时，又把这里的地方

---

① 见《元史》卷二十《成宗纪》。

② 见《元史》卷四十一《顺帝纪》。文中所云"盗贼蜂起"，就是指农民的反抗活动越来越多。

③ 见《元史》卷四十三《顺帝纪》。大都的南北兵马司，原来是负责大都城的治安工作的官僚机构，到了这时，其治安工作的范围，已经扩大到通州、漷州及直沽镇等处。

④ 其详情请参阅本书第二章第二节的相关内容。

行政建制从县级上升为州级①。

由于元朝统治者在此修建有行宫，每年的春天又往往有大批蒙古族贵族在这里从事射猎活动，短则十天半个月，长则一个多月，因此，许多日常政务也在这里加以处理，其在政治上，也就具有了十分重要的作用和影响。如果用一个简单的类比，元代的大都城与上都城的关系颇类似于清代的北京城和承德的避暑山庄；那么，元代大都城的皇宫与漷州的行宫之间的关系，也就类似于清代北京的皇宫与西郊圆明园、颐和园的关系。

从元世祖时开始，每年的春天，元朝统治者都要在此射猎，而且在此驻留的时间有时相当长。如至元十八年(1281年)正月，"丙辰，车驾幸漷州"。二月，"辛未，车驾幸柳林"。三月，"丙申朔，车驾还宫"。②从出宫至漷州，到回到皇宫，前后历时42天。在这一个多月时间里，许多重要的事情都是在漷州处理的。

在此后的文献记载中，可以见到元成宗、元武宗、元英宗、元泰定帝、元顺帝等人在漷州的活动是比较频繁的，只有元仁宗和元文宗，在正史中未见有巡幸和射猎的记载。元武宗时，于至大元年(1308年)七月，"筑呼鹰台于漷州泽中，发军千五百人助其役"③。元英宗时，于至治元年(1321年)二月，"畋于柳林，敕更造行宫"④。

---

① 据《元史》卷九《世祖纪》记载，至元十三年(1276年)八月，元朝政府"升漷阴县为漷州"。这种作法，显然是为了提升其政治地位，如同此后的元仁宗将缙山县提升为龙庆州一样。

② 见《元史》卷十一《世祖纪》。

③ 见《元史》卷二十二《武宗纪》。文中所云"筑呼鹰台"，即是专门为射猎活动提供服务的。

④ 见《元史》卷二十七《英宗纪》。文中"畋于柳林"，即指在漷州行宫从事射猎活动。

元朝统治者在潮州行宫射猎之时，随从的大臣很多，如至元十一年(1274年)，"帝猎于柳林，御幄殿，侍臣甚众"，元世祖就是在这里决定了率领大军攻伐南宋的最高统帅的人选①。元朝统治者还在行宫举行大宴会，以犒赏部下的文武群臣②。在大宴会上，也有许多事情被议定。

当时有许多大臣，在朝堂之上不便于论说的事情，也都到潮州行宫，趁着元朝统治者狩猎时进言，有时反而能够起到特殊的作用。如至元末年，朝中大臣桑哥得到元世祖的宠信，权势熏天，要想在朝中弹劾他，不一定奏效，于是，有的大臣就在潮州行宫对其加以弹劾③，还有的大臣专门从外地到行宫来劾奏之④。

到潮州行宫陪同元朝统治者狩猎的，除了大多数是武将、军士之外，还有一些是文臣。如元代前期的著名文士王恽，"二十八年，召至京师。二十九年春，见帝于柳林行宫，遂上万言书，极陈时政"⑤。又如江南原宋朝大臣叶李，在归降元朝之后，被征召到大

---

① 见《元史》卷二百三《田忠良传》。

② 据《元史》卷一百五十《耶律阿海传》记载，"至元二十四年，世祖宴于柳林，命驴马居其父位次，赐只孙服"。耶律驴马为耶律阿海之孙、耶律绵思哥之子。耶律绵思哥曾任守中都路(即大都路)也可达鲁花赤。

③ 据《元史》卷一百三十《不忽木传》记载，"二十八年春，帝猎柳林，彻里等劾奏桑哥罪状，帝召问不忽木，具以实对。帝大惊，乃决意诛之"。可见这种特殊方式下的进言，可以有较好的效果。

④ 据《元史》卷一百三十四《千奴传》记载，千奴在任淮西江北道提刑按察使时，"时桑哥秉政擅权，势焰熏灼，人莫敢言。千奴乘间入朝，见帝于柳林，极陈其罪状，帝为之改容"。此处所云"乘间入朝"，所云"见帝于柳林"，就都不是正常的活动。

⑤ 见《元史》卷一百六十七《王恽传》。文中"二十八年""二十九年"等，皆为至元年号。

都来，也曾侍从元世祖到漷州行宫射猎，并乘机议论时政①。还有一些文臣，其到漷州行宫的任务，不是陪同射猎，而是讲说历史经验②。

除了在政治上的特殊地位之外，在经济上，漷州因为处于通州水路的下游，是通州连接入海口直沽镇的必经之处，故而也具有十分重要的作用。元朝统治者对于这里的漕渠时常加以维护。如元仁宗在延祐二年(1315 年)正月，"发卒浚漷州漕河"③。元文宗在天历二年(1329 年)四月，下令"浚漷州漕河"④。此外，由于漷州的中转漕运工作特别多，元朝政府有时还要增加漷州的漕运官员⑤。

在通州和漷州的东面，为蓟州。由于相对距离较远，蓟州在政治、军事、经济等方面对大都城的作用与影响，显然比不上通州和漷州。然而，其在军事方面的影响仍是不容忽视的。早在金元之际，蓟州就是华北平原上的一座重要城市，成为大蒙古国军队和金朝军队争夺的主要目标之一⑥。

---

① 据《元史》卷一百七十三《叶李传》记载，叶李曾建议元世祖完善国子学制度，"一日，从至柳林，奏曰：'善政不可以徒行，人才不可以骤进，必训以德义，摩以《诗》《书》，使知古圣贤行事方略，然后贤良辈出。'乃荐周砥等十人为祭酒等官，凡庙学规制，条具以闻，帝皆从之"。亦得到较好成效。

② 据《元史》卷一百六十四《焦养直传》记载，"大德元年，成宗幸柳林，命养直进讲《资治通鉴》，因陈规谏之言，诏赐酒及钞万七千五百贯"。

③ 见《元史》卷二十五《仁宗纪》。

④ 见《元史》卷三十三《文宗纪》。

⑤ 据《元史》卷二十七《英宗纪》记载，至治元年(1321 年)正月，元朝政府"增置漷州都漕运司同知、运判各一员"。

⑥ 据《元史》卷一百四十七《史天倪传》记载，大蒙古国军统帅木华黎率大军进攻中原之时，史天倪率部属地主割据武装归降木华黎后，"从木华黎略地三关已南，至于东海，所过城邑皆下"。"分兵略三河、蓟州，诸寨望风款服。"此处所指"诸寨"，就是各地的地主割据武装。

在元代中期的"两都之战"中，蓟州也难免受到波及，成为大都军队与上都军队争夺的一个重点城市。元文宗在大都城，派出手下大将撒敦与脱脱木儿等与上都秃满迭儿所率军队先后在东流沙河及檀子山等处展开激战①，在此将上都军队击退，既减轻了北面防线的压力，也确保了大都城的安全。

到了元代后期，红巾军大将毛贵率农民起义军向大都城的元朝统治者发动猛攻，至正十八年(1358年)三月十二日，"毛贵陷蓟州，诏征四方兵入卫"。引起元朝统治者的极大恐慌。六天以后，"毛贵犯漷州，至枣林，枢密副使达国珍战死，遂略柳林，同知枢密院事刘哈剌不花以兵击败之，贵走据济南"②。虽然没有能够立刻推翻元朝的腐败统治，对其的震动仍然巨大。

二、驿站千里使节频

在中国古代，自秦始皇统一天下之后，就调动大批人力物力，修造宽阔的道路，从都城通往全国各地。这一传统做法，在后来的历代封建统治者皆加以承袭，元朝统治者亦不例外，也以大都城为中心，构成了呈辐射状的、直达全国各地的公路干道，以及为之服务的驿传(元代称为"站赤")系统。

---

① 据《元史》卷三十二《文宗纪》记载，致和元年(1328年)九月，元文宗来到大都城，举兵对抗上都，"遣撒敦拒辽东兵于蓟州东流沙河"。同月，"同知枢密院事脱脱木儿与辽东秃满迭儿战于蓟州两家店"。及元文宗即位后，"脱脱木儿与辽东军战蓟州之檀子山"。"脱脱木儿与辽东军战蓟州南，杀获无算。"文中所云"辽东兵""辽东军"，即指支持上都势力的军队。
② 见《元史》卷四十五《顺帝纪》。

在道路系统方面，元代的大都城由于有了前代金朝政府的中都城的基础，因此，这时的大都地区已经是四通八达，而不需要大规模地开辟或是修筑新的道路。但是，驿传系统的设置，则是需要重新开始。这个过程，始于大蒙古国的崛起及攻占金中都城，而直到元世祖，甚至到了元成宗时期，才基本上完成，历时长达半个多世纪。

元代驿传系统的正式设置，始于元太宗即位之年(即 1229)的八月，"始置仓廪，立驿传"。[①]这时驿传系统的涉及范围，只是在大草原地区，当时的中原地区的一部分，包括燕京行省，也是在这个范围之内。而其他的中原地区，仍然处于大蒙古国与金王朝相互争夺的状态之下，由于政治局势的动乱，自然无法设置稳定的驿传系统。而且，这一时期的驿传系统，是以大蒙古国的都城和林为中心的。

值得一提的是，在元太宗建立驿传系统之前，驿传的机构已经存在，只是尚未系统化、制度化而已。如在大蒙古国西征之时，中原地区的官员，就曾利用驿传给元太祖运送过军用物资[②]。到元太宗建立驿传系统之后，其主要功能，也仍然是运送各种物资，包括运

---

① 见《元史》卷二《太宗纪》。但是，据《元史》卷一百五十三《刘敏传》记载，"己丑，太宗即位，改造行宫幄殿。乙未，城和林，建万安宫，设宫闱司局，立驿传，以便贡输"。文中"乙未"，是元太宗六年(1235年)，是时，金朝被攻灭，中原地区基本上已经被大蒙古国占有，在此处所记载的"立驿传"的时间与《太宗纪》不同。

② 据《元史》卷一百七十九《萧拜住传》记载，萧拜住曾祖肃丑奴曾任金朝官员，后归降元太祖，"太祖方西征，丑奴驿送竹箭弓弩弦各一万，擢檀顺昌平万户，仍管打捕鹰房人匠"。由此可见，这时的驿传，主要的功能是运输各种物品。

送各地军事行动所需要的军用物资①，以及给大蒙古国统治者运送从全国各地搜刮到的巨额财富。

在元太宗时，中原地区的驿传就已经有人专门负责为大蒙古国政权提供各种服务。据元太宗元年(1229年)的规定，其服务项目之一，是提供各种运输工具，"诸牛铺马站，每一百户置汉车一十具"。其服务项目之二，是提供来往使臣的生活必需品，"北使臣每日支肉一斤、面一斤、米一升、酒一瓶"②。此外，还要给使臣提供住宿的地方。

元世祖即位后，全国的政治中心发生改变，向南迁移到了元上都和元大都地区，因此，驿传系统也随之发生了变化，其传输系统的中心也随之迁移到了两都地区。而在两都之中，又以大都城作为全国整体驿传系统的中心。这个中心的建立与逐渐完善，是与当时的政治局势的变化密切相关的。

元世祖即位之初，以大都为中心创建的驿传系统，是直接为巩固其皇权统治服务的。在元世祖刚即位的时候，他在政治上最大的敌人就是他的弟弟阿里不哥。为了击败阿里不哥，元世祖忽必烈在中原地区调动军队，积极准备北伐。中统元年(1260年)七月，元世祖在准备亲征阿里不哥的同时，"敕刘天麟规措中都析津驿传马"③。以便迅速传递军事信息。翌年八月，元世祖又在大都与上都之间的交通要道檀州设立驿站。

---

① 据《元史》卷一百五十《赵瑨传》记载，赵瑨任易州达鲁花赤时，"太宗下河南，瑨自易州驰驿输矢二十余万至行在，帝大喜，命权中都省事"。文中所云"太宗下河南"，是指元太宗率军伐金之役。所云"命权中都省事"，是指管理燕京行省之事。

② 见《元史》卷一百一《兵志》。

③ 见《元史》卷四《世祖纪》。

在阿里不哥尚未归降的时候，中统三年(1262年)二月，又突然爆发了山东军阀李璮的叛乱。同年三月，元世祖在调集军队讨伐叛乱的同时，"敕燕京至济南置海青驿凡八所"①。表明元世祖对讨伐这次叛乱活动是十分重视的。不久之后，元世祖又先后下令，"自燕至开平立牛驿。""立古北口驿。""敕京师顺州至开平置六驿。""宣德至开平置驿。"②等等，进一步加强了大都与上都之间的联系。

元世祖在逐步设置驿站的同时，又在不断扩大这些驿站运送各种物资和迅速传递消息的能力。大都城的驿站，应该是当时规模最大的驿站之一，仅供用于传递消息的驿马就多达一千余匹，用于运送物资的车辆约八百辆③。与之相配套的，还有使用这些车辆和马匹的大量站户百姓，以及供使臣随时住宿的传舍。

元世祖于至元十六年(1279年)六月曾下令，"榆林、洪赞、刁窝，每驿益马百五十、车二百，牛如车数给之"④。显然，榆林等驿站，是大都前往上都必须经过的驿站，负担着繁重的运输工作，增加马匹、牛只和车辆是必要的。此后，在皇庆元年(1312年)五月，

---

① 见《元史》卷五《世祖纪》。此处所云"海青驿"，是一种迅速传递重要信息的驿站，不同于普通的驿站，只有在发生重大事件时才临时设置。

② 皆见《元史·世祖纪》。

③ 据《析津志辑佚》中"大都东西馆马步站"的记载，"大都驿，元额马一千三十七疋，驴二十头。目今见在马二百单九疋，驴五十二头"。"陆运提举司，元额站车五百八十九辆，目今四十七辆。""大都步站所，元额站车一百九十四辆，目今六十五辆。"文中有些用字与现在不同，如"元额"现在一般写为"原额"，"疋"现在一般写为"匹"，等等。文中的原额马匹和车辆数目，是指元世祖中统、至元年间大都驿站的数额，而目今的马匹和车辆的数目，是元顺帝至正年间剩余的实际数额。从这些数字的变化，也可以清楚地看出元朝驿传系统的由盛转衰变迁过程。

④ 见《元史》卷十《世祖纪》。

元仁宗亦曾下令，"给上都、滦阳驿马三百匹"[1]。显然，也是为了加强其传递重要信息的能力。

在元世祖中统年间和至元初年，元朝政府的驿传系统只是在长江以北地区不断设置和完善。到了至元中期，江南地区逐渐被元朝政府所占领，于是，驿传系统也在不断向南扩展。据《元史·兵志》的统计，全国共设置有驿站1343处，其中，大都和上都所在的中书省腹里地区，共设有驿站198处，其中，"陆站一百七十五处，马一万二千二百九十八匹，车一千六十九辆，牛一千九百八十二只，驴四千九百八头。水站二十一处，船九百五十只，马二百六十六匹，牛二百只，驴三百九十四头，羊五百口。牛站二处，牛三百六只，车六十辆"。[2]

从元大都到元上都，主要有两条道路：一条是从昌平县的居庸关北行，这条道路是元朝统治者岁时巡幸经常使用的通道；另有一条是从檀州的古北口北行，亦可达于上都。由上都再往北行，经过三十余处驿站，即可到达大蒙古国的旧都城和林(元朝时称为岭北行省)。

从大都城往东，经过通州、蓟州，以及遵化、玉田、丰润、滦阳等处驿站，可直达东北地区，共有四五条交通主干道。从大都城往南，经过良乡、涿州，亦有多条主干道，通往中原地区的保定、真定、大名，以及新城、雄州、任邱、河间等处。从大都城往西，由于受到自然环境的限制，交通状况不甚理想，但也能够通过紫荆关到达三晋、关陕一带。

---

① 见《元史》卷二十四《仁宗纪》。

② 《析津志辑佚》一书所载驿站，有明确的名称，共为1193处，比《元史·兵志》所记载的驿站数量少了150处。其中，应是不同年代造成的驿站设置的变更，因此而导致二书所统计的数字不同。

元代的驿传系统除了在军事上具有迅速传递信息、在经济上大量运输物资的重要作用之外，有时还作为蒙古族贵族、政府官员及使臣、僧侣、商人等的免费交通工具。蒙古族贵族在元代享有种种特权，其中之一，就是在来往于大都和各地之间的时候，使用驿站提供的马匹、车辆和食宿服务。

　　元代的宗王，许多都被分封到边疆地区，每当其回大都城时，都是利用驿传提供的便利条件。有些宗王还违反规定，非法使用驿马，从事狩猎活动[①]。至于西北地区的几个大汗国，从其境内前来大都，由于路途遥远，更是需要利用驿传系统。如元太祖长子术赤，在大蒙古国西征之后，被分封而建立汗国，"其地极远，去京师数万里，驿骑急行二百余日，方达京师"[②]。

　　为了使蒙古族贵族使用驿传合法化，并受到一定的限制，元朝统治者给分封在各地的宗王一部分使用驿传的凭证，当时被称为驿券。有时因为前代帝王分发给宗王的驿券过多，当需要整顿驿传系统时，在位的元朝帝王往往将以前发放的驿券收回，重新再加以发放。如大德八年(1304年)四月，元成宗下令，"追收诸王驿券"。翌年十一月，元成宗再次下令，"拘收诸王、妃王驿券"[③]。到元英宗的时候，又专门在大都城设置有诸王驿[④]，以便为往来于大都和全国各地的蒙古族贵族服务。

---

　　① 据《元史》卷一百二十《立智理威传》记载，元成宗大德八年(1304年)，"云南王入朝，所在以驿骑纵猎"。受到时任四川行省左丞的立智理威的劝阻，而停止了用驿马狩猎的活动。

　　② 见《元史》卷一百一十七《术赤传》。

　　③ 见《元史》卷二十一《成宗纪》。

　　④ 据《元史》卷二十八《英宗纪》记载，至治三年(1323年)正月，"建诸王驿于京师"。

元朝统治者对于驻守在各地的武官，出于军事方面的需要，而赐以数量不等的牌符和驿券。如唆儿火都，在元太祖时任千户，"仍赐以涂金银章，及金银字海青圆符五、驿马券六"。①又如脱怜，元世祖时任千户，驻守在蒙古大草原上，"仍赐驿券、圆符各四"。②如上所述，驿券为平时使用驿传系统的凭证，而海青圆符则是在有特殊情况时，使用加急驿传的凭证。

对于那些德高望重的名儒，或是元朝统治者急于召见的外地文官，元朝政府也给予使用驿传系统的照顾，将其安全、快速地送到大都城来。如元世祖忽必烈在即位之前，就已经胸怀大志，因此，十分注意招揽中原地区的英才，故而曾命其手下亲信赵璧，"命驰驿四方，聘名士王鹗等"③。而是时忽必烈的封藩之地在京兆(今陕西西安)，因其十分赏识杨奂的才干，"王府驿召入关，寻被教参议京兆宣抚司事"④。而到了至元初年，名儒许衡主持国子学的工作，请求将其弟子召到大都城来时，元世祖亦命诸人使用驿传系统到都城来⑤。

也有一些僧人和商人，依恃受到元朝统治者的宠信，滥用驿传，四处游走，任意胡为。如在元朝初年，藏传佛教(又称喇嘛教)开始

① 见《元史》卷一百一十八《唆儿火都传》。唆儿火都为蒙古族贵族特薛禅后裔。

② 同上，《脱怜传》。脱怜也是蒙古族贵族特薛禅后裔。

③ 见《元史》卷一百五十九《赵璧传》。

④ 见《元朝名臣事略》卷十三所载元好问撰"杨奂墓碑"。文中所云"王府"，即是宗王忽必烈的藩府。

⑤ 据《元史》卷一百五十八《许衡传》记载，至元八年(1271年)，许衡出任国子祭酒，"乃请征其弟子王梓、刘季伟、韩思永、耶律有尚、吕端善、姚燧、高凝、白栋、苏郁、姚燉、孙安、刘安中十二人为伴读。诏驿召之来京师，分处各斋，以为斋长"。

受到元朝统治者的宠信，其领袖人物八思巴被封为帝师。其后，西藏地区的许多喇嘛纷纷前来大都城，朝见元朝统治者。元朝统治者虽然对他们极为宠信，却也对他们滥用驿传的行为表示不满，并多次加以制止。

元世祖时，曾下令，"禁吐蕃僧给驿太繁，扰害于民，自今非奉旨勿给"①。元成宗时，亦下令，"诏西番僧往还者不许驰驿，给以舟车"②。元仁宗时，甚至对藏传佛教僧人来京之行为公开下令制止，"命西番僧非奉玺书驿券及无西蕃宣慰司文牒者，勿辄至京师，仍戒黄河津吏验问禁止"③。此后，元英宗、元泰定帝等人，皆曾下达过与此相类似的禁令④。

三、漕运通惠天下

元大都之所以能够在短时期内成为一个国际化的大都会，是与这里所具有的极为便利的水运(在当时习惯称为漕运)条件密切相关的。元朝政府正是充分利用了这个得天独厚的便利条件，才使得大都城的城市经济快速发展。当然，元朝政府的各种措施，一方面，是充分利用了历史遗留下来的现有设施；另一方面，则是进一步开发了新的水利设施，以适应城市发展的大趋势。

---

① 见《元史》卷十二《世祖纪》。此处所云"吐蕃僧"，即指藏传佛教僧人。

② 见《元史》卷二十一《成宗纪》。此处所云"西番僧"，亦指藏传佛教僧人。

③ 见《元史》卷二十四《仁宗纪》。

④ 其禁令，见于《元史·英宗纪》及《元史·泰定帝纪》。

在大蒙古国占领燕京时期，主要是沿用原有的漕运体制和现有的漕运设施，而对其设施加以日常的维护。在元太祖时，大蒙古国对中原地区的统治尚未稳固，故而无法施行漕运之事。及元太宗即位后，任用汉族大臣耶律楚材主持中原地区的政务，于是，耶律楚材向元太宗提出十项重要的治国之策，"皆切于时务，悉施行之"。①其中一项，就是实行漕运，得到元太宗的支持。并且，在此后的蒙金战争中，漕运发挥了重要的作用。

元世祖忽必烈在即位之前，就招揽中原地区的人才，收为己用。是时，名儒姚枢，亦被忽必烈召见，议论时政得失。姚枢在提出的三十项政治、经济举措之中，即有一项为"布屯田，以实边戍。通漕运，以廪京都"。②由此可见，当时许多精明的政治家，对于漕运之事，都是十分重视的。

元世祖即位之后，漕运系统更加完备，漕运渠道不断调整，漕运功能逐渐改善。元朝的漕运管理系统，最初称为军储所，顾名思

---

① 据《元史》卷一百四十六《耶律楚材传》记载，这十项国策为："信赏罚，正名分，给俸禄，官功臣，考殿最，均科差，选工匠，务农桑，定土贡，制漕运。"又据同书《粘合重山传》记载：元太宗时，"立中书省，以重山有积勋，授左丞相。时耶律楚材为右丞相，凡建官立法，任贤使能，与夫分郡邑，定课赋，通漕运，足国用，多出楚材，而重山佐成之"。由此传可证，耶律楚材在中原地区实行漕运，是在元太宗时。然而，据《元史》卷一百五十三《刘敏传》记载，元太祖十八年(1223 年)，刘敏受命来到燕京，"授安抚使，便宜行事，兼燕京路征收税课、漕运、盐场、僧道、司天等事"，据此，刘敏所行使的政府职能中，已有漕运一项，早于耶律楚材的诸项举措。但是，赋税的制定和征收，是在元太宗时的事，亦是耶律楚材主持其事，所以，此处《刘敏传》的记载，当有不实之处。

② 见元人苏天爵编纂《元朝名臣事略》卷八之二所载姚燧所撰"姚枢神道碑"。此处所云"京都"，既不是大都，也不是上都，而应是大蒙古国都城和林。这一点，请读者注意，以免误解。

义，显然是为了漕运军粮提供服务的。到了至元年间，中原地区的政治局势已经稳定，城市发展的经济需要远远超过了军事行动方面的需要，而漕运工作本身也在不断职业化，于是，在中统四年(1263年)九月，元世祖下令，"立漕运河渠司"。①专门负责管理漕运工作。

到至元十四年(1277年)三月，元世祖又下令，"以行都水监兼行漕运司事"②。翌年六月，元世祖再下令，"罢漕运司，以其事隶行中书省"③。到了至元十九年(1282年)十月，"由大都至中滦，中滦至瓜州，设南北两漕运司"④。这时的大都地区，已经成为漕运的中心地区，而管理机构的职能也在不断完善。"二十四年，内外分立两运司，而京畿都漕运司之额如旧。止领在京诸仓出纳粮斛，及新运粮提举司站车攒运公事。"⑤

在这一时期，元朝政府为了提高漕运系统的运输效率，对原有的漕河渠道进行了大规模的改造。原有的隋唐大运河，是以长安及

---

① 见《元史》卷五《世祖纪》。据《元史·世祖纪》记载，此后，在至元元年(1264年)三月，"立漕运司，以王光益为使"。在至元三年(1266年)六月，又记载"立漕运司"。而据《元史·百官志》记载，"世祖中统二年，初立军储所，寻改漕运所。至元五年，改漕运司，秩五品"。其所记之事，与《世祖纪》又不同。

② 见《元史》卷九《世祖纪》。

③ 见《元史》卷十《世祖纪》。此处记载，也与《元史·百官志》不同。据《百官志》记载，"(至元)十二年，改都漕运司，秩四品。十九年，改京畿都漕运使司，秩正三品"。其间，没有废去漕运司之事。

④ 见《元史》卷十二《世祖纪》。此处所记载之事，与《百官志》有相合之处。

⑤ 据《元史·世祖纪》的记载可知，"内外分立两运司"，在内者，即指京畿都漕运使司；在外者，则为设置在济宁的都漕运使司。又据《元史·世祖纪》记载，至元二十五年(1288年)二月，"改济州漕运司为都漕运，并领济之南北漕。京畿都漕运司惟治京畿"。

洛阳两京为中心的运输系统，主要是将全国的物资运送到长安及洛阳。而到了元代，运输的中心转移到了大都和上都，故而原有的运输系统已经不能适应新的需要。此外，这时江南地区的社会生产发展迅速，其生产的各种产品数量之多，质量之精，冠绝天下。正是在这种情况下，元朝政府才对运河系统进行了新的调整。

至元十七年(1280 年)七月，在中书省大臣阿合马的支持下，由济州官员阿八赤、姚演等人提出开凿新运河的建议，得到元世祖的认可。经过三年的努力，在至元二十年(1283 年)八月，"济州新开河成，立都漕运司"①。而主持开凿这条新运河的官员阿八赤、姚演等人，却因为在这项水利工程中贪污钱粮而受到查办。

这条新运河开凿之后，元朝政府增加了人力、物力，以供漕运之需，"增济州漕舟三千艘，役夫万二千人"。这些漕舟，每艘可装载粮食百石，配有民夫四人，遇有漕河水浅之处负责牵拉。其向大都每年运送的粮食，多达三十万石，占江南运粮总数的三分之一左右②。

为了进一步加强大运河对大都城的运输供应能力，在至元二十六年(1289 年)正月，元朝政府调动了大量人力物力资源，开凿一条新的运河河道。"起东昌路须城县安山之西南，由寿张西北至东昌，

① 见《元史》卷十二《世祖纪》。同书又记载，主持这项开河工程的官员阿八赤等人受到查办，"阿八赤、姚演以开神山桥渠，侵用官钞二千四百锭，折阅粮米七十三万石，诏征偿，仍议其罪"。

② 见《元史》卷十三《世祖纪》。书中云："初，江淮岁漕米百万石于京师，海运十万石，胶、莱六十万石，而济之所运三十万石，水浅舟大，恒不能达，更以百石之舟，舟用四人，故夫数增多。"同书在同年同月此条记载之后，又有"增济州漕运司军万二千人"的记载，其区别，只是"役夫"与"漕运司军"的不同。又有些文献记载，则是军与夫并称。

又西北至于临清，以逾于御河。"①经过半年多的努力，共耗费钞币一百五十万缗、大米四万石、食盐五万斤，调用民力二百五十一万余工时，开挖河道二百五十余里，修建闸门三十一座。完工之后，元世祖"诏赐名会通河，置提举司，职河渠事"②。

会通河的开凿，大大缩短了从江南地区运送货物北上大都城的水运线路，使得京杭大运河的格局基本固定。为了管理这条重要的水运线路，元朝政府又在至元二十七年(1290年)十月，"立会通汶泗河道提举司，从四品"③。此后，京杭大运河就成为大都城联系江南地区的最重要的经济纽带④。

元朝政府在调整运河大线路的同时，对大都地区的漕运系统也进行了相应的调整。因为这时从江南和中原地区运送到大都来的巨额粮食及其他物资都堆积到了大运河的北端通州，若将其从通州运送到大都城来，就变得十分困难。为此，在元朝政府中主持水利工作的官员郭守敬，提出从大都城开凿新运河直达通州的建议，得到元世祖的支持。

早在中统三年(1262年)，元朝政府设立漕运河渠司之时，郭守敬由中书省官员张文谦推荐，向元世祖提出"水利六事"，其中一

---

① 见《元史》卷六十四《河渠志》。
② 见《元史》卷十五《世祖纪》。
③ 见《元史》卷十六《世祖纪》。
④ 每年从江南地区运送到大都城来的物资，数量极为巨大。仅粮食运输一项，据元代中期的官员袁桷所云："厥今漕渠之粟，岁致千万石，数倍于辽海。不害于民，而京师益以羡。"见《清容居士集》卷四十九"书张子仁少监族谱后"一文。又据《元史》卷四十一《顺帝纪》记载，至正六年(1346年)主持漕运的政府官员曰："世皇开会通河千有余里，岁运米至京者五百万石。"这只是官方的运粮数量。如果再加上民间粮食商人的运输量，再加上其他物资的运输量，每年何止千万石！

项，就是从都城到通州的漕运之事。"中都旧漕河，东至通州，引玉泉水以通舟，岁可省雇僦车钱六万缗。通州以南，于蔺榆河口径直开引，由蒙村跳梁务至杨村还河，以避浮鸡淀盘浅风浪远转之患。"①

至元二十八年(1291 年)，郭守敬提出改造漕河的新方案，"大都运粮河不用一亩泉旧源，别引北山白浮泉水，西折而南，经瓮山泊自西水门入城，环汇于积水潭，复东折而南，出南水门，合入旧运粮河。每十里一置闸，比至通州，凡为闸七，距闸里许，上重置斗门，互为提阃，以过舟止水"。在元世祖的支持下，按照郭守敬的建议，开始挖掘一条新的运河。"首事于二十九年之春，告成于三十年之秋，赐名曰通惠。"②

这条新运河的挖掘工程具有相当大的规模，"上自昌平县白浮村引神山泉，西折南转，过双塔、榆河、一亩、玉泉诸水，至西水门入都城，南汇为积水潭，东南出文明门，东至通州高丽庄入白河。总长一百六十四里一百四步"③。元朝政府为此付出了二百八十五万工、一百五十二万锭钞、三万八千七百石粮，以及大量木、石等建筑材料。

通惠河的开凿，是一项十分成功的水利设施工程，根据地势的高低，郭守敬在这条新运河沿线设置了十处闸坝，每处闸坝又分为上下二闸，通过开合闸阀以调节水位高低，行驶漕船。从通惠河工程完工之后，江南地区的漕船由京杭大运河经由通惠河，可以一直

---

① 见《元史》卷一百六十四《郭守敬传》。

② 见《元朝名臣事略》卷九之二元人齐履谦所撰"郭守敬行状"。文中所云"中都旧漕河"，是指金朝时开凿的从金中都直达通州的漕河。元代至元中期以前，仍然沿用，但是所起的作用却不大。

③ 见《元史》卷六十四《河渠志》。

驶达大都城内的中心水域——积水潭，这就使得大都城的交通运输效率有了空前的提高。

水利运输，在中国古代的生产力发展状况下，是最先进的运输方式之一，因此，元朝政府在建立驿传系统的时候，在有水道的地方，又设置有水驿，由政府控制的民众使用船只，提供与陆路驿站同样的服务，而其效率，比陆路驿站要高得多。据元朝政府的规定，政府官员使用驿传系统的运输工具，一般在正常情况下，乘驿马每日的行程为七十里，坐驿车的行程为四十里，而乘驿船每日的行程，上水为八十里，下水为一百二十里。由此可见，水驿比陆驿的效率要高得多。

因此，许多前来大都办事的南方政府官员，大多使用水驿，既快捷，又稳当；而在大都的官员，其去南方出差办事，或者退休回南方家园，也往往使用水道驿传。还有一些特例，如元代末年，南方著名文士揭傒斯在大都城参加编修辽、金、宋三史的工作，因为劳累过度，不幸病故。元顺帝正在上都，"使者以闻，帝为嗟悼，赐楮币万缗，仍给驿舟，护送其丧归江南"[①]。

正是因为水利运输在中国古代发挥着极其重要的作用，所以，通惠河及京杭大运河的运输是否畅通直接影响到大都城的城市经济状况的盛衰变化。对于这种情况，元朝政府是十分清楚的，而有些蒙古族贵族和达官贵人出于私人的利益，却不顾大局，横行不法，往往造成了漕运系统的堵塞，给大都城的城市经济带来十分恶劣的影响，元朝政府有时不得不对其加以干涉。

在漕运系统中的不法行为危害最为严重的，主要有以下几项。其一，是蒙古族贵族及达官贵人在出行之时，不遵守漕河的管理制

---

① 见《元史》卷一百八十一《揭傒斯传》。

度，从而造成运输系统的瘫痪。在北方地区，运河的水源不是很充沛，运河的水道落差较大。由于这两个原因，故而在运河上政府修建有闸坝，按时开启和关闭，以保证及时蓄水，调节水位，以使漕船畅通无阻。但是，有些特权人物在出行时，不遵守运河管理部门的规定，随时启闭闸坝，只顾自己方便，导致运河中水量的调节失控，进而导致整个漕运系统的阻滞。

其二，是蒙古族贵族及达官贵人自己利用运河系统经营商业，牟取暴利。为了加大其私人商船的运输量，往往不服从漕运管理部门对漕船大小尺寸的规定，擅自打造大船，运载货物，又总是超过额定的数量，由于这些特权人物的商船尺寸过大，在漕河中不易转弯；载物过重，水浅难行，淤塞河道，从而导致运河系统的严重阻滞。

其三，是有些政府官员，以政府工作需要为名，强行将漕河中正常行驶的百姓和商人的船只征用，借此敲诈勒索，如果民众和商人给他贿赂钱财，他就放行；如果不给他贿赂，就把船扣住不放。这种人为的阻滞行为，经常发生。甚至有些官船户，自己的船坏了，不去修理，也把民众及商人的船只扣住，为其运送官物。

其四，是蒙古族贵族及达官贵人在运河两岸有大量田产。他们为了增加农业收入，往往在运河上挖开缺口，引运河中的河水灌溉自己的田地。这样虽然保证了私人农业生产的增收，扩大了他们自己的财富，却导致了运河中河水的人为减少，进而使得漕船因为水少而无法行驶，出现阻滞的情况。

以上几种常见的情况汇到一起，就会导致大运河的严重阻滞，其所引起的后果是十分严重的。首先，是政府急需的各种物资无法按时运送到大都城来，直接影响到许多重要的国家大事的落实。其次，是元朝统治者需要的许多日常消费品的供应也因此而受到影响。再次，则是由于漕渠阻滞而导致大都百姓日常生活需要的物品出现短缺，使得各种商品的价格暴涨，从而造成社会的不安定。也正是因为有这些不利的影响，元朝政府才不得不多次下令，严禁蒙古族贵族及达官贵人阻滞漕运系统的正常运行。

四、海帆万里 乘风旬日

在元代，海运是与漕运密切相关的事情。在元朝攻灭南宋之前，主要是采用漕运的举措。在攻灭南宋之后，先是仍采用漕运，然后是以漕运为主、海运为辅，最后则是漕运与海运并重。海运在创行的过程中，又经历了先是全程海运，然后是一段海运加上一段漕运、再加上一段海运，最后又是全程海运的过程。海运的线路在不断变更，海运的时间在不断调整，终于达到了最佳状态。

元朝统治者占有江南地区之后，面临的最大问题之一，就是如何将征收到的江南巨额财富顺利运送到北方地区，特别是大都及上都地区来。在当时，中国是一个农业大国，江南地区生产的粮食数量之多，仅元朝政府作为赋税征收的那一部分，即数以百万石计。粮食的重量较大，价格又较便宜，人们日常生活又离不开。因此，在运输方面就产生了许多难处。

难处之一，是路途太长。元朝统治者把其统治中心从漠北草原南移到大都地区，已经是勉为其难的事情，因为少数民族统治者对汉族民众的戒惧心理是很重的，为了保障自身的安全，故而其统治中心不可能再向南，迁移到洛阳甚至杭州。在这种情况下，要想缩短运输江南巨额财富的路途，显然是不可能的。

难处之二，是粮食价格低廉，而其重量又大，故而导致运输费用昂贵。在中国古代，由于农业生产技术的发达，使得农民生产的粮食数量较多，特别是在风调雨顺的年份，农业丰收使得粮食价格更加低廉。而在运输方面，不论是人力、畜力，还是作为运输工具的车、船等物品，其费用都相对较高。如果从江南地区运送粮食的费用超过了粮食自身的价格，也就是得不偿失的事情了。

难处之三，是对粮食的大量需求。由于元大都城的城市经济快速发展，带来城市人口的大量增加，这大量人口对粮食的需求量是惊人的。大都周围地区的自然环境虽然较为良好，其生产的粮食却远远满足不了这些巨额需求。此外，为了控制城市社会秩序的稳定，都城粮食市场的价格也必须保持在一个居民的经济条件能够承受的范围之内，而不能任由粮食价格随意暴涨。

这三个难处如果不能够得到妥善解决，将直接影响到大都和上都的统治中心的地位，也会严重限制两都的城市经济的发展速度。要想解决这些难处，唯一的办法就是海运。早在唐代，中央政府为了遏制东北地区的奚和契丹少数民族势力的发展，在幽州地区驻扎有大量军队。为了保证这些军队的粮食供应，唐朝政府即曾创行过海运，并且取得了较好的效果。但是，从"安史之乱"以后，政局分裂，海运亦随之而停止。

直到几百年之后的元代，全国再次统一，兼之江南地区的农业经济有了长足的发展，遂为海运的再次施行提供了必要的条件。这时由于距唐代的海运时间过于久远，对于北方地区的人们而言，已经是鲜为人知的。但是，对于那些善于驾船的南方人士，特别是长期生活在海边的人士而言，对于从江南经由海道直抵大都等北方地区的事情，还是有所了解的[①]。

　　及元朝军队攻占南宋都城临安(今浙江杭州)，有大量钱财及物品需要运到大都城来，于是，元军统帅伯颜命江南船民朱清、张瑄等人用海船将南宋政府的大量库藏图籍从海道运送到大都来。从至元十三年(1276 年)到十九年期间，元朝政府动用了大批人力、物力，不断改造大运河，以提高漕运的效率。但是，仍然无法满足政府的需求。这时，伯颜回想起曾命朱清、张瑄等人从海道运送图籍之事，遂向元世祖提出海道运粮的建议，并得到支持。

　　于是，元朝政府命上海总管罗璧与朱清、张瑄一起，打造了六十艘专门用于海道运粮的平底海船，试从海道运粮四万六千余石。至元十九年(1282 年)从江南的平江刘家港出发，因为是初次大规模运粮，一路之上，"沿山求岙，风信失时，明年始至直沽"[②]。这次海运，虽然历时长达一年，运送的粮食又只有四万余石，但是，却对于解决以上三个难处颇为见效。

　　其一，是运输费用低廉。因为是水运，用的人员较少，只有船夫即可，减省了大量的人力和畜力。其二，是运输量可以加大。平底海船的粮食承载量是很大的，只要组织起一支数量可观的船队，加以有效指挥，其效果是十分理想的。其三，是路途问题。正如上文所说，水道的运输效率比陆路要高得多，因此，无形之中也就缩短了地理空间上的距离。

---

　　① 据《元史》卷一百八十九《金履祥传》记载，南宋学者金履祥在元军猛攻襄樊之时，曾向南宋统治者献策，"请以重兵由海道直趋燕、蓟，则襄樊之师，将不攻而自解。且备叙海舶所经，凡州郡县邑，下至巨洋别坞，难易远近，历历可据以行。及后朱瑄、张清献海运之利，而所由海道，视履祥先所上书，咫尺无异者，然后人服其精确"。文中"朱瑄、张清"，应为朱清、张瑄之误。
　　② 见《元史》卷九十三《食货志》。

因此，当首次参加海运的罗璧、朱云龙等人将粮食运送到大都城来之后，元世祖十分高兴，"赏朱云龙漕运功，授七品总押，仍以币帛给之"。①而管军总管罗璧，亦因海运及造船之功，"赐金虎符，进怀远大将军、管军万户，兼管海道运粮"②。于是，开始了海运与漕运并行的局面③。

经过几年的海上运输实践，朱清、张瑄等人找到一条最为便捷的航线，从刘家港入海，过万里长滩，经青水、黑水二洋，直到成山，再由成山入莱州大洋，入界河口。这条线路进一步缩短了从江南到都城的距离。此后，水手们又总结出利用季风的经验，从而进一步加快了航运的速度，运粮船"自浙西至京师，不过旬日而已"④。

由于海运的成效日益突出，元朝政府曾一度减少运河漕运的数量，并且将一些原来漕运的民夫和船只调去从事海运。朱清、张瑄等人的地位也随着海运受到重视而变得越来越显赫。"父子致位宰相，弟姪甥婿皆大官，田园宅馆遍天下，库藏仓庾相望，巨艘大舶帆交番夷中，舆骑塞隘门巷，左右仆从皆佩於菟金符，为万户、千

---

① 见《元史》卷十二《世祖纪》。文中的"朱云龙"，系朱清之子。同书又载，"以海道运粮招讨使朱清为中万户，赐虎符；张瑄子文虎为千户，赐金符"。

② 见《元史》卷一百六十六《罗璧传》。传中又云："立运粮万户三，而以璧与朱清、张瑄为之。"由此可知，元朝政府在封罗璧、朱清为运粮万户之时，也封张瑄为运粮万户。

③ 据《元史》卷十二《世祖纪》记载，至元二十年(1283年)五月，元世祖"用王积翁言，诏江南运粮，于阿八赤新开神山河及海道两道运之"。由此可见，主张从海道运送粮食的意见是许多人的共识。而海运与漕运的并行，也是实际的需要。

④ 见《元史》卷九十三《食货志》。

户。"①这种地方势力的恶性扩张只能招来祸害。及元世祖死后，元成宗即位，于大德六年(1302 年)将朱、张等人诛杀，并将其财产全部查抄、没收。

元成宗在打击朱清、张瑄的势力之后，下令，"并海道运粮万户府为海道都漕运万户府，给印二"②。将主持海运的机构加以调整。又重新施行漕运与海运并举的办法。到了元武宗即位之后，随着海运粮食的数量不断增加，而海运系统自朱、张被诛杀以后，没有得力人员加以管理，于是元朝政府不得不重新起用朱清和张瑄的后人，来主持海运工作③。而在江浙行省，又有一些政府官员的亲属，也想插手海运之事④。

从元世祖时施行海运，其运粮的数量在直线上升，元世祖时从几万石增长到一百四五十万石，元成宗时增加到一百七八十万石，到元武宗时，增加到二百八九十万石，元仁宗及泰定帝时增加到三百三十余万石，再到元文宗时，增加到三百五十余万石，达到了海

---

① 见陶宗仪《南村辍耕录》卷五"朱张"条。文中所云"致位宰相"，是指元朝政府曾任命朱清等人为行省宰臣。只是虚衔，而无实权。有些文献还说元朝统治者赐给朱清、张瑄等人印制钞币的钞版，命其自行印造钞票，等等，皆为无稽之谈。

② 见《元史》卷二十一《成宗纪》。

③ 据《元史》卷二十三《武宗纪》记载，至大三年(1310 年)十一月，武宗曾下令，"以朱清子虎、张瑄子文龙往治海漕，以所籍宅一区、田百顷给之"。朱清和张瑄之子，其名字在史书中的记载较为混乱。此处，朱清之子为朱虎，张瑄之子为张文龙，而在《世祖纪》中，朱清之子为朱云龙，张瑄之子为张文虎，与此处完全不同，龙、虎混淆。

④ 据《元史·武宗纪》记载，这时，有江浙行省左丞沙不丁之弟合八失、马合谋但的等人主动要求参与海运工作，"请以马合谋但的为遥授右丞、海外诸蕃宣慰使、都元帅、领海道运粮都漕运万户府事，设千户所十，每所设达鲁花赤一、千户三、副千户二、百户四"。得到元武宗的认可。

运粮食的巅峰状态。到元顺帝即位后，元朝的统治日渐腐败，海运粮的数额也随之日渐减少。及农民起义爆发之后，漕运及海运的线路都被阻断，元大都的城市经济因此受到严重打击，很快就趋于崩溃。

随着海运的施行，受其影响最大的有两处地方，一处是直沽镇(今天津市)，另一处是上海。直沽镇是大都城东南面出海口的一个小村镇，在元朝创行海运之前，人口并不多，地位也不重要。而在创行海运之后，这里的情况就发生了很大变化。元世祖时，由于这里是海运船停泊的地方，遂在此建造了存储粮食的仓库，如在至元二十五年(1288 年)四月，元世祖下令，"增立直沽海运米仓"[①]。

到了元武宗的时候，随着海运粮食数量的猛增，直沽镇的地位也变得越来越重要。至大二年(1309 年)四月，元武宗下令，"摘汉军五千，给田十万顷，于直沽沿海口屯种，又益以康里军二千，立镇守海口屯储亲军都指挥使司"[②]。直沽镇增加了大量的屯田军士，农业生产有了较大发展，特别是，元朝政府在这里设置了专门的军事防卫机构。

到了元仁宗的时候，中书省官员指出"漕运粮储及南来诸物商贾舟楫，皆由直沽达通惠河"[③]，由于受到每年大批海漕船在这里转运粮食的影响，直沽镇已经逐渐成为一个商贾云集的重要港口。为此，在延祐三年(1316 年)正月，元仁宗下令，"改直沽为

---

① 见《元史》卷十五《世祖纪》。又据《元史·罗璧传》记载，这一年，罗璧海运粮食，"督漕至直沽仓，潞河决，水溢，几及仓，璧树栅，率所部畚土筑堤捍之"。

② 见《元史》卷二十三《武宗纪》。

③ 见《元史》卷六十四《河渠志》。

海津镇"①。这里遂成为元朝政府设立正式行政机构的地方。

由于受到海运活动的影响，元英宗时，开始正式派遣政府官员在直沽举行祭祀海神的仪式。至治元年(1321年)五月，"海漕粮至直沽，遣使祀海神天妃"②。此后，这种祭祀活动岁以为常。到泰定帝即位后，于泰定三年(1326年)八月，"作天妃宫于海津镇"③。这是北方地区祭祀海神的最重要的场所。

到了元代末年，社会动荡不安，为了保证海津镇的入海口畅通，元顺帝于至正九年(1349年)四月，下令，"立镇抚司于直沽海津镇"④。在此前后，为了进一步加强海津镇的防卫功能，元朝政府还在这里设置有直沽分枢密院，专门派出官员率兵镇守其地⑤。但是，不久之后，元朝的统治就被大明军所推翻。

在从元朝创行海运，到大明军推翻元朝统治的几十年时间里，直沽镇从一个小小的普通村庄变成了一个相当重要的港口市镇，其发展速度之快，是周围地区的其他村镇无法与之相比的。也正是由于元代海运所奠定的良好基础，也才能够有此后明清时期，乃至于近现代天津城市的发展。

由海运而造成重要影响的另一处地方，是上海。在元朝创行海运之前，上海也只是一个小市镇。从至元十九年(1282年)元朝政府创行海运开始，这里的情况发生了变化。就在这一年，负责海运工

---

① 见《元史》卷二十五《仁宗纪》。

② 见《元史》卷二十七《英宗纪》。此后，在至治三年(1323年)二月，《英宗纪》又有"海漕粮至直沽，遣使祀海神天妃"的记载。

③ 见《元史》卷三十《泰定帝纪》。

④ 见《元史》卷四十二《顺帝纪》。

⑤ 据《元史》卷四十七《顺帝纪》记载，至正二十六年(1366年)六月，元顺帝下令，"命知枢密院事买闾以兵守直沽"。

作的主要官员管军总管罗璧，将其总管府从金山迁移到了上海，并且把这里作为打造平底海船的基地①。罗璧的这个举措，无疑对上海的进一步发展产生了巨大的影响。

到了至元二十七年(1290 年)，由于上海市镇居民的人口不断增加，故而元朝政府决定，在上海设置正式的县级行政机构②。在此前后，元朝政府又在江南地区的七处重要商业城市设置有市舶司，负责征收市镇中的商税。这七处重要商业城市为：杭州、上海、澉浦、温州、庆元、广东、泉州③。由此可见，因为海运的创行，使上海成为江南地区的重要港口城市之一，海运自然而然地促进了这座城市的经济发展，使之逐渐变为今天的现代化大都市。

上海是元代海运的起点之一，天津则是元代海运的终点。由于大都城的政治中心的地位和作用，使得元朝政府不得不开始施行海运的举措。而海运的施行又无形之中促进了两个沿海城市的发展。历史发展到了二十一世纪的今天，海运粮食的举措早已消失了，而这两座城市的港口作用并没有消失，反而更加发达。溯其源头，元代海运的作用是不容忽视的。

---

① 据《元史·罗璧传》记载，至元十九年(1282 年)，罗璧"徙镇上海，督造海舟六十艘，两月而毕"。

② 据《元史》卷六十二《地理志》记载，"上海。上。本华亭县地，至元二十七年，以户口繁多，置上海县，属松江府"。但是，据《元史·世祖纪》的记载，"分华亭之上海为县"，是在至元二十八年(1291 年)七月的事情，与《地理志》的记载略有出入。

③ 有关元代市舶司的情况，请参阅《元史·世祖纪》《百官志》及《食货志》的相关内容。

元

第九章

四季有冷暖　水旱不时生

——大都地区的自然环境及其改造利用

在中国古代，自然环境的优劣对人们生活的影响是很大的。在自然环境优越的地方，人们从事生产劳动，就可以既省力，又多收获。而在自然环境恶劣的地方，人们花费大量的劳动，收获却甚少。虽然人们在改造客观环境的过程中，能够发挥一些主观能动性，也会产生一些效果，但是要想从根本上改变环境，却是很困难的。

特别是在古代社会中，人们对客观世界的认识是有很大局限性的，因此，人们对自然环境的保护意识也是十分淡漠的，只是由于人们改造自然的能力还很有限，故而对大自然的破坏尚不严重。再加以自然环境自身也具有某种自我调节能力，因此，在相对的历史时期内，自然环境的变化是较小的。元代的大都地区，其自然环境的变化状况，与此前的辽、金等朝代相比，也是较小的。

就地理状况而言，大都城位于华北平原的北端，东、南、西三面的土壤平整而肥沃，在大都城的东南地势低洼处，还有较大面积的湿地。大都的四周河流分布亦较为均匀，有些是季节性河流，夏季流量充沛，冬季流量减少。而在大都城的西北及北部，有着太行山脉的屏障，挡住了大部分冬季从北方南下的寒流，使得山南与山北地区的气候差异极大。因此，这个地区自古以来就比较适合于农业生产。

就其气候状况而言，大都地区是一种明显的大陆季风性气候，一年四季分明，夏季炎热多雨，且雨量较大，往往造成季节性河流的暴涨，引起水灾。冬季寒冷干燥，河、湖都有较长的结冰期。春秋两季气候温暖，较为宜人。只是春季的风沙较大，许多从南方到大都任职的人士对此都不太适应。

就其自然状况而言，大都地区也是比较优越的。在西北一带的群山中，有着较为茂密的植被，遍布着生长多年的丛林。在大都城中的民宅之中，居民也都十分喜爱种植各种果树和观赏花卉。而元朝政府又在街道两旁种植有大量的树木，既保护了路基，又绿化了环境，起到了很好的作用。

一、自然灾害　损稼伤农

在中国古代，农业是最主要的社会生产，而在大都地区，也是如此。在当时的生产力发展状况下，气候的好坏，对农业生产影响极大。就总体而言，大都地区的气候，在正常情况下，是较为适宜于农业耕稼活动的。而在气候异常时，庄稼不能正常生长，就会造成程度不等的灾害，直接影响到农民的收成。

就农业生产而言，自然灾害主要分为三类，一类是水灾，另一类是旱灾，还有一类是虫害。在这三类自然灾害中，以水灾的危害最为严重。在从元世祖即位，到元顺帝被大明军赶回大草原上去的一百余年间，仅据历史文献的不完全统计，大都地区即发生了较为严重的自然灾害九十几次，由此可见，在元代的这段时期，气候的变异是较为频繁的。

在大都地区，水灾主要发生在自然河流分布较多的地方，如大都东南一带的通州、漷州、蓟州及其下辖诸县。因为受到大陆季风性气候的影响，这里的降雨大多集中在夏季的两三个月里，而且降雨量极大，使得河流水位暴涨，冲溢农田，造成灾害。这种灾害在较为严重时，地方官员就会上报中央政府，并请求救济。

在元世祖即位不久之后的中统四年(1263年)七月，也就是降雨量最为集中的时候，"燕京、河间、开平、隆兴四路属县雨雹害稼"①。这次水灾，不仅是雨，而且有雹，其对庄稼的危害自然更加严重。而且，这次雨雹的中心地区，是在燕京下属的昌平县。因此，在《元史·五行志》中，更加准确的记载了受灾的地点②。

从至元二十年(1283年)开始，大都地区出现了第一个水灾高峰期，连续十二年发生水涝灾害。如至元二十三年(1286年)三月，大都城南面的雄州和霸州等地区就因为水灾而浸害农田③，同年六月，大都地区的涿州、漷州、檀州、顺州和蓟州又都出现水灾。同年九月，大雨又淋坏了大都城新修的太庙，"以太庙雨坏，遣瓮吉剌带致告，奉安神主别殿"④。

又如至元二十六年(1289年)，从七月开始，大都地区即出现连天暴雨，把大都城的城墙都冲毁了，"雨坏都城，发兵、民各万人完之"⑤。统治者不得不调动大量人力来重筑城墙。到了八月，大都城及下属州县的水灾更加严重，甚至由此引起饥荒，"霸州大水，民乏食，下其估粜直沽仓米五千石"。"大都路霖雨害稼，免今岁租赋，仍减价粜诸路仓粮。""漷州饥，发河西务米二千石，减其价赈粜之。"⑥

在此后的几年中，大都地区这种水灾的危害接连不断。如至元二十八年(1291年)二月，由于暴雨不断，五年前因遭雨淋而损坏的

---

① 见《元史》卷五《世祖纪》。

② 据《元史》卷五十《五行志》记载，"四年七月，燕京昌平县，景州蓨县，开平路兴、松、云三州雨雹害稼"。其记载与《世祖纪》略有出入。

③ 据《元史》卷十四《世祖纪》记载，"雄、霸二州及保定诸县水泛溢，冒官民田，发军民筑河堤御之"。

④ 见《元史》卷十四《世祖纪》。

⑤⑥ 见《元史》卷十五《世祖纪》。

太庙，再次被大雨冲毁，"雨坏太庙第一室，奉迁神主别殿"①。同年七月，大都城再下暴雨，"雨坏都城，发兵二万人筑之"②。由于水灾，再度引发饥荒，元朝统治者在下令免除大都路这一年田租的同时，又对饥民加以赈济③。

及元世祖死后，元成宗即位，又连续出现近十年的大水、雨雹的自然灾害，给大都地区造成了很大危害。这种情况，史不绝书。据《元史·成宗纪》和《元史·五行志》《元史·河渠志》的记载，至元三十一年(1294年)五月,元成宗刚刚即位，"大都路武清县雹"。元贞元年(1295年)七月，大都的武卫侍卫亲军的屯田又遭受水灾。元贞二年(1296年)，"六月，大都路益津、保定、大兴三县水，损田稼七千余顷"。"是岁，大都、保定，水"大德元年(1297年)，"是岁，大都之檀州、顺州，水。"大德二年(1298年)二月，"大都檀州雨雹"。大德三年(1299年)八月，大都又发生水灾。大德四年(1300年)五月，"真定、保定、大都通、蓟二州水"。大德五年(1301年)六月，"大都路水"。同年七月，"大都、保定，水"。大德六年(1302年)五月，"东安州浑河溢，坏民田一千八十余顷"。大德七年(1303年)，"自闰五月二十九日始，昼夜雨不止，八月九日夜半，山水暴涨，漫流隄上，冲决水口"。

到元仁宗皇庆、延祐年间，大都地区又连续几年出现水灾。仅据《元史》的"纪""传"等记载，即有：皇庆二年(1313年)六月，"涿州范阳县，东安州，宛平县，固安州，霸州益津，永清、永安

---

①② 见《元史》卷十六《世祖纪》。

③ 据《元史》卷十六《世祖纪》记载，这一年的七月，"大都饥，出米二十五万四千八百石赈之"。七月，元世祖下令，"免大都路岁赋丝"。到了十二月，"大都饥，下其价粜米二十万石赈之"。

等县雨水，坏田稼七千六百九十余顷"。延祐元年(1314年)六月，"涿州范阳、房山二县浑河溢，坏民田四百九十余顷"。延祐二年(1315年)正月，"霖雨坏浑河隄堰，没民田，发卒补之"。同年七月，"京师大雨。潞州、昌平、香河、宝坻等县水"。延祐三年(1316年)五月，"蓟州雹深一尺"。

如果说从元世祖至元后期至元成宗大德年间的水灾频发，是元代大都地区的第一个高峰期，那么，从元英宗即位之初，到元顺帝即位之初的二十余年间，则是大都地区的第二个水灾高峰期。在至治元年(1321年)，大都地区的水灾就十分严重。从六月份开始，"霸州大水，浑河溢，被灾者二万三千三百户"①。到了七月，水灾更加严重，"通州潞县榆棣水决"。"滹沱河及范阳县巨马河溢。""大雨，浑河决。""蓟州平谷、渔阳等县大水。"②顺州、东安州、固安州、宝坻县等处，也被水灾殃及。

八月，元朝政府开始重新修缮被大雨冲坏的都城。九月，元朝政府又因为京城发生饥荒，调拨官仓粮十万石，减价出售给居民食用。到了十二月，通州地区再次出现水灾。这一年的水灾使得大都地区的主要河流，如浑河(今永定河)、巨马河、榆棣河等皆因暴雨而泛滥，冲毁堤岸，淹没庄稼、农舍等。受灾最为严重的，主要是这些河流两岸附近的居民。

在至治三年(1323年)，同样严重的灾情再次出现。五月，"东安州水，坏民田千五百六十顷"③。同时，位于京畿地区的"诸卫屯田及永清县水"。六月，更大面积的水灾发生，"易、安、沧、

---

① ② 见《元史》卷二十七《英宗纪》。又据《元史·五行志》记载，"霸州大水，浑河溢，被灾者三万余户"。其受灾的人户更多。

③ 见《元史》卷二十八《英宗纪》。

莫、霸、祁诸州及诸卫屯田水，坏田六千余顷"。仅大都永清县一处，即损坏农田四万余亩。到了七月，"漷州雨，水害屯田稼"①。元朝政府又一次修缮被大雨冲坏的大都城。祸不单行，不久，元英宗在从上都回大都的途中，被叛逆的大臣杀害，史称"南坡之变"。

泰定帝即位后的几年中，水灾愈加严重。泰定元年(1324年)四月，元朝政府为了预防水灾，"发兵民筑浑河堤"②。但是，水灾仍然发生了。五月，"漷州、固安州水"。"龙庆路雨水伤稼。"③六月，大都地区的营田提举司屯田、大司农屯田、诸侍卫亲军屯田等，皆有"雨伤稼"的情况。七月，"大都路固安州清河溢"。并且在大都的西北地区出现罕见的雹灾，"龙庆州雨雹大如鸡子，平地深三尺"④。

泰定二年(1325年)，水灾仍在延续。从正月开始，大都下辖的宝坻县即发生水灾。四月，大都西面涿州的房山、范阳二县也发生水灾。五月，大都东北地区出现特大水灾，"大都路檀州大水，平地深丈有五尺"。六月，大都东面亦出现特大水灾，"通州三河县大雨，水丈余"⑤。八月，灾情仍在蔓延，霸州、涿州、永清县、香河县的灾害最为严重，损坏庄稼九千余顷。八月和九月，檀州在遭受大水灾后，又遭受了两场雹灾。

泰定三年(1326年)七月，大都下辖的州县再次发生大水、大风、

---

① 见《元史》卷二十八《英宗纪》。

②⑤ 见《元史》卷二十九《泰定帝纪》。

③ 见《元史》卷五十《五行志》。此处所云"龙庆路"，即龙庆州，因元仁宗在此出生，遂划归于大都路，约当现在延庆县境。

④ 见《元史》卷二十九《泰定帝纪》。文中所云"雨雹"，雨为动词，"雨雹"者，今俗语为下雹子。文中"大如鸡子"的"鸡子"，今俗语为鸡蛋。

雨雹的现象，"檀、顺等州两河决。温榆水溢"①。八月，"龙庆路雨雹一尺，大风损稼"。由于受到严重自然灾害的影响，又出现饥荒，贫苦百姓被饿死者较多，泰定帝遂下令，"命瘗京城外弃骸，死状不白者，有司究之"②。到了泰定四年(1327 年)四月，大都地区的通州、顺州、檀州，及渔阳、宝坻、香河等县的饥荒更加严重，元朝政府采取紧急措施，"赈粮两月"。

在这一年的三月，由于累年暴雨不断，造成了浑河堤岸的崩坏，元朝政府遂调集军民万人，堵塞决口。同年六月，"大都东安、固安、通、顺、蓟、檀、漷七州，永清、良乡等县雨水"③。由于连续多年的水灾还在肆虐，大都地区饥民的人数也在不断增加，政府的赈济力度也不得不加大。同年十月，"大都路诸州县霖雨，水溢，坏民田庐，赈粮二十四万九千石"。同年十一月，"减价粜京仓米十万石，以赈贫民"。同年十二月，"发米三十万石，赈京师饥"④。如果加上四月的赈济，这一年的赈济竟然多达四次，其赈济的粮食数量亦多达数十万石。

泰定帝死后，在元文宗即位的几年中，水灾的次数减少了一些，其危害程度也有所减轻。天历二年(1329 年)，大都地区出现了先旱后涝的灾害，"大都之东安、蓟州、永清、益津、潞县，春夏旱，麦苗枯；六月壬子雨，至是日乃止，皆水灾"⑤。至顺元年(1330 年)

---

①②④ 见《元史》卷三十《泰定帝纪》。据《元史·五行志》记载，"东安、檀、顺、漷四州雨，浑河决，温榆水溢，伤稼"。比《本纪》的记载更加详细。

③ 见《元史》卷二十九《泰定帝纪》。

⑤ 见《元史》卷三十三《文宗纪》。又据《元史·五行志》记载，"大都东安、通、蓟、霸四州，河间靖海县雨水害稼"。可以补充《本纪》之文的内容。

五月，"是月，右卫左右手屯田大水，害禾稼八百余顷"。六月，前卫、后卫、武卫屯田皆发生水灾。七月，"大都之顺州、东安州大风雨雹伤稼"①。闰七月，大都及京畿诸侍卫亲军屯田、大司农屯田，又遭受水灾。

在元顺帝即位之初，曾发生两次十分严重的水灾，一次是在元统元年(1333年)六月，"是月，大霖雨，京畿水平地丈余，饥民四十余万，诏以钞四万锭赈之"②。这次大水灾，在元代大都地区近百年间都是罕见的。另一次，是在后至元三年(1337年)六月，"大霖雨，自是凡至癸巳不止。京师，河南、北水溢，御河、黄河、沁河、浑河水溢，没人畜、庐舍甚众"③。这次水灾范围之广，遍及整个华北地区。

此后，从至正十三年(1353年)开始，到至正二十年(1360年)，大都地区又出现了较长时期的水灾。至正十三年(1353年)夏天，"蓟州丰润、玉田、遵化、平谷四县大水"④。至正十四年(1354年)六月，"蓟州雨雹"⑤。同年秋天，蓟州又发生大水灾。至正十五年(1355年)，蓟州又出现"雨血"的怪事。至正十七年(1357年)八月，蓟州四县再次遭受大水灾。至正十八年(1358年)七月，"是月，京师大水，蝗，民大饥"⑥。至正十九年(1359年)五月，通州又发生

---

① 见《元史》卷三十四《文宗纪》。
② 见《元史》卷三十八《顺帝纪》。
③ 见《元史》卷三十九《顺帝纪》。此处所云"浑河"，在元代又称卢沟河，即今日永定河。文中又云"自是日至癸巳不止"，"是日"为辛巳日，即六月十二日，癸巳日为六月二十四日，也即是连续十三天大雨不止。
④ 见《元史》卷五十一《五行志》。
⑤ 见《元史》卷四十三《顺帝纪》。
⑥ 见《元史》卷四十五《顺帝纪》。

了雨雹损坏庄稼的灾害。至正二十年(1360年)五月，"蓟州遵化县雨雹终日"①。七月，通州又发生大水灾。此后，不到十年，元朝的腐朽统治就被农民起义军所推翻。

大都地区因为系大陆季风性气候，降雨主要集中在夏季和秋季之交的时候，而冬季和春季，乃至于夏初，又往往由于少雨或者无雨而导致农业生产的困难，严重时即形成旱灾。最早关于燕京大旱的记录，是在元太祖十五年(1220年)四月，因为元太祖召请全真教领袖丘处机见面，是时丘处机从山东来到燕京，适逢大旱，遂于四月十四日举行祈雨仪式②。

元太祖二十一年(1226年)，丘处机已经从西域回到燕京，这一年的春天和夏天，又出现严重的旱灾，"京师大旱，农不下种，人以为忧"③。于是，燕京行省的大蒙古国官员再次请丘处机举行祈雨仪式。翌年，"自春及夏又旱，有司祈祷屡矣，少不获应"④。遂再次请求丘处机举行仪式。这三次的仪式都或多或少起了降雨的作用，被百姓称赞为"神仙雨"。

但是，就在元太祖二十二年(1227年)的夏天，丘处机祈雨之后，又连日屡降暴雨，在旱灾之后，又出现了水灾。这正是大陆季风性气候的典型特征，与丘处机的道行没有必然联系。此后，在元太宗十年(1238年)，以燕京为中心的燕京地区，又出现了旱蝗之灾。因为大蒙古国时期存留下来的历史文献很少，故而对这一时期的气候总体状况，很难把握。

---

① 见《元史》卷五十一《五行志》。
② 见元人李志常所撰《长春真人西游记》卷上。其文曰："时方大旱，十有四日，既启醮事，雨大降。"
③④ 见《长春真人西游记》卷下。

元世祖即位后，有关的较大自然灾害在史书中是有记载的。相对而言，在元代的大都地区，由于水资源比较充沛，故而水灾的发生率较多，而旱灾的发生率较少。但是，与旱灾相伴随的，又有虫灾，在当时的大都地区，虫灾主要是蝗灾。元世祖时期，最早出现的虫灾是在中统三年(1262 年)五月，为蝗虫之灾。第二年，燕京等地再次出现蝗灾。到了至元年间，旱蝗灾害仍时有发生。

据《元史·世祖纪》及《五行志》的记载，从中统元年(1260年)到至元三十一年(1294 年)的三十五年中，发生旱灾与虫灾的年份即多达十五年①，由此可见，旱蝗灾害对大都地区的农业生产造成了十分严重的损害。即使如此，与大规模的水灾相比，旱灾的危害作用也还是要轻一些。

自从元世祖死后，大都地区的旱蝗灾害更加严重，其中，尤以元成宗和泰定帝在位时期为甚。从元成宗大德五年(1301 年)到大德十年(1306 年)，连续数年发生旱蝗之灾。大德五年(1301 年)四月，

---

① 据《元史·世祖纪》和《五行志》的记载，人都地区的旱蝗灾害计有：1. 中统三年(1262 年)的燕京蝗灾；2. 中统四年(1263 年)的燕京等诸路蝗灾；3. 至元三年(1266 年)的中都等地区的旱灾；4. 至元八年(1271 年)的中都等诸州县蝗灾；5. 至元十年(1273 年)的大都等诸路虫蝻之灾；6. 至元十四年(1277 年)的大都旱灾；7. 至元十六年(1279 年)的大都等十六路蝗灾；8. 至元十七年(1280 年)的大都旱灾；9. 至元十九年(1282 年)大都及周围地区旱灾；10. 至元二十一年(1284 年)的大都军卫屯田蝗灾；11. 至元二十二年(1285 年)的大都蝗灾；12. 至元二十三年(1286 年)的大都旱灾及霸州和漷州的蝻灾；13. 至元二十七年(1290年)的大都及周围地区大面积蝗灾；14. 至元三十年(1293 年)的大兴县蝗灾；15. 至元三十一年(1294 年)的东安州蝗灾。其中，至元十七年(1280 年)的自然灾害，《元史·世祖纪》记载为旱灾，而《五行志》记载为水灾，二者有不同之处。所记受灾时间皆为八月，或者是先旱灾、后水灾，同是在一个月发生的，未知孰是，且列于此处，以备日后详考。

"大都、彰德，虫食桑"①。大德六年(1302 年)七月，大都下辖的大兴、宛平等属县及涿州、顺州、固安州等处，皆发生蝗灾。大德八年(1304 年)五月，旱灾严重。六月，霸州属县益津又发生蝗灾。大德九年(1305 年)六月，大都属县武清发生蝗灾，八月，涿州、东安州等处亦发生蝗灾。大德十年(1306 年)四月至五月，大都地区发生了两次蝗灾。同时，旱灾也十分严重。

泰定帝即位之后，灾情仍然不断发生。泰定元年(1324 年)六月，大都地区发生蝗灾。泰定三年(1326 年)，春夏大旱，到了七月，涿州、霸州和京畿地区的诸侍卫亲军屯田皆发生蝗灾。泰定四年(1327 年)，从四月到八月，大都地区连续发生了五次较大的蝗灾。到十二月，又出现旱灾。致和元年(1328 年)四月，大都东面的蓟州发生蝗灾。统而观之，在泰定帝在位的五年之中，就有四年发生了旱蝗之灾。

在元代的大都地区，旱灾的出现，主要是因为气候失衡造成的，乃是自然的客观因素起着重要作用。而虫害的发生，除了自然的原因之外，还有重要的人为因素在起作用。蒙古少数民族统治者在来到大都地区之后，为了狩猎活动和放牧牲畜的需要，把大都五百里范围之内都划为禁区，禁止百姓在秋冬季节进行耕地活动，以便马、牛、羊等牲畜在田野中觅食。但是，这种行为却使得农田中的蝗、蝻等害虫能够安全过冬，遂造成来年的虫害之灾越来越严重。

---

① 见《元史》卷二十《成宗纪》。

二、炎夏暴雨聚 严冬狂风横

在元代的大都地区，气候与现在的差异并不大，如前文所述，属于大陆季风性气候。这种气候的特点之一，是冬季的寒风十分凛冽，往往令人无法忍受。对于这一点，长期生活在燕京地区的民众已经习以为常，而从外地到京城来的人士则感触深刻。如在元顺帝至正年间到大都来的著名少数民族诗人萨都剌，在与诗僧来复的唱和诗中，就曾描写道："燕山风起急如箭，驰马萧萧苜蓿枯。"[1]

冬季的北风不仅迅疾如箭，极为凛冽，而且在风起之时，往往带着大量的沙土，造成严重的空气污染。对此，来自江南的人士感触更深，在他们的诗作中，有着十分细致的描述。在元代后期生活在大都二十年的著名诗人张翥这样写道："大风尘土涨天飞，遮眼乌纱拍马归。还是洞庭湖水好，待郎来浣旧征衣。"[2]

诗人又作有一诗，描写大都城的"暴风"，其诗曰："闭户复闭户，黄尘千丈生。不雨草无色，冲风人倒行。狂吹不肯息，终夜为心惊。"[3]前一首诗，是描写诗人上朝之后回家途中遇到大风的情景；后一首诗则是居住在家中对户外狂风猛吹不止的感受。就是在今天，当北京的冬季刮起狂风之时，我们也有同感。这两首诗虽然没有明确指出刮风的季节，但是，第二首诗应该是写的春季，春

---

① 见萨都剌《雁门集》卷十三"赠答来复上人四首"（之二）。

② 见张翥《蜕庵集》卷五"读瀛海，喜其绝句清远，因口号数诗，示九成，皆实意也，十首"（之十）。

③ 诗载《蜕庵集》卷二。

草已生的时候。北京春季的大风，其猛烈的程度，绝不逊色于冬季，而且沙尘也很大。

特别是每当春季大风刮起之时，往往造成气温的极大变化，"正月到季月，常厌风为政。绨袍脱复著，天气殊未定。花残无奈何，麦短农事病"①。因为气温变化很大，人们不得不根据冷暖来更换衣服。俗语所说"二八月，乱穿衣"，即是指此。在这种酷烈的暴风中，受害最为惨重的是那些初春刚刚开放的花朵②。

除了冬季和春季的这种季节性暴风之外，大都地区有时也会遭受暴风之灾。据正史记载，大都地区有几次大的风灾。一次是在元英宗至治三年(1323年)五月，"柳林行宫大木风拔三千七百株"③。另一次是在泰定三年(1326年)，先是在这一年的七月，"宝坻、房山二县大风折木"。然后是在八月，"大都昌平等县大风一昼夜，坏民居九百余家"④。

第三次是在元顺帝至正二十七年(1367年)，从三月份开始，"京师有大风，起自西北，飞砂扬砾，昏尘蔽天。逾时，风势八面俱至，终夜不止，如是者连日。至五月癸未，乃止"⑤。这种类似的情况，还有一次发生于在此之前的后至元四年(1338年)四月，"京师天雨红沙，昼晦"⑥。从这两次的记述情况来看，应该是我们今天

① 见元人杨弘道《小亨集》卷一"过燕"。
② 元代初期生活在大都城的诗人王恽，曾作有"小桃"诗，以述其情景，诗曰："小桃闲拆淡胭脂，不出初春未半时。二月朔风吹石裂，依然憔悴簇枯枝。"诗人共写了三首，这是第一首。载于《秋涧集》卷二十八。在石头都能吹裂的朔风中，初春的花儿又怎能不憔悴呢。上引杨弘道诗中亦云"花残无奈何"，正可用来相互印证。
③④ 见《元史》卷五十《五行志》。
⑤ 见《元史》卷五十一《五行志》。
⑥ 见《元史》卷三十九《顺帝纪》。

所说的"沙尘暴"，只是后至元四年的这一次时间较短，而至正二十七年的这一次时间较长，污染较为严重。

在大都地区，冬天或多或少总是要有一些降雪，如果没有降雪，就会给农业生产带来不利的影响。因此，人们往往称冬季的降雪为"瑞雪"，并加以赞颂，而对于无雪的冬季，则视同为发生旱灾。如元仁宗皇庆元年(1312年)，"冬无雪，诏祷岳渎"。到了延祐元年(1314年)，又出现"大都檀、蓟等州冬无雪，至春草木枯焦"①的情况。

对于冬季无雪而往往引起的农业歉收情况，统治者为了稳定社会、保证农民尽少发生饥荒，有时还要下诏，减免第二年的租税。王恽在至元年间就曾作诗，详细描述了这种情况："去岁一冬无雪雨，地不藏阳变恒煦。就中气运北自南，江表严凝比燕土。今年正月日丙申，我游中堂闻好语。圣恩滂霈来九天，四海租徭尽蠲取。"②

大都地区的冬雪，降雪的时间大多集中在元旦(此指农历的正月一日，今称"春节"，下文所说"元旦"，都是指农历而言)左右，正是白官朝拜统治者的时候。在这时降雪，更是给节日增添了喜庆的气氛。王恽在元成宗元贞二年(1296年)的元旦大朝会时，适逢降雪，于是吟诗曰："万宝陈庭未是奇，千官朝处玉为墀。小臣

---

① 见《元史》卷五十《五行志》。因为无雪而祷告五岳四渎的神灵，是祈求它们能够降雪，使风调雨顺，有好的收成。

② 见王恽《秋涧集》卷八"瑞雪歌"。王恽在诗中续写到："由然云叶合中天，一雪平明几尺许。建章宫阙玉崔嵬，华柳蓬莱气先吐。汉家燕南三百州，千里飞章贺恩溥。"认为由于元朝统治者蠲免百姓租税的善政感动了上天，故而降下瑞雪。

归美丰年庆，不数元和贺雨诗。"①

对于那些从南方来到大都任职的官员而言，对大雪的感触，是与朔风一样的，也很新鲜和深刻。诗人张翥在泰定元年(1324年)的元旦正好在大都，遇上了一场大雪，从大年初一，一直下到初三。于是赋诗遣兴，描写道："几岁无此雪，南国见应稀。平地深三尺，飞花大一围。"②通过他的描述，可以看出，这场雪是很大的。诗人张翥的感受，不禁使人联想起唐代诗人李白曾来到这里，写下了"燕山雪花大如席"的诗句。

有的时候，由于天气比较寒冷，刚刚到十月，就下起了雪。有的时候气候较为暖和，刚过元旦不久，就下起了春雨。江南大文豪赵孟頫在到大都任职期间，就曾遇到过较早降雪的情况，并作诗加以描述："燕雪常飞十月前，敝裘破帽过年年。拥炉自笑何为者，欲买浊醪无一钱。"③对于大都地区冬日的寒雪，南方人士很难适应，只得作诗，聊以自嘲。

对于大都地区夏天的暴雨，就如同朔风一样，来得十分猛烈，与江南地区经常下的濛濛细雨有着完全不同的格调。对于这一点，从江南地区来的人士也是深有感触的。如在至元十六年(1279年)十月被元朝政府押送到大都来的南宋名臣文天祥，在大都城被关押了

① 见王恽《秋涧集》卷二十二"元贞二年丙申元会日大雪"诗。
② 见张翥《蜕庵集》卷二"甲子元日夜大雪，初三日立春始晴"诗。诗人在元顺帝至正八年(1348年)在大都任官，又遇到一场大雪，于是写道："雪寒浑未解，风力更狂吹。"(其诗名曰"戊子正月连雪苦寒，答段助教天祐吉甫二首")此诗亦载于《蜕庵集》。
③ 见赵孟頫《松雪斋集》卷五"和黄景杜雪中即事"诗，共五首，这首是第一首，诗人在第二首诗中写道："雪寒凄切透书帷，极目南云入望低。欲报平安无过雁，忽惊残梦有鸣鸡。"除了自嘲之外，还表达了对故乡亲人的深切思念。

三个春秋，共计一千多个日夜。在这段时间里，文天祥在其诗作中描述了他对大都地区暴雨的体味。

文天祥曾作有"五月十七夜大雨歌"一首，诗中写道："去年五月望，流水满一房。今年后三夕，大雨复没床。"他又在另一首诗中写道："二年二大雨，地汙实成池。"①这时的文天祥，被关押在大都城的北兵马司的囚牢之中。因为囚牢地势低洼，屋子的质量又很差，所以使他饱受夏热冬寒之苦，也使他对暴雨的体会尤为深刻。

文天祥对大都暴雨的最精彩描写，当属"七月二日大雨歌"。他在诗中写道："燕山五六月，气候苦不常。积阴绵五旬，畏景淡无光。天漏比西极，地湿等南方。今何苦常雨，昔何苦常旸。七月二日夜，天工为谁忙。浮云黑如墨，飘风怒如狂。滂沱至夜半，天地为低昂。势如蛟龙出，平陆俄怀襄。初疑倒巫峡，又似翻潇湘。千门各已闭，仰视天茫茫。"②诗中所列举的巫峡、潇湘，其江水之湍急、湖波之浩荡，皆为北方人士很难想象的。

值得注意的是，文天祥的这三首诗，当作于至元十八年至十九年的五月至七月，而这两年的夏天，甚至全年，大都地区并没有发生大规模的水灾。也就是说，在他的诗作中所描写的，只是大都地区平时正常的降雨情况。其声势之猛烈，就已经被形容为"天漏比西极""势如蛟龙出""初疑倒巫峡，又似翻潇湘"了。

大都地区的春季，如果是在没有狂风沙尘的时候，气候是十分宜人的。正月的气温还比较冷，到了二月，春草开始冒芽，到了三月，桃花、梨花和杏花竞相开放，已是一片大好春光。诗人萨都剌

---

① ② 诗歌载于文天祥《文山集》卷二十"后指南录"。

曾写诗描述道："三月京城飞柳花，燕姬白马小红车。旌旗日暖将军府，弦管春深宰相家。"①诗人马祖常亦写诗曰："水南沙路雨清尘，桃李花开蛱蝶春。三月京华寒食近，东风十里酒旗新。"②

到了四五月份，大都城的气候更加暖和，桃、李、杏花谢了之后，许多私家园林种植的牡丹花又盛开起来。在大都城，除了廉园的牡丹最为出名之外，又有粟园的牡丹花，也很有名，"城南牡丹一百本，翰林学士走马来。渡水杨花逐飞燕，蓟中芳草送春回"③。这种宜人的气候较为短暂，大都城很快就暑热逼人了。

大都地区的夏天，气候炎热，有时的热度竟令人难以忍耐。在至元年间，诗人王恽曾因为酷暑难耐而写有"苦热叹"一诗，把大都的酷暑描写得淋漓尽致。诗曰："今年六月中，荼毒逾往岁。金晶才始伏，熛怒势此锐。炎官张火伞，屏翳扬赤帜。王城十万家，熏灼迫一势。乾坤堕炽瓮，逸德骇天吏。举动体懊熟，嘘欷气短细。抱冰眠或可，挥葵何所济。"④酷暑热得人浑身无力，就连扇扇子都不管用了。当时的许多诗人，都写诗描述过大都城的酷暑。⑤

---

① 见萨都剌《雁门集》卷四"京城春暮"诗。

② 见马祖常《石田集》卷四"御沟春日偶成"诗(之四)。马祖常又曾写诗一首赠给好友虞集，所述之景致，亦为大都的春天，诗曰："闻君傪直奎章阁，朝马偏从小海过。衣上落花红雨满，马鞍柳絮更如何。"(诗亦载于《石田集》卷四)

③ 见马祖常《石田集》卷四"南城"诗(之二)。通过诗中的描述，可知南去过冬的燕子，也已经回到大都城了。

④ 见王恽《秋涧集》卷二。

⑤ 如诗人张翥曾写有"次韵莫景行夏夜望雨"诗，诗中有"苦热不可忍，汗肤鳞甲生"之句。(见《蜕庵诗》卷一)诗人袁桷也写过"次韵李伯宗苦热"诗。(见《清容居士集》卷十)就连南方人士都对大都城的酷暑不能忍耐，其气温之高可以想见。

元朝政府为了减轻酷暑的危害，在每年的冬天将冰块储存起来，到了夏天再拿出来，供蒙古族贵族和政府官员用以降温。曾在大都任职的马祖常就曾写过"官曹供冰"一诗。诗曰："方冰一尺石盘光，冰玉流澌出上方。何但竹林堪避暑，京华白日似年长。"①这种"方冰"是只能供少数蒙古族贵族和政府官员享用，广大百姓却只得忍受酷暑的折磨。

在夏季过后，大都地区的气候又开始变得十分宜人。特别是在大都城里的海子与太液池一带，雨过天晴，秋风送爽，飘来一阵阵荷花的清香，令人在不知不觉中就陶醉了。诗人张翥曾写诗道："立马金河上，荷香出苑池。石桥秋雨后，瑶海夕阳时。深树栖霞早，微波浴象迟。烦襟一笑爽，正喜好风吹。"②

但是，大都地区的秋天十分短暂，很快天气就变得寒冷了。从中秋节过后，到重阳节为止，大都地区的菊花开过之后，就出现了一派萧瑟景象。冬日的来临，寒冷肃杀之气，使那些在大都任职的南方人士很不舒服，情不自禁回顾江南的景色。"昔年东吴望幽燕，长路北走如登天。江南冬暖花乱发，朔方苦寒气又偏。木皮三寸冰六尺，面颊欲裂冻折弦。卢沟强弩射不过，骑马径渡不用船。宦游远客非所习，狐貉不具绨袍穿。"③

---

① 见马祖常《石田集》卷四。他还曾写有"枢府书事"一诗，诗曰："官冰一尺石盘光，丹果秋来雨后香。幸喜太平书檄少，坐闻清露滴清商。"同载于《石田集》。诗中所云"枢府"，就是大都城的最高军事指挥机构枢密院。由此可知，马祖常这时是在枢密院任职，故而诗中有"幸喜太平"之句。

② 见《蜕庵集》卷二"金山桥上闻苑池荷香"诗。诗中还提到了太液池浴象之俗。后来明代亦沿用其俗。

③ 见赵孟頫《松雪斋集》卷三"送高仁卿还湖州"诗。诗人在送友人回故乡的时候，发出这样的感慨，流露出真情。

当然，有的时候，大都地区寒冷的时间是很长的，从第一年的十月飞雪，到第二年的三月底，御沟冰雪融化，冰冻长达六个月。到了四月初，江南人士仍然感到大都城的寒气尚未褪尽。"四月一日尚绵衣，知是故乡花片飞。白头慈母倚门久，目断天南无雁归。"[①]

三、疏水筑坝使波平

没有水的地方，人类是无法生存的，仅有水的地方，人类仍然无法生存。人们只有充分利用水资源的效益来为自己服务，生产更多的物质财富，才能够生活得越来越好。而中华民族自古以来就有着十分先进的农业生产技术，可以很有效地控制水资源，来减少水灾的危害，增加农产品的产量。到了元代，大都地区的百姓也充分发挥了对河流的治理作用，修建了许多水利工程。这种对河流的治理，是中国古代自然环境改造的一项重要内容。

在元代的大都地区，人们对河流的治理，主要是两个方面的工作。其一，是对河流的疏导，使之不会因为通道堵塞而四处泛滥。其二，是对河岸的加固，特别是对那些地势低洼处的河岸加筑堤坝，使河水得以顺着河道流驶，而不会四处泛滥。有的时候，这两个方面的工作又要结合起来做，一面筑堤，一面疏堵，才会取得明显的治理效果。

元朝政府主持这些工作的官僚机构是都水监，其职责为"掌治河渠并堤防水利桥梁闸堰之事"[②]。其下，又设置有专门负责大都

---

① 见元人吴莱《渊颖集》卷四"潮州"诗(之一)。
② 见《元史》卷九十《百官志》。

地区水道治理工作的大都河道提举司。据《元史·百官志》的记载，都水监的设置时间是在至元二十八年(1291 年)，而这个记载显然是不准确的。这一年，应该是都水监重新设置的时间①。

元世祖时期，以水利知识著称于世的专家首推郭守敬。中统年间，由于受中书省官员张文谦的推荐，郭守敬得到元世祖忽必烈的赏识，被授以提举诸路河渠之事，开始主持政府的各项水利工程。到了至元二年(1265 年)，升任都水少监②。由此可知，当在这一年，元朝政府设置了都水监，而提举诸路河渠司则被辖于都水监之下。

到了至元七年(1270 年)十二月，元朝政府将主持农业工作的司农司升为大司农司之后，又将都水监划归大司农司管辖③。此后的都水监，有时归大司农司管辖，有时又归中书省工部管辖，时有变动。到了元朝后期，元顺帝又曾几次下令，命中书省的重要官员负责主管都水监的事情④。

---

① 据《元史》卷十六《世祖纪》记载，至元二十八年(1291 年)十二月，"复都水监"。而重新设置都水监的原因，乃是为了主持通惠河的开凿工程。

② 据《元朝名臣事略》卷九之二的记载，郭守敬在"至元二年，由提举诸路河渠迁都水少监。八年，迁都水监。十三年，都水监并入工部，遂除工部郎中"。

③ 如上所述，至元七年(1270 年)，元朝政府将都水监归于大司农司管辖。到了至元十三年(1276 年)，又将都水监归于中书省工部管辖。据《元史》卷二十四《仁宗纪》记载，在皇庆元年(1312 年)四月，"以都水监隶大司农寺"。到了元英宗即位不久，又下令，"复以都水监隶中书"。(见《元史》卷二十七《英宗纪》)到元顺帝在位时，又曾下令，"以大司农秃鲁等兼领都水监"。(见《元史》卷四十二《顺帝纪》)

④ 据《元史》卷三十八《顺帝纪》记载，后至元元年(1335 年)闰十二月，顺帝下令，"诏平章政事塔失海牙领都水、度支二监"。到至正四年(1344 年)九月，顺帝又下令，"命太平提调都水监"。(见《元史》卷四十一《顺帝纪》)是时，太平任中书平章政事，为中书省重要官员。到至正十四年(1354 年)十二月，元顺帝又"命哈麻提调经正监、都水监"。(见《元史》卷四十三《顺帝纪》)是时，哈麻亦任中书平章政事，掌有朝中大权。

元朝政府在设置都水监之后，又曾在各地设置过行都水监的机构。而这些行都水监的设置，主要是因为各地出现大规模的水利工程，而命行都水监主持其工作。如元朝政府曾先后在江南地区和河南、山东等地设置行都水监，主持治理黄河和其他水域的水患问题。当然，也有一些外地的大规模水利工程，是直接由都水监负责完成的。

　　元朝政府对大都地区的河流疏导工作是十分重视的，曾多次调动大批军士和民众，参加疏通河道的工作。在大都城里，最重要的河道之一是金水河，它是为元朝帝王及蒙古族贵族直接提供服务的水系。元朝政府曾对该水系进行过较大规模的疏浚工作。一次，是在元英宗时的至治三年(1323 年)四月，"浚金水河"①。另一次，则是在元文宗时的至顺二年(1331 年)五月，"调卫兵浚金水河"②。

　　到元代后期的至正十五年(1355 年)，元顺帝又下令，"诏濬大内河道，以宦官同知留守埜先帖木儿董其役。埜先帖木儿言，自十一年以来，天下多事，不宜兴作，帝怒，命往使高丽，改命宦官答失蛮董之"③。这项水利工程虽然遭到一些宦官的反对，却仍然得到实施。

　　对于金水河上源的玉泉河，元朝政府也经常调动军士和民众加

---

　　① 见《元史》卷二十八《英宗纪》。又据《元史》卷六十四《河渠志》记载，在至治二年(1322 年)五月，元英宗即下令，命疏浚金水河，经过一段时间的筹措，"于是会计修浚，三年四月兴工，五月工毕，凡役军八百，为工五千六百三十五"。
　　② 见《元史》卷三十五《文宗纪》。
　　③ 见《元史》卷四十四《顺帝纪》。此处所云"大内河道"，即是金水河的河道。在这条史料中，还可以看出，在元代末年，宦官专权的现象已经十分严重。又，文中所云"同知留守"，指的是同知大都留守司之职。由此亦可知，除了都水监之外，大都留守司也参预大都城里的水利工程的疏浚工作。

以疏导，以保证其对皇城的水源供应。如元英宗时，在疏浚金水河之前，曾在至治元年(1321 年)十二月，"疏玉泉河"①。这项疏浚工程，一直延续到泰定元年(1324 年)八月②。

对于金水河下游的通惠河，自开凿之后，元朝政府也经常给以疏浚。至元三十一年(1294 年)八月，元成宗刚刚即位不久，就下令，"以大都留守段贞、平章政事范文虎监浚通惠河，给二品银印"③。到元仁宗延祐六年(1319 年)十一月，元朝统治者又下令，"浚通惠河"④。此后，元文宗于天历二年(1329 年)八月又下令，"发诸卫军浚通惠河"⑤。疏浚通惠河不仅有水利方面的作用，更重要的还有漕运方面的作用。

对于大都东南地区的各条河流，元朝政府也不断加以疏浚。如元世祖时，曾于至元七年(1270 年)三月，"浚武清县御河"⑥。元成宗时，曾于大德六年(1302 年)四月，"濬永清县南河"⑦。而元仁宗及元文宗时，皆曾调动军士和民众，疏浚漷州漕运河道。到元顺帝时，又曾于至正十一年(1351 年)六月，"发军一千，从直沽至通州，疏濬河道"⑧。

就在这一年，时任同知大都路总管府事的崔敬，也受中书省的

---

① 见《元史》卷二十七《英宗纪》。

② 据《元史》卷二十九《泰定帝纪》记载，泰定元年(1324 年)八月，泰定帝下令，"罢浚玉泉山河役"。

③ 见《元史》卷十八《成宗纪》。文中"段贞"，在《元史》中又作"段天佑"，应是段贞字天佑。这次的水利工程由段贞等主持，其规模相当可观。

④ 见《元史》卷二十六《仁宗纪》。

⑤ 见《元史》卷三十三《文宗纪》。

⑥ 见《元史》卷七《世祖纪》。

⑦ 见《元史》卷二十《成宗纪》。

⑧ 见《元史》卷四十二《顺帝纪》。

指使，对直沽河进行了较大规模的疏浚工作，"直沽河淤数年，中书省委(崔)敬浚治之，给钞数万锭，募工万人，不三月告成，咸服其能"①。这次的疏浚工作，与元顺帝派遣的一千军士的疏浚工作，互为补充。所不同的，一个是募集民工，另一个使用的是军士。

元朝政府在疏浚大都地区的河道之时，还调集大量人力物力，在这些河道两旁修筑河堤，以防止河水泛滥成灾，对生态环境造成不良影响。元世祖在位时期，这种筑堤的工程比较多。如至元六年(1269 年)十二月，"筑东安浑河堤"②。至元九年(1272 年)十月，"筑浑河堤"③。在此后的至元二十年(1283 年)到至元二十七年(1290 年)之间，由于大都地区的水灾十分严重，政府的筑堤工作，也就十分频繁④。

到了元代中期，由于浑河水量充沛，经常泛滥，政府用于投入修筑堤堰的人力物力数量仍然巨大。延祐三年(1316 年)三月，中书省的官员就修筑浑河堤堰的工程做了一个估算，"差官相视，上自石径山金口，下至武清县界旧堤，长计三百四十八里，中间因旧修筑者大小四十七处，涨水所害合修补者一十九处，无堤创修者八处，宜疏通者二处，计工三十八万一百，役军夫三万五千，九十六日可

---

① 见《元史》卷一百八十四《崔敬传》。
② 见《元史》卷六《世祖纪》。
③ 见《元史》卷七《世祖纪》。
④ 据《元史·世祖纪》的相关记载，至元二十年(1283 年)六月，"发军修筑堤堰"。翌年四月，"命军民同筑堤堰，以利五卫屯田"。至元二十二年(1285 年)二月，"塞浑河堤决，役夫四千人"。翌年三月，"雄、霸二州及保定诸县水泛滥，冒官民田，发军民筑河堤御之"。至元二十五年(1288 年)四月，"浑河决，发军筑堤捍之"。至元二十七年(1290 年)十一月，易水泛滥，"命有司筑堤障之"。等等。

毕"①。对于如此浩大的工程，元朝中央政府也无力一次完成，而只能分期加以落实。

在大都地区，白河的水量也很充沛，是政府重点修筑堤堰、加以防治的河道之一。至元三十年(1293年)，元朝政府在开凿通惠河的工程完毕之后，曾在通州的乐岁仓西北修筑了一条护仓堤，"水陆共长五百步，计役八万六百五十工"②。此后，在大德二年(1298年)五月，元朝政府又修筑从杨村至河西务的白河堤堰，"用苇一万九千一百四十束，军夫二千六百四十九名，度三十日毕"③。到了泰定四年(1327年)四月，泰定帝又下令，"浚会通河，筑漷州护仓堤，役丁夫三万人"④。其工程的规模也很大。

为了督促各级政府官员对水利工程的建设、修补能够尽心尽力，元朝政府曾规定，"诸有司不以时修筑堤防，霖雨既降，水潦并至，漂民庐舍，溺民妻子，为民害者，本郡官吏各罚俸一月，县官各笞二十七，典史各十七，并记过名"⑤。这种规定虽然在实际生活中很难完全落实，却也能够起到一定的惩戒作用。

在元朝的大都地区，政府用于改造自然环境的举措，相对于其他地区而言，其投入的人力物力资源要更多一些。但是，由于受到生产力发展水平的局限，仍然无法从根本上治理生态不平衡所带来的自然灾害，却在一定程度上改善了自然灾害的严重影响，取得了一些成效。

①②③ 见《元史》卷六十四《河渠志》。

④ 见《元史》卷三十《泰定帝记》。

⑤ 见《元史》卷一百三《刑法志》。

元

第十章

一统大都会 功绩千古传

——都城发展的条件与动力

在中国古代，特别是从夏商周时期以来，任何一个封建王朝都要建立自己的统治中心，即都城。在建立都城的过程中，既要具备客观的条件，又要具备主观的条件。就客观的条件而言，有些是自然条件，如较为优越的地理环境、较为便利的交通条件、较为理想的自然气候，等等。有些则是社会条件，如政治中心的延续性、军事环境上的易守难攻、商业贸易设施和文化教育体系的完备，等等。

　　就主观的条件而言，首先，政治斗争的发展趋势是起支配作用的因素。作为一个王朝的统治中心，有时是固定不变的，有时则是随着政治斗争的发展变化而发生迁移的，这种变与不变，是与政治斗争密切相关的。统治中心，必然是能够控制全国政治局势发展变化的核心地区，也是各种政治势力激烈争夺的核心地区。

　　其次，是与建立王朝的统治者的个人或是家族，甚至民族的特点密切相关的。在大多数情况下，一个政权的统治中心往往设置在所谓的"龙兴之地"。而对于少数民族政权而言，又往往以其长期生活的地方为"根本重地"，如辽代的上京与中京、金代的上京和元代的上都(以及此前的都城和林)，等等。这些地区，在政治上自然具有特殊的意义。

　　一个封建王朝都城的设置，有时，其存在的时间很长，如北京、长安、洛阳、南京、杭州等城市，皆是多个封建王朝设置都城的首选之地。作为都城的时间，有的前后累计长达近千年。也有的都城，存在时间较短，只有几十年。这种定都时间或长或短的变化，究其原因，正是由以上客观与主观两个方面的因素决定的。在客观环境方面较差的都城，随着时间的推移而会被自然淘汰。在主观条件方面，那些在政治斗争中很快失败的王朝，其设置的都城，时间也不会很长。

自从一个统治中心被确立之后，其在历史进程中都会产生或大或小、或长或短的影响。一般而言，设置时间较长的统治中心，其产生的影响也就相对应在时间上要长一些，相反，设置时间较短者，其影响也较短。而一个王朝的势力大小，则与其统治中心影响的大小相对成正比。一个区域性的割据王朝，其统治中心只能影响区域范围内；而一个统一封建王朝的都城，其产生的影响就会波及全国，其范围相当大。

　　元代的大都城，其地位十分特殊。在其被设置为统治中心之后，经历了几个阶段。第一个阶段，是元上都的陪都，而且只是两个统治中心(即漠南上都城与漠北和林城)的附属物。第二个阶段，是从元世祖讨平阿里不哥的分裂势力之后，才逐渐取得与上都并列的地位。这时，从全国政治局势来看，仍然是两个政治中心(即元朝的政治中心和南宋的政治中心)并立的局面。换言之，大都和上都只是割据王朝之一的统治中心，其影响的范围，还只是在长江以北地区。第三个阶段，则是在元朝一统天下之后，大都城才真正成为全国的统治中心，而其地位及其产生的重要影响，显然又超过了元上都，而居于全国之冠。

　　从历史发展的延续性方面来看，在元大都城设置之前，这里已经经历了一个较为漫长的发展时期，从辽代的陪都南京城，到金代的首都中都城，逐渐形成了整个北方地区的政治中心。这就为元大都此后发展成为全国的政治中心，提供了一个较为坚实的政治基础。在元朝定都之前的大蒙古国时期，这里虽然不是都城，却仍然是整个北方地区(长城以南、黄河以北)的政治中心。

　　而在元朝统治者被大明军赶跑之后，只是经历了几十年短暂的变迁，明王朝再次把全国的政治中心设置到这里。如果我们将这短暂的几十年忽略不计，明朝的北京城显然就是元朝大都城的延续。也就是说，元朝时确立的全国政治中心的重要作用及其影响，又一直延续到了明代。这种延续作用，在此前的长安、洛阳等都城设置时期，也都曾有所表现。

一、江山形胜　虎踞龙盘

如本书前面所述，自从大蒙古帝国崛起，到元世祖统一天下，元王朝的都城经过了几次变迁，其真正的统治中心，从元太祖时的游移不定，到元太宗时设置在漠北草原上的和林城，再到元世祖时迁移到漠南的上都城，最后固定在了大都城，从地理位置的比较可知，是一个从北到南的迁移过程。

这个迁移过程的产生，虽然是由许多看似互不相关的历史事件所促成的，并且许多历史事件发生的本身，又有着非常大的偶然性，但是，迁移过程的本身，无疑却又暗含着一种必然的规律性，代表着一种不容抗拒的历史发展趋势。我们若将其迁移过程中的轨迹连线加以考察，并将其中的各个都城点加以比较，就会对这种必然的规律性认识得更为深刻。

在大蒙古国崛起之前，正如其他的大多数北方游牧民族一样，蒙古少数民族民众并没有固定的居所，而是随处迁徙，"逐水草而居"。他们没有固定的居所，一方面，是出于生产和生活的需要，而不得不如此；另一方面，则是出于军事安全的需要，以免成为固定的目标而受到敌人(包括南面的农耕王朝和其他游牧民族部落)突然袭击。显然，对随时移动的目标进行攻击要困难得多。这是蒙古族部落的军事力量还不够强大时的一种必然的防范措施。

及元太祖(即成吉思汗)统一大草原上的各蒙古族部落之后,其军事力量已经十分强大,而由于受到长期的游牧习惯影响,仍然没有形成固定的居所,当然也就不可能设置固定的统治中心——都城。元太祖居住的蒙古族毡帐所到之处,也就是整个大蒙古国的移动的统治中心的所在之处。这种状况一直延续到元太祖去世。这时的大蒙古国的势力,虽然已经扩张到中原地区及中亚、西亚等地区,并且开始受到不同于游牧文化的其他异类文化的影响,但是在都城制度方面,是没有反映的。

元太宗即位后,对中原地区的农耕文化有了更多的了解,并且采纳了其中的许多项重要政治措施,其中的一项,就是固定统治中心的设置。于是,就有了大蒙古国第一座都城和林城的营造。在元太宗七年(1235 年)春天,也就是攻灭金朝之后的第二年,元太宗下令,在和林建造万安宫,作为大蒙古国的都城。这项举措,显然具有十分重要的意义。

其一,是这个草原帝国的统治者开始有了自信,确信自己不再会受到四周强敌的攻击,那些当年被自己视为不可战胜的对手,如金朝和花剌子模国的尊贵统治者,现在都变成了亡国之君,而令他们走向灭亡的主宰者,就是蒙古族新贵自己。其二,是这个帝国的统治者已经认识到农耕文化在许多方面比起游牧文化来,显然有着较大的优越性,因此,开始接受越来越多的中原农耕文化中有益的东西。

从元太宗到元宪宗在位时期,大蒙古国的扩张方向,从西面转移到了南面,这个军事重心的转移,并没有必然的因果关系。甚至元宪宗即位本身,也含有更多的偶然因素。但是,这个军事上的转移使作为大汗亲弟弟的忽必烈开始了他在政治上大有作为的生涯。先是亲率重兵远征云南，开发了他的军事指挥才干。然后又是主持中原地区的政务，使他率先接触到了中原地区的杰出政治家群体，并且懂得了如何去利用这种难得的政治财富。

正是在中原杰出政治家刘秉忠的谋划之下，忽必烈营建了开平府。这座未来的元王朝的都城，与和林城相比，显然有着自己的特点。其一，就地理位置而言，开平府比都城和林距中原地区要近得多，或者说正好处于大草原与中原地区的接合部位。其二，就政治环境而言，和林城对于控制大草原上的政治局势更为便利，但是，开平府却可以兼顾大草原和中原地区这两方面的政局变动，而中原地区的政局变动对整个帝国的发展更为重要。其三，就经济条件而言，开平府比起和林城来，其优势更为明显。当时的和林城和开平府的城市发展都离不开中原地区大量物资的供应，而二者相比，中原地区对开平府的物资供应显然比和林城要便利得多。

通过对开平府与和林城的几个主要方面的比较，不难看出，开平府作为都城的各方面的条件都比和林城要优越。因此，虽然这时的开平府只是一个宗王的藩府，在政治上的影响也还远远不能与都城相比；但是，它潜在的优势在历史发展的进程中正在产生越来越大的作用，并且最终取代了和林城的地位，成为整个帝国的统治中心。

大都城成为元王朝统治中心的时间最晚，直到元世祖忽必烈平定了蒙古族贵族和汉族地主割据武装势力的叛乱、巩固了自己的统治之后，大都城的全国统治中心的地位才得到确立。作为元上都的开平府，虽然在与大蒙古国旧都城和林的比较中占有明显的优势，但是，若与元大都城相比，却又逊色得多。特别是在元朝攻灭南宋、统一天下之后，大都城在各方面的优越条件就变得更加明显了。

正如本书前面所述，元上都开平府，在其设置之初，是作为大蒙古国都城和林联系中原地区的一个中转站，负责中转任务的就是宗王忽必烈。而当时的燕京城，乃是整个北方地区(长城以南)的统治中心，蒙古族统治者派出的大断事官就驻扎在这里，故而其政治作用要大于开平府。直到忽必烈夺得大汗之位，作为其藩府的元上都，才暂时具有了特别重要的政治意义。其政治地位，也暂时超过了燕京城。这时的燕京城，其地位只是一座陪都。

然而，随着历史进程的推移，燕京城所具有的作为政治中心的优越条件变得越来越显著，在政治上，对中原地区的控制能力，大都城显然要比上都城优越。在军事上，大都城的易守难攻的特点不仅要优于元上都，而且要优于大多数的北方城市。在经济上，经过调整和改造的海运与漕运两大经济命脉对大都城的便利供应条件，更是北方任何一座重要城市都无法与之相比的。正因为如此，大都城取代元上都而成为全国统治中心的可能性很快就变成了现实。

而在都城的基础设施的建设方面，由于有雄厚的中原地区的经济实力的充足供应，大都城的优势也是十分明显的。在短短的二十年间，一座雄伟的、崭新的城市拔地而起，宫殿、苑囿、衙署、民居、寺庙，等等，皆为新的建筑，这不能不说是一个城市建设的奇迹。但是，这个奇迹只能是在大都城产生，而不可能是在上都产生。

就自然环境而言，大都地区有着充沛的水资源，可以供应由于城市经济的迅速发展而带来的城市人口的猛增导致的大量生活用水的需求。而上都开平府的水资源与大都城相比，是有一定差距的。从气候方面来看，大都地区四季分明，夏季略热，冬季稍冷，大多数人们是能够适应的。而上都虽然夏季比大都城凉爽，但是冬季却过于寒冷，不适合大多数人居住。也正因为如此，上都城虽然对于蒙古族统治者在政治上具有特殊的意义，也只能逐渐退居于陪都的地位，而成为元朝统治者避暑的胜地。

从历史传承来看，大都城比上都城也有着明显的优势。上都城在作为元朝的统治中心之前，还从未有过都城的历史。最多也只不过是金朝统治者的避暑胜地。而大都城的都城史却十分悠久。早在先秦时期，就曾作为战国七雄之一的燕国的都城，这也是"燕京"最早得名之时。此后，这里又数次成为割据政权或是叛乱集团的都城。直到辽代，又成为契丹少数民族割据政权的陪都。再到金代，从陪都变为首都。由于有了这种传承关系，所以，到了元代，大都城具有"王气"，乃是都城的首选之地的说法，也就成为许多人的共识。这在无形之中，也影响了元朝统治者定都的重大决策。

二、民族融合家国盛

作为一个封建王朝都城的确立，需要具备许多必要的条件。如上文所述，在政治上、军事上、经济上、地理环境上，等等，燕京地区在这许多方面正是因为具备了优越的条件，才能够最终成为全国的政治和文化中心。但是，在中国辽阔的大地上，具备上述优越条件的重要城市并不是只有燕京这一座，许多其他的城市，包括以前就曾作过都城的城市，以及从前没有作过都城的城市，与燕京城相比，也是互有短长。

有些城市在军事上的条件可能不如燕京城，例如洛阳、汴京、临安(今浙江杭州)等，但是，其在经济上的条件却比燕京优越许多，在地理环境方面，也不比燕京逊色。还有些城市，在军事上的地位也很重要，如西京大同、东京辽阳等，其与燕京不相上下，但是，在经济供给的便利方面，却要逊色于燕京。换言之，在元代，许多重要的城市都具有成为都城的条件。然而，历史却最终选择了燕京，使之成为全国的统治中心。对于这个事实，我们只能沿着历史发展的轨迹来加以考察，以便进行更加合理的阐释。

在中国古代，对于最早的统一王朝的记载，是始于所谓的夏、商、周三代，而夏、商两代的统治中心是在不断迁移的过程中，没有长期固定不变的都城。到了周代，制定了东、西两京的制度之后，才使得西京长安与东京洛阳成为固定不变的都城。这个都城格局，虽然在周代以后，历经政治局势的变动而有过短期的变更，但是，其基本格局却没有改变。这一点，通过汉、唐两朝盛世仍然以长安、洛阳为其统治中心，即可看出。

从唐末五代十国开始，这种都城格局发生了较大变化。西京长安，这个以往都城的首选之地开始走向没落，丧失了作为全国统治中心的重要地位。而全国政治局势的长期分裂，造成了多个割据政权的统治中心并存的局面。被视为中原地区正统王朝的宋朝，将其都城设置在毗邻于洛阳的汴京，位居天下之中。北面由契丹少数民族建立的辽朝、西北由党项少数民族建立的西夏、西面由藏族少数民族建立的吐蕃、西南由白族等少数民族建立的大理等等，皆设置有自己的统治中心。这些统治中心则位于边陲地区。统观全局，乃是中原王朝的都城居于中央，几个少数民族政权的都城围在四方。

在这些少数民族割据政权中，能够对北宋王朝造成明显威胁的，只有辽朝。双方在经过几次激烈的大规模军事交锋之后，签订了不平等的"和约"，史称"澶渊之盟"。宋朝统治者用交纳巨额钱帛的办法来维持边境的安定。这种用经济实力对抗军事实力来维持平衡的基础是很不稳定的，一旦出现任何政治局势的较大变动，都会导致平衡被打破。

果然，辽代末年，东北女真族的崛起削弱了辽王朝的军事实力，并且，随着女真族势力的不断扩张，辽朝的势力被迫向西迁移，最终导致了辽朝的灭亡与西辽的建立。宋、辽之间平衡被打破的受害者不仅是契丹统治者，而且也是宋朝统治者。金朝大军迅速南下，攻占汴京，俘获宋徽宗与宋钦宗。北宋的灭亡，使得汴京随之失去了中原王朝统治中心的地位，而此后不久，金朝在巩固了对中原地区的统治之后，把其统治中心从东北地区南迁到了燕京。

随着宋、金之间的攻守趋于平衡，南宋都城临安(即今杭州)也由临时的都城变成了固定的都城，与契丹统治者相比，女真统治者是一个更加强大的对手，宋朝统治者再想迁回汴京已是不可能的昨日梦。这时的中国都城格局，又发生了较大的变化，从一个中心，几个分中心，而变成南北两个并立的中心，即南面的南宋都城临安与北面的金朝都城中都的并立，而其他少数民族政权的统治中心没有发生大得足以影响全国政局的变化。

历史的进程有时确实有着惊人的相似之处。就在宋、金联合攻灭辽朝之后，谁也不会想到，又出现了宋、蒙联合攻灭金朝的情况。南宋与大蒙古国灭金之后，再次打破了宋、金之间的长期平衡状态。这个结果，固然是女真族统治者的悲剧，同时，却也很快就变成了南宋统治者的悲剧。元朝大军的强大攻势并没有被长江阻挡住，统一的战车一直驶入南宋的都城临安。

在这种情况下，全国在历经几百年的分裂之后，再次出现了大一统的局面。西夏政权的都城没有了，吐蕃政权的都城没有了，大理政权的都城没有了，就连代表中原正统王朝的南宋政权的都城也没有了。只有元朝新建的大都城，代表着一个新的时代的到来，这个大一统王朝的辽阔疆域，其规模之宏大，甚至超过了汉唐盛世。

这个统治中心的确立，是在元朝初年，但是，其起始时期，却可以上溯到隋唐时期。从这时开始，生活在东北地区的契丹族及奚族部落的势力迅速崛起，不断向中原地区扩张。而原来生活在隋唐王朝北面的突厥族部落则逐渐被削弱，并被迫向西迁移。隋唐中央王朝为了遏制东北少数民族势力的崛起，于是，以幽州(今北京)为中心，设置了军事重镇，驻扎有大量军队，以随时出动镇压契丹族和奚族等少数民族部落的侵扰。

在与东北少数民族部落的军事对抗中，幽州的军事地位变得空前重要，而掌握幽州军事力量的指挥官——安禄山和史思明，竟然可以利用其掌握的军事力量直接与唐王朝相对抗，发动叛乱(即"安史之乱")，并且差一点就推翻了唐朝的统治。在这次大规模的叛乱之后，唐朝中央政府的力量削弱了，而契丹等少数民族部落的势力仍然在不断增长。

"安史之乱"的爆发，表明了两个重要的事实。其一，在唐朝中央政府所在地的长安城之外，出现了又一个极其重要的军事中心——幽州，它的举动已经足以影响到整个王朝的安危。其二，中国少数民族势力的巨大活动能量，已经从北方的突厥族部落转而到了东北的契丹族的部落。沿着这个能量运动的轨迹向前发展，下一个具有阶段性标志的历史事件，就是石敬瑭割让燕云十六州。

此后，围绕着燕云十六州，特别是燕京和云中(今山西大同，辽代又曾称为西京)，中原王朝与契丹少数民族政权之间展开了多次大规模的军事争夺，最后都是以中原王朝的失败而告终，辽朝一直牢牢控制着燕京城这座至关重要的战略基地，直到辽朝的灭亡。而在汉族政权与少数民族政权的冲突中，宋、辽双方对燕京城的重要军事作用，也都有了更加充分的认识。

辽朝势力的南下，是出于民族融合的需要，也是中国历史发展的必然阶段。而辽朝占有燕云十六州，又是民族融合的必然结果。此后的金朝势力的南下与扩张，正是这个宋、辽之间民族融合过程的延续，只是融合的主体，一方仍然是汉族民众，而另一方则变换为女真少数民族的民众。

在辽、宋对抗与融合的过程中，契丹少数民族统治者设置的统治中心并不是在中原地区，燕京只是其陪都之一。其统治中心辽上京(后来改迁到辽中京)即设置在蒙古大草原上，一方面，这与契丹少数民族统治者要有意识地维系其原有的游牧习俗有着极大的关联；另一方面，作为少数民族政权统治中心的都城，如果设置在中原地区，其安全系数仍是值得契丹统治者忧虑的重要问题。

到了金、宋对抗与融合的时期，女真族统治者最初也是把都城设置在了东北女真族世代生活的地方——金上京。但是，随着疆域的不断向南扩展，随着民族融合的进程顺利发展，金海陵王做出了一个重要的决策，将其统治中心南迁到了中原地区。并且将其设置在具有重要军事战略地位的中都城(即辽代的燕京)。此后，金海陵王还要将都城进一步南迁到汴京，却因其大规模南征的军事行动的失败而成为泡影。

金海陵王从上京迁往中都，有着历史发展的偶然性。此后，金海陵王的南征及其失败，也有其很大的偶然性。金世宗再次以中都城作为金朝的统治中心，仍然有其偶然性。但是，也就是在这一系列的偶然事件中，体现出了一种内在的发展规律。这种规律，是不以女真统治者个人的意志为转移的。

金海陵王要南迁到汴京，并且将其付诸行动，这是与他要进一步向南扩张，攻灭南宋，统一天下的愿望是一致的。但是，由于当时还不具备统一天下的主观和客观的许多条件，因此，他的南征和向南迁都的行动都归于失败了。与他恰恰相反，金世宗对金上京有着极其深厚的感情，从他个人的愿望出发，未尝不想将都城迁回到金上京，但是，这种愿望显然是与历史发展的进程相违背的。金世宗是一位杰出的政治家，所以，他把金朝的统治中心仍然设置在了金中都城。

金海陵王在将统治中心从金上京南迁到中都城的时候，虽然遭到了一些女真贵族的反对，却得到了更多有识之士的支持，并且因为顺应了历史发展的潮流而获得成功。但是，他此后将都城再迁移到汴京的举措却遭到了绝大多数人的反对，虽然他仍然一意孤行，最终却是失败的结局。

我们如果将金中都与金南京(即汴京)加以比较，两座城市在许多方面是有着共同特点的，在有些方面又是互有短长的，但是，有很重要的一点不同之处，就是金南京城距离东北地区女真族部落的崛起之处，较之中都城而言，实在是太远了一些。在如此深入中原地区的城市设置都城，其安全性是没有保障的。

金朝末年，北方草原上的蒙古民族日益崛起，也加入了民族融合的大潮流之中，并且凭借着其强大的军事实力，在民族融合的舞台上开始充当主角。蒙古族政权设置的第一个统治中心也不是在中原地区，而是在其民族部落长期生活的漠北大草原上，即和林城。而蒙古族统治者都城的南迁，正如本书前文所述，也是由一系列的偶然事件所导致的。

通过对辽、金、元三个少数民族政权的都城设置的述略，不难看出，其中有着许多共同的特点。其中，最重要的一个特点，就是少数民族政权的都城设置，是与民族融合这个主题密切联系在一起的。民族融合的初期阶段，少数民族政权的统治中心基本上都是在其民族部落长期生活的地方。随着民族融合的不断深化，其政权的统治中心也就不断向南(也就是向汉族地区)迁移。而在民族融合的进程达到一定的深度之后，少数民族政权的都城也就迁移到了中原地区。

在辽代和金代，由于有北宋和南宋与之对抗，因此，作为其都城的统治中心的影响，也就是有一定的局限性的，只能在北方地区产生作用。而到了元代，中原王朝被征服了，只有一个少数民族政权的都城在发挥着统治中心的重要作用，而且其影响也是全国范围内的，这就使得民族融合也达到了空前深入的程度。

综上所述，从唐代以后，中国边疆地区的少数民族民众开始在中国历史进程中发挥越来越重要的作用。民族融合也在不断深入，从而为中华民族的整体发展提供了充足的养料和新鲜的血液。民族融合已经成为中国历史发展的重要动力之一，而且也成为元代都城发展的重要动力。

三、从陪都到首都的进程

北京地区的历史，特别是通过城市的发展而体现出来的历史，在整个中国历史的发展进程中，占有极为重要的地位，并且起着十分重要的作用。这一点，并不是从一开始即是如此的，而是经历了一个漫长的过程。在人类还没有学会建造城市的时候，北京地区就有了处于最原始状态的居民，即考古学上称为北京人和山顶洞人的居民，这些居民还处于穴居的状态。

到了夏商周时期，对于中央王朝而言，幽州只是一个较为重要的边陲城镇。到春秋战国时期，随着诸侯国的相互兼并，燕国的势力不断增长，成为七雄之一的北方强国，作为其统治中心的都城，也修建得十分宏大、坚固，与其他几个诸侯强国(如秦、齐、楚、韩、赵、魏等)的都城相比，毫不逊色。这个时期，是北京城市发展的一个重要时期。

及秦始皇统一天下，燕国被灭，都城也遭到严重破坏，这时的燕京城的地位有了明显的下降。但是，在秦王朝对抗北方匈奴游牧民族的军事行动中，蓟城(即燕京城)仍然是控制东北地区的一个十分重要的军事重镇。在此后的汉唐时期，这种军事重镇的作用一直都得到中央政府的密切关注。这是北京城市发展的第二个阶段。

从唐末五代时期开始，北京地区被划入契丹少数民族政权的版图之内，并且被设置为辽南京。可以说，在辽代的五京之中，辽南京城是经济和文化最为发达的地方，其繁盛的程度甚至超过了作为统治中心的辽上京。这是北京城市发展的第三个阶段。在这个阶段，辽南京城的城市建设比前代有了较大的进步。但是，若与位于中原地区的宋朝的城市发展状况进行比较，在各个方面皆还有很大的差距。

金海陵王营建中都城，是北京城市发展的第四个阶段，也是比前三个阶段更为重要的一个阶段。在这个阶段，金朝统治者投入了大量的人力、物力，对整个都城进行了大规模的改造。其城市规模，特别是在宫殿、苑囿的建造方面，其水准已经十分接近于宋朝的都城。但是，在经济和文化这两个重要的方面，与南宋王朝相比，却仍然存在着较大的差距。

金代的中都城的建造，使得这座城市从一个少数民族割据政权的陪都变成为首都，即统治中心。其政治地位有了很大提高。而随着金朝疆域的不断向南扩张，作为统治中心的中都城已经成为名副其实的半壁江山的政治和文化中心。逐渐发展到与南宋都城临安分庭抗礼的程度。

到了元世祖营建大都城，则是北京城市发展的第五个阶段。在这个阶段，元朝统治者作为少数民族人士，对北京地区的城市建设做出了新的创举，在一片空白的平地之上，修建了一座规模空前宏大的新城市。正是这座新城市的主体建筑，构成了我们今天北京城市的核心部分。

在这个阶段，大都城的政治地位有了极大提高，成为全中国的统治中心。在此之前，少数民族统治者在中原地区建立过许多割据政权，却从来也没有能够统一天下。因此，与这些少数民族政权对峙的中原王朝的都城，或多或少在广大民众中都处于"正统"的地位，而作为少数民族政权统治中心的都城，其"合法"地位总会遭到质疑，甚至否定。

但是，当元朝军队攻占临安城，南宋统治者投降之后，"正统"的中原王朝的都城不复存在了，整个中国的统治中心被确定为大都城。这种在政治上的独尊地位，使大都城成为全国，乃至全世界都瞩目的一座国际化大都市。因此，在这个阶段，大都城在北京历史上树立了一座辉煌的里程碑。在此后的历史发展进程中，人们发现，北京城已经取代了汉唐时期的长安城的地位，而成为全国最重要的城市。

这座城市一旦被确定为全国的统治中心，给城市自身的发展也带来了巨大的活力。在城市的基础设施的建设方面，元朝政府投入了大量的人力、物力，远远超过对其他城市的建设支持力度，遂使这座城市的基础设施成为全国一流的设施。当时不仅国内各地到大都城来的人士对城市建筑的恢宏感慨万分，就是那些游历过世界上许多著名大都会的外国人士，也对之赞叹不已。

大都城作为全国的政治和文化中心，汇集了众多的政治和文化精英，他们长期生活在这里，组成了新的都市居民，从而极大地提高了大都城居民的自身素质。这里，还汇集了众多的商业和手工业精英，他们的日常活动，使得大都的城市经济，特别是商业贸易十分繁盛，而这又与城市建筑格局的开放性密切相关。

由于全国的文化精英都汇集到大都城，使得这里很快就成为全国的文化中心。这里的文化教育设施最为完备，教育机构形成网络，学校中的教师人才济济。又因为文人学者都汇集到这里，遂使大都城的文化一跃而成为全国的主流文化，例如，元杂剧的创作和表演，都体现出了全国的最高水准。

以上所述的这些变化，使得北京地区在其历史的发展进程中出现了一个明显的飞跃。而这又与北京城的全国统治中心地位的确立密切联系在一起。由于封建统治者长期居住在这里，故而许多重大的政治事件都是在这里发生的，并且很快就在全国都产生巨大的影响。如元世祖在位时的宰相阿合马被刺杀及南宋大臣文天祥的英勇就义；元成宗死后的大都宫廷政变；元泰定帝死后的"两都之战"，等等，皆是如此。

大都城在成为全国的政治和文化中心之后，也就自然成为各种不同教派的宗教团体开展活动的一个中心。在元代，大都城建造了第一座藏传佛教的寺院，修建了第一座藏式大白佛塔，并且设置了第一个统管藏地僧俗事务的中央官僚机构——宣政院。从此，西藏地区正式归入中央政府的管辖范围之内，其政治意义之重大，是不言而喻的。

也是在元代，大都城建造了第一座被欧洲罗马教廷视为"正统"的基督教的教堂，并且有了第一位从欧洲远道而来的大主教。这个事件，对于当时的大都城的宗教界而言，虽然没有产生极为轰动的效应，却为此后的中外文化交流，创造了一个良好的开端。明清以来的许多来华的传教士，在传布基督教(包括天主教)的宗教信仰之外，大多数都成为中西方之间文化交流的使者。

当然，我们在谈到大都城在北京历史上的地位时，是不能忽略上都城的地位与作用的。正如上文所述，从大蒙古国到元朝的历史发展进程中，都城的设置，则经历了从和林城到上都城，再到大都城的过程。在这三座城市之间，有着一根无形的线将其串连在了一起，这就是三者之间的政治联系。

在这串线的两端，一端是漠北草原上的和林城，另一端是中原地区的大都城，而上都城则居于中间，负责两端的联系。在元世祖忽必烈即位之前，大蒙古国的重心在漠北草原，因此其统治中心也设置在那里。而中原地区对于大蒙古国而言，只是其统治的辽阔帝国的一个组成部分。忽必烈当时作为宗王受命主持中原地区的政务，因此营建了开平府，其作用，正是为了联系帝国都城和林与中原地区的统治中心(但还不是都城)燕京。

在元世祖即位之后，大蒙古国的重心开始从漠北草原南移到中原地区，元世祖在开始营建大都新城的同时，已经将原来的大蒙古国都城和林废除了。但是，蒙古族统治者对于漠北草原的重视程度并没有削弱，仍然将其视之为"根本重地"，并且派遣最亲近的宗王率大军驻守其地。这种政治上的特殊地位，是其他地区无法与之相比的。

正是因为大蒙古国的重心南移到了中原地区，才使得大都城变成全国的统治中心。而元朝统治者又时常需要保持与大草原的联系，于是，上都城的联系作用仍然产生着重要的影响，也因此而使其地位仍然得以保留。只是上都城联系的两端城市之间，其政治地位发生了相互转换，都城和林变成了行省的政治中心，地位有所下降；而原来行省的政治中心燕京城则变成了全国的统治中心，地位不断上升。

在元宪宗突然死亡之后，蒙古族贵族集团之间为争夺大汗之位展开激战。在这时，阿里不哥占据着大蒙古国都城和林，而忽必烈只能选择他的藩府开平府作为都城。这个新设置的都城在当时显然是权宜之策，乃是出于政治斗争的需要。当忽必烈战胜阿里不哥之后，这种权宜的政治需要被消除了，于是，元世祖忽必烈选中了大都城作为整个帝国的、长期的统治中心。

此后，上都城虽然与大都城并称两都，在政治上处于平等并列的关系，但这只是一种表面现象。在实质上，上都城从权宜的统治中心逐渐演变为大都城的附庸城市。从这个意义上来理解，上都城与大都城是可以合二为一的，因为上都城在大都城营建完工之后，就已经失去了统治中心的地位。元朝帝王每年的两京巡幸活动，只是为了加强与草原地区的联系而已。

四、历史转折处的里程碑

在中国古代，农业耕作是民众的主要生产方式，这种生产方式决定了生产者主要采用定居的形式，来固定在农田之中。于是，随着人口的繁衍，逐渐产生了聚落、市镇和城市。由于人类文明的不断发展，于是产生了国家，也就随之产生了作为统治中心的都城。而都城与一般城市相比，其所产生的历史作用要大得多。

在中国古代的历史上，产生过许多国家，有统一的中央王朝，也有四散的诸侯国，这些大大小小的"国家"，都有自己的统治中心，也都被称为都城。在中国古代，政治特色之一就是等级制度极为森严，都城的规模自然也就要比普通城市更加壮观，更加坚固。换言之，一个都城规模的大小，可以直接反映出这个国家实力的大小。中央王朝的都城规模最为宏伟，大诸侯国次之，小的诸侯国更小。

选择设置都城的地点，也是一个十分重要的问题。在古代从部落向国家发展的进程中，部落的对外扩张往往呈现出一种圆形辐射的状态。而在建立国家之后，其设置都城的地点，则基本上都是在这个辐射圈的中心位置。而一个部落要不断发展壮大，其自身所处的位置必然具有优越的生存环境。如果这个生存环境不理想，强大的部落就会自然而然向优越的自然环境中迁移，并且尽可能征服那里原有的居民。

当部落不断壮大并发展成国家之后，在其固定生活的优越环境中就会建造都城，作为全国的统治中心。自夏、商、周以来，大小诸侯国数以百计，大小都城也就数以百计。但是，从春秋战国时期开始，兼并战争像秋风扫落叶一样，扫平了一大批中小诸侯国的都城，从而形成了几个较大的区域统治中心，计有：秦国的都城咸阳、齐国的都城临淄、楚国的都城郢城、韩国的都城新郑、赵国的都城邯郸、魏国的都城大梁、燕国的都城燕京，等等。

这几个大区域的统治中心，其对区域范围内的控制能力是很强的，基本上可以辐射到区域的边缘地带。有一些区域的统治中心，随着历史进程的演变，后来逐渐发展成为全国的政治中心，如秦都咸阳、魏都大梁，及燕都燕京等皆是。秦王朝统一天下之后，其统治中心就从割据政权的都城变成了中央政府的都城。而魏都大梁和燕都燕京，在其成为中央政府都城的过程中，却没有这种历史发展的连贯性。

在中国古代，中原地区的农耕民族与北方地区的游牧民族之间的关系问题，一直是影响历史发展进程的重要因素之一。作为其关系的主要标志，就是万里长城的建造。在秦王朝统一中国之前，北方地区的诸侯国都各自修建有城墙防线，以抵御游牧民族的侵扰。而秦朝统一之后，将各诸侯国的城墙防线连接成为一个整体，更加强化了其防御侵扰的功能。为了确保自身的安全，农耕民族建立的王朝，其统治中心自然都要修建在万里长城之内。

以万里长城为界线，南北两面形成了完全不同的两种生产方式。在长城南面，是农业耕作生产方式为主体的区域；在长城北面，则是游牧业生产方式为主体的区域。以农耕为主的民族基本上是定居生活，故而建造有作为统治中心的都城；而以游牧为主的民族都是四处游走，故而在很长的时间内各少数民族部落都没有设置都城。

自秦汉至隋唐时期，中央统一王朝的都城皆是在关中的长安一带。从政治上来看，一方面，这一带乃是秦、汉、隋、唐等王朝的统治集团发祥之地，有其政治渊源的因素；另一方面，在这个历史时期，中央王朝对西北地区的开发和经营，乃是一项重要的国策。换言之，西北及北方的少数民族向中原地区扩张的势力，给中央政府以巨大的压力。因此，中央政府屡次出动大军，或是派遣使臣，来打击或是笼络这些少数民族部落，以求取得西北及北方地区政治局势的稳定。

　　在这种情况下，长安作为西北重镇，是具有很高的战略地位的，在这里可以快速地领导和便利地指挥中央军队，进攻或是抵御少数民族部落的侵扰。对于农耕民族建立的王朝而言，其对北方游牧部落的主动进攻，从本质上来看，只是有效防御的延续手段。这一点，从经济角度来看即可说明，总是得不偿失的。中原地区的中央政府用于出征游牧部落的费用，往往要多于其掠获财物的数量。

　　从唐代开始，这种全国的整体布局发生了根本性的变化，由于东北地区的少数民族部落的迅速崛起，给中央政府带来了新的更大的压力，从而使军事格局也发生变化。及五代时期石敬瑭割让燕云十六州之后，中原地区的汉族王朝失去了长城的人为巨大屏障。故而在此后的几百年间，中原地区的农耕王朝在与北方游牧民族政权的军事对抗中，一直长期处于被动挨打的境地。

　　也是在这个时期，中原王朝的政治中心不得不从原来的西北地区转移到了中州之地。以往许多学者都认为，宋朝都城从西北地区的长安迁移到汴京，主要是出于经济方面的原因，是因为长江中下游地区的经济越来越繁荣，而导致政治中心向东南移动。笔者认为，这只是原因之一，而且是较为次要的原因。政治原因与经济原因相比，在确定统治中心的位置时，肯定是重要的首选因素。

正如前文所述，在石敬瑭割让燕云十六州之后，中原王朝失去了长城的巨大屏障，因此，在云州(今山西大同)等西部战略重镇失去之后，长安在军事上的安全性已经大打折扣，不可能再成为全国统治中心的首选之地。在宋朝统治者看来，汴京与长安相比，至少在地理环境的绝对距离上，要更远一些，也就相对更安全一些。

在这个时期，中国的都城制度也正处在大变革阶段。在此前的秦汉至隋唐时期，出于封建统治者对都城的严密控制，都城的建筑采用的是完全封闭的坊里形式。城市里的百姓都被封闭在高大的坊墙之内，而经营商业贸易的市场，也被政府加以控制。这种完全封闭的坊里形式，成为这一时期绝大多数中国大中城市的主体形式。而作为镇遏东北少数民族势力的幽州城，其城市的主体建筑，也是采用这种形式。

在辽、宋对峙时期，辽南京城(即隋唐幽州城)的城市格局并没有出现大的变动。而到了金、宋对峙时期，特别是金海陵王扩建金中都城之后，都城格局开始发生变化。在金朝攻灭北宋之前，宋朝的都城汴京由于受到城市经济繁荣的影响，开始改变汉唐时期的完全封闭的形式，出现了较为开放的建筑形式。而这时的燕京城仍然是旧的封闭形式。

在金海陵王扩建中都城的时候，对城市进行了全面的改造，其在建造都城的主体建筑皇城宫殿、苑囿之时，仿照了宋朝故都汴京的格式，甚至宫殿的有些主体建筑，使用的完全是汴京宫殿的建筑材料。但是，在对皇城之外的民众居住之地，仍然采用旧的封闭的坊里形式，以便于其专制控制。因此，金代的都城制度恰恰处于由封闭型向开放型过渡的阶段。

到元世祖忽必烈决定营建新大都城之时，已经有了较长时间的游牧文化与农耕文化的磨合过程，并且使二者有了较理想的融合。正是在这种情况下，才会产生出大都城这座极具典型性的都城典范。在城市主体形式方面的开放性，一方面，反映出城市经济繁荣发展的必然趋势；另一方面，又体现出了草原游牧民族所特有的开放风俗。马背上长大的民族，其视野决不会被城市的墙垣阻挡。

　　至此，由民族融合的动力造就的这座国际化大都市终于取代了以长安、洛阳的东西二京为中心的政治格局，也取代了北宋都城汴京和南宋都城临安，而成为当时中国唯一的统治中心。这个统治中心一经确立，就产生了巨大的政治作用，形成了深远的文化影响，历时七百余年，直到今天，其影响仍然存在。

　　最后，我们不妨再将长安、洛阳、汴京、临安及大都城从一个特定的角度加以比较，即民族融合的角度，从中亦可看出其盛衰变化的一些因由。不论是先秦时期至隋唐时期的长安、洛阳，还是两宋时期的汴京、临安，这些统治中心都是由中原地区的农耕王朝建立的，只有大都城是由蒙古少数民族王朝建立的，当然，作为其前身，还有女真少数民族王朝建立的金中都城。

　　由此不难看出，从西周、东周，到秦朝、汉朝、隋朝、唐朝等中原王朝的统治者，虽然历时千余年，政治局势不断变化，其在选择都城的位置时，却是有共同标准的。而金朝与元朝的统治者，其在选定都城时，也有不约而同的共识。这种中原王朝的统治者与少数民族政权的统治者之所以在选择都城位置时出现差异，当然不是偶然的现象，其中的关键何在呢？

　　当然，若从统治者的主观方面来考虑，安全显然是第一位的。任何一个统治者，在选择其长期居住的地方时，易守难攻当是最实用的原则。中原王朝的许多统治者，都认为长安是个易守难攻的城市。而少数民族统治者则认为，大都城才是易守难攻的城市。换言之，在中原王朝的统治者看来，最大的威胁是来自长城以北的游牧民族部落，而在少数民族统治者看来，最大的威胁则是来自中原地区的汉族民众。这种整体方位上的理解差异，乃是在选择都城位置时出现差异的关键所在。

我们再以长城为界标，从政治区域的划分来看，中原地区的农耕民族政权的主体势力，是在长城以南地区；而北方游牧民族政权的主体势力，基本上是在长城以北地区。从自然区域的划分来看，长城以南地区适宜于农业耕作，而长城以北地区则适宜于游牧射猎。长城的界标作用，十分明显。我们若以长城界标为基准，来衡量几个重要都城的位置差异，也是很明显的。

在中国历史上起过重要作用的都城中，南宋都城临安距长城最远，这是由于受到当时政治局势的限制，金朝军事势力强大，而迫使农耕民族的政权退居江南。这是一种特殊的情况。北宋都城汴京与汉唐时期的东都洛阳位置相近，居于天下之中，其距长城的距离之远，仅次于临安。汉唐时期的西京长安，与长城之间的距离，比上述三个都城皆要近得多，但是，距长城最近的都城，还是大都城。也就是说，只有大都城距游牧民族主体势力的活动范围最近。

从先秦时期开始，北京地区因为正好处在农耕区域与游牧区域的分界线上，因此，一直就是农耕民族与游牧民族相互进行交流与融合的重要场所。随着历史进程的不断发展，北方少数民族部落所起的政治作用变得越来越重要，由此，北京地区的政治地位也就变得越来越重要。

从契丹少数民族政权的势力进入中原地区，从而使燕京成为割据少数民族政权的陪都，到女真少数民族政权占有中原地区，从而使金中都成为割据少数民族政权的首都，直至蒙古少数民族政权统一天下，从而使大都城成为全国的统治中心。这条民族融合的历史轨迹一直延续到清代，少数民族在中国历史上所起的作用仍然十分重要。也正因为如此，北京城才能够一直发挥着统治中心的重要作用。

当然，如果历史可以假设，如果少数民族在元代以后不再发挥其重要作用，那么，作为全国统治中心的都城，也就可能再次迁移到洛阳、汴京，甚至临安。北京也就不再是全国最重要的城市。因为只是从经济角度，或者是自然环境的角度来看，以上几处城市确实比北京有更多的优势。但是，假设只能是假设，我们却只能相信历史的事实。

元

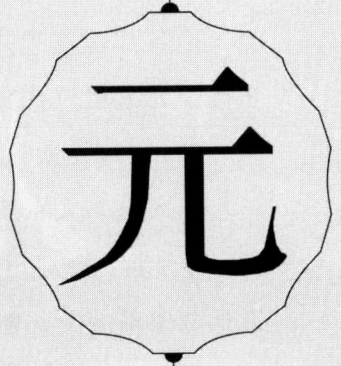

本卷大事年表

1206 年(元太祖元年、金泰和六年、宋开禧二年)

元太祖铁木真统一大草原各部落，在斡难河畔召开忽里台大会，由各部落首领共同推举为成吉思皇帝(即成吉思汗)，建立大蒙古国。元太祖议伐金，"然未敢轻动也"。

1211 年(元太祖六年、金大安三年、宋嘉定四年)

元太祖率大军第一次大举伐金，连败金军主力于野狐岭、乌沙堡、乌月营、会河川、德兴府等地。大蒙古国大将者别冲入居庸关，直抵金中都城下，随后回师。

1213 年(元太祖八年、金贞祐元年、宋嘉定六年)

秋七月，元太祖率大军第二次大举伐金，从紫荆关迂回包抄，攻克居庸关，进围金中都城。然后，兵分三路，东至海、南至黄河、西至太行山，对中原地区大肆攻掠，所过烧杀抢夺，整个中原地区，仅中都城及通州、顺州(今北京顺义区)等 11 座城池得以保全。

1214 年(元太祖九年、金贞祐二年、宋嘉定七年)

三月，元太祖三路大军回师围困金中都城，命金宣宗求和，遂得卫绍王女岐国公主及大量金帛、马匹等，回师草原。五月，金宣宗逃往汴京(今河南开封)，大蒙古国军队再次围困金中都城。

1215 年(元太祖十年、金贞祐三年、宋嘉定八年)

正月，金军自通州投降。四月，攻占顺州。五月，攻占金中都城，并将其改为燕京路，作为行省治所。从此，北京地区划入大蒙古国的辖区范围，成为大蒙古国在中原地区扩张势力的大本营。

1217 年(元太祖十二年、金贞祐五年、宋嘉定十年)

八月，元太祖命大将木华黎为太师、国王，全面主持中原地区的对金战争。

1223 年(元太祖十八年、金元光二年、宋嘉定十六年)

三月，太师、国王木华黎死。元太祖在西征途中，定西域诸城，置达鲁花赤。翌年西征结束，回师。

1227 年(元太祖二十二年、金正大四年、宋宝庆三年)

七月，元太祖铁木真死，享年 66 岁。史称："帝深沉有大略，用兵如神，故能灭国四十，遂平西夏。其奇勋伟迹甚众，惜乎当时史官不备，或多失于纪载云。"翌年，皇子拖雷监国。

1229 年(元太宗元年、金正大六年、宋绍定二年)

八月，元太宗窝阔台遵太祖遗诏即皇帝位。始立朝仪，颁大札撒(即法令)，定租税、赋调。

1234 年(元太宗六年、金天兴三年、宋端平元年)

正月，与宋军联合攻占蔡州，金哀宗自杀，传位末帝，亦被杀，金朝灭亡。

1241 年(元太宗十三年、宋淳祐元年)

十一月，元太宗窝阔台死，享年 56 岁。史称："帝有宽弘之量，忠恕之心，量时度力，举无过事，华夏富庶，羊马成群，旅不赍粮，时称治平。"

1246 年(元定宗元年、宋淳祐六年)

七月，元定宗贵由为太宗长子，遵太宗皇后乃马真氏之意，被立为帝。在位三年，大蒙古国政事衰弊，史称："法度不一，内外离心，而太宗之政衰矣。"

1251 年(元宪宗元年、宋淳祐十一年)

六月，元宪宗蒙哥在众多蒙古族贵族的拥戴下，于斡难河畔召开忽里台大会，即位称帝。命皇弟忽必烈主持中原汉地的军政事务，又以忙哥撒儿为断事官，以牙剌瓦赤等为燕京等处行省事，以僧人海云主管佛教事务，以道士李志常主管道教事务。

1256 年(元宪宗六年、宋宝祐四年)

三月，皇弟忽必烈在受命主持中原地区军政事务时，命谋士僧人子聪(即刘秉忠)在桓州东面的滦水北岸建造了一座王府，称开平府(今内蒙古正蓝旗境内)，作为管理中原政务的场所。

1257 年(元宪宗七年、宋宝祐五年)

九月，元宪宗亲率大军，攻伐南宋。

1258 年(元宪宗八年、宋宝祐六年)

二月，元宪宗渡过黄河，进入蜀地。又命皇弟忽必烈率张柔等汉军进攻鄂州(今湖北武汉)，以牵制宋军。四月，元宪宗率大军四万，号十万，分三道攻大散关、米仓关及沔州。十月，元宪宗渡嘉陵江，至剑门。十二月，进至青居山。

1259 年(元宪宗九年、宋开庆元年)

正月，进攻合州，屡屡受挫，六月，元宪宗强攻钓鱼城，受重伤。七月，元宪宗死于钓鱼山，享年 52 岁。史称："性喜畋猎，自谓遵祖宗之法，不蹈袭他国所为。然酷信巫觋卜筮之术，凡行事必谨叩之，殆无虚日，终不自厌也。"

1260 年(元中统元年、宋景定元年)

三月，忽必烈从鄂州前线回师，来到开平府。在众多蒙古族宗王和部下的拥戴下，忽必烈召开忽里台大会，即位称帝，史称元世祖。四月，以即位诏告天下，并设立中书省作为中央政府。五月，定年号为中统元年。并正式宣布皇弟阿里不哥反叛，开始着手准备平定阿里不哥叛乱。六月，立十路宣抚司，主管各地政务，燕京路宣抚使由赛典赤、李德辉担任，副使由徐世隆担任。是冬，出军讨伐阿里不哥叛乱，至漠北和林城，因阿里不哥逃逸而回，驻跸燕京琼华岛。

1261 年(元中统二年、宋景定二年)

七月，立翰林国史院，准备纂修《辽史》和《金史》。又下诏攻伐南宋。八月，命大臣姚枢为大司农，并设立劝农司及任命劝农使，鼓励农业生产。十月，修燕京旧城及琼华岛。十一月，阿里不哥来犯，元世祖命迎击之，大败阿里不哥。十二月回师。始置宫殿府、尚食局、尚药局等机构。

1262 年(元中统三年、宋景定三年)

二月，山东军阀李璮发动叛乱。元世祖下诏平定叛乱，七月，李璮叛乱被平定。

1263 年(元中统四年、宋景定四年)

五月，设置枢密院，以主持全国的军事工作。命名开平府为上都。

1264 年(元至元元年、宋景定五年)

七月，皇弟阿里不哥投降来归，诸王为太祖之裔者释之，诸谋臣皆杀之。八月，下诏改元大赦，命以中统五年改为至元元年。又改燕京为中都。十二月，定中外百官仪从。

1266 年(元至元三年、宋咸淳二年)

九月，建中都旧城太庙，定议为八室。十二月，命张柔、段贞主持行工部之事，修筑宫城。又开卢沟河金口，漕运西山木石。又建大安阁于元上都。

1267 年(元至元四年、宋咸淳三年)

正月，立提点宫城所。开始修筑大都新城。四月，开始建造新的宫城。九月，作玉殿于广寒殿中。

1268 年(元至元五年、宋咸淳四年)

七月，立御史台。八月，敕京师濒河立十仓。

1269 年(元至元六年、宋咸淳五年)

正月，以新制大蒙古国文字颁行天下。七月，立国子学及诸路蒙古字学。十月，定朝仪服色。

1270 年(元至元七年、宋咸淳六年)

正月，立尚书省，以大臣阿合马主持国家财政。二月，元世祖观扇刘秉忠、许衡、徐世隆等人制定的朝仪，大悦。以岁饥罢修筑宫城役夫。立司农司，设四道巡行劝农司。三月，疏浚武清县御河。六月，立籍田大都东南郊。十二月，改司农司为大司农司，并以都水监隶之。又敕，岁祀太社、太稷、风师、雨师、雷师。又建大护国仁王寺于高良河畔(高良河即高梁河)，至元十一年三月建成。

1271 年(元至元八年、宋咸淳七年)

二月，征调中都、真定、顺天、河间、平滦民二万八千余人筑宫城。三月，命设国子学，增置司业、博士、助教各一员，选随朝百官近侍蒙古族、汉人子孙及俊秀者充生徒。七月，设回回司天台，以札马剌丁为提点。十一月，下诏天下，建国号曰大元，盖取《易经》"乾元"之义。

1272 年(元至元九年、宋咸淳八年)

二月，改中都为大都。三月，改琼华岛为万岁山。五月，敕修筑都城，凡费悉从官给，毋取诸民，并蠲伐木役夫税赋。宫城初建东西华、左右掖门。六月，京师大雨，坏墙屋，压死者众。十月，筑浑河(即卢沟河)堤。又立会同馆。十二月，建大圣寿万安寺(即今白塔寺)。

1273 年(元至元十年、宋咸淳九年)

正月，改回回爱薛所立京师医药院名广惠司。阿里海牙等大攻樊城，拔之。二月，襄阳守将吕文焕降，灭宋战争取得关键性胜利。

是岁，皇宫正殿大明殿建成。宫城坐落在太液池东侧、大都城中轴线上。

1274 年(元至元十一年、宋咸淳十年)

正月，皇宫建成，元世祖在大明殿举办大朝会，皇太子与诸宗王、百官参加祝贺。为组织灭宋战争，因兵力不足，元世祖下令签军十万人。四月，初建东宫，在太液池西侧。五月，元世祖下诏，正式发动攻灭南宋的统一战争。统帅伯颜等陛辞，元世祖用宋大将曹彬不杀戮而取江南的事例嘱咐伯颜等。九月，元朝大军从襄阳出发，向南宋发动总攻。元军一路东进，所向披靡。

1275 年(元至元十二年、宋德祐元年)

伐宋战争顺利进行。十二月，宋恭帝赵㬎发来书信想要称侄求和。元世祖不允，令其来降。

1276 年(元至元十三年、宋德祐二年)

正月，宋恭帝向元军统帅伯颜上"称藩表"，又上传国玉玺及"降表"，伯颜受之，进军临安(今浙江杭州)城，并命部下程鹏飞等入宫，安谕宋太后等，南宋灭亡。宋臣陈宜中等护益王、广王逃遁，组织残余力量对抗元军。伯颜又命部下囊加带等护送传国玉玺回大都。二月，元世祖下诏安谕新投降的南宋军民。伯颜收宋国衮冕、圭璧、符玺及宫中图籍、宝玩、车辂、辇乘、卤簿、麾仗等物。又命焦友直括宋秘书省禁书图籍。元世祖命伯颜押送宋朝君臣北上大都。三月，伯颜入临安，遣郎中孟祺籍宋太庙四祖殿，景灵宫礼乐器、册宝暨郊天仪仗，及秘书省、国子监、国史院、学士院、太常寺图书祭器乐器等物。与宋朝君臣一起押送北上大都。宋朝君臣先至元大都，又至元上都，元世祖封宋降帝为瀛国公。以平宋告天地、祖宗于上都近郊。

1278年(元至元十五年)

二月，置太史院，命王恂、郭守敬、许衡等主持其事，准备重新修订历法。七月，建汉祖天师正一祠于京城。十月，正一祠成，诏张留孙居之。十一月，俘获南宋大臣文天祥，押送大都城。十二月，敕长春宫修金箓大醮七昼夜。又禁玉泉山樵采渔弋。元世祖又召集诸王到大都城来，以平宋所俘宝玉器币分赐之。

1279年(元至元十六年)

正月，张弘范将兵追宋二王至崖山寨，张世杰来拒战，败之，世杰遁去，广王昺偕其官属俱赴海死，获其金宝以献。南宋残余势力至此基本肃清。二月，建司天台于大都，安置各种观测仪器。并在上都、洛阳等五处分置观测仪器。三月，敕郭守敬蹻上都、大都，历河南府抵南海，测验晷景。为修订历法做准备。六月，以通州水路浅，舟运甚难，命枢密院发军五千，仍令食禄诸官雇役千人开浚，以五十日讫工。十二月，元世祖敕自明年正月朔日，建醮于长春宫，凡七日，岁以为例。又建圣寿万安寺于京城(初见至元九年)。

1280年(元至元十七年)

二月，元世祖诏谕真人祁志诚等焚毁《道藏》伪妄经文及板。又发侍卫军三千浚通州运粮河。十月，立营田提举司，从五品，俾置司柳林，割诸色户千三百五十五隶之，官给牛种农具。十一月，诏颁《授时历》。十二月，大都重建太庙成，自旧庙奉迁神主于祐室，遂行大享之礼。元世祖敕镂板印造帝师八合思八新译《戒本》五百部，颁降诸路僧人。

1281年(元至元十八年)

十月，大臣张易等言："参校道书，惟《道德经》系老子亲著，余皆后人伪撰，宜悉焚毁。"从之，仍诏谕天下。

1282 年(元至元十九年)

三月,益都千户王著在大都刺杀权臣阿合马。王著随后亦被杀。五月,罢黜阿合马同党七百余人,阿合马被剖棺戮尸于通玄门外。十月,由大都至中滦,中滦至瓜州,设南北两漕运司。十二月,宋臣文天祥在大都就义。

1283 年(元至元二十年)

五月,诏江南运粮,于阿八赤新开神山河及海道两道运之。六月,调发军卒修大都城。九月,徙旧城市肆局院,税务皆入大都,减税征四十分之一。又赏朱云龙漕运功,授七品总押及赐币帛等物。十一月,大都城门设门尉。十二月,以海道运粮招讨使朱清为中万户,赐虎符;张瑄子文虎为千户,赐金符。又定质子令,凡大官子弟,遣赴京师。

1284 年(元至元二十一年)

二月,罢阿八赤开河之役,以其军及水手各万人运海道粮。三月,新建太庙正殿成,奉安神主。四月,立大都留守司兼少府监,立大都路总管府。七月,命枢密院差军修大都城。九月,大都城地震。十二月,以丁壮万人开神山河,立万户府以总之。大臣卢世荣奏请京城行酒榷酤法。及卢世荣被杀后,罢榷酤。

1285 年(元至元二十二年)

正月,徙屯卫辉新附军六千家,廪之京师,以完仓廪。又徙江南乐工八百家于京师。又发诸卫军六千八百人给护国寺修造。又诏括京师荒地,令宿卫士耕种。又命礼部领会同馆。初,外国使至,常令翰林院主之,至是改正。二月,增济州漕舟三千艘,役夫万二千人。初,江淮岁漕米百万石于京师,海运十万石,胶、莱六十万石,而济之所运三十万石,水浅舟大,恒不能达,更以百石之舟,舟用四人，故夫数增多。又诏罢胶、莱所凿新河，以军万人隶江浙行省习水战，万人载江淮米泛海由利津达于京师。又诏旧城居民之迁京城者，以赀高及居职者为先，仍定制以地八亩为一分；其或地过八亩及力不能作室者，皆不得冒据，听民作室。至此，大都新城的基础设施应该修造完成。五月，增大都诸门尉、副各一人。七月，敕秘书监修《地理志》，即《元一统志》。十二月，以中卫军四千人伐木五万八千六百，给万安寺修造。

1286 年(元至元二十三年)

二月，调京师新附军二千立营屯田。十一月，以昭勇大将军、沿海招讨使张瑄，明威将军、管军万户兼管海道运粮船朱清，并为海道运粮万户，仍佩虎符。是岁，命西僧递作佛事于万寿山、玉塔殿、万安寺，凡三十会。

1287 年(元至元二十四年)

正月，以修筑柳林河堤南军三千，浚河西务漕渠。闰二月，设国子监，立国学监官，祭酒一员，司业二员，监丞一员，学官博士二员，助教四员，生员百二十人，蒙古、汉人各半，官给纸札、饮食，仍隶集贤院。三月，更造至元宝钞颁行天下，中统钞通行如故。又命都水监开汶、泗水以达京师。五月，置上海、福州两万户府，以维制沙不丁、乌马儿等海运船。十一月，命京畿、济宁两漕运司分掌漕事。

1288 年(元至元二十五年)

二月，改济州漕运司为都漕运司，并领济之南北漕，京畿都漕运司惟治京畿。又征大都南诸路所放扈从马赴京，官给刍粟价，令自籴之，无扰诸县民。四月，浑河决，发军筑堤捍之。又，万安寺成，佛像及窗壁皆金饰之，凡费金五百四十两有奇、水银二百四十斤。又增立直沽海运米仓。九月，营五库禁中以贮币帛。十月，桑哥请明年海道漕运江南米须及百万石。又言："安山至临清，为渠二百六十五里。若开浚之，为工三百万，当用钞三万锭、米四万石、盐五万斤。其陆运夫万三千户复罢为民，其赋入及刍粟之估为钞二万八千锭，费略相当，然渠成亦万世之利。请以今冬备粮费，来春浚之。"制可。十一月，修国子监以居胄子。十二月，置大都等路打捕民匠等户总管府。是岁，命亦思麻等七百余人作佛事坐静于玉塔殿、寝殿、万寿山、护国仁王等寺凡五十四会，天师张宗演设醮三日。又，拆毁旧中都城的城墙，以填平城壕。

1289年(元至元二十六年)

正月，立武卫亲军都指挥使司，以侍卫军六千、屯田军三千、江南镇守军一千，合兵一万隶焉。二月，浚沧州御河。三月，铸浑天仪成。五月，发武卫亲军千人浚河西务至通州漕渠。又设回回国子学。御河溢入会通渠，漂东昌民庐舍。六月，大都增设倒钞库三所。七月，开安山渠成，诏赐名会通河，置提举司，职河渠事。九月，罢济州泗汶漕运使司。

1290年(元至元二十七年)

正月，改大都路总管府为都总管府。四月，命大都路以粟六万二千五百六十四石赈通州、河西务等处流民。又改利津海道运粮万户府为临清御河运粮上万户府。又发六卫汉军万人伐木为修城具。十月，立会通汶泗河道提举司，从四品。又新作太庙登歌、宫悬乐。十二月，初分万亿为四库，以金银输内府，至是立提举富宁库，秩从五品，以掌之。

1291年(元至元二十八年)

正月，罢江淮漕运司，并于海船万户府，由海道漕运。二月，徙万亿库金银入禁中富宁库。又，营建宫城南面周庐，以居宿卫之士。三月，发侍卫兵营紫檀殿。五月，增置异珍、御带二库，秩从五品，并设提点、使、副各一员。又，宫城中建葡萄酒室及女工室。又罢大都烧钞库，仍旧制，各路昏钞令行省官监烧。又，何荣祖以公规、治民、御盗、理财等十事缉为一书，名曰《至元新格》，命刻版颁行，使百司遵守。七月，雨坏都城，发兵二万人筑之。十二月，复都水监，秩从三品。又浚运粮坝河，筑堤防。

1292 年(元至元二十九年)

正月，命太史令郭守敬兼领都水监事，仍置都水监少监、丞、经历、知事凡八员。七月，完大都城。建社稷和义门内，坛各方五丈，高五尺，白石为主，饰以五方色土，坛南植松一株，北墉瘗坎壝垣，悉仿古制，别为斋庐，门庑三十三楹。八月，用郭守敬言，浚通州至大都漕河十有四，役军匠二万人(此即开凿通惠河)。又凿六渠灌昌平诸水。

1293 年(元至元三十年)

三月，以平章政事范文虎董疏漕河之役。又雨坏都城，诏发侍卫军三万人完之，仍命中书省给其佣直。十月，敕减米直，粜京师饥民，其鳏寡孤独不能自存者给之。又以段贞董开河、修仓之役，加平章政事。七月，通惠河开凿完成，元世祖赐河名。

1294 年(元至元三十一年)

正月，元世祖死，享年八十岁，在位三十五年。四月，皇孙铁穆耳在元上都即位，是为元成宗。五月，改皇太后所居旧太子府为隆福宫。八月，以大都留守段贞、平章政事范文虎监浚通惠河，给二品银印。十月，朱清、张瑄从海道岁运粮百万石，以京畿所储充足，诏止运三十万石。十一月，诏改明年为元贞元年。

1295 年(元元贞元年)

正月，以国忌，即大圣寿万安寺饭僧七万。又诏道家复行《金箓》《科范》。二月，以醮延春阁，赐天师张与棣、宗师张留孙、真人张志仙等十三人玉圭各一。三月，以东作方殷，罢诸不急营造，惟帝师塔及张法师宫不罢。十二月，诏大都路，凡和顾和买及一切差役，以诸色户与民均当。又赐帝师双龙纽玉印。又减海运脚价钞一贯，计每石六贯五百文，著为令。

1296 年(元元贞二年)

正月，诏蠲两都站户和顾和市。五月，免两都徭役。十月，修大都城。十一月，以洪泽、芍陂屯田军万人修大都城。又增大都巡防汉军。

1297 年(元大德元年)

正月，建五福太乙神坛畤。三月，禁正月至七月捕猎，大都八百里内亦如之。九月，增海漕为六十五万石。

1298 年(元大德二年)

四月，赐大都守门合赤剌等钞九万锭，织工四万四千锭。十月，增海漕米为七十万石。

1299 年(元大德三年)

正月，置各路惠民局，择良医主之。四月，自通州至两淮漕河，置巡防捕盗司凡十九所。

1300 年(元大德四年)

正月，申严京师恶少不法之禁，犯者黥刺，杖七十，拘役。又复淮东漕渠。

1301 年(元大德五年)

七月，中书省臣言："旧制京师州县捕盗，止从兵马司，有司不与，遂致淹滞。自今轻罪乞令有司决遣，重者从宗正府听断，庶不留狱，且民不冤。"从之。又，升太医院为二品，以平章政事、大都护、提点太医事脱因纳为太医院使。十月，以畿内岁饥，增明年海运粮为百二十万石。十一月，减直粜米，赈京师贫民，设肆三十六所，其老幼单弱不能自存者，廪给五月。

1302 年(元大德六年)

正月，筑浑河堤长八十里，仍禁豪家毋侵旧河，令屯田军及民耕种。二月，以京师民乏食，命省、台委官计口验实，以钞十一万七千一百余锭赈之。四月，修卢沟上流石径山河堤。五月，太庙寝殿灾。又，建文宣王庙于京师。

1303 年(元大德七年)

正月，命御史台、宗正府委官遣发朱清、张瑄妻子来京师，仍封籍其家赀，拘收其军器、海舶等。二月，并大都盐运司入河间运司，其所掌京师酒税课，令户部领之。三月，都城火，命中书省与枢密院议增巡防兵。又，定大都南北兵马司奸盗等罪，六十七以下付本路，七十七以上付也可札鲁忽赤。又，中书平章伯颜、梁德珪、段真、阿里浑撒里，右丞八都马辛，左丞月古不花，参政迷而火者、张斯立等，受朱清、张瑄贿赂，治罪有差，诏皆罢之。又，小兰禧、岳铉等进《大一统志》，赐赍有差。四月，诏省、台、枢密院、通政院，凡呼召大都总管府官吏，必用印帖，其余诸司不得辄召。又，流朱清、张瑄子孙于远方，仍给行费。闰五月，命江浙行省右丞董士选发所籍朱清、张瑄货财赴京师，其海外未还商舶，至则依例籍没。十月，以江浙年谷不登，减海运粮四十万石。又，翰林国史院进太祖、太宗、定宗、睿宗、宪宗五朝《实录》。又，增蒙古国子生百员。十一月，以顺元隶湖广省，并海道运粮万户府为海道都漕运万户府，给印二。

1304 年(元大德八年)

正月，禁锢朱清、张瑄族属。二月，增置国子生二百员，选宿卫大臣子孙充之。五月，以所籍朱清、张瑄江南财产隶中政院。十一月，增海漕米为百七十万石。

1305 年(元大德九年)

二月，建大天寿万宁寺。七月，筑郊坛于丽正、文明门之南丙位，设郊祀署，令、丞各一员，太祝三员，奉礼郎二员，协律郎一员，法物库官二员。又，给大都至上都十二驿钞一万一千二百锭。八月，给大都车站户粟千四百七十余石。十一月，置大都南城警巡院。又，祀昊天上帝于南郊，牲用马一、苍犊一、羊豕鹿各九，其文舞曰《崇德之舞》，武舞曰《定功之舞》。

1306 年(元大德十年)

正月，营国子学于文宣王庙西偏。五月，大都旱，遣使持香祷雨。八月，京师文宣王庙成，行释奠礼，牲用太牢，乐用登歌，制法服三袭。命翰林院定乐名、乐章。

1307 年(元大德十一年)

正月，元成宗死，享年四十二，在位十三年。史称："成宗承天下混壹之后，垂拱而治，可谓善于守成者矣。"二月，元仁宗(元武宗之弟)与皇太后至京师，在右丞相哈剌哈孙扶助下，平定内乱。五月，元武宗海山至上都，仁宗侍太后来会，左右部诸王毕至会议，乃废皇后伯要真氏，出居东安州，赐死；执安西王阿难答、诸王明里铁木儿至上都，亦皆赐死。然后，海山即位，史称元武宗。又，以大都迤北六十二驿驿户罢乏，给钞赒之。六月，立元仁宗为皇太子。下令建元中都。又，定太庙牌位顺序。七月，以内郡岁歉，令诸王卫士还大都者拣汰以入。九月，命塔剌海奉玉册、玉宝，上皇考及大行皇帝尊谥、庙号，又上先元妃弘吉烈氏尊谥，祔于成宗庙室。又，皇太子建佛寺，请买民地益之，给钞万七百锭有奇。十月，中书省奏："常岁海漕粮百四十五万石，今江浙岁俭，不能如数，请仍旧例，湖广、江西各输五十万石，并由海道达京师。"从之。十二月，命留守司以来岁正月十五日起灯山于大明殿后、延春阁前。又颁布改元诏，以明年为至大元年。

1308年(元至大元年)

正月，敕枢密院发六卫军万八千五百人，供旺兀察都建宫(即元中都)工役。二月，立鹰坊为仁虞院，秩正一品。以右丞相脱脱、遥授左丞相秃剌铁木儿、也可紥鲁忽赤月里赤，并为仁虞院使。又，以上都卫军三千人，赴旺兀察都行宫工役。又，以皇太子建佛寺，立营缮署，秩五品。三月，建兴圣宫，给钞五万锭、丝二万斤。又，建佛寺于大都城南。五月，御史台臣言："成宗朝建国子监学，迄今未成，皇太子请毕其功。"制可。又，立大同侍卫亲军都指挥使司，以丞相赤因铁木儿为使，摘通惠河漕卒九百余人隶之，漕事如故。六月，大都饥，发官廪减价粜贫民，户出印帖，委官监临，以防不均之弊。又，以没入朱清、张瑄田产隶中宫，立江浙财赋总管府、提举司。七月，筑呼鹰台于漷州泽中，发军千五百人助其役。又，旺兀察都行宫成。立中都留守司兼开宁路都总管府。八月，以中都行宫成，赏官吏有劳者，工部尚书黑马而下并升二等，赐塔剌儿银二百五十两，同知察乃、通政使塔利赤、同知留守萧珍、工部侍郎答失蛮金二百两、银一千四百两，军人金二百两、银八百两，死于木石及病没者给钞有差。又，立中都万亿司。又，李邦宁以建香殿成，赐金五十两、银四百五十两。九月，太尉脱脱奏："泉州大商合只铁即剌进异木沉檀可构宫室者。"敕江浙行省驿致之。十月，以大都艰食，复粜米十万石，减其价以赈之，以其钞于江南和籴。罢大都榷酤。十一月，以军五千人供造寺工役。又，以银七百五十两、钞二千二百锭、币帛三百匹施昊天寺，为水陆大会。闰十一月，以大都米贵，发廪十万石，减其价以粜赈贫民。

1309 年(元至大二年)

正月，定制大成至圣文宣王春秋二丁释奠用太牢。四月，摘汉军五千，给田十万顷，于直沽沿海口屯种，又益以康里军二千，立镇守海口屯储亲军都指挥使司。又，以建新寺，铸提调、监造三品银印。五月，以通政院使憨剌合儿知枢密院事，董建兴圣宫，令大都留守养安等督其工。又，以阴阳家言，自今至圣诞节不宜兴土功，敕权停新寺工役。六月，以大都隶儒籍者四十户充文庙乐工。九月，下诏颁行至大银钞。又，以大都城南建佛寺，立行工部，领行工部事三人，行工部尚书二人，仍令尚书右丞相脱虎脱兼领之。又，尚书省臣言："翰林国史院，先朝御容、实录皆在其中，乡置之南省。今尚书省复立，仓卒不及营建，请买大第徙之。"制可。又，以盗多，徙上都、中都、大都旧盗于木达达、亦剌思等地耕种。十月，以行铜钱法诏天下。又，立太庙廪牺署，设令、丞各一员。十一月，择卫士子弟充国子学生。十二月，亲飨太庙，上太祖圣武皇帝尊谥、庙号及光献皇后尊谥，又，上睿宗景襄皇帝尊谥、庙号及庄圣皇后尊谥，执事者人升散阶一等，赐太庙礼乐户钞帛有差。

1310 年(元至大三年)

正月，立资国院泉货监，命以历代铜钱与至大钱相参行用。二月，浚会通河，给钞四千八百锭、粮二万一千石以募民，命河南省平章政事塔失海牙董其役。又，增大都警巡院二，分治四隅。四月，改大承华普庆寺总管府为崇祥监。又，以钞九千一百五十八锭有奇市耕牛农具，给直沽酸枣林屯田军。又，立怯怜口诸色人匠都总管府，秩正三品，提举司二，分治大都、上都，秩正五品。又，立管领军匠千户所，秩正五品，割左都威卫军匠八百隶之，备兴圣宫营缮。又，增国子生为三百员。五月，立上都、中都等处银冶提举司，秩正四品。七月，禁权要商贩挟圣旨、懿旨、令旨阻碍会通河民船者。十月，江浙省臣言："曩者朱清、张瑄海漕米岁四五十万至百十万，时船多粮少，顾直均平。比岁赋敛横出，漕户困乏，逃亡者有之。今岁运三百万，漕舟不足，遣人于浙东、福建等处和顾，百姓骚动。本省左丞沙不丁，言其弟合八失及马合谋但的、澉浦杨家等皆有舟，且深知漕事，乞以为海道运粮都漕万户府官，各以己力输运官粮，万户、千户并如军官例承袭，宽恤漕户，增给顾直，庶有成效。"尚书省以闻，请以马合谋但的为遥授右丞、海外诸蕃宣慰使、都元帅、领海道运粮都漕运万户府事，设千户所十，每所设达鲁花赤一、千户三、副千户二、百户四，制可。十一月，以朱清子虎、张瑄子文龙往治海漕，以所籍宅一区、田百顷给之。又，敕城中都，以牛车运土，令各部卫士助之，限以来岁四月十五日毕集，失期者罪其部长，自愿以车牛输运者别赏之。十二月，以建大崇恩福元寺，乞失剌遥授左丞，曲列、刘良遥授参知政事，并领行工部事。

1311年(元至大四年)

正月，元武宗死，享年三十一岁，在位五年。皇太子下令罢中都城之役，并除去武宗亲信脱虎脱等。二月，命西番僧非奉玺书驿券及无西番宣慰司文牒者，勿辄至京师，仍戒黄河津吏验问禁止。罢总统所及各处僧录、僧正、都纲司，凡僧人诉讼，悉归有司。三月，皇太子即位于大明殿，诏告天下。四月，诏分汰宿卫士，汉人、高丽、南人冒入者，还其元籍。又，以即位告于太庙。又，敕："国子监师儒之职有才德者，不拘品级，虽布衣亦选用。"又，罢中都留守司，复置隆兴路总管府，凡创置司存悉罢之。又，下诏封存至大钞币及至大铜钱。又，罢僧、道、也里可温、答失蛮、头陀、白云宗诸司。罢回回合的司属。五月，命翰林国史院纂修先帝实录及累朝皇后、功臣列传，俾百司悉上事迹。又，赐国师板的答钞万锭，以建寺于旧城。六月，敕翰林国史院春秋致祭太祖、太宗、睿宗御容，岁以为常。闰七月，枢密院奏："居庸关古道四十有三，军吏防守之处仅十有三，旧置千户，位轻责重，请置隆镇万户府，俾严守备。"制曰："可。"又，诏谕省臣曰："国子学，世祖皇帝深所注意，如平章不忽木等皆蒙古人，而教以成才。朕今亲定国子生额为三百人，仍增陪堂生二十人，通一经者，以次补伴读，著为定式。"八月，禁卫士不得私衣侍宴服，及以质于人。又，诏明年改年号为皇庆元年。十月，敕绘武宗御容，奉安大崇恩福元寺，月四上祭。又，赐大普庆寺金千两，银五千两，钞万锭，西锦、彩段、纱、罗、布帛万端，田八万亩，邸舍四百间。又，省海道运粮万户为六员，千户为七所。

1312 年(元皇庆元年)

正月，改隆镇万户府为隆镇卫。二月，徙大都路学所置周宣王石鼓于国子监。三月，敕简汰大明宫、兴圣宫宿卫。七月，徙中都内帑、金银器归太府监。八月，置少府监，隶大都留守司。九月，增江浙海漕粮二十万石。

1313 年(元皇庆二年)

六月，京师地震。又，建崇文阁于国子监。给马万匹与豳王南忽里等军士之贫乏者。以宋儒周敦颐、程颢、颢弟颐、张载、邵雍、司马光、朱熹、张栻、吕祖谦及故中书左丞许衡从祀孔子庙廷。七月，京师地震。九月，京师大旱，帝问弭灾之道，翰林学士程钜夫举汤祷桑林事，帝奖谕之。十一月，行科举。诏天下以皇庆三年八月，天下郡县兴其贤者、能者，充贡有司，次年二月，会试京师，中选者亲试于廷，赐及第出身有差。十二月，可里马丁上所编《万年历》。

1314 年(延祐元年)

正月，诏改元延祐。闰三月，畿内及诸卫屯军饥，赈钞七千五百锭。四月，立回回国子监。六月，增置畿内州县同知、主簿各一员。十二月，敕经界诸卫屯田。

1315 年(延祐二年)

正月，霖雨坏浑河堤堰，没民田，发卒补之。又，发卒浚潞州漕河。二月，会试进士。三月，廷试进士，赐护都沓儿、张起岩等五十六人及第、出身有差。四月，赐进士恩荣宴于翰林院。又，赐会试下第举人七十以上从七流官致仕，六十以上府、州教授，余并授山长、学正，后勿援例。七月，畿内大雨，潞州、昌平、香河、宝坻等县水，没民田庐。八月，增国子生百员，岁贡伴读四员。

1316 年(延祐三年)

二月，调海口屯储汉军千人，隶临清运粮万户府，以供转漕，给钞二千锭。七月，赐普庆寺益都田百七十顷。八月，置织佛像工匠提调所，秩七品，设官二员。九月，割上都宣德府奉圣州怀来、缙山二县隶大都路，改缙山县为龙庆州，帝生是县，特命改焉。十一月，改旧运粮提举司为大都陆运提举司，新运粮提举司为京畿运粮提举司。十二月，立皇子硕德八剌为皇太子，兼中书令、枢密使，授以金宝，告天地宗庙。

1317 年(延祐四年)

二月，敕郡县各社复置义仓。又，升蒙古国子监秩正三品，赐银印。四月，割怀来县隶龙庆州。十月，敕刑部尚书举林柏监大都兵马司防遏盗贼，仍严饬军校，制其出入。十一月，复浚扬州运河。又，谕："诸宿卫入直，各居其次，非有旨不得上殿，阑入禁中者坐罪。大臣许从二人，他官一人，门者讥其出入。"十二月，卢沟桥、泽畔店、琉璃河并置巡检司。

1318 年(延祐五年)

正月，敕诸王位下民在大都者，与民均役。又，会试进士。二月，建鹿顶殿于文德殿后。三月，增给两淮运司分司印一。四月，辽阳饥，海漕粮十万石于义、锦州，以赈贫民。六月，术者赵子玉等七人伏诛。时卫王阿木哥以罪贬高丽，子玉言于王府司马曹脱不台等曰："阿木哥名应图谶。"于是潜谋备兵器、衣甲、旗鼓，航海往高丽取阿木哥至大都，俟时而发，行次利津县，事觉，诛之。十月，以宣德府隶大都路。又，建帝师巴思八殿于大兴教寺，给钞万锭。十一月，增海漕四十万石。又，增置大都南、北两兵马司指挥使，色目、汉人各二员，给分司印二。又，敕大永福寺创殿，安奉顺宗皇帝御容。

1319 年(延祐六年)

三月，赐大兴教寺僧斋食钞二万锭。四月，命京师诸司官吏运粮输上都、兴和，赈济蒙古饥民。五月，以羽林亲军万人隶东宫。又，升广惠司秩正三品，掌回回医药。七月，以者连怯耶儿万户府军万人隶东宫，置右卫率府，秩正三品。又，通州、漷州增置三仓。九月，增海漕十万石。十月，浚通惠河。十一月，增京畿漕运司同知、副使各一员，给分司印。十二月，命皇太子参决国政。又，敕上都、大都冬夏设食于路，以食饥者。

1320 年(元延祐七年)

正月，元仁宗死，享年三十六，在位十年。二月，罢造永福寺。又建御容殿于永福寺。又，修镇雷佛事于京城四门。又，定京城环卫更番法，准五卫汉军岁例。三月，元英宗颁布即位诏。又，敕罢医、卜、工匠任子，其艺精绝者择用之。四月，复国子监、都水监，秩正三品。罢回回国子监。又，申诏京师势家与民均役。又，命平章政事王毅等征理在京诸仓库粮帛亏额。又，海运至直沽，调兵千人防戍。又，议祔仁宗，以阴阳拘忌，权结彩殿于太室东南，以奉神主。六月，京师疫，修佛事于万寿山。八月，祔仁宗圣文钦孝皇帝、庄懿慈圣皇后于太庙。又，发米十万石赈粜京师贫民。九月，建寿安山寺，给钞千万贯。十月，作佛事于文德殿四十日。十一月，以海运不给，命江浙行省以财赋府租益之，还其直，归宣徽、中政二院。又，禁京城诸寺邸舍匿商税。又，以亲祀太庙礼成，御大明殿受朝贺。又，作佛事于光天殿。又，诏各郡建帝师八思巴殿，其制视孔子庙有加。十二月，颁诏改明年为至治元年。又，铸铜为佛像，置玉德殿。又，作延春阁后殿。又，翔星于回回司天监四十昼夜。又，修秘密佛事于延春阁。又，敕罢明年二月八日迎佛。又，拜住进卤簿图，帝以唐制用万二千三百人耗财，乃定大驾为三千二百人，法驾二千五百人。是岁，滹沱决文安、大城等县；浑河溢，坏民田庐。

1321 年(元至治元年)

正月，修佛事于文德殿。又，增置漷州都漕运司同知、运判各一员。又，帝服衮冕，享太庙，以左丞相拜住亚献，知枢密院事阔彻伯终献。又，以寿安山造佛寺，置库掌财帛，秩从七品。二月，作仁宗神御殿于普庆寺。又，大永福寺成，赐金五百两、银二千五百两、钞五十万贯、币帛万匹。又，畋于柳林，敕更造行宫。又，监察御史观音保、锁咬儿哈的迷失、成珪、李谦亨谏造寿安山佛寺，杀观音保、锁咬儿哈的迷失，杖珪、谦亨，窜于奴儿干地。三月，建帝师八思巴寺于京师。又，发民丁疏小直沽白河。又，廷试进士泰普化、宋本等六十四人，赐及第、出身有差。又，制御服珠袈裟。又，宝集寺金书西番《波若经》成，置大内香殿。又，益寿安山造寺役军。四月，造象驾金脊殿。五月，毁上都回回寺，以其地营帝师殿。又，海漕粮至直沽，遣使祀海神天妃。又，作行殿于缙山流杯池。又，命世家子弟成童者入国学。又，太常礼仪院进太庙制图。七月，通州潞县榆棣水决。又，滹沱河及范阳县巨马河溢。又，大雨，浑河防决。又，蓟州平谷、渔阳等县大水。又，奉仁宗及帝御容于大圣寿万安寺。八月，修都城。九月，京师饥，发粟十万石减价粜之。十月，修佛事于大内。十一月，益寿安山寺役卒三千人。十二月，作太庙正殿。又，疏玉泉河。又，以诸王怯伯使者数入朝，发兵守北口及卢沟桥。又，冶铜五十万斤作寿安山寺佛像。

1322年(元至治二年)

正月，禁汉人执兵器出猎及习武艺。又，亲祀太庙，始陈卤簿，赐导驾耆老币帛。又，建行殿于柳林。又，漷州饥，粜米十万石赈之。二月，以太庙役军造流杯池行殿。三月，敕四宿卫、兴圣宫及诸王部勿用南人。又，罢京师诸营缮役卒四万余人。又，修都城。又，命将作院更制冕旒。五月，京师饥，发粟二十万石赈粜。又，作紫檀殿。六月，修浑河堤。七月，录京师诸役军匠病者千人，各赐钞遣还。八月，诏画《蚕麦图》于鹿顶殿壁，以时观之，可知民事也。又，增寿安山寺役卒七千人。九月，给寿安山造寺役军匠死者钞，人百五十贯。又，幸寿安山寺，赐监役官钞，人五千贯。十月，建太祖神御殿于兴教寺。十一月，造龙船三艘。

1323 年(元至治三年)

正月，命太仆寺增给牝马百匹，供世祖、仁宗御容殿祭祀马湩。又，建诸王驿于京师。二月，作八思巴帝师寺及拜住第，役军六千二百人。又，修通惠河闸十有九所。又，格例成定，凡二千五百三十九条，内断例七百一十七、条格千一百五十一、诏赦九十四、令类五百七十七，名曰《大元通制》，颁行天下。又，京师饥，发粟二万石赈粜。又，海漕粮至直沽，遣使祀海神天妃。四月，浚金水河。又，诏行助役法，遣使考视税籍高下，出田若干亩，使应役之人更掌之，收其岁入以助役费，官不得与。又，敕京师万安、庆寿、圣安、普庆四寺，扬子江金山寺、五台万圣祐国寺，作水陆佛事七昼夜。五月，大风雨雹，拔柳林行宫内外大木二千七百。又，东安州水，坏民田千五百六十顷。六月，留守司以雨请修都城，有旨："今岁不宜大兴土功，其略完之。"又，置太庙夹室。七月，太庙成。又，减海道岁运粮二十万石，并免江淮增科粮。八月，车驾南还，驻跸南坡。是夕，御史大夫铁失、知枢密院事也先帖木儿、大司农失秃儿、前平章政事赤斤铁木儿、前云南行省平章政事完者、铁木迭儿子前治书侍御史锁南、铁失弟宣徽使锁南、典瑞院使脱火赤、枢密院副使阿散、金书枢密院事章台、卫士秃满及诸王按梯不花、孛罗、月鲁铁木儿、曲吕不花、兀鲁思不花等谋逆，以铁失所领阿速卫兵为外应，铁失、赤斤铁木儿杀丞相拜住，遂弑帝于行幄。元英宗死，享年二十一岁，在位四年。九月，晋王即皇帝位，史称泰定帝。下诏大赦天下。十月，修佛事于大明殿。又，遣使至大都，以即位告天地、宗庙、社稷，诛逆贼也先铁木儿、完者、锁南、秃满等于行在所。十一月，车驾次于中都，修佛事于昆刚殿。又，御大明殿，受诸王、百官朝贺。又，敕会福院奉北安王那木罕像于高良河寺，祭遁甲五福神。十二月，浚镇江路漕河及练湖，役丁万三千五百人。又，盗入太庙，窃仁宗及庄懿慈圣皇后金主。又，作仁宗主，仍督有司捕盗。又命僧作佛事于大内以厌雷。塑马哈吃剌佛像于延春阁之徽清亭。又，下诏改明年为泰定元年。

1324 年(元泰定元年)

正月，命僧讽西番经于光天殿。又敕译《列圣制诏》及《大元通制》，刊本赐百官。又，粜米二十万石，赈京师贫民。二月，作显宗影堂。又，修西番佛事于寿安山寺，曰星吉思吃剌，曰阔儿鲁弗卜，曰水朵儿麻，曰飒间卜里喃家，经僧四十人，三年乃罢。又，作佛事，命僧百八人及倡优百戏，导帝师游京城。三月，廷试进士，赐八剌、张益等八十四人及第、出身有差；会试下第者，亦赐教官有差。又，御大明殿，册八八罕氏为皇后，皇子阿速吉八为皇太子。四月，作昭献元圣皇后御容殿于普庆寺。又，修佛事于寿昌殿。又，发兵民筑浑河堤。又，太庙新殿成。五月，迁列圣神主于太庙新殿。六月，迁列圣神主于太庙新殿。七月，作楠木殿。又，中书省臣言："东宫卫士，先朝止三千人，今增至万七千，请命詹事院汰去，仍依旧制。"从之。八月，遣翰林学士承旨斡赤祀太祖、太宗、睿宗御容于普庆寺。又，作中宫金脊殿。又，绘帝师八思巴像十一颁各行省，俾塑祀之。又，罢浚玉泉山河役。十月，立寿福总管府，秩正三品，典累朝神御殿祭祀及钱谷事，降大天源延圣寺总管府为提点所以隶之。又，命帝师作佛事于延春阁。十一月，造金宝盖，饰以七宝，贮佛舍利。十二月，新作棕殿成。

1325年(元泰定二年)

正月，以畿甸不登，罢春畋。又，造象辇。又，奉安显宗像于永福寺，给祭田百顷。闰正月，作棕毛殿。二月，颁《道经》于天下名山宫观。又，翊星于回回司天监。又，命西僧作烧坛佛事于延华阁。又，造玉御床。又，通、漷二州饥，发粟赈粜。五月，罢京师官鬻盐肆十五。改河间盐运司为大都河间等路都转运盐使司。又，置谏议书院于昌平县，祀唐刘蕡。又，大都路檀州大水，平地深丈有五尺。六月，皇子生，命巫祓除于宫。又葺万岁山殿。又，敕营造毋役五卫军士，止以武卫、虎贲二卫给之。八月，敕："诸王私入京者，勿供其所用；诸部曲宿卫私入京者，罪之。"九月，分天下为十八道，遣使宣抚。海运江南粮百七十万石至京师。十一月，幸大承华普庆寺，祀昭献元圣皇后于影堂，赐僧钞千锭。又，京师饥，赈粜米四十万石。十二月，京师多盗，塔失帖木儿请处决重囚，增调逻卒，仍立捕盗赏格，从之。

1326年(元泰定三年)

正月，大都路属县饥，赈粮六万石。二月，祭太祖、太宗、睿宗御容于翰林国史院。又，修佛事厌雷于崇天门。又，建显宗神御殿于卢师寺，赐额曰大天源延圣寺。五月，遣指挥使兀都蛮镌西番咒语于居庸关崖石。七月，造豢豹毡车三十辆。又，敕铸五方佛铜像。又，大都诸属县水，大风，雨雹。八月，大天源延圣寺神御殿成。又，修澄清石闸。又，作天妃宫于海津镇。又，大都昌平大风，坏民居九百家。龙庆路雨雹一尺，大风损稼。又，命帝师还京，修洒净佛事于大明、兴圣、隆福三宫。十月，发卒四千治通州道，给钞千六百锭。又，奉安显宗御容于大天源延圣寺。又，京师饥，发粟八十万石，减价粜之。又，赐大天源延圣寺钞二万锭，吉安、临江二路田千顷。十一月，作鹿顶棕楼。又，作鹿顶殿。

1327 年(元泰定四年)

正月，浚会通河，筑漷州护仓堤，役丁夫三万人。二月，祭太祖、太宗、睿宗御容于大承华普庆寺，以翰林院官执事。三月，廷试进士阿察赤、李黼等八十五人，赐进士及第、出身有差。四月，盗入太庙，窃武宗金主及祭器。又，作武宗主。又，作棕毛鹿顶楼。五月，作成宗神御殿于天寿万宁寺。七月，修大明殿。九月，敕："国子监仍旧制岁贡生员业成者六人。"十月，命帝师作佛事于大天源延圣寺。十二月，发米三十万石，赈京师饥。又，植万岁山花木八百七十本。

1328 年(元致和元年、天历元年)

正月，颁《农桑旧制》十四条于天下，仍诏励有司以察勤惰。又，命帝师修佛事于禁中。又，发卒修京城。二月，诏天下改元致和。三月，大天源延圣寺显宗神御殿成，置总管府以司财赋。又，帝御兴圣殿受无量寿佛戒于帝师。又，命僧千人修佛事于镇国寺。七月，泰定帝死，享年三十六岁。八月，大臣燕铁木儿在大都兴圣宫发动政变，提出立元武宗之子为帝。即命人前往江陵迎接武宗次子图帖睦尔。并征调诸卫军队屯驻京师，守御关要。湖广行省、河南行省皆出兵相助。上都泰定帝部下出兵分道进犯大都。图帖睦进至大都。九月，图帖睦尔在燕铁木儿等人扶持下即位称帝，即元文宗。倒剌沙立皇太子为皇帝，改元天顺，诏天下。两都之间展开激战。十月，双方继续激战。最后，大都方面获胜，攻占上都，泰定帝宰相倒剌沙奉皇帝玺印出降。十一月，下诏谕中外，扫除泰定帝残余势力。十二月，幸大崇恩福元寺，谒武宗神御殿。分命诸僧于大明殿、延春阁、兴圣宫、隆福宫、万岁山作佛事。大赦天下。

1329年(元天历二年)

正月，赐内外军士四万二千二百七十人钞各一锭。又，赈大都路涿州房山、范阳等县饥民粮两月。又，以册命皇后，告于太庙。又，上都官吏，惟初入仕及骤升者黜之，余听叙复。又，皇兄遣火里忽达孙、刺刺至京师。又，武宁王彻彻秃遣使来言皇兄启行之期。又，皇兄遣常侍孛罗及铁住讫先至京师，赏以金、币、居宅，仍遣内侍秃教化如皇兄行在所。又，皇兄明宗即皇帝位于和宁之北。二月，帝御大明殿，册命皇后雍吉刺氏。又，命中书省、翰林国史院官祀太祖、太宗、睿宗御容于普庆寺。三月，遣燕铁木儿奉皇帝宝于明宗行在所。又，命有司造乘舆服御，北迎大驾。又，设奎章阁授经郎二员，职正七品，以勋旧、贵戚子孙及近侍年幼者肄业。四月，浚漷州漕运河。又，明宗遣武宁王彻彻秃、中书平章政事哈八儿秃来锡命，立帝为皇太子。又，赈通州诸县被兵之民粮两月，被俘者四千五百一十人，命辽阳行省督所属簿录，护送归其家。五月，以储庆司所贮金三十锭、银百锭，建大承天护圣寺。又，给皇子宿卫之士千人钞，四番宿卫增为万三千人，至是又增千人。又，幸大圣寿万安寺，作佛事于世祖神御殿，又于玉德殿及大天源延圣寺作佛事。又，帝发京师，北迎明宗皇帝。六月，元文宗次于上都之六十里店。又，海运粮至京师，凡百四十万九千一百三十石。七月，元文宗次上都之三十里店。又，宗仁卫屯田大水，坏田二百六十顷。戊午，大都之东安、蓟州、永清、益津、潞县，春夏旱，麦苗枯；六月壬子雨，至是日乃止，皆水灾。又，帝受皇太子宝。又，发诸卫军六千完京城。又，遣使以上尊、腊羊、钞十锭至大都国子监，助仲秋上丁释奠。八月，明宗次于王忽察都。又，帝入见，明宗宴帝及诸王、大臣于行殿。又，明宗崩，帝入临哭尽哀。燕铁木儿以明宗后之命，奉皇帝宝授于帝，遂还。又，帝至上都。又，赐护守大行皇帝山陵官、御史大夫孛罗等钞有差。又，帝复即位于上都大安阁，颁诏并大赦天下。又，遣道士苗道一、吴全节修醮事于京师，毛颖远祭遁甲神于上都南屏山、大都西山。又，命司天监及回回司天监翔星。又，发诸卫军浚通惠河。又，出官米五万石，赈粜京师贫民。又，置隆祥总管府，秩正三品，总建大承天护圣寺工役。又，加封大都城隍神为护国保宁王，夫人为护国保宁王妃。九月，作佛事于大明殿、兴圣、隆福诸宫。又，大驾至大都。又，敕翰林国史院官同奎章阁学士采辑本朝典故，准《唐》《宋会要》，著为《经世大典》。又，命江浙行省明年漕运粮二百八十万石赴京师。十月，帝服衮冕，享于太庙。又，礼部议上大行皇帝尊谥曰翼献景孝皇帝，庙号明宗，国言谥号曰护都笃皇帝。又，加封大妃为护国庇民广济福惠明著天妃，赐庙额曰灵慈，遣使致祭。十一月，受佛戒于帝师，作佛事六十日。又，后八不沙请为明宗资冥福，命帝师率群僧作佛事七日于大天源延圣寺，道士建醮于玉虚、天宝、太乙、万寿四宫及武当、龙虎二山。又，皇后以银五万两，助建大承天护圣寺。又，造青木绵衣万领，赐围宿军。十二月，命帝师率其徒作佛事于凝晖阁。又，以明年正月武宗忌辰，命高丽、汉僧三百四十人，预诵佛经二藏于大崇恩福元寺。又，造至元钞四十五万锭、中统钞五万锭，如岁例。又，织武宗御容成，即神御殿作佛事。

1330 年(元至顺元年)

正月，命赵世延、赵世安领纂修《经世大典》事。又，改大都田赋提举司为宣农提举司。二月，以修《经世大典》久无成功，专命奎章阁阿邻帖木儿、忽都鲁都儿迷失等译国言所纪典章为汉语，纂修则赵世延、虞集等，而燕铁木儿如国史例监修。又，以御史台赃罚钞万锭、金千两、银五千两付太禧宗禋院，供祭祀之需。又，甲午，自庚寅至是日，京师大霜昼雾。又，中书省言："江浙民饥，今岁海运为米二百万石，其不足者来岁补运。"从之。三月，命宣政院供显懿庄圣皇后神御殿祭祀。又，廷试进士，赐笃列图、王文烨等九十七人及第、出身有差。又，发米十万石赈粜京师贫民。又，议明宗升祔，序于英宗之上，视顺宗、成宗庙迁之例。四月，命西僧作佛事于仁智殿，自是日始，至十二月终罢。又，以所籍张珪诸子田四百顷，赐大承天护圣寺为永业。又，括益都、般阳、宁海闲田十六万二千九十顷，赐大承天护圣寺为永业。五月，帝御大明殿，燕帖木儿率文武百官及僧道、耆老，奉玉册、玉宝，上尊号曰钦天统圣至德诚功大文孝皇帝。是日，改元至顺，诏天下。七月，命中书省、翰林国史院官祀太祖、太宗、睿宗御容于大普庆寺。又，调诸卫卒筑漷州柳林海子堤堰。又，增大都赈粜米五万石。大都之顺州、东安州大风雨雹伤稼。又，增给戍居庸关军士粮。闰七月，籍锁住、野里牙等库藏、田宅、奴仆、牧畜，给大承天护圣寺为永业。九月，以奎章阁纂修《经世大典》，命省、院、台诸司以次宴其官属。又，命西僧作佛事于大明殿。又，敕有司缮治南郊斋宫。十月，立宣忠扈卫亲军都万户营于大都北，市民田百三十余顷赐之。又，帝服大裘、衮冕，祀昊天上帝于南郊，以太祖皇帝配，礼成，是日大驾还宫。十一月，命中书赈粜粮十万石，济京师贫民。又，命帝师率西僧作佛事，内外凡八所，以是日始，岁终罢。十二月，以董仲舒从祀孔子庙，位列七十子之下。又，国子生积分及等者，省、台、集贤院、奎章阁官同考试，中式者以等第试官，不中者复入学肄业。又，立燕王阿剌忒纳答剌为皇太子，诏天下。又，命西僧于兴圣、光天宫十六所作佛事。

1331 年(元至顺二年)

正月，住持大承天护圣寺僧宝峰加司徒。又，以寿安山英宗所建寺未成，诏中书省给钞十万锭供其费，仍命燕铁木儿、撒迪等总督其工役。又，封蒙古族巫者所奉神为灵感昭应护国忠顺王，号其庙曰灵祐。二月，建燕铁木儿居第于兴圣宫之西南，诏撒迪及留守司董其役。又，创建五福太一宫于京城乾隅。三月，绘皇太子真容，奉安庆寿寺之东鹿顶殿，祀之如累朝神御殿仪。又，以龙庆州之流杯园池、水碨、土田赐燕铁木儿。又，以籍入速速、班丹、彻理帖木儿赀产赐大承天护圣寺为永业。又，诏累朝神御殿之在诸寺者，各制名以冠之："世祖曰元寿，昭睿顺圣皇后曰睿寿，南必皇后曰懿寿，裕宗曰明寿，成宗曰广寿，顺宗曰衍寿，武宗曰仁寿，文献昭圣皇后曰昭寿，仁宗曰文寿，英宗曰宣寿，明宗曰景寿。"四月，以粮五万石赈粜京师贫民。又，发卫卒三千助大承天护圣寺工役。又，诏建燕铁木儿生祠于红桥南，树碑以纪其勋。又，奎章阁以纂修《经世大典》，请从翰林国史院取《脱卜赤颜》一书以纪太祖以来事迹，诏以命翰林学士承旨押不花、塔失海牙。押不花言："《脱卜赤颜》事关秘禁，非可令外人传写，臣等不敢奉诏。"从之。五月，皇太子影殿造祭器如裕宗故事。又敕建宫相都总管府公廨。又，调卫兵浚金水河。又，命枢密院调军士修京城。又，奎章阁学士院纂修《皇朝经世大典》成。六月，太府监颁宫嫔、阉宦及宿卫士行帐资装。七月，祀太祖、太宗、睿宗御容于翰林国史院。八月，命赈粜米五万石济京城贫民。九月，命留守司发军士筑驻跸台于大承天护圣寺东。十月，命大都路定时估，每月朔望送广谊司，以酬物价。

1332 年(元至顺三年)

正月，赈粜米五万石，济京师贫民。三月，以帝师泛舟于西山高梁河，调卫士三百挽舟。四月，命奎章阁学士院以国字译《贞观政要》，镂板模印，以赐百官。五月，京师地震有声。又，复赈粜米五万石，济京城贫民。又，诏给钞五万锭，修帝师巴思八影殿。七月，调军士修柳林海子桥道。又，命僧于铁幡竿修佛事，施金百两、银千两、币帛各五百匹、布二千匹、钞万锭。八月，赈大都宝坻县饥民，以京畿运司粮万石。又，遣官祭社稷。又，海道漕运粮六十九万余石至京师。又，元文宗死，享年二十九岁，在位五年。元明宗次子懿璘质班即位，史年元宁宗。十月，元宁宗即位于大明殿，大赦天下并颁诏。又，皇太后命作两宫幄殿、车乘、供帐。戊申，赏赉诸王金、币，其数如文宗即位之制。十一月，元宁宗死，年仅七岁。文宗皇后命大臣阔里吉思迎元明宗长子、元宁宗之兄妥欢贴睦尔于广西静江。

1333 年(元至顺四年、元统元年)

六月，妥欢贴睦尔即位于元上都，史称元顺帝。下诏并大赦天下。十月，改元为元统元年。又，奉文宗皇帝及太皇太后御容于大承天护圣寺，命左丞相撒敦为隆祥使，奉其祭祀。十一月，起棕毛殿。又，追谥札牙笃皇帝为圣明元孝皇帝，庙号文宗。时寝庙未建，于英宗室次权结彩殿，以奉安神主。

1334 年(元元统二年)

二月，太庙木陛坏，遣官告祭。四月，奉圣明元孝皇帝文宗神主祔于太庙，躬行告祭之礼，乐用宫悬，礼三献。又，立盐局于京师南北城，官自卖盐，以革专利之弊。五月，诏："王侯宗戚军站、人匠、鹰坊、控鹤，但隶京师诸县者，令所在一体役之。"八月，京师地震。十月，正内外官朝会仪班次，一依品从。

1335 年(元元统三年、元后至元元年)

四月，诏翰林国史院纂修累朝实录及后妃、功臣列传。五月，京畿民饥，诏有司议赈恤。六月，伯颜奏唐其势及其弟塔剌海谋逆，诛之。执皇后伯牙吾氏幽于别所。七月，伯颜杀皇后伯牙吾氏于开平民舍。又，下诏公布燕铁木儿、唐其势等人罪行。九月，以京畿盐换羊二万口。十月，诏海道都漕运万户府船户与民一体充役。十一月，敕以所在儒学贡士庄田租给宿卫衣粮，诏罢科举。又，下诏改元，以元统三年为至元元年，并大赦天下。

1336 年(元后至元二年)

二月，追尊帝生母迈来迪为贞裕徽圣皇后。四月，禁服麒麟、鸾凤、白兔、灵芝、双角五爪龙、八龙、九龙、万寿、福寿字、赭黄等服。八月，大都至通州霖雨，大水，敕军人修道。又，以徽政院、中政院财赋府田租六万三千三百石补本年海运未敷之数，令有司归其直。又，海运粮至京，遣官致祭天妃。十月，命参知政事纳麟监绘明宗皇帝御容。十一月，武宗、英宗、明宗三朝皇后升祔入庙，命官致祭。又，印造至元三年钞本一百五十万锭。十二月，以燕铁木儿居第赐灌顶国师曩哥星吉，号人觉海寺，塑千佛于其内。

1337 年(元后至元三年)

正月，大都南北两城设赈粜米铺二十处。又，升祔懿璘只班皇帝于庙，谥冲圣嗣孝皇帝，庙号宁宗。又，帝猎于柳林，凡三十五日。三月，发钞一万锭，赈大都宝坻饥民。又，以玉宝、玉册立弘吉剌氏伯颜忽都为皇后，因雨辍贺。又，大都饥，命于南北两城赈粜糙米。四月，禁汉人、南人、高丽人不得执持军器，凡有马者拘入官。六月，京师大雨，浑河水溢，没人畜、庐舍甚众。八月，京畿盗起。又，京师地大震，太庙梁柱裂，各室墙壁皆坏，压损仪物，文宗神主及御床尽碎；西湖寺神御殿壁仆，压损祭器。自是累震，至丁亥方止，所损人民甚众。又，修理文宗神主并庙中诸物。九月，文宗新主、玉册及一切神御之物皆成，诏依典礼祭告。又，大都南北两城添设赈粜米铺五所。十二月，伯颜请杀张、王、刘、李、赵五姓汉人，帝不从。

1338年(元后至元四年)

正月，以地震，赦天下。又，江浙海运粮数不足，拨江西、河南五十万石补之。三月，命中书平章政事阿吉剌监修《至正条格》。四月，京师天雨红沙，昼晦。又，河南执棒胡至京师，诛之。八月，丙子，京师地震，日二三次，至乙酉乃止。十一月，改英宗殿名昭融。十二月，大都南城等处设米铺二十，每铺日粜米五十石，以济贫民，俟秋成乃罢。

1339年(元后至元五年)

四月，立伯颜南口过街塔二碑。又，申汉人、南人、高丽人不得执军器、弓矢之禁。

1340年(元后至元六年)

正月，立司禋监，奉太祖、太宗、睿宗三朝御容于石佛寺。二月，诏权止今年印钞。下诏罢伯颜中书大丞相之职。又，罢司禋监。罢通州、河西务等处抽分按利房，大都东里山查提领所。三月，诏徙伯颜于南恩州阳春县安置。四月，诏大天源延圣寺立明宗神御殿碑。五月，禁民间藏军器。又，降钞万锭，给守卫宫阙内外门禁唐兀、左、右阿速，贵赤，阿儿浑，钦察等卫军。又，置月祭各影堂香于大明殿，遇行礼时，令省臣就殿迎香祭之。六月，下诏撤文宗庙主，徙太皇太后不答失里东安州安置，放太子燕帖古思于高丽。七月，以星文示异，地道失宁，蝗旱相仍，颁罪己诏于天下。又，命翰林学士承旨腴哈、奎章阁学士巙巙等删修《大元通制》。十月，奉玉册、玉宝尊皇考为顺天立道睿文智武大圣孝皇帝，亲祼太室。十一月，以亲祼大礼庆成，御大明殿受群臣朝。十二月，复科举取士制。国子监积分生员，三年一次，依科举例入会试，中者取一十八名。又，罢天历以后增设太禧宗禋等院及奎章阁。

1341年(元至正元年)

正月，下诏改元，以至元七年为至正元年。二月，立广福库，罢藏珍等库。又，是月，大都宝坻县饥，赈米两月。又，印造至元钞九十九万锭、中统钞一万锭。三月，大都路涿州范阳、房山饥，赈钞四千锭。五月，罢河西务行用库。六月，改旧奎章阁为宣文阁。九月，许有壬进讲明仁殿，帝悦，赐酒宣文阁中，仍赐貂裘、金织文币。十二月，以在库至元、中统钞二百八十二万二千四百八十八锭可支二年，住造明年钞本。

1342年(元至正二年)

正月，开京师金口河，深五十尺，广一百五十尺，役夫一十万。又，是月，大同饥，人相食，运京师粮赈之。二月，织造明宗御容。三月，亲试进士七十八人，赐拜住、陈祖仁及第，其余出身有差。九月，京城强贼四起。十二月，申服色之禁。又，京师地震。

1343年(元至正三年)

三月，造鹿顶殿。又，是月，诏修辽、金、宋三史，以中书右丞相脱脱为都总裁官，中书平章政事铁木儿塔识、中书右丞太平、御史中丞张起岩、翰林学士欧阳玄、侍御史吕思诚、翰林侍讲学士揭傒斯为总裁官。七月，修大都城。八月，修理太庙，遣官告祭，奉迁神主于后殿。十月，告祭太庙，奉安神主。又，帝亲祀上帝于南郊，以太祖配。

1345 年(元至正五年)

正月，蓟州地震。三月，帝亲试进士七十有八人，赐普颜不花、张士坚进士及第，其余赐出身有差。四月，大都流民，官给路粮，遣其还乡。十一月，《至正条格》成。

1346 年(元至正六年)

三月，盗扼李开务之闸河，劫商旅船。两淮运使宋文瓒言："世皇开会通河千有余里，岁运米至京者五百万石。今骑贼不过四十人，劫船三百艘而莫能捕，恐运道阻塞，乞选能臣率壮勇千骑捕之。"不听。又，京畿盗起，范阳县请增设县尉及巡警兵，从之。四月，颁《至正条格》于天下。五月，盗窃太庙神主。十二月，诏复立大护国仁王寺昭应宫财用规运总管府，凡贷民间钱二十六万余锭。

1347 年(元至正七年)

二月，兴圣宫作佛事，赐钞二千锭。三月，修光天殿。又，试国子监，会食弟子员，选补路府及各卫学正。又，诏编《六条政类》。四月，通州盗起，监察御史言："通州密迩京城，而盗贼蜂起，宜增兵讨之，以杜其源。"不听。十月，开东华射圃。十一月，拨山东地土十六万二千余顷属大承天护圣寺。

1348 年(元至正八年)

正月，诏翰林国史院纂修后妃、功臣列传，学士承旨张起岩、学士杨宗瑞、侍讲学士黄溍为总裁官，左丞相太平、左丞吕思诚领其事。三月，《六条政类》书成。又，京畿民饥。四月，帝幸国子学，赐衍圣公银印，升秩从二品。定弟子员出身及奔丧、省亲等法。五月，大霖雨，京城崩。

1349 年(元至正九年)

三月，坝河浅涩，以军士、民夫各一万浚之。六月，刻小玉印，以"至正珍秘"为文，凡秘书监所掌书，尽皆识之。七月，诏命太子爱猷识理达腊习学汉人文书，以李好文为谕德，归旸为赞善，张仲为文学。十月，命皇太子爱猷识理达腊自是日为始入端本堂肄业。命脱脱领端本堂事，司徒雅普化知端本堂事。端本堂虚中座，以俟至尊临幸，太子与师傅分东西向坐授书，其下僚属以次列坐。十二月，漕运使贾鲁建言便益二十余事，从其八事：其一曰京畿和籴，二曰优恤漕司旧领漕户，三曰接运委官，四曰通州总治豫定委官，五曰船户困于坝夫、海粮坏于坝主户，六曰疏浚运河，七曰临清运粮万户府当隶漕司，八曰宜以宣忠船户付本司节制。

1350 年(元至正十年)

九月，祭三皇，如祭孔子礼。先是，岁祀以医官行事，江西廉访使文殊讷建言，礼有未备，乃敕工部具祭器，江浙行省造雅乐，太常定仪式，翰林撰乐章，至是用之。又，命枢密院以军士五百修筑白河堤。十月，置诸路宝泉都提举司于京城。十一月，诏天下以中统交钞一贯文权铜钱一千文，准至元宝钞贰贯，仍铸至正通宝钱并用，以实钞法，至元宝钞通行如故。十二月，修大都城。是岁，京师丽正门楼上忽有人妄言灾祸，鞫问之，自称蓟州人，已而不知所往。

1351 年(元至正十一年)

二月，命游皇城，中书省臣谏止之，不听。三月，亲策进士八十三人，赐朵烈图、文允中进士及第，其余赐出身有差。四月，诏开黄河故道。五月，颍州妖人刘福通为乱，以红巾为号，陷颍州。又，命大都至汴梁二十四驿，凡马一匹助给钞五锭。六月，发军一千，从直沽至通州，疏浚河道。七月，开河功成，乃议塞决河。八月，各地农民起义。十一月，黄河堤成，散军民役夫。十二月，也先帖木儿复上蔡县，擒韩咬儿等至京师，诛之。

1352年(元至正十二年)

正月，诏印造中统元宝交钞一百九十万锭、至元钞十万锭。又，以河复故道，大赦天下。五月，海道万户李世安建言权停夏运，从之。六月，修太庙西神门。十二月，脱脱言："京畿近地水利，召募江南人耕种，岁可得粟麦百万余石，不烦海运而京师足食。"帝曰："此事有利于国家，其议行之。"是岁，海运不通。

1353年(元至正十三年)

正月，诏印造中统元宝交钞一百九十万锭、至元钞一十万锭。又，命悟良哈台、乌古孙良桢兼大司农卿，给分司农司印。西自西山，南至保定、河间，北至檀、顺州，东至迁民镇，凡系官地及元管各处屯田，悉从分司农司立法佃种，合用工价、牛具、农器、谷种、召募农夫诸费，给钞五百万锭，以供其用。又，重建穆清阁。三月，诏修大承天护圣寺，赐钞二万锭。又，以各衙门系官田地并宗仁等卫屯田地土，并付分司农司播种。四月，命南北兵马司各分官一员，就领通州、漷州、直沽等处巡捕官兵，往来巡逻，给分司印，一同署事，半载一更。五月，命东安州、武清、大兴、宛平三县正官添给河防职名，从都水监官巡视浑河堤岸，或有损坏，即修理之。六月，立皇子爱猷识理达腊为皇太子、中书令、枢密使，授以金宝，告祭天地、宗庙。十月，撤世祖所立毡殿，改建殿宇。十一月，立典藏库，贮皇太子钱帛。十二月，京城天无云而雷鸣，少顷，有火见于东南。是岁，自六月不雨至于八月。又，造清宁殿前山子、月宫诸殿宇，以宦官留守也先帖木儿、留守同知也速迭儿及都水少监陈阿木哥等董其役。又，哈麻及秃鲁帖木儿等阴进西天僧于帝，行房中运气之术，号演揲儿法，又进西番僧善秘密法，帝皆习之。

1354 年(元至正十四年)

二月，建清河大寿元忠国寺，以江浙废寺田归之。三月，廷试进士六十二人，赐薛朝晤、牛继志进士及第，余授官出身有差。四月，造过街塔于芦沟桥，命有司给物色人匠，以御史大夫也先不花督之。又，命各卫军人修白浮、瓮山等处堤堰。五月，皇太子徙居宸德殿，命有司修葺之。又，募宁夏善射者及各处回回、术忽殷富者赴京师从军。九月，赐穆清阁工匠皮衣各一领。盖海青鹰房。十一月，皇太子修佛事，释京师死罪以下囚。十二月，命织造世祖御容。又，京师大饥，加以疫疠，民有父子相食者。又，帝于内苑造龙船，委内官供奉少监塔思不花监工。帝自制其样，船首尾长一百二十尺，广二十尺，前瓦帘棚、穿廊、两暖阁，后吾殿楼子，龙身并殿宇用五彩金妆，前有两爪。

1355 年(元至正十五年)

闰正月，以各卫军人屯田京畿，人给钞五锭，以是日入役，日支钞二两五钱，仍给牛、种、农器，命司农司令本管万户督其勤惰。二月，刘福通等白砀山夹河迎韩林儿至，立为皇帝，又号小明王，建都亳州，国号宋，改元龙凤。六月，大明皇帝起兵，自和州渡江，取太平路。十一月，亲祀上帝于南郊，以皇太子爱猷识理达腊为亚献，摄太尉、右丞相定住为终献。十二月，诏："凡有水田之处，设大兵农司，招集人夫，有警乘机进讨，无事栽植播种。"又，诏浚大内河道，以宦官同知留守野先帖木儿董其役。野先帖木儿言："自十一年以来，天下多事，不宜兴作。"帝怒，命往使高丽，改命宦官答失蛮董之。

1356 年(元至正十六年)

正月，亲享太庙。二月，命翰林国史院、太常礼仪院定拟皇后奇氏三代功臣谥号、王爵。十二月，命大司农司屯种雄、霸二州以给京师，号京粮。

1357年(元至正十七年)

二月，诏赦天下。四月，监察御史五十九言："今京师周围，虽设二十四营，军卒疲弱，素不训练，诚为虚设，傥有不测，诚可寒心。宜速选择骁勇精锐，卫护大驾，镇守京师，实当今奠安根本、固坚人心之急务。"帝嘉纳之。六月，刘福通犯汴梁，其军分三道，关先生、破头潘、冯长舅、沙刘二、王士诚寇晋、冀，白不信、大刀敖、李喜喜趋关中，毛贵据山东，其势大振。

1358年(元至正十八年)

二月，毛贵陷济南路，守将爱的战死。毛贵立宾兴院，选用故官，以姬宗周等分守诸路；又于莱州立三百六十屯田，每屯相去三十里，造大车百辆，以挽运粮储，官民田十止收二分，冬则陆运，夏则水运。三月，毛贵犯漷州，至枣林，枢密副使达国珍战死，遂略柳林，同知枢密院事刘哈剌不花以兵击败之，贵走据济南。七月，有贼兵犯京城，刑部郎中不花守西门，夜，开门击退之。又，京师大水，蝗，民大饥。十二月，关先生、破头潘等陷上都，焚宫阙，留七日，转略往辽阳，遂至高丽。

1359年(元至正十九年)

二月，置大都督兵农司，仍置分司十道，专督屯种，以孛罗帖木儿领之，所在侵夺民田，不胜其扰。三月，京城北兵马司指挥周哈剌歹与林智和等谋叛，事觉，伏诛。又，诏定科举流寓人名额，蒙古族、色目、南人各十五名，汉人二十名。十月，诏京师十一门皆筑瓮城，造吊桥。是岁以后，因上都宫阙尽废，大驾不复时巡。

1360年(元至正二十年)

正月，会试举人，知贡举平章政事八都麻失里、同知贡举翰林学士承旨李好文、礼部尚书许从宗、考试官国子祭酒张翥、同考官太常博士傅亨等奏："旧例，各处乡试举人，三年一次，取三百名，会试取一百名。今岁乡试所取，比前数少，止有八十八名，会试三分内取一分，合取三十名，如于三十名外，添取五名为宜。"从之。三月，廷试进士三十五人，赐买住、魏元礼进士及第，其余出身有差。五月，张士诚海运粮十一万石至京师。是岁，阳翟王阿鲁辉帖木儿拥兵数十万，屯于木儿古彻兀之地，将犯京畿，使来言曰："祖宗以天下付汝，汝已失其太半；若以国玺付我，我当自为之。"帝遣报之曰："天命有在，汝欲为则为之。"命知枢密院事秃坚帖木儿等将兵击之，不克，军士皆溃，秃坚帖木儿走上都。

1361 年(元至正二十一年)

正月，诏赦天下。三月，张士诚海运粮一十一万石至京师。是岁，京师大饥，屯田成，收粮四十万石。赐司农丞胡秉彝尚尊、金币，以旌其功。

1362 年(元至正二十二年)

五月，中书参知政事陈祖仁上章，乞罢修上都宫阙。又，张士诚海运粮一十二万石至京师。七月，河决范阳县，漂民居。十二月，先是蓟国公脱火赤上言乞罢三宫造作，帝为减军匠之半，还隶宿卫，而造作如故，故士瞻疏首及之。又，皇太子尝坐清宁殿，分布长席，列坐西番、高丽诸僧。皇太子曰："李好文先生教我儒书多年，尚不省其义。今听佛法，一夜即能晓焉。"于是颇崇尚佛学。

1363 年(元至正二十三年)

三月，大赦天下。又，亲试进士六十二人，赐宝宝、杨牴进士及第，余出身有差。五月，张士诚海运粮十三万石至京师。七月，京师大雹，伤禾稼。

1364 年(元至正二十四年)

四月，命扩廓帖木儿讨孛罗帖木儿。又，秃坚帖木儿兵入居庸关。又，皇太子率侍卫兵出光熙门，东走古北口，趋兴、松。又，秃坚帖木儿兵至清河列营。时都城无备，城中大震，令百官吏卒分守京城，使达达国师至其军问故，以必得搠思监及宦官朴不花为对，诏慰解之，不听。又，复孛罗帖木儿前官，仍总兵。以也速为左丞相。又，秃坚帖木儿陈兵自健德门入，觐帝于延春阁，恸哭请罪，帝就宴赉之。加孛罗帖木儿太保，依前守御大同，秃坚帖木儿为中书平章政事。又，皇太子至路儿岭。诏追及之，还宫。五月，扩廓帖木儿奉命讨孛罗帖木儿，屯兵冀宁，其东道以白锁住领兵三万，守御京师，中道以貊高、竹贞领兵四万，西道以关保领军五万，合击之。又，孛罗帖木儿留兵守大同，而自率兵与秃坚帖木儿、老的沙复大举向阙。六月，白锁住以兵至京师，请皇太子西行。七月，孛罗帖木儿前锋军入居庸关，皇太子亲率军御于清河，也速军于昌平，军士皆无斗志。皇太子驰还都城，白锁住引兵入平则门。又，白锁住扈从皇太子出顺承门，由雄、霸、河间，取道往冀宁。又，孛罗帖木儿驻兵健德门外，与秃坚帖木儿、老的沙入见帝于宣文阁，诉其非罪，皆泣，帝亦泣，乃赐宴。孛罗帖木儿欲追袭皇太子，老的沙止之。八月，孛罗帖木儿请诛狎臣秃鲁帖木儿、波迪哇儿祃，罢三宫不急造作，沙汰宦官，减省钱粮，禁止西番僧人好事。十月，诏皇太子还京师。命也速、老的沙分道总兵。

1365 年(元至正二十五年)

三月，孛罗帖木儿幽置皇后奇氏于诸色总管府。四月，孛罗帖木儿至诸色总管府见皇后奇氏，令还宫取印章，作书遗皇太子，遣内侍官完者秃持往冀宁，复出皇后，幽之。五月，京师天雨牦，长尺许，或言于帝曰："龙丝也。"命拾而祀之。六月，皇后奇氏自幽所还宫。七月，孛罗帖木儿伏诛，秃坚帖木儿、老的沙皆遁走。又，召皇太子还京师。大赦天下。又，京师大水。河决小流口，达于清河。八月丁亥朔，京城门至是不开者三日。竹贞、貃高军至城外，命军士缘城而上，碎平则门键，悉以军入，占民居，夺民财。九月，扩廓帖木儿扈从皇太子至京师。十二月，诏立次皇后奇氏为皇后，改奇氏为肃良合氏，诏天下，仍封奇氏父以上三世皆为王爵。

1366 年(元至正二十六年)

正月，命燕南、河南、山东、陕西、河东等处举人会试者，增其额数，进士及第以下递升官一级。三月，廷试进士七十二人，赐赫德溥化、张栋进士及第，余出身有差。

1367 年(元至正二十七年)

三月，京师大风自西北起，飞砂扬砾，白日昏暗。四月，福建行宣政院以废寺钱粮由海道送京师。六月，皇太子寝殿后新甃井中有龙出，光焰烁人，宫人震慑仆地。又，长庆寺有龙缠绕槐树飞去，树皮皆剥。八月，诏命皇太子总天下兵马。又，为皇太子立大抚军院，秩从一品。

1368 年(元至正二十八年)

二月，武库灾。六月，雷雨中有火自天坠，焚大圣寿万安寺。七月，京城红气满空，如火照人，自旦至辰方息。又，京城黑气起，百步内不见人，从寅至巳方消。闰七月，诏罢大抚军院，诛知大抚军院事伯颜帖木儿等。又，大明兵至通州。知枢密院事卜颜帖木儿力战，被擒死之。又，左丞相失列门传旨，令太常礼仪院使阿鲁浑等，奉太庙列室神主与皇太子同北行。阿鲁浑等即至太庙，与署令王嗣宗、太祝哈剌不华袭护神主毕，仍留室内。又，白虹贯日。罢内府兴造。又，诏淮王帖木儿不花监国，庆童为中书左丞相，同守京城。又，帝御清宁殿，集三宫后妃、皇太子、皇太子妃，同议避兵北行。至夜半，开健德门北奔。八月，大明兵入京城，国亡。

后一年，帝驻于应昌府，又一年，四月丙戌，帝因痢疾殂于应昌，寿五十一，在位三十六年。五月，大明兵袭应昌府，皇孙买的里八剌及后妃并宝玉皆被获，皇太子爱猷识礼达腊从十数骑遁。大明皇帝以帝知顺天命，退避而去，特加其号曰顺帝，而封买的里八剌为崇礼侯。

元

本卷主要参考文献

一、历史文献

(一)正史

《元史》，中华书局点校本。

《辽史》，中华书局点校本。

《金史》，中华书局点校本。

(二)文集笔记

(金)元好问《遗山先生文集》，四部丛刊本。

(元)耶律楚材《湛然居士文集》，中华书局点校本。

(元)郝经《陵川集》，四库全书本。

(宋)文天祥《文山先生文集》，四部丛刊本。

(元)耶律铸《双溪醉隐集》，辽海丛书本。

(元)刘因《静修先生文集》，四部丛刊本。

(元)杨果《西庵集》，中华书局本。

(元)王恽《秋涧先生大全文集》，四部丛刊本。

(宋)汪元量《(增订)湖山类稿》，中华书局点校本。

(元)马祖常《石田集》，四库全书本。

(元)张之翰《西岩集》，四库全书本。

(元)刘鹗《惟实集》，四库全书本。

(元)程钜夫《雪楼集》，四库全书本。

(元)赵孟頫《松雪斋文集》，四部丛刊本。

(元)姚燧《牧庵集》，四部丛刊本。

(元)袁桷《清容居士集》，四部丛刊本。

(元)吴澄《吴文正公文集》，四库全书本。

(元)杨弘道《小亨集》，四库全书本。

(元)范梈《范德机诗集》，四部丛刊本。

(元)朱德润《存复斋文集》，四部丛刊续编本。

(元)萨都剌《雁门集》，上海古籍出版社本。

(元)王逢《梧溪集》，四库全书本。

(元)吴莱《渊颖集》，四部丛刊本。

(元)虞集《道园学古录》，四部丛刊本。

(元)黄溍《金华黄先生文集》，四部丛刊本。

(元)柯九思《草堂雅集》四库全书本。

(元)许有壬《至正集》四库全书本。

(元)苏天爵《滋溪文稿》，中华书局点校本。

(元)揭傒斯《揭文安公全集》，四部丛刊本。

(元)欧阳玄《圭斋集》，四库全书本。

(元)柳贯《柳待制文集》，四部丛刊本。

(元)张宪《玉笥集》，丛书集成初编本。

(元)张翥《张蜕庵诗集》，四部丛刊续编本。

(元)张昱《张光弼诗集》，四部丛刊续编本。

(元)杨维桢《铁崖先生古乐府》，四部丛刊本。

(明)危素《危太朴集》，元人珍本义集丛刊本。

(明)宋濂《文宪集》，摛藻堂四库全书荟要本。

(明)陶宗仪《南村辍耕录》，中华书局点校本。

(明)叶子奇《草木子》，中华书局点校本。

(明)萧洵《故宫遗录》，北京古籍出版社本。

(三)地方志

《析津志辑佚》，北京古籍出版社本。

《元一统志》(赵万里辑本)，中华书局本。

永乐大典辑本《顺天府志》，北京大学出版社本。

(四)政书、类书

《大元圣政国朝典章》，中国广播电视出版社本。

《大元通制条格》，浙江古籍出版社本。

《永乐大典》，中华书局影印本。

(五)古人著述

(元)李志常《长春真人西游记》，河北人民出版社本。

(元)王士点《禁扁》四库全书本。

(元)苏天爵《国朝文类》，四部丛刊本。

(元)苏天爵《国朝名臣事略》，中华书局本。

(元)周南瑞《天下同文集》，四库全书本。

(元)夏庭芝《青楼集》，中国戏剧出版社本。

(元)释祥迈《至元辨伪录》，日人刊《大藏经》本。

(元)佚名《元代画塑记》，人民美术出版社本。

(元)佚名《大元毡罽工物记》，广仓学窘丛书本。

(元)佚名《大元马政记》，广仓学窘丛书本。

(元)权衡《庚申外史》，中州古籍出版社本。

(六)译著

冯承钧译《马可波罗行纪》，中华书局本。

陈开俊等译《马可波罗游记》，福建科学技术出版社本。

郝镇华译《一五五〇年前的中国基督教史》，中华书局本。

张星烺编《中西交通史料汇编》，中华书局本。

二、今人著述

(一)北京史

曹子西主编《北京通史》，中国书店出版社。

陈高华《元大都》，北京出版社。

(二)建筑史

梁思成《中国建筑史》，百花文艺出版社。

潘谷西主编《中国古代建筑史》第四卷，中国建筑工业出版社。

(三)辞书

《中国大百科全书·考古卷》，中国大百科全书出版社。

《中国大百科全书·中国历史卷》，中国大百科全书出版社。

(四)其他著述

韩儒林主编《元朝史》，人民出版社。

钱穆《中国文化史导论》，上海古籍出版社。

周良霄等《元代史》，上海人民出版社。

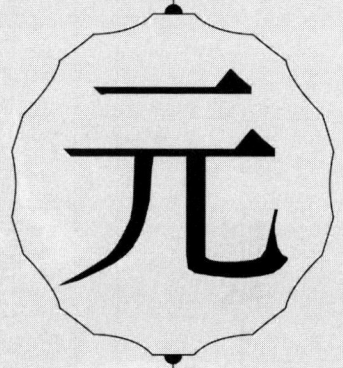

元

附表

附表一 元大都新旧两城坊里一览表

元大都新城坊里表

序号	坊名	坊里位置	所据文献	备注
1	福田坊	在西白塔寺	《元一统志》《析津志辑佚》	《元一统志》称："坊有梵刹取福田之义以名"。梵刹指白塔寺，元代称大圣寿万安寺。明代已不存
2	阜财坊	在顺承门内	《元一统志》《析津志辑佚》《日下旧闻考》	《元一统志》称："坊近库藏，取虞舜南风歌阜民财之义以名。"明代尚存，属宛平县
3	金城坊	在平则门内	《元一统志》《析津志辑佚》《日下旧闻考》《抑庵文后集》	《元一统志》称："取圣人有金城固久安之义以名。"《析津志辑佚》称：东南有石佛寺、杨国公寺，坊东有金玉府。有法藏寺。寺有藏经库八座，王直等尝在此居住。属宛平县。明代尚存，元人朱聚、明人杨士奇、
4	玉铉坊	在中书省前	《元一统志》《析津志辑佚》	《元一统志》称："按《周易》鼎玉铉大吉。以近中书省，取此义以名"
5	保大坊	在枢密院北、东华门东 又称保泰坊	《元一统志》《析津志辑佚》《日下旧闻考》	《元一统志》称："按《传》曰：武有七德，保大定功。以坊近枢密院，取此义以名似。"明代尚存，属大兴县。元代有兴福寺陀院，明代有迎禧观、舍饭旛竿寺、武成王庙等
6	灵椿坊	在都府北、坊北有双桥	《元一统志》《析津志辑佚》	《元一统志》称："取'燕山窦十郎，灵椿一株老'之诗以名。"明代尚存，属平县。元人张藟、陈旅等人曾在此居住

序号	坊名	坊里位置	所据文献	备注
7	丹桂坊	在灵椿坊北	《元一统志》《析津志辑佚》	《元一统志》称："取燕山窦十郎教子故事'丹桂五枝芳',之义以名。"明代已不存
8	明时坊	在太史院东	《元一统志》《析津志辑佚》《日下旧闻考》	《元一统志》称："地近太史院,取《周易·革卦》'君子治历明时',之义以名。"明代尚存,属大兴县。元人傅若金、赵德隆曾在此居住,有寄寄亭。明人曾荣祖居亦在此。明人杨忠敬思曾在此居住。明人朱璉亦在此居住
9	凤池坊	在鼓楼斜街北	《元一统志》《析津志辑佚》《秘书监志》	《元一统志》称："地近海子,在旧省前,取凤凰池之义以名。"《析津志辑佚》称:"至元四年四月,筑燕京内皇城,定方隅,始于新都凤凰池坊北立中书省,以新都位置,居都堂于紫都微垣。"明代已不存
10	安富坊	在顺承门羊角市,又称安福坊	《元一统志》《日下旧闻考》	《元一统志》称:"取《孟子》'安富尊荣'之义以名。"明代尚存,属宛平县。有普恩寺
11	怀远坊		《元一统志》《析津志辑佚》	《元一统志》称:"取《左传》'怀远以德'之义以名。"明代已不存
12	太平坊	地在西北隅	《元一统志》《析津志辑佚》《日下旧闻考》	《元一统志》称:"取'天下太平'之义以名。"有黑塔寺,大天源延圣寺。明代尚存,属宛平县
13	大同坊		《元一统志》《析津志辑佚》	《元一统志》称:"取'四方会同',之义以名。"

序号	坊名	坊里位置	所据文献	备注
14	文德坊	在棋盘街东，与武功坊相对	《元一统志》《京师坊巷志稿》《(雍正)畿辅通志》	《元一统志》称："按《尚书》诞敷文德，取此义以名。"有玉河桥。清代尚存
15	金台坊	在都城坎地，元代钟鼓楼在坊中	《元一统志》《湛然居士文集》《京师五城坊巷胡同集》《日下旧闻考》《京师坊巷志稿》	《元一统志》称："按燕昭王筑黄金台以礼贤士，取此义以名。"明代尚存，属大兴县，法通寺、净土寺、千佛寺。元人危素、高善长曾在此居住
16	穆清坊	在大庙附近，即齐化门里	《元一统志》	《元一统志》称："地近太庙，取《毛诗》'于穆清庙'之义以名。"明代已不存
17	五福坊	在元大都皇城附近	《元一统志》	《元一统志》称："坊在中地，取《洪范》五福之义以名。"明代已不存
18	泰亨坊	在大都城东北部	《元一统志》	《元一统志》称："地在东北寅方，取《泰卦》'吉亨'之义以名。"明代已不存
19	八政坊	在万斯仓附近	《元一统志》	《元一统志》称："地近万斯仓，八作司，'八政食货为先'之义以名。"明代已不存
20	时雍坊	在皇城西宣武门内	《元一统志》《日下旧闻考》《京师坊巷志稿》	《元一统志》称："取《尚书》'黎民于变时雍'之义以名。"明代又分大时雍坊，小时雍坊，属宛平县。清人认为小时雍坊即元代万宝坊。元宰相伯颜赐第在此，后改为大司农官署。明人朱英曾在此居住。张居正有赐第亦在此，李宗易曾在此居住。有午风亭。明代曾建首善书院

序号	坊名	坊里位置	所据文献	备注
21	乾宁坊	在大都城西北部	《元一统志》	《元一统志》称："地在西北乾位，取《周易·乾卦》'万国咸宁'之义以名。"明代已不存
22	咸宁坊		《元一统志》《析津志》	《元一统志》称："取《尚书》'野无遗贤，万邦咸宁'之义以名。"明代已不存 大都旧城亦有咸宁坊
23	同乐坊		《元一统志》	《元一统志》称："取《孟子》'与民同乐'之义以名。"明代已不存
24	寿域坊		《元一统志》	《元一统志》称："取《杜诗》'八荒开寿域'之义以名。"明代已不存
25	宜民坊	在健德门南、凤池坊西	《元一统志》《析津志辑佚》《道园学古录》	《元一统志》称："取《毛诗》'宜民宜人'之义以名"坊中元代有白云观、白云楼。明代已不存
26	析津坊	地近积水潭	《元一统志》	《元一统志》称："燕地分野，上应析木之津，地近海子，故取析津为名。"明代已不存
27	康衢坊		《元一统志》	《元一统志》称："取尧时老人击壤康衢之义以名。"明代已不存
28	进贤坊		《元一统志》	《元一统志》称："取'贤才并进'之义以名。"明代已不存
29	嘉会坊	在大都城南部	《元一统志》《析津志辑佚》	旧城亦有嘉会坊 《元一统志》称："坊在南方，南方属礼，取《周易》嘉会之义以名。"明代已不存

序号	坊 名	坊里位置	所据文献	备 注
30	平在坊		《元一统志》	《元一统志》称："坊在北方，取《尚书》'平在朔易'之义以名。"明代已不存
31	和宁坊		《元一统志》	《元一统志》称："取《周易》'保合大和，万国咸宁'之义以名。"元人李孟曾在此居住。明代已不存
32	智乐坊		《元一统志》	《元一统志》称："地近流水，取'智者乐水'之义以名。"明代已不存
33	邻德坊		《元一统志》	《元一统志》称："取《论语》'德不孤，必有邻'之义以名。"明代已不存
34	有庆坊		《元一统志》	《元一统志》称："按《尚书》'一人有庆，兆民赖之'。取其义以名。"明代已不存
35	清远坊	在大都城西北隅	《元一统志》	《元一统志》称："地在西北隅，取'远方清宁'之义以名。"明代已不存
36	日中坊	在地安门外以西，西直门内	《元一统志》《日下旧闻考》	《元一统志》称："地当市中，取'日中为市'之义以名。"明代尚存，属宛平县。有水泰寺、广济寺、延寿寺、广化寺、海会庵、兴善寺、火德真君庙、清虚观、广福观、显佑宫等
37	寅宾坊	在大都城正东	《元一统志》《日下旧闻考》《道园学古录》	《元一统志》称："在正东，取《尚书》'寅宾出日'之义以名。"元人陈彦和曾居于此，有德星堂。明代尚存，属大兴县
38	西成坊	在大都城正西	《元一统志》《日下旧闻考》	《元一统志》称："在正西，取《尚书》'平秩西成'之义以名。"明代尚存，属宛平县。明代又称西城坊

序号	坊名	坊里位置	所据文献	备注
39	由义坊	在大都城西部，与西成坊相邻	《元一统志》《京师坊巷志稿》	《元一统志》称："西方属义故。"（此处疑有阙文）明代已不存
40	居仁坊	在大都城东部，与由义坊东西相对	《元一统志》《京师坊巷志稿》	《元一统志》称："地在东市，东属仁，取《孟子》'居仁由义'之言，分为东西坊为名。"明代已不存
41	睦亲坊	当在文明门内，今王府井一带	《元一统志》《京师坊巷志稿》	《元一统志》称："地近诸王府，取《尚书》'以亲九族，九族既睦'之义为名。"明代已不存
42	仁寿坊	在今东四一带	《元一统志》《日下旧闻考》《京师坊巷志稿》	《元一统志》称："地近御药院，取'仁者寿'之义以名。"明代尚存，属大兴县。有隆福寺、仰山寺、境灵寺
43	万宝坊	在元朝大内前千步廊西侧，与五云坊相对	《元一统志》《日下旧闻考》《京师坊巷志稿》	《元一统志》称："大内前右千步廊，坊门在西，秋，取'万宝秋成'之义以名。"明代尚存，属宛平县，后改称小时雍坊
44	豫顺坊		《元一统志》《京师坊巷志稿》	《元一统志》称："按《周易·豫卦》'豫顺以动，利建侯行师'，取此义以名。"明代已不存
45	甘棠坊	在健德门	《元一统志》《析津志辑佚》	《元一统志》称："按燕地乃周召公所封，诗人美召公之政，有《甘棠篇》，取此义以名。"明代已不存
46	五云坊	在元代大内前千步廊东侧，与万宝坊相对	《元一统志》《析津志辑佚》《日下旧闻考》《泊庵集》《京师坊巷志稿》	《元一统志》称："大内前，左千步廊，坊门在东。与万宝对立，取唐诗'五云多处是三台'之义。"元代中书省在坊内。又有春晖楼。明代尚存，属大兴县。明人朱文冕曾住此处，有"楮窝"

序号	坊 名	坊里位置	所据文献	备 注
47	湛露坊	在枢密院西南。官酒库当指御酒库	《元一统志》《析津志辑佚》《日下旧闻考》《京师坊巷志稿》《浦阳人物记》	《元一统志》称："湛露坊，按《毛诗》湛露为赐宴，群臣沾恩如湛露。坊近官酒库，取此义以名。"元至正年间文士郑涛曾在此居住。《析津志辑佚》称：此处多为手工艺人相聚处，属大兴县。北有梓潼帝君庙
48	乐善坊		《元一统志》	《元一统志》称："乐善坊，地近诸王府。取汉东平王为善最乐之义以名。"明代已无存
49	澄清坊	在御史台西	《元一统志》《析津志辑佚》《日下旧闻考》《春明梦余录》《永乐大典》	《元一统志》称："澄清坊。取澄清天下之义以名。"明代尚存，属大兴县。殷志学亦曾在此居住。又，文士杨士奇曾在此居住，有凝翠楼。又有北会同馆。清代有成寿寺，元数寺观
50	里仁坊	在钟楼西北	《析津志辑佚》	不见《元一统志》记载，明代已无存
51	发祥坊	在护国寺街至德胜门街之间。西为永锡坊	《析津志辑佚》《日下旧闻考》《春明梦余录》《京师坊巷志稿》	不见《元一统志》记载，明代尚存，属宛平县。有崇国寺(即护国寺)、正觉寺、弘善寺、白米寺
52	永锡坊	在发祥坊东	《析津志辑佚》	不见《元一统志》记载，仅见于《析津志》明代已无存
53	善利坊	在三相公寺前	《析津志辑佚》	不见《元一统志》记载，仅见于《析津志》明代已无存
54	乐道坊		《析津志辑佚》	不见《元一统志》记载，仅见于《析津志》明代已无存

序号	坊名	坊里位置	所据文献	备注
55	好德坊		《析津志辑佚》	不见《元一统志》记载，仅见于《析津志》的记载。明代已无存
56	招贤坊	在翰林院西北	《析津志辑佚》	不见《元一统志》记载，仅见于《析津志》的记载。明代已无存。
57	善俗坊	在健德门	《析津志辑佚》《说学斋稿》	不见《元一统志》记载，元人赵荣祖、赵敬祖兄弟曾在此居住。明代已无存
58	昭回坊	在都府南。前有大十字街，西为崇仁，再西为中心阁，阁西南为齐政楼。在北安门东	《析津志辑佚》《日下旧闻考》《春明梦余录》《(明万历)顺天府志》《京师坊巷志稿》《颐庵文集》	不见《元一统志》记载。坊南有关帝庙。明代尚存。属大兴县。有圆恩寺、广慈庵。明代画家谢环曾在此居住，有乐静斋
59	居贤坊	在国子监学东面	《析津志辑佚》《日下旧闻考》《春明梦余录》《安雅堂集》《铁网珊瑚》《钦定国子监志》《京师坊巷志稿》	不见《元一统志》记载。国子监的官员多在此居住。明代尚存。元代吴师道、陈旅、薛汉等人即曾在此居住。明代尚存，分为南居贤坊和北居贤坊。有海运仓、大军仓永丰观、五岳观、洞阳观(又称老君堂)、北新仓、大军仓永丰观、五岳观、圆宁观、圆圆寺、承恩寺、正觉寺、福安寺、观音寺、慧照寺、柏林寺、万善寺等
60	鸣玉坊	在西安门外，羊市北	《析津志辑佚》《日下旧闻考》《春明梦余录》	不见《元一统志》记载。明代尚存，属宛平县。有大平仓、普度寺、宝钟寺、响铃寺(即祝寿寺)、古灯庵
61	展亲坊		《析津志辑佚》	不见《元一统志》记载，仅见于各种文献所转载之《析津志》

序号	坊名	坊里位置	所据文献	备注
62	惠文坊	草市桥西	《析津志辑佚》	不见《元一统志》记载，仅见于各种文献所转载之《析津志》
63	请祭坊	海子桥北	《析津志辑佚》	不见《元一统志》记载，仅见于各种文献所转载之《析津志》
64	训礼坊		《析津志辑佚》	不见《元一统志》记载，仅见于各种文献所转载之《析津志》
65	咸宜坊	顺承门里倒钞库北	《析津志辑佚》《日下旧闻考》《书画题跋记》《清河书画舫》《道园学古录》《至正集》《京师坊巷志稿》	不见《元一统志》记载。有顺天寺、妙善寺、沙蓝监。坊北有崇文监。又有石佛寺、能仁寺（一说二寺在鸣玉坊）。又有顺圣寺。元代文人赵孟頫曾在此居住。元人陈辅之曾在此居住，有德星堂。明代尚存，属宛平县
66	思诚坊	在齐化门里，与咸宜坊相对	《析津志辑佚》《日下旧闻考》《春明梦余录》《京师坊巷志稿》	不见《元一统志》记载。坊南有定真院，又有十方洞阳观。坊里有千桥。明代尚存，属大兴县。有百万仓、延佑观、延福宫（一说延寿观）、靖佑庙、水月寺等
67	皇华坊	又称黄华坊	《析津志辑佚》《日下旧闻考》《春明梦余录》《类博稿》	不见《元一统志》记载。明代尚存，属大兴县。有禄米仓、王府仓、二郎庙、三圣庙。又有清泰寺、靖恭寺、维摩庵。明代文人曾在此居住
68	明照坊		《析津志辑佚》《日下旧闻考》《清容居士集》《五礼通考》《燕石集》《类博稿》《明一统志》《京师坊巷志稿》	不见《元一统志》记载。有三皇庙，又有兴福院。元代文人耶律聚曾在此居住，又有大兴县。属大兴县。有法华寺、延禧观、迎禧观（一说观在保大坊）、关王庙。明代文人文品正曾有赐第在此

序号	坊名	坊里位置	所据文献	备注
69	蓬莱坊	在天师宫前	《析津志辑佚》《日下旧闻考》《春明梦余录》《明一统志》《明图经志书》《(雍正)畿辅通志》《至正集》《玩斋集》《云林集》《揭傒斯全集》《楂翁诗集》《金文靖集》	不见《元一统志》记载。有崇真万寿宫，即天师宫。又有惠民药局。坊南有烧饭园。明代尚存，属大兴县。明代武将李英曾在此居住
70	南薰坊	在光禄寺东，正阳门里	《析津志辑佚》《日下旧闻考》《京师坊巷志稿》	不见《元一统志》记载。明代尚存，属大兴县。有南会同馆。明代文士商辂曾在此居住。有元宁观
71	迁善坊	在健德门	《析津志辑佚》	不见《元一统志》记载，仅见于各种文献所转载之《析津志》
72	可封坊	在健德门	《析津志辑佚》	不见《元一统志》记载，仅见于各种文献所转载之《析津志》
73	丰储坊	在西仓坊西	《析津志辑佚》《日下旧闻考》《京师坊巷志稿》	不见《元一统志》记载。明代尚存，属宛平县
74	修文坊	前有煤市	《析津志辑佚》《说学斋稿》《京师坊巷志稿》	不见《元一统志》记载，元代有号云松隐者曾在此居住。清人认为是文德坊之别名
76	贤良坊		《日下旧闻考》《圭斋文集》《京师坊巷志稿》	不见《元一统志》及《析津志辑佚》记载。元代文士欧阳玄曾在此居住
77	(昭回)靖恭坊	在北安门(即地安门)东	《日下旧闻考》《春明梦余录》《万历顺天府志》《京师五城坊巷胡同集》	不见《元一统志》及《析津志辑佚》记载。明代坊里，属大兴县。《京师五城坊巷胡同集》称为昭回靖恭坊，似是两坊已经合并为一坊。有圆恩寺、福祥寺、慈善寺、文昌宫、真武庙(又称显佑宫)、裟衣寺

序号	坊名	坊里位置	所据文献	备注
78	教忠坊		《日下旧闻考》《春明梦余录》《明一统志》《京师五城坊巷胡同集》《雍正畿辅通志》《东城志》《京师坊巷志稿》（溪漫稿）	不见《元一统志》及《析津志辑佚》记载。明代坊里属大兴县。有顺天府学，末文天祥祠。又有关王庙。
79	崇教坊	在安定门里	《日下旧闻考》《春明梦余录》《京师五城坊巷胡同集》《京师坊巷志稿》	不见《元一统志》及《析津志辑佚》记载。明代坊里属大兴县。当为元代居贤坊之地。有国子监及孔庙。又有关王寺、极乐寺、天圣寺、净居寺、崇兴庵
80	积庆坊	在地安门外西面	《日下旧闻考》《春明梦余录》《京师五城坊巷胡同集》《雍正畿辅通志》	不见《元一统志》及《析津志辑佚》记载。明代坊里属宛平县。当为元代发祥坊之地。有太平仓、嘉兴寺、半藏寺（明代改称保安寺）、兴化寺、海印寺等。又有崇国寺（即护国寺）

元大都旧城坊里表

序号	坊名	坊里位置	所据文献	备注
1	西升阳坊	金皇城内 西南西北二隅，属南警巡院	《元一统志》《析津志辑佚》《遗山集》《秋涧集》《庙学典礼》	有毗卢寺、东有天寿寺。有头陀修真院。金梳洗楼发基。金人刘汝翼曾在此居住（不分东西）。元人韩昂曾在此居住
2	南开远坊	彰义门内西南西北二隅	《元一统志》《析津志辑佚》	有普安寺、又云寺在彰义门内，昔廉相花园。有固本观，一云在长春宫南
3	北开远坊	西南西北二隅	《元一统志》《辽代石刻文编》	有紫金寺。有玄禧观，全真教常志春命名
4	清平坊	西南西北二隅	《元一统志》	
5	美俗坊	西南西北二隅	《元一统志》《析津志辑佚》	有净垢寺、善化院
6	广源坊	西南西北二隅	《元一统志》	善化院、居坚院

序号	坊名	坊里位置	所据文献	备注
7	广乐坊	西南西北二隅	《元一统志》	
8	西曲河坊	西南西北二隅，属右警巡院	《元一统志》《析津志辑佚》《秋涧集》	
9	宜中坊	西南西北二隅	《元一统志》《秋涧集》	有真常观，为元全真教樊老应建于至元二十二年
10	南永平坊	西南西北二隅	《元一统志》《辽代石刻文编》	辽代王泽曾在此居住
11	北永平坊	西南西北二隅	《元一统志》	
12	北揖楼坊	西南西北二隅	《元一统志》	
13	南揖楼坊	西南西北二隅	《元一统志》	
14	西县西坊	西南西北二隅	《元一统志》	
15	棠阴坊	西南西北二隅。清代为宣北坊	《元一统志》《辽代石刻文编》《书史会要》《秋涧集》	有昊天寺
16	蓟宾坊	西南西北二隅	《元一统志》《乘轺录》	
17	永乐坊	西南西北二隅	《元一统志》	
18	西甘泉坊	西南西北二隅	《元一统志》	有玉清观，又有东岳庙
19	东甘泉坊	西南西北二隅	《元一统志》	
20	衣锦坊	西南西北二隅	《元一统志》	有宝塔寺，建于辽，有舍利宝塔
21	延庆坊	西南西北二隅。在广安门外，明代为白纸坊	《元一统志》《析津志辑佚》《仙源录》	有天宁寺
22	广阳坊	西南西北二隅	《元一统志》《甘水仙源录》	有周桥、丽泽堂。有清逸观

序号	坊　名	坊里位置	所据文献	备　注
23	显忠坊	西南西北二隅，坊在左街。又称檀州街	《元一统志》，见山西西应县木塔发现刻经题记。《辽代石刻文编》《全辽文》《日下旧闻考》	有竹林寺，明代重建，称法林寺
24	归厚坊	西南西北二隅	《元一统志》	有荐福寺
25	常宁坊	西南西北二隅	《元一统志》	
26	常清坊	西南西北二隅	《元一统志》《析津志辑佚》	有昭觉禅寺，王构撰记
27	西孝慈坊	西南西北二隅	《元一统志》	
28	东孝慈坊	西南西北二隅	《元一统志》	
29	玉田坊	西南西北二隅	《元一统志》《析津志辑佚》	有崇仁寺
30	定功坊	西南西北二隅	《元一统志》	
31	辛市坊	西南西北二隅	《元一统志》	
32	会仙坊	西南西北二隅	《元一统志》	
33	时和坊	在彰义门二里路北。西南西北二隅	《元一统志》《析津志辑佚》《辽代石刻文编》《全辽文》	有归义寺，其东有善果寺
34	奉先坊	西南西北二隅，在通玄门内路西。又称在清恰门内路西	《元一统志》《析津志辑佚》《元史》《日下旧闻考》《秋涧集》	又作奉仙坊，有清真观。坊内有元福寺，寺内有燕台。有都土地庙。有元人刘秉忠赐第。又有大一广福万寿宫
35	富义坊	西南西北二隅，在广阳门门西	《元一统志》《金史》	
36	来远坊	西南西北二隅	《元一统志》	
37	通乐坊	西南西北二隅	《元一统志》	
38	亲仁坊	西南西北二隅	《元一统志》	

序号	坊名	坊里位置	所据文献	备注
39	招商坊	西南西北二隅	《元一统志》	
40	余庆坊	西南西北二隅	《元一统志》	
41	郁邻坊	西南西北二隅	《元一统志》	
42	通和坊	西南西北二隅	《元一统志》	
43	东曲河坊	东南东北二隅	《元一统志》	
44	东开阳坊	东南东北二隅	《元一统志》	
45	咸宁坊	东南东北二隅，属左警巡院	《元一统志》《析津志辑佚》《秋涧集·乌台笔补》《元典章》《通制条格》	大都新城亦有咸宁坊。有崇圣寺。有延福院。有释伽院。耶律铸曾在此居住
46	东县西坊	东南东北二隅	《元一统志》	
47	石幢前坊	东南东北二隅	《元一统志》《析津志辑佚》	
48	铜马坊	在东掖门外，东南隅。属左警巡院	《元一统志》《日下旧闻考》《秋涧集》	
49	南蓟宁坊	东南东北二隅	《元一统志》《秋涧集》	
50	北蓟宁坊	东南东北二隅	《元一统志》	
51	啄木坊	东南东北二隅	《元一统志》	
52	康乐坊	东南东北二隅	《元一统志》《辽代石刻文编》《日下旧闻考》	有三学寺(又称圆明寺)
53	齐礼坊	东南东北二隅	《元一统志》《辽代石刻文编》《全辽文》	辽代文人王师儒曾在此居住
54	为美坊	东南东北二隅	《元一统志》《析津志辑佚》《燕石集》《日下旧闻考》《春明梦余录》	宋本、宋褧兄弟故居，《春明梦余录》称在都城西南，有垂纶亭

序号	坊　名	坊里位置	所据文献	备　注
55	南卢龙坊	东南东北二隅	《元一统志》《析津志辑佚》《乘轺录》《全辽文》《日下旧闻考》	有肃清院。辽代官员李内贞曾在此居住
56	北卢龙坊	东南东北二隅	《元一统志》	
57	安仁坊	东南东北二隅	《元一统志》	
58	铁牛坊	东南东北二隅，在施仁门内东南	《元一统志》《析津志辑佚》《日下旧闻考》	有头陀妙真院，又称兴教院
59	敬客坊	东南东北二隅	《元一统志》《析津志辑佚》	北有旌睥寺，寺南有双庙。有玉阳观、王百一石刻。坊南有清和观
60	南春台坊	东南东北二隅	《元一统志》《析津志辑佚》	有杜康庙、资圣寺。有程桥君庙、火巷街。西北有胜严寺。有持精寺，东南。有西禅院。有天宝宫（又称在开阳里）
61	北春台坊	东南东北二隅	《元一统志》《中庵集》	元人陈仲文曾在此居住，有宁寿堂
62	仙露坊	东南东北二隅	《元一统志》《析津志辑佚》《辽代石刻文编》《日下旧闻考》	有西祥寺。东有下生院、弥勒殿。有仙露寺。又有玉虚观。又有金完颜宗弼祠堂
63	嘉会坊		《析津志辑佚》又见《易州志》	新城亦有嘉会坊。有万寿寺、报恩寺
64	礼乐坊	南城正南	《析津志辑佚》	有宁真观
65	中和槽坊	在金皇宫东华门里	《析津志辑佚》	有昭明道观、寿安酒楼、李妃梳妆台、金故宫东华门里
66	肃慎坊		《乘轺录》	唐时旧名（有二十六坊）
67	蓟北坊		《日下旧闻考》见卞氏墓志	唐代贞元十五年

附表二 元大都宫殿建筑一览表

序号	建筑名称	所处位置	始建年代	所据文献	备注
	宫				
1	大明宫	皇宫正宫，太液池东岸，全城中轴线上	至元十年十月	《元史》	(至元十年十月初建正殿、寝殿、香阁、周庑两翼等。见《元史》卷八《世祖纪》)
2	隆福宫	太液池西岸	至元三十一年五月改建	《元史》《析津志辑佚》《秋涧集》《故宫遗录》《道园学古录》《圭斋集》	(至元三十一年五月，诏以皇太后所居旧大子府为隆福宫，詹事院为徽政院，……。见《元史》卷十八《成宗纪》)
3	兴圣宫	太液池西岸，万岁山正西	至大元年	《元史》《析津志辑佚》《南村辍耕录》《故宫遗录》《石田集》《雪楼集》《清容居士集》《道园学古录》等	(至大元年三月丁卯，建兴圣宫，给钞五万锭，丝二万斤。见《元史》卷二十二《武宗纪》)(著名画家何澄曾主持宫中绘画之事)
4	光天宫	太液池西岸	不详	《元史》	(延祐七年正月辛丑，帝崩于光天宫。见《元史》卷二十六《仁宗纪》)
5	柳林行宫	京郊漷州	不详	《元史》《秋涧集》《雪楼集》《元朝名臣事略》	每年春天元朝诸帝狩猎之处
6	缙山行宫	京郊龙庆州	不详	《元史》	(皇庆元年五月丁未，缙山县行宫建凉殿。见《元史》卷二十四《仁宗纪》)

序号	建筑名称	所处位置	始建年代	所据文献	备注
7	月宫	皇宫中清宁殿前	元顺帝至正十三年	《元史》《故宫遗录》	《故宫遗录》作"日月宫"
8	清宁宫	延春阁之后	不详	《故宫遗录》《庚申外史》	宫制略同延春阁，元顺帝时，皇太子曾在此处行秘密法
9	延春宫	延春阁附近	元世祖至元年间	《故宫遗录》	"以处嬖幸也"
10	明仁宫	延春阁附近	不详	《故宫遗录》	又称"明仁殿"
11	庆福宫	不详	不详	《禁扁》	
12	延福宫	不详	不详	《石田集》	
	殿				
13	大明殿	皇宫正殿	至元十年十月	《元史》《南村辍耕录》《故宫遗录》《禁扁》《牧庵集》《黄金华集》《清容居士集》《道园学古录》《存复斋集》等	元朝帝王岁时举行重大典礼之处
14	玉德殿	清灏门外	不详	《元史》《南村辍耕录》《故宫遗录》《禁扁》《元代画塑记》《宋文宪集》《清容居士集》	（大德十一年正月）癸酉，崩于玉德殿，……(见《元史》卷二十一《成宗纪》)殿中供奉有佛像。至正元年，曾在此开宫学
15	紫檀殿	大明殿西北	元世祖至元年间	《元史》《禁扁》《梧溪集》《元朝文类》	元初曾在此举行献俘仪式

序号	建筑名称	所处位置	始建年代	所据文献	备注
16	玉塔殿	大明殿之后	元世祖至元年间	《元史》《元代画塑记》	（至元二十三年）命西僧递作佛事于万寿山、玉塔殿、万安寺，凡三十会。（见《世祖纪》史》卷十四）殿内安置有文殊菩萨及弥勒制佛像
17	香殿	皇宫中有多处	元世祖至元年间建。又，至大元年元武宗亦建有香殿	《元史》《南村辍耕录》《牧庵集》《危太朴集》	有东香殿、西香殿，在玉德殿附近。（至大元年八月）甲寅，李邦宁以建香殿成，赐金五十两、银四百五十两。（见《元史》卷二十二《武宗纪》）
18	文德殿	明晖门外，光天殿西侧	泰定元年七月	《元史》《禁扁》《清容居士集》《黄金华集》	即楠木殿。（泰定元年七月）作楠木殿。（见《元史》卷二十九《泰定帝纪》）
19	嘉禧殿	光天殿附近	不详	《元史》《南村辍耕录》《禁扁》《故宫遗录》《道园学古录》《松雪斋集》《清容居士集》《滋溪文稿》《元朝文类》等	又称"西缓殿"，著名画家李衎曾奉诏在此画有壁画
20	宝慈殿	兴圣殿西侧	不详	《元史》《南村辍耕录》《禁扁》《黄金华集》	
21	金脊殿	不详	至治元年四月及泰定元年八月	《元史》	有象驾驾金脊殿与中宫金脊殿。（至治元年四月）己未，造象驾金脊殿。（见《元史》卷二十七《英宗纪》）（泰定元年八月）作中宫金脊殿。（见《元史》卷二十九《泰定帝纪》）

序号	建筑名称	所处位置	始建年代	所据文献	备注
22	玉殿	广寒殿中	至元四年九月	《元史》	(至元四年九月壬辰，作玉殿于广寒殿中。(见《元史》卷六《世祖纪》))
23	广寒殿	万岁山上	元世祖中统年间重建	《元史》《故宫遗录》《禁扁》《双溪醉隐集》《秋涧集》《牧庵集》《松雪斋集》《至正集》等	中有小玉殿，裕宗为燕王时，当朝广寒殿
24	祀天幄殿	大明殿西侧	至元二十七年正月	《元史》	(至元二十七年正月乙卯，造祀天幄殿。(见《元史》卷十六《世祖纪》))
25	更衣殿	皇宫中有多处	不详	《元史》《南村辍耕录》	有东更衣殿、西更衣殿，在崇庆殿两侧
26	行殿	在柳林、缙山等行宫中皆有	至治元年六月	《元史》《滋溪文稿》	(至治元年六月)作行殿于缙山流杯池。(见元史卷二十七《英宗纪》) (至治二年正月)建行殿于柳林。(见《元史》卷二十八《英宗纪》)
27	便殿	皇宫中各宫殿多有便殿	不详	《元史》	(至大四年四月)帝御便殿，李孟进曰……(见《元史》卷二十四《仁宗纪》)
28	寿昌殿	光天殿附近	不详	《元史》《南村辍耕录》《禁扁》	又称"东暖殿"。(泰定元年四月)修佛事于寿昌殿。(见《元史》卷二十九《泰定帝纪》)
29	楠木殿	明晖门外、光天殿西侧	泰定元年七月	《元史》《南村辍耕录》	即文德殿

序号	建筑名称	所处位置	始建年代	所据文献	备　注
30	棕殿	不详	泰定元年十二月	《元史》	泰定元年十二月辛未，新作棕殿成。（见《元史》卷二十九《泰定帝纪》）
31	棕毛殿	万岁山东侧	泰定二年闰正月	《元史》《南村辍耕录》《故宫遗录》	泰定二年闰正月癸酉，作棕毛殿。（见《元史》卷二十九《泰定帝纪》）
32	吾殿	不详	泰定二年四月	《元史》《大元毡罽工物记》	泰定二年四月作吾殿。（见《元史》卷二十九《泰定帝纪》）
33	兴圣殿	太液池西岸	至大元年	《元史》《南村辍耕录》《禁扁》《张光弼诗集》《元朝文类》《庚申外史》《大元马政记》	为兴圣宫正殿，天历二年，元文宗曾在此观马
34	帐殿	可以移动	天历二年二月	《元史》	天历二年二月壬子，命有司造行在帐殿。（见《元史》卷三十三《文宗纪》）
35	仁智殿	在万岁山山腰	不详	《元史》《南村辍耕录》《禁扁》《元朝文类》	曾安置旃檀佛像
36	明仁殿	大明殿附近	不详	《元史》《南村辍耕录》《禁扁》《故宫遗录》《黄金华集》《清容居士集》《未文宪集》	又称西煖殿，至正初年，周伯琦曾在此为元顺帝进讲《诗经》
37	圣安殿	不详	不详	《元史》	至正十三年八月建皇太子鹿顶殿于圣安殿西。（见《元史》卷四十三《顺帝纪》）

序号	建筑名称	所处位置	始建年代	所据文献	备注
38	毡殿	不详，当在大明殿西侧	元世祖至元年间	《元史》	（至正十三年十月撤世祖所立毡殿，改建殿宇。见《元史》卷四十三《顺帝纪》）
39	清宁殿	不详，当在大液池前山	不详	《元史》《草木子》	（至正十三年十二月造清宁殿宇、月宫诸殿宇。见《元史》卷四十三《顺帝纪》）
40	宸德殿	不详	不详	《元史》	（至正十四年五月）皇太子徙居宸德殿，命有司修葺之。（见《元史》卷四十三《顺帝纪》）
41	瑞像殿	不详，似在大圣安寺中	元世祖中统年间	《元史》	（中统二年九月）奉迁神主于圣安寺。辛巳，藏于瑞像殿。（见《元史》卷七十四《祭祀志》）
42	坤德殿	不详	元世祖至元年间	《元史》《南村辍耕录》	（元世祖皇后）居坤德殿，终日端坐，未尝妄逾户阈。（见《元史》卷一百一十四《伯颜忽都皇后传》）
43	万岁山圆殿	大液池畔	不详	《元史》《析津志辑佚》《南村辍耕录》	即仪天殿
44	咸宁殿	不详	元世祖至元年间	《元史》《黄金华集》	（任大都留守时）奉诏监修文武楼、宁殿，建太庙。（见《元史》卷一百六十九《王伯胜传》）

序号	建筑名称	所处位置	始建年代	所据文献	备注
45	慈仁殿	延华阁附近	不详	《元史》《禁扁》《黄金华集》《圭斋集》《至正集》	上都亦有慈仁殿。复以中书左丞召，入觐慈仁殿，敷陈累朝任贤使能、治民足国之道，……(见《元史》卷一百七十七《张思明传》)
46	慈福殿	大明殿附近	不详	《元史》《南村辍耕录》《禁扁》《滋溪文稿》	又称东暖殿。元顺帝时，皇后曾在此作佛事
47	凉殿	在缙山行宫等处	不详	《元史》	
48	光天殿	大液池西岸，隆福宫之前	不详	《析津志辑佚》《南村辍耕录》《故宫遗录》《滋溪文稿》《禁扁》《元朝文类》	
49	九龙殿	后苑之内	不详	《析津志辑佚》	元顺帝新建
50	大正殿	隆福宫旧基前	不详	《析津志辑佚》	
51	芳碧殿	延华阁之东	不详	《析津志辑佚》	芳壁当是芳碧之误
52	微清殿	当在延华阁之西	不详	《析津志辑佚》	微清当是徽青之误
53	大威德殿	微清殿西侧	不详	《析津志辑佚》	
54	畏吾儿佛殿	延华阁东南	不详	《析津志辑佚》《南村辍耕录》	
55	木香殿	畏吾殿东侧	不详	《析津志辑佚》	又作"木香亭"

序号	建筑名称	所处位置	始建年代	所据文献	备注
56	鹿顶殿	在皇宫中有多处	延祐五年二月	《元史》《析津志辑佚》《南村辍耕录》《故宫遗录》	（延祐五年二月建鹿顶殿于文德殿后。见《元史》卷二十六《仁宗纪》）又作"盝顶殿"，有东西鹿顶殿在延华阁两侧
57	文思殿	大明殿东北	不详	《南村辍耕录》《故宫遗录》《禁扁》	
58	宝云殿	大明殿正北	不详	《南村辍耕录》《禁扁》	
59	宸庆殿	玉德殿之后	不详	《南村辍耕录》《禁扁》《黄金华集》	
60	针线殿	光天殿之后	不详	《南村辍耕录》	
61	隆福殿	隆福宫正殿	不详	《南村辍耕录》《禁扁》	
62	仪天殿	太液池中圆坻之上	不详	《南村辍耕录》《禁扁》《故宫遗录》	又称万岁山圆殿
63	嘉德殿	兴圣殿东侧	不详	《南村辍耕录》《禁扁》	
64	荷叶殿	万岁山上，仁智殿西北，后有方壶亭	不详	《南村辍耕录》《禁扁》	
65	介福殿	万岁山上，仁智殿东北	不详	《南村辍耕录》《禁扁》	
66	延和殿	万岁山上，仁智殿西北，与介福殿相对称	不详	《南村辍耕录》《禁扁》	
67	圆殿	流杯池旁，有东西流水圆亭相连	不详	《南村辍耕录》	

序号	建筑名称	所处位置	始建年代	所据文献	备　注
68	歇山殿	圆殿前，流杯池附近	不详	《南村辍耕录》	
69	宣文殿	玉德殿东，延春阁附近	不详	《故宫遗录》	
70	方壶殿	万岁山山腰	不详	《故宫遗录》	又称"方壶亭"
71	金露殿	万岁山山腰	不详	《故宫遗录》	又称"金露亭"
72	玉虹殿	万岁山山腰	不详	《故宫遗录》	又称"玉虹亭"
73	西苑新殿	西苑金水河南侧	不详	《故宫遗录》	
74	水晶圆殿	西苑新殿后，在水中，有长桥通嘉禧殿	不详	《故宫遗录》	有二座
75	懿德殿	嘉禧殿附近	不详	《故宫遗录》《禁扁》	
76	沉香殿	光天殿东侧	不详	《故宫遗录》	
77	宝殿	光天殿西侧	不详	《故宫遗录》	
78	小直殿	兴圣宫中	不详	《故宫遗录》	
79	金殿	后苑之中	不详	《析津志辑佚》《故宫遗录》	内置有刻漏仪制
80	五位殿	内苑之南	不详	《析津志辑佚》	据《析津志辑佚》云："旧司天台、内苑司天台、海子花房、花苑，园同在五位殿之北。"
81	翠殿	金殿之西	不详	《故宫遗录》	
82	睿安殿	不详	不详	《禁扁》	
83	龙光殿	不详	不详	《禁扁》《圭斋集》《宋文宪集》	似在上都

序号	建筑名称	所处位置	始建年代	所据文献	备　注
84	瑶华殿	不详	不详	《双溪醉隐集》	殿中有水晶帘、火玉烛
85	五花殿	不详	不详	《黄金华集》	元武宗时，阿沙不花曾入侍殿中
86	端明殿		不详	《草木子》	大明军北伐，元顺帝曾于此会议，商讨对策
	阁				
87	延春阁	大明殿后，中轴线上	元世祖至元年间	《元史》《南村辍耕录》《故宫遗录》《禁扁》《牧庵集》《道园学古录》《蜕庵诗集》等	（元贞元年二月）以醮延春阁，赐天师张与棣、宗师张留孙……玉主各一。（见《元史》卷十八《成宗纪》）
88	延华阁	兴圣宫后正殿	元武宗至大年间	《元史》《析津志辑佚》《南村辍耕录》《禁扁》《元代画塑记》	（泰定二年二月）命西僧作烧坛佛事于延华阁。（见《元史》卷二十九《泰定帝纪》）
89	徽猷阁	不详	不详	《元史》	（天历元年十二月）西僧百人作佛事于徽猷阁七日。（见《元史》卷三十二《文宗纪》）
90	凝晖阁	不详	不详	《元史》	（天历二年十二月）命帝师率其徒作佛事于凝晖阁。（见《元史》卷三十三《文宗纪》）
91	树忠阁	万岁山	不详	《元史》	（至顺二年七月）命西僧于大都万岁山树忠阁作佛事，起八月八日，至车驾还大都日止。（见《元史》卷三十五《文宗纪》）

序号	建筑名称	所处位置	始建年代	所据文献	备注
92	奎章阁	皇城兴圣殿之西	元文宗时	《元史》《禁扁》《南村辍耕录》	三间，东向，"高明敞爽"
93	宣文阁	同上。又一说在延春阁后	至正元年六月改名	《元史》《析津志辑佚》	（至正元年六月戊辰，改旧奎章阁为宣文阁。（卷四十·顺帝纪）
94	香阁	皇宫中的许多宫殿皆有香阁	不详	《元史》《南村辍耕录》	
95	扶空阁	延华阁之后	不详	《析津志辑佚》	
96	徽仪阁	延华阁之前	不详	《析津志辑佚》《禁扁》《至正集》	
97	厚载门高阁	厚载门上	不详	《故宫遗录》	
98	花亭笆阁	金殿及翠殿附近	不详	《故宫遗录》	
99	延英阁		不详	《圭斋集》	元顺帝时，虞集曾入侍阁中
100	翠华阁	海子桥附近	不详	《石田集》	
101	皇城角楼	皇城四角皆有	不详	《元史》	诸登皇城角楼，因为盗者，处死。（见《元史》卷一百○二《刑法志》）
102	文、武楼	文楼在凤仪门南，武楼在麟瑞门南	元世祖至元年间	《元史》《南村辍耕录》《滋溪文稿》	为二座，又称钟楼、鼓楼
103	鹿顶棕楼	不详	泰定三年十一月	《元史》	（泰定三年十一月己酉，作鹿顶楼。（见《元史》卷三十《泰定帝纪》）又称毛鹿顶楼

序号	建筑名称	所处位置	始建年代	所据文献	备注
104	崇天门谯楼	崇天门上	元世祖至元年间	《南村辍耕录》	
105	鹔鹴楼	青阳门南，光天殿附近	元世祖至元年间	《南村辍耕录》《禁扁》	
106	骖龙楼	明晖门南，光天殿附近	元世祖至元年间	《南村辍耕录》《禁扁》	
107	凝晖楼	弘庆门南，兴圣殿附近	不详	《南村辍耕录》《禁扁》	
108	延颢楼	宣则门南，兴圣殿附近	不详	《南村辍耕录》《禁扁》	
	苑				
109	内苑	当在太液池边	不详	《元史》	（至正十四年十二月）帝于内苑造龙船，委内官供奉少监塔思不花监工。（见《元史》卷四十三《顺帝纪》）
110	禁苑	当属泛指苑囿之内	不详	《元史》	诸辄入禁苑，盗杀官兽者，为首杖八十七，……（见《元史》卷一百〇二《刑法志》）
111	西御苑	隆福宫西	不详	《南村辍耕录》《故宫遗录》	又称"西前苑"
112	后苑	当在皇宫正殿大明殿之后	不详	《故宫遗录》《至正集》	有金殿，元朝帝王曾在此举行斗驼活动
	堂				
113	拱辰堂	不详	不详	《元史》《南村辍耕录》《禁扁》	（至正元年八月）正午，赐文臣燕于拱辰堂。（见《元史》卷四十《顺帝纪》）又作"拱宸堂"

序号	建筑名称	所处位置	始建年代	所据文献	备　注
114	七星堂	不详	元文宗时	《元史》	(任大都留守)帝(文宗)尝命答里麻修七星堂，先是，修缮必用赤绿金银装饰，答里麻独务朴素，令画工图山林景物，左右年少皆不然。是岁秋，车驾自上京还，入观之，乃大喜，……(见《元史》卷一百四十四《答里麻传》)
115	延春堂	延春阁前堂	不详	《故宫遗录》	
116	秘密堂	宣文殿旁	不详	《故宫遗录》	
117	端本堂	延华阁东	不详	《南村辍耕录》《故宫遗录》	
118	芳润堂	不详	不详	《禁扁》	
119	浴堂	延华阁附近	不详	《析津志辑佚》	皇宫中又有数处浴室，如《元史》所云"温石浴室"等皆是
120	厕堂亭	仪天殿西北	不详	《南村辍耕录》	
121	徽清亭	延春阁附近，一说在延华阁西北，与芳碧亭相对称	不详	《元史》《南村辍耕录》《禁扁》《元代画塑记》	(至治三年十二月)塑马哈吃剌佛像于延春阁之徽清亭。(见《元史》卷二十九《泰定帝纪》)
122	方碧亭	延华阁东北	不详	《析津志辑佚》《南村辍耕录》《禁扁》	又作"芳碧亭"

续表

序号	建筑名称	所处位置	始建年代	所据文献	备注
123	木香亭	畏吾儿殿之后	不详	《析津志辑佚》《南村辍耕录》	又作"木香殿"
124	水浸亭	徽仪阁之东	不详	《析津志辑佚》	
125	御膳亭	星拱门之南	不详	《南村辍耕录》	
126	圆亭	延华阁之后	不详	《南村辍耕录》	
127	盝顶井亭	延华阁东南	不详	《南村辍耕录》	
128	金露亭	广寒殿东侧	不详	《南村辍耕录》《禁扁》	为圆亭
129	玉虹亭	广寒殿西侧	不详	《南村辍耕录》《禁扁》	
130	方壶亭	荷叶殿之后	不详	《南村辍耕录》《禁扁》	又称"线珠亭"
131	瀛洲亭	温石浴室之后	不详	《南村辍耕录》《禁扁》	又称"线珠亭"
132	圆亭	荷叶殿西侧	不详	《南村辍耕录》	又称"臙粉亭"
133	流水圆亭	流杯池东西两侧	不详	《南村辍耕录》	有两座
134	东西十字亭	歇山殿之后	不详	《南村辍耕录》	有两座
135	东西水心亭	歇山殿池中	不详	《南村辍耕录》	有两座
136	流杯亭	兴圣宫东侧	不详	《故宫遗录》	
台					
137	龙虎台	京城健德门外	不详	《元史》	为元朝诸帝巡幸两京的驻跸之处
138	云仙台	京城郊外	不详	《元史》	为祭星之处，(至元三十一年五月)祭紫微星于云仙台。(见《元史》卷十八《成宗纪》)

序号	建筑名称	所处位置	始建年代	所据文献	备注
139	呼鹰台	京城东南漷州境内水泽中	不详	《元史》	为春天帝王狩猎之处
140	祭台	京城丽正门外东南七里	不详	《元史》	即郊坛
141	犀山台	仪天殿前水中	不详	《南村辍耕录》	
142	石台	西御苑香殿之后	不详	《南村辍耕录》	
143	舞台	厚载门高阁之前	不详	《故宫遗录》	"回阑引翼。每幸阁上，天魔歌舞于台"
144	万岁山层台	万岁山上	不详	《故宫遗录》	"回阑隆阁，高出空中，隐隐遥接广寒殿"
145	礼天台	兴圣宫彩楼之后	不详	《故宫遗录》	
146	观星台	舞台东面	不详	《故宫遗录》	
	室				
147	温石浴室	不详	至元二十二年七月	《元史》《南村辍耕录》	（至元二十二年七月）造温石浴室及更衣殿。（见《元史》卷十三《世祖纪》）
148	蒲萄酒室	不详	至元二十八年五月	《元史》	（至元二十八年五月）宫城中建蒲萄酒室及女工室。（见《元史》卷十六《世祖纪》）
149	女工室	不详	（同上）	《元史》	（同上）
150	正殿两翼室	大明殿周围	至元十年十月	《元史》	（至元十年十月）初建正殿、寝殿、香阁、周庑两翼室。（见《元史》卷八《世祖纪》）
151	庖人之室	分别在凤仪门外、延华阁东等处	不详	《南村辍耕录》	
152	酒人之室	凤仪门外	不详	《南村辍耕录》	当是《元史》所云"蒲萄酒室"

序号	建筑名称	所处位置	始建年代	所依据文献	备注
153	宫人之室	兴圣宫东夹垣外	不详	《南村辍耕录》	
154	牧人之室	延华阁西北	不详	《南村辍耕录》	
155	宿卫之室	皇宫内有数处	不详	《南村辍耕录》	
156	侍女室	分别在针线殿之后及延华阁之后等处	不详	《南村辍耕录》	
157	庵室	(见庵人之室)	不详	《南村辍耕录》	
158	马疃室	介福殿之前	不详	《南村辍耕录》	
159	管花室	兴圣宫北门外	不详	《南村辍耕录》	
160	浴室		不详	《南村辍耕录》	参见"温石浴室"
161	宫娥之室	厚载门周围	不详	《故宫遗录》	
162	内浴室房	观星台之西	不详	《故宫遗录》	
163	海菁鹰房	当有多处	至正十四年八月	《元史》	(至正十四年八月)盖海青鹰房。(见《元史》卷四十三《顺帝纪》)
164	毡帐房	不详,亦当有多处	不详	《元史》	凡后妃妊身,将及月辰,则移居于外毡帐房。……凡病后患危殆,亦移居外毡帐房。……(见《元史》卷七十七《祭祀志》)
165	鹦歌房	圆殿附近	不详	《析津志辑佚》	
166	绣女房	鹦歌房之西	不详	《析津志辑佚》	当是《元史》所云"女工室"
167	直板房	延华阁之后,圆殿附近	不详	《析津志辑佚》	为进入皇宫的官员办事之处

序号	建筑名称	所处位置	始建年代	所据文献	备注
168	花房	芳碧亭正北	不详	《析津志辑佚》	当是《南村辍耕录》所云之"簪花室"
169	酒房	宫垣东南隅、庖室之南	不详	《南村辍耕录》	
170	盝顶房	皇城内有多处	不详	《南村辍耕录》	
171	好事房门	东盝顶殿殿旁	不详	《南村辍耕录》	当是元顺帝修秘密佛法之处
172	东华门	皇宫东门	至元九年五月	《元史》《南村辍耕录》《故宫遗录》	(至元九年五月)宫城初建东西华、左右掖门。(卷七·世祖纪)
173	西华门	皇宫西门	(同上)	《元史》《南村辍耕录》《故宫遗录》	
174	崇天门	皇宫正前门	不详	《元史》《南村辍耕录》《故宫遗录》《雁门集》	
175	厚载门	皇宫正后门	不详	《元史》《南村辍耕录》《故宫遗录》《秋涧集》《圭斋集》	上有高阁
176	阙门	泛指皇宫诸门	不详	《元史》	
177	大明门	大明宫正门、崇天门内	不详	《元史》《南村辍耕录》《故宫遗录》	
178	日精门	大明门之东	不详	《元史》《南村辍耕录》	
179	月华门	大明门之西	不详	《元史》《南村辍耕录》	
180	凤仪门	大明殿东侧门	不详	《元史》《南村辍耕录》	

序号	建筑名称	所处位置	始建年代	所据文献	备注
181	五门	当在皇宫正前方	不详	《元史》	（至元八年）首造大炮竖于五门前，帝命试之，各赐衣段。（见《元史》卷二百○三《阿老瓦丁传》）当是后人所云"午门"
182	光天门	光天殿正门	不详	《元史》《南村辍耕录》《故宫遗录》《范德机诗集》	元代曾在此举行进《实录》仪式
183	延春门	延春阁正门	不详	《元史》《南村辍耕录》《至正集》	
184	左右掖门	崇天门两侧之门	至元九年五月	《元史》《故宫遗录》	当是《南村辍耕录》所云星拱、云从二门
185	西宫门	海子南岸	不详	《元史》	
186	星拱门	崇天门东侧	不详	《南村辍耕录》	
187	云从门	崇天门西侧	不详	《南村辍耕录》	
188	麟瑞门	大明殿西侧门	不详	《南村辍耕录》	
189	嘉庆门	宝云殿东侧	不详	《南村辍耕录》	
190	景福门	宝云殿西侧	不详	《南村辍耕录》	
191	懿范门	延春阁东侧	不详	《南村辍耕录》	
192	嘉则门	延春阁西侧	不详	《南村辍耕录》	
193	景耀门	慈福殿东侧	不详	《南村辍耕录》	
194	清灏门	明仁殿西侧	不详	《南村辍耕录》	

序号	建筑名称	所处位置	始建年代	所据文献	备 注
195	崇华门	光天门东侧	不详	《南村辍耕录》	
196	膺福门	光天门西侧	不详	《南村辍耕录》	
197	清阳门	光天殿东侧	不详	《南村辍耕录》	
198	明晖门	光天殿西侧	不详	《南村辍耕录》	
199	兴圣门	兴圣宫正门	不详	《南村辍耕录》	
200	明华门	兴圣门东侧	不详	《南村辍耕录》	
201	肃章门	兴圣门西侧	不详	《南村辍耕录》	
202	弘庆门	兴圣殿东侧	不详	《南村辍耕录》	
203	宣则门	兴圣殿西侧	不详	《南村辍耕录》	
204	山字门	延华阁正门	不详	《南村辍耕录》	
205	独脚门	延华阁两侧	不详	《南村辍耕录》	
	庐				
206	直庐	在宫殿附近	不详	《元史》	成宗大渐，丞相哈剌哈孙答剌罕称疾卧直庐中。(见《元史》卷一百三十八《康里脱脱传》) 当是《析津志辑佚》所云"直板房"
207	周庐	宫城南面	至元二十八年二月	《元史》《南村辍耕录》	(至元二十八年二月)营建宫城南面周庐，以居宿卫之士。(见《元史》卷十六《世祖纪》)《南村辍耕录》所云"宿卫直庐"

序号	建筑名称	所处位置	始建年代	所据文献	备 注
208	庐帐	当是临时建筑，可移动	至元十八年正月	《元史》	（至元）十八年正月，昭睿顺圣皇后崩，……设庐帐居之。太子自猎所奔赴。（见《元史》卷一百一十五《裕宗传》）
209	侍女直庐	针线殿之后	不详	《南村辍耕录》	当是《故宫遗录》所云"宫娥之室"
	其他				
210	内庖	宫垣东南隅酒房之北	不详	《南村辍耕录》	
211	管花半屋	畏吾儿殿旁	不详	《南村辍耕录》	
212	妃嫔院	有四处，两处在东盝顶殿之后，两处在西盝顶殿之后	不详	《南村辍耕录》	
213	灵囿	万岁山东侧	不详	《南村辍耕录》	
214	龟头屋	西御苑香殿旁	不详	《南村辍耕录》	
215	流栖池	西御苑香殿之后	不详	《南村辍耕录》	
216	千步廊	崇天门之前	不详	《故宫遗录》	
217	红门阑马墙	即宫垣	不详	《故宫遗录》	
218	周桥	崇天门与千步廊之间	不详	《故宫遗录》	
219	仙桥	兴圣宫彩楼两翼	不详	《故宫遗录》	
220	射圃	皇后西面，又东华门外	不详	《秋涧集》《至正集》	

注：表中引用文献系用简称，其全称及书籍版本见本卷书后"参考引用书目"。

附表三 元大都佛教寺庙一览表

序号	寺庙名称	寺庙位置	始建年代	所据文献	备 注
1	大庆寿寺	大都新城顺承门里时雍坊	金代大定二十六年	《元一统志》、《析津志辑佚》、《顺天府志》(永乐大典本)、王恽《秋涧集》、赵孟頫《松雪斋集》、程钜夫《黄金华集》	今已不存
2	大兴教寺	大都新城顺承门里阜财坊	元代至元二十年	《元史》、《元一统志》、《顺天府志》(永乐大典本)、程钜夫《雪楼集》	有帝师八思巴殿，又有元太祖神御殿
3	大护国仁王寺	大都新城外西北方	元代至元年间	《元一统志》、《顺天府志》(永乐大典本)、程钜夫《雪楼集》、赵孟頫《松雪斋集》	有元也可皇后神御殿
4	大圣寿万安寺	大都新城平则门里福田坊	元代至元二十二年	《元一统志》、《析津志辑佚》、《顺天府志》(永乐大典本)、程钜夫《雪楼集》、黄溍《黄金华集》、许有壬《至正集》、张翥《玉笥集》、《元典章》、《元代画塑记》	有藏式大白塔，俗称白塔寺，又有元世祖及皇后、元裕宗及皇后神御殿
5	大圣安寺	大都旧城悯忠寺西	金代天会年间	《元史》、《元一统志》、《析津志辑佚》、《顺天府志》(永乐大典本)、王恽《秋涧集》	曾称大延圣寺、寺中有延洪阁，元中统年间曾安置诸帝神主
6	大昊天寺	大都旧城棠阴坊	辽代清宁五年	《元一统志》、《顺天府志》(永乐大典本)、赵孟頫《松雪斋集》、郝经《陵川集》、危素《危太朴集》	

序号	寺庙名称	寺庙位置	始建年代	所据文献	备注
7	大万寿寺	大都旧城嘉会坊报恩寺东	辽代天禄年间	《元一统志》、《析津志辑佚》、《顺天府志》(永乐大典本)、耶律楚材《湛然居士集》虞集《道园类稿》	曾称悟空寺、太平寺、华严寺，有金世宗、章宗后御容
8	大悯忠寺	大都旧城	唐代万岁通天元年	《元一统志》、《析津志辑佚》、《顺天府志》(永乐大典本)、危素《危太朴集》	今称法源寺
9	大明寺	大都旧城安仁坊	金代正隆二年	《元一统志》、《顺天府志》(永乐大典本)	曾称甄乐寺、律寺
10	大觉寺	大都旧城开阳东坊	金代天德三年	《元一统志》、《顺天府志》(永乐大典本)	曾称又井院
11	崇仁寺	大都旧城玉田坊	金代	《元一统志》、《析津志辑佚》、《顺天府志》(永乐大典本)	
12	善化寺	大都旧城遵化坊	唐代大中十二年	《元一统志》、《顺天府志》(永乐大典本)	尼寺
13	延福寺	大都旧城开远坊(乾隅)	元代至元九年	《元一统志》、《顺天府志》(永乐大典本)	
14	药师寺	大都旧城永平坊	元太宗十年	《元一统志》、《顺天府志》(永乐大典本)	尼寺
15	弘法寺	大都旧城	金代	《元一统志》(永乐大典本)、《析津志辑佚》、《顺天府志》、程钜夫《雪楼集》、危素《危太朴集》	
16	昭觉禅寺	大都旧城常清坊	辽代	《元一统志》、《析津志辑佚》、《顺天府志》(永乐大典本)	
17	净居寺			《元一统志》、《顺天府志》(永乐大典本)	
18	法云寺	大都旧城归厚坊	后唐同光二年	《元一统志》、《顺天府志》(永乐大典本)	石敬瑭旧宅

序号	寺庙名称	寺庙位置	始建年代	所据文献	备注
19	崇孝寺	大都旧城	唐代贞元五年	《元一统志》、《析津志辑佚》、《顺天府志》(永乐大典本)	刘济旧宅
20	海云禅寺	大都旧城	金代天会七年	《元一统志》、《顺天府志》(永乐大典本)	曾称普济院
21	大开泰寺	大都旧城大昊天寺西北	辽代	《元一统志》、《顺天府志》(永乐大典本)、王恽《秋涧集》	曾称圣寿寺
22	招提圣寺	大都旧城甘泉坊	金元之际	《元一统志》、《顺天府志》(永乐大典本)、元好问《遗山集》	尼寺
23	报恩寺	大都旧城嘉会坊	金代	《元一统志》、《析津志辑佚》、《顺天府志》(永乐大典本)	尼寺
24	驻跸寺	大都旧城施仁关	唐代元和七年	《元一统志》、《析津志辑佚》、《顺天府志》(永乐大典本)	曾称宝刹寺
25	至元禅寺	大都旧城敬客坊南双庙北街东	元太祖元年(丙寅)	《元一统志》、《析津志辑佚》、《顺天府志》(永乐大典本)	原古燕招提寺
26	法宝寺	大都旧城延寿寺南	辽代	《元一统志》、《顺天府志》(永乐大典本)	有统和二十二年讦碑
27	大延寿寺	大都旧城枸忠阁东	东魏元象年间	《元一统志》、《顺天府志》(永乐大典本)	曾称大云寺、智泉寺、普觉寺、龙兴寺
28	宝集寺	大都旧城披云楼东	唐代	《元一统志》、《析津志辑佚》、《顺天府志》(永乐大典本)、程钜夫《雪楼集》、危素《危太朴集》	有"崇原堂记"碑
29	崇国寺	大都旧城大悲阁北	唐代	《元一统志》、《析津志辑佚》、《顺天府志》(永乐大典本)	曾称金阁寺

序号	寺庙名称	寺庙位置	始建年代	所据文献	备 注
30	延洪禅寺	大都旧城崇智门内	唐代咸通初年	《元一统志》、《析津志辑佚》、《顺天府志》(永乐大典本)	曾称天城院
31	资福寺	大都旧城大昊天寺东北	金代大定十一年	《元一统志》、《顺天府志》(永乐大典本)	
32	天王寺	大都旧城延庆坊	唐代	《元一统志》、《顺天府志》(永乐大典本)	
33	永庆寺	大都旧城揠楼坊	金代大定十六年	《元一统志》、《顺天府志》(永乐大典本)、危素《危太朴集》	
34	归义寺	大都旧城时和坊天长观前	唐代天宝年间	《元一统志》、《析津志辑佚》、《顺天府志》(永乐大典本)	万寿寺支院
35	仙露寺	大都旧城仙露坊玉虚宫前	唐代乾封元年	《元一统志》、《析津志辑佚》、《顺天府志》(永乐大典本)	亦万寿寺支院
36	仰山寺	大都旧城归厚坊竹林寺西	辽代应历十一年	《元一统志》、《析津志辑佚》、《顺天府志》(永乐大典本)	
37	胜严寺	大都旧城仙露坊、春台坊西街北	辽代	《元一统志》、《析津志辑佚》、《顺天府志》(永乐大典本)	曾称牛家道院、净土寺，元代为尼寺
38	下生寺	大都旧城仙露坊	不详	《元一统志》、《析津志辑佚》、《顺天府志》(永乐大典本)	曾称弥勒寺，尼寺
39	龙泉寺	大都旧城开阳坊东街天宝宫西北、清夷门西	元代	《元一统志》、《析津志辑佚》、《顺天府志》(永乐大典本)	俗称五台寺

序号	寺庙名称	寺庙位置	始建年代	所据文献	备注
40	竹林寺	大都旧城显忠坊海云寺前稍东	辽代清宁八年	《元一统志》、《析津志辑佚》、《顺天府志》(永乐大典本)、赵孟頫《松雪斋集》、黄溍《黄金华集》	辽末楚国大长公主宅，俗称海云堂
41	荐福寺	大都旧城归厚坊药师寺西	辽代	《元一统志》、《析津志辑佚》、《顺天府志》(永乐大典本)、耶律铸《双溪醉隐集》	
42	宝塔寺	大都旧城衣锦坊竹林寺西北	辽代	《元一统志》、《析津志辑佚》、《顺天府志》(永乐大典本)	有唐武后碑刻
43	北清胜寺	大都旧城广阳坊	唐代大中年间	《元一统志》、《顺天府志》(永乐大典本)	
44	南清胜寺	大都旧城	无详	《元一统志》、《顺天府志》(永乐大典本)	
45	紫金寺	大都旧城北开远坊彰义门内	元代中统二年	《元一统志》、《析津志辑佚》、《顺天府志》(永乐大典本)	庆寿寺支院
46	报恩禅寺	大都旧城		《元一统志》、《顺天府志》(永乐大典本)、宋濂《文宪集》	
47	寿圣寺	大都旧城富义坊	金代	《元一统志》、《顺天府志》(永乐大典本)	曾称崇孝道场
48	兴国寺	大都旧城北永平坊	无详	《元一统志》、《顺天府志》(永乐大典本)	有唐虞世南书念佛堂金字牌
49	奉福寺	大都旧城(中都右街)	北魏孝文帝时	《元一统志》、《顺天府志》(永乐大典本)	
50	兴禅寺	大都旧城圣安寺东、悯忠阁西	元代	《元一统志》、《析津志辑佚》、《顺天府志》(永乐大典本)	曾称万安禅寺，有"传法正宗之殿"碑
51	圆明寺	大都旧城康乐坊	辽金时期	《元一统志》、《顺天府志》(永乐大典本)、耶律楚材《湛然居士集》	曾称三学寺

序号	寺庙名称	寺庙位置	始建年代	所据文献	备注
52	义泉寺	大都城面长乐乡城	金代	《元一统志》、《顺天府志》(永乐大典本)	
53	大永安寺	大都西北香山	金代	《元一统志》、《顺天府志》(永乐大典本)、耶律铸《双溪醉隐集》、程钜夫《雪楼集》、黄溍《黄金华集》、许有壬《至正集》、苏天爵《滋溪文稿》、《元代画塑记》	原为香山、安集二寺，金世宗合为一寺，元代称大昭孝寺或寿安山寺、香山寺
54	真应寺	大都西北卢师山	唐代天宝八年	《元一统志》、《顺天府志》(永乐大典本)	
55	栖隐禅寺	大都西北仰山	唐代	《元一统志》、《顺天府志》(永乐大典本)、赵孟頫《松雪斋集》	有后梁开平四年铸钟记，曾称仰山院，赐名栖隐寺
56	福圣院	大都旧城右街西北	金代大定年间	《元一统志》、《顺天府志》(永乐大典本)	
57	广济院	大都旧城阁西	唐代末年	《元一统志》、《顺天府志》(永乐大典本)	曾称施药院
58	十方观音院	大都旧城永乐坊	金代	《元一统志》、《顺天府志》(永乐大典本)	曾称永乐观音院
59	灵泉禅院	大都旧城甘泉坊	辽代	《元一统志》、《顺天府志》(永乐大典本)	尼寺
60	十方万佛兴化院	大都旧城天寿寺西北(都城南郭、西南)	辽代	《元一统志》、《析津志辑佚》、《顺天府志》(永乐大典本)	
61	传法院	大都旧城西北阳台	辽代	《元一统志》、《顺天府志》(永乐大典本)	有保宁四年辽碑
62	十方延庆禅院	大都旧城	元代	《元一统志》、《顺天府志》(永乐大典本)	
63	广福院	大都旧城常乐坊(上林之西)	金代贞元三年	《元一统志》、《顺天府志》(永乐大典本)、黄溍《黄金华集》	
64	吉祥院			《元一统志》、《顺天府志》(永乐大典本)	有元大德年间碑

序号	寺庙名称	寺庙位置	始建年代	所据文献	备 注
65	西开阳坊观音院	大都旧城	金代	《元一统志》、《顺天府志》(永乐大典本)	即广济寺废址建
66	天宁禅院	大都旧城阳春关	元代	《元一统志》、《顺天府志》(永乐大典本)	
67	延庆禅院	大都旧城宣阳门西巷	辽代	《元一统志》、《顺天府志》(永乐大典本)	
68	昭庆禅院	大都旧城驻跸寺西、天寿寺西,施仁门内外	辽代	《元一统志》、《析津志辑佚》、《顺天府志》(永乐大典本)	曾称石槽寺、《析志》称石檀寺,当是石槽之误
69	天王院	大都旧城天王寺西	金代	《元一统志》、《顺天府志》(永乐大典本)	辽代祖庙旁,金为尼寺
70	圆明禅院	大都旧城安仁关	金代天德三年	《元一统志》、《顺天府志》(永乐大典本)	又称干佛院,尼寺
71	修真院	大都旧城开阳西坊	金代天会年间	《元一统志》、《析津志辑佚》、《顺天府志》(永乐大典本)	头陀院,有瑞禾石碑,后移至胜因寺
72	建福院	大都旧城	金代天会十四年	《元一统志》、《顺天府志》(永乐大典本)	
73	兴化院	大都旧城景风关	金代天德年间	《元一统志》、《顺天府志》(永乐大典本)	为十方万佛兴化院之别院
74	石佛寺	大都新城金城坊	元代	《析津志辑佚》、张翥《蜕庵诗》	
75	帝师寺	大都新城金城坊	元代	《析津志辑佚》、柳贯《柳待制集》、张翥《蜕庵诗》、危素《危太朴集》	即大兴教寺
76	绵山寺	大都旧城倜忠阁西		《析津志辑佚》、《顺天府志》(永乐大典本)	元末已废
77	报先寺			《析津志辑佚》、《顺天府志》(永乐大典本)、耶律楚材《湛然居士集》	似为辽代建,有辽帝御书《华严经》

序号	寺庙名称	寺庙位置	始建年代	所据文献	备注
78	崇圣寺	大都旧城咸宁坊	元代至元五年建	《析津志辑佚》、《顺天府志》(永乐大典本)	
79	圣恩寺	大都旧城旧市之中	唐代	《析津志辑佚》、《顺天府志》(永乐大典本)	即大悲阁
80	大永福寺	大都新城大圣寿万安寺之西	元仁宗时	《元史》、《析津志辑佚》、《顺天府志》(永乐大典本)、黄溍《黄金华集》、许有壬《至正集》、《元代画塑记》	有青琉璃塔，有元顺宗及元仁宗御容殿，又有元英宗及皇后神御殿
81	兴禅寺	大都旧城圣安寺东、悯忠阁西	不详	《析津志辑佚》	
82	报恩寺	大都新城齐化门内	元代	《析津志辑佚》	俗称方长老寺，大都旧城亦有报恩寺，见前
83	普照寺	大都大长公主府西北		《析津志辑佚》、《顺天府志》(永乐大典本)	
84	胜因寺	大都旧籍苑	元代至元十八年	《析津志辑佚》、程钜夫《雪楼集》	头陀院
85	崇教寺	大都旧城大悲阁南	不详	《析津志辑佚》、《顺天府志》(永乐大典本)	
86	清安寺	大都崇国寺东	不详	《析津志辑佚》、《顺天府志》(永乐大典本)、程钜夫《雪楼集》	头陀教
87	殊胜寺	大都旧城光泰门南	不详	《析津志辑佚》、《顺天府志》(永乐大典本)	
88	渤海寺	大都西花潭西	不详	《析津志辑佚》、《顺天府志》(永乐大典本)	
89	弥陀寺	大都旧城玉虚观北	不详	《析津志辑佚》、《顺天府志》(永乐大典本)	
90	罗汉寺	大都旧城奉福寺东	不详	《析津志辑佚》、《顺天府志》(永乐大典本)	
91	法光寺	大都旧城竹林寺东街北	不详	《析津志辑佚》、《顺天府志》(永乐大典本)	

续表

序号	寺庙名称	寺庙位置	始建年代	所据文献	备 注
92	福圣寺	大都旧城西北(右街)养济院前	金代	《析津志辑佚》、《顺天府志》(永乐大典本)	俗称潭水院
93	弘教普安寺	大都旧城开远坊彰义门内	元代	《析津志辑佚》、《顺天府志》(永乐大典本)	原为廉相花园
94	净垢寺	大都旧城美俗坊净居寺西		《析津志辑佚》、《顺天府志》(永乐大典本)	
95	冰井寺	大都旧城白马神堂街西		《析津志辑佚》、《顺天府志》(永乐大典本)	
96	持精寺	大都旧城春台坊东局之南		《析津志辑佚》、《顺天府志》(永乐大典本)	
97	观音寺	大都旧城天寿寺西		《析津志辑佚》、《顺天府志》(永乐大典本)	
98	毗卢寺	大都旧城开阳坊天寿寺西		《析津志辑佚》、《顺天府志》(永乐大典本)	
99	宝喜寺	大都旧城拔云楼东街西		《析津志辑佚》、《顺天府志》(永乐大典本)	
100	九圣寺	大都旧城殊胜寺后		《析津志辑佚》、《顺天府志》(永乐大典本)	
101	永宁寺	大都旧城殊胜寺东北		《析津志辑佚》、《顺天府志》(永乐大典本)	
102	原教寺	大都旧城南巡院		《析津志辑佚》、《顺天府志》(永乐大典本)、危素《危太朴集》	即太庙寺
103	心宝寺	大都旧城弥陀寺东		《析津志辑佚》、《顺天府志》(永乐大典本)	
104	天宁寺	大都旧城宣耀门外		《析津志辑佚》、《顺天府志》(永乐大典本)	

序号	寺庙名称	寺庙位置	始建年代	所据文献	备注
105	天寿寺	大都旧城阁街东		《析津志辑佚》、《顺天府志》(永乐大典本)	
106	华严寺	大都新城枢密院南街西	元代	《析津志辑佚》、《顺天府志》(永乐大典本)	
107	法藏寺	大都新城金城坊石佛寺西北	元代	《析津志辑佚》、《顺天府志》(永乐大典本)、尹廷高《玉井樵唱》	原三宝奴丞相故宅
108	凤林寺	大都旧城彰义门外、雪堂之西		《析津志辑佚》、《顺天府志》(永乐大典本)	
109	释伽寺	大都新城海子桥东		《析津志辑佚》、《顺天府志》(永乐大典本)	
110	顺天寺	大都新城宜坊顺承门里		《析津志辑佚》、《顺天府志》(永乐大典本)	
111	沙蓝监姑寺	不详	不详	《析津志辑佚》、《顺天府志》(永乐大典本)	
112	三觉寺	大都旧城天庆寺东	辽代	《析津志辑佚》、《顺天府志》(永乐大典本)	有辽碑
113	大崇恩福元寺	大都新城南	元代	《元史》、《析津志辑佚》、姚燧《牧庵集》	元武宗敕建，有元武宗及皇后神御殿
114	西祥寺	大都旧城仙露坊		《析津志辑佚》、《顺天府志》(永乐大典本)	
115	兴教院妙真院	大都旧城铁牛坊	元代	《析津志辑佚》、《顺天府志》(永乐大典本)	又称头陀妙真院，尼寺
116	肃清院	大都旧城户龙坊		《析津志辑佚》、《顺天府志》(永乐大典本)	
117	魏家道院	大都旧城曲河坊		《析津志辑佚》、《顺天府志》(永乐大典本)	
118	延福院	大都旧城咸宁坊		《析津志辑佚》、《顺天府志》(永乐大典本)	
119	释伽院	大都旧城咸宁坊		《析津志辑佚》、《顺天府志》(永乐大典本)	

序号	寺庙名称	寺庙位置	始建年代	所据文献	备注
120	西禅院	大都旧城春台坊		《析津志辑佚》、《顺天府志》(永乐大典本)	
121	定真院	大都新城思诚坊齐化门里		《析津志辑佚》、《顺天府志》(永乐大典本)	
122	大承华普庆寺	大都新城太平坊	元代	《元史》、《顺天府志》(永乐大典本)、姚燧《牧庵集》、赵孟頫《松雪斋集》、苏天爵《滋溪文稿》	有元顺宗及皇后、元仁宗及昭献元圣皇后御容殿
123	海印寺	大都新城丰储坊		《顺天府志》(永乐大典本)	
124	大天寿万宁寺	大都新城金台坊	元代	《元史》、《顺天府志》(永乐大典本)、程钜夫《雪楼集》	有元成宗及皇后神御殿
125	万严寺	大都新城崇教坊		《顺天府志》(永乐大典本)	
126	妙善寺	大都新城咸宜坊		《顺天府志》(永乐大典本)	
127	大天源延圣寺	即卢师寺		《元史》、《元代画塑记》	有元显宗、元明宗及皇后神御殿，元显宗神御殿天历元年废
128	大崇国寺	大都新城	元代	赵孟頫《松雪斋集》、危素《危太朴集》	
129	大承天护圣寺	大都西北玉泉山	元代元文宗天历二年	《元史》、虞集《道园学古录》、许有壬《至正集》	
130	大寿元忠国寺	大都新城北健德门外	元代至正年间	《元史》、危素《危太朴集》、未濂《文宪集》	
131	无量寿庵	大都新城黄宾里	元代至元二十一年	危素《危太朴集》	

序号	寺庙名称	寺庙位置	始建年代	所据文献	备 注
132	天庆寺	大都旧城	元代	王恽《秋涧集》、马祖常《石田集》、袁桷《清容居士集》	辽金时称称弥陁寺、为永泰寺之别院
133	天竺寺	大都城金水桥西	元代	马祖常《石田集》	
134	文殊院	大都安贞里	元代	王恽《秋涧集》	
135	平坡寺	大都西北平坡山		范梈《范德机诗》	
136	龙泉寺	大都西山		许有壬《至正集》	与大都旧城之龙泉寺同名
137	大兴寺	大都新城蓬莱坊	元文宗时	许有壬《至正集》	藏传佛教尼寺
138	兴福头陀院	大都新城保大坊	元代延祐五年	袁桷《清容居士集》、程钜夫《雪楼集》	
139	宝泉寺	大都头陀大坊		欧阳玄《圭斋集》	
140	觉山寺			王恽《秋涧集》、范梈《范德机诗》	
141	顺圣寺	大都新城咸宜坊	元文宗时	许有壬《至正集》	
142	大镇国寺			王恽《秋涧集》、杨果《西庵集》、虞集《道园类稿》、《天下同文集》	

注：1. 本表所列，为大都新旧两城及近郊名山诸寺院，大都所属各州县寺庙未列入。
2. 表中引用文献系用简称，其全称及书籍版本见本卷书后"参考引用书目"。

附表四 元大都道教宫观一览表

序号	宫观名称	宫观位置	始建年代	所据文献	备注
1	崇真万寿宫	大都新城(艮隅)蓬莱坊	元代至元十五年始建，元贞二年竣工	《元史》、《元一统志》、《顺天府志》(永乐大典本)、王恽《秋涧集》、马祖常《石田集》、袁桷《清容居士集》、虞集《道园学古录》、黄溍《黄金华集》等	天师教
2	天宝宫	大都旧城春台坊	元代至元八年	《元史》、《元一统志》、《顺天府志》(永乐大典本)、马祖常《石田集》、虞集《道园学古录》、袁桷《清容居士集》等	大道教
3	万寿宫	大都旧城	不详	《元史》、《元一统志》、《顺天府志》(永乐大典本)	
4	长春宫	大都旧城	金章宗时	《元史》、《元一统志》、《析津志辑佚》、《顺天府志》(永乐大典本)、王恽《秋涧集》、姚燧《牧庵集》、马祖常《石田集》、虞集《道园学古录》、袁桷《清容居士集》等	旧称太极宫，全真教，俗号五祖庵
5	烟霞崇真道宫(烟霞观)	大都旧城美俗坊、洞真观西北	元代	《元一统志》、《析津志辑佚》、《顺天府志》(永乐大典本)、刘因《静修集》等	全真教
6	丹阳观	大都旧城、周桥西南；赵汲古宅西北	元代	《元一统志》、《析津志辑佚》、《顺天府志》(永乐大典本)	全真教

序号	宫观名称	宫观位置	始建年代	所据文献	备注
7	天长观	大都旧城会仙坊内昊天寺东、归义寺南	唐代开元年间	《元一统志》、《析津志辑佚》、《顺天府志》(永乐大典本)	有"玉虚"旧额，全真教
8	洞真观	大都旧城奉仙坊北(应为奉先坊)、烟霞观东南	元代元太宗元年	《元一统志》、《析津志辑佚》、《顺天府志》(永乐大典本)	全真教
9	玉虚观	大都旧城仙露坊	金代	《元史》、《元一统志》、《顺天府志》(永乐大典本)、李春真人西游记》、程钜夫《雪楼集》等	有金完颜宗弼祠堂，真大教
10	福元观	大都旧城春台坊	元代	《元一统志》、《顺天府志》(永乐大典本)	真大教
11	兴真观	大都旧城康乐坊(都城东北隅)	元代	《元一统志》、《顺天府志》(永乐大典本)	全真教
12	崇元观	大都旧城北春台坊(都城东北隅)大井头近东	元代	《元一统志》、《析津志辑佚》、《顺天府志》(永乐大典本)	全真教
13	玉阳观	大都旧城康乐坊、一说在敬客坊内	元代	《元一统志》、《析津志辑佚》、《顺天府志》(永乐大典本)	全真教
14	洞神观	大都城南巡院西北	元代	《元一统志》、《析津志辑佚》、《顺天府志》(永乐大典本)	全真教
15	真元观	大都旧城广阳坊、一说在文明门外江东大王祠附近	元代	《元一统志》、《析津志辑佚》、《顺天府志》(永乐大典本)	全真教
16	太清观	大都旧城北卢龙坊	不详	《元一统志》、《顺天府志》(永乐大典本)	
17	龙祥观	大都旧城西南(水门附近)	元代	《元一统志》、《顺天府志》(永乐大典本)	全真教

序号	宫观名称	宫观位置	始建年代	所据文献	备 注
18	清逸观	大都旧城厂阳坊、周桥之西、延庆寺西北	元代	《元一统志》、《析津志辑佚》、《顺天府志》（永乐大典本）	全真教
19	十方昭明观	大都旧城（故金废宫）	元代	《元一统志》、《析津志辑佚》、《顺天府志》（永乐大典本）	全真教
20	宁真观	大都西南永乐坊（又作礼乐坊）、渤海寺西、西营之北	元代	《元一统志》、《析津志辑佚》、《顺天府志》（永乐大典本）	全真教
21	寓真观	大都旧城康乐坊	元代	《元一统志》、《顺天府志》（永乐大典本）	全真教
22	静远观	大都旧城平坊（蓟门之西）、荐福寺南	元代元太宗三年始建，元定宗二年竣工	《元一统志》、《析津志辑佚》、《顺天府志》（永乐大典本）	全真教、女道
23	玉华观	大都旧城(西北隅)厂源坊、西堂之西南	元代	《元一统志》、《析津志辑佚》、《顺天府志》（永乐大典本）	旧养素庵，全真教、女道，似元末已废
24	玉真观	大都旧城开远坊	元代	《元一统志》、《顺天府志》（永乐大典本）	全真教、女道
25	玄真观	大都旧城奉先坊（通玄门路西）	金代大定十六年	《元一统志》、《析津志辑佚》、《顺天府志》（永乐大典本）	女道，时又有太清观，亦为女道
26	固本观	大都旧城开远坊、长春宫之南	元代	《元一统志》、《析津志辑佚》、《顺天府志》（永乐大典本）	全真教
27	东阳观	大都旧城(西南隅)常清坊、西营之北	元代	《元一统志》、《析津志辑佚》、《顺天府志》（永乐大典本）	全真教、女道

序号	宫观名称	宫观位置	始建年代	所据文献	备 注
28	崇真观	不详	元代元太宗时	《元一统志》、《顺天府志》(永乐大典本)	全真教、女道
29	冲微观	大都旧城(西南隅)美俗坊	元代	《元一统志》、《顺天府志》(永乐大典本)	全真教、女道
30	清真观	大都旧城(紫微故地)、太庙寺之西	元代	《元一统志》、《顺天府志》(永乐大典本)	全真教
31	玄禧观	大都旧城长春宫之南	元代元太宗七年	《元一统志》、《顺天府志》(永乐大典本)	全真教
32	清真观	大都旧城奉先坊	元代太宗后二年	《元一统志》、《顺天府志》(永乐大典本)	全真教
33	清本观	大都旧城长春宫东南	元代	《元一统志》、《顺天府志》(永乐大典本)	全真教
34	长生观	大都旧城丰宜关	元代	《元一统志》、《顺天府志》(永乐大典本)	全真教
35	五华观	大都西北五华山	金世宗时	《元一统志》、《顺天府志》(永乐大典本)	元英宗时改为寺庙
36	明远庵	大都城东南)开阳坊	元代	《元一统志》、《顺天府志》(永乐大典本)	全真教、女道
37	玉华庵	大都旧城(西南隅)常清坊	元代	《元一统志》、《顺天府志》(永乐大典本)	全真教、女道
38	十方洞阳观	大都新城思诚坊	元代	《析津志辑佚》、《顺天府志》(永乐大典本)	为长春宫下观
39	神游观	大都会城门外近西	不详	《析津志辑佚》、《顺天府志》(永乐大典本)	
40	清微观	大都旧城甄乐院东	不详	《析津志辑佚》、《顺天府志》(永乐大典本)	

序号	宫观名称	宫观位置	始建年代	所据文献	备注
41	洞祥观	大都旧城前堂局西	不详	《析津志辑佚》、《顺天府志》（永乐大典本）、	
42	真常观	大都云仙台合下	不详	《析津志辑佚》、《顺天府志》（永乐大典本）、王恽《秋涧集》	
43	静真观	大都旧城广济寺西	不详	《析津志辑佚》、《顺天府志》（永乐大典本）、	
44	崇玄观	大都旧城施仁门北、火门街北	不详	《析津志辑佚》、《顺天府志》（永乐大典本）、	
45	清和观	大都旧城敬客坊南，至元寺西、真常观北	不详	《析津志辑佚》、《顺天府志》（永乐大典本）、	
46	葆光观	大都旧城圣安寺东北	不详	《析津志辑佚》、《顺天府志》（永乐大典本）、	
47	重阳观	大都旧城奉佛寺西	不详	《析津志辑佚》、《顺天府志》（永乐大典本）、	
48	清虚观、	大都云仙阁前	不详	《析津志辑佚》、《顺天府志》（永乐大典本）、	
49	云阳观	大都城西华潭西	不详	《析津志辑佚》、《顺天府志》（永乐大典本）、	
50	披云观	大都旧城大悲阁西南	不详	《析津志辑佚》、《顺天府志》（永乐大典本）、	
51	灵虚观	大都旧城大悲阁西南	不详	《析津志辑佚》、《顺天府志》（永乐大典本）、	
52	延寿观	大都云仙台合西	不详	《析津志辑佚》、《顺天府志》（永乐大典本）、	
53	云岩观	大都新城西北高梁寺旁，一云在新城集庆里	元代大德元年	《析津志辑佚》、《顺天府志》（永乐大典本）、	全真教
54	碧虚观	大都旧城玉虚观西南	不详	《析津志辑佚》、《顺天府志》（永乐大典本）、	
55	玉清观	大都旧城黄土坡南	不详	《析津志辑佚》、《顺天府志》（永乐大典本）、	
56	修真观	大都旧城楼子庙北	不详	《析津志辑佚》、《顺天府志》（永乐大典本）、	女道
57	紫峰观	大都旧城延寿寺后	不详	《析津志辑佚》、《顺天府志》（永乐大典本）、	

续表

序号	宫观名称	宫观位置	始建年代	所据文献	备注
58	五岳观	大都旧城文庙西北	不详	《析津志辑佚》、《顺天府志》（永乐大典本）	
59	昊天观	大都云仙台下	不详	《析津志辑佚》、《顺天府志》（永乐大典本）	
60	冲和观	大都顺承门外	不详	《析津志辑佚》、《顺天府志》（永乐大典本）	
61	弘阳观	大都旧城大悲阁西	不详	《析津志辑佚》、《顺天府志》（永乐大典本）	
62	遇真观	大都兵马司后	不详	《析津志辑佚》、《顺天府志》（永乐大典本）	
63	栖真观	大都旧城大悲阁西南	不详	《析津志辑佚》、《顺天府志》（永乐大典本）	
64	延祥观	大都旧城南巡警院东	不详	《析津志辑佚》、《顺天府志》（永乐大典本）	
65	通真观	大都旧城南兵马司北御酒务西	不详	《析津志辑佚》、《顺天府志》（永乐大典本）	
66	崇禧观	大都新城旧城	不详	《析津志辑佚》、《顺天府志》（永乐大典本）	俗称黄姑姑观
67	通玄观	大都旧城遇真观北	不详	《析津志辑佚》、袁桷《清容居士集》等	全真教
68	紫虚观	大都旧城阳春门内	不详	《析津志辑佚》、《顺天府志》（永乐大典本）	
69	保安观	大都旧城南院东	不详	《析津志辑佚》、《顺天府志》（永乐大典本）	
70	玉华庵	大都旧城	不详	《析津志辑佚》	
71	白云宫	大都旧城长春宫东	不详	《析津志辑佚》、《顺天府志》（永乐大典本）	应是白云观
72	佑圣宫	大都新都城城隍庙内	不详	《析津志辑佚》、《顺天府志》（永乐大典本）、程钜夫《雪楼集》等	
73	太清宫	大都旧城	不详	《析津志辑佚》	
74	广福宫	不详	不详	《析津志辑佚》、《顺天府志》（永乐大典本）	

序号	宫观名称	宫观位置	始建年代	所据文献	备注
75	崇仙宫	大都旧城长春宫东南	不详	《析津志辑佚》、《顺天府志》(永乐大典本)	女道，有元顺宗影堂
76	昭应宫	大都新城西北镇国寺之东	元世祖至元十一年	《元史》、《析津志辑佚》、《顺天府志》(永乐大典本)	
77	太和宫	大都新城天师宫北	不详	《析津志辑佚》、《顺天府志》(永乐大典本)	
78	西太乙宫	大都新城和义门内路北	不详	《元史》、《析津志辑佚》、《顺天府志》(永乐大典本)、王恽《秋涧集》、袁桷《清容居士集》等	天师教
79	灵应万寿宫	大都西北西山	元代至元年间	《析津志辑佚》、《顺天府志》(永乐大典本)、范梈《范德机诗集》、危素《危太朴集》等	祠刘秉忠
80	玄元万寿宫	大都新城西成坊	官建(元成宗赐地建)	《析津志辑佚》、《顺天府志》(永乐大典本)、危素《危太朴集》等	女道，主秘祠于宫中
81	七祖真人庵	不详	不详	虞集《道园学古录》	天师教
82	太一广福万寿宫	大都旧城奉先坊	元代至元十一年	《元史》、王恽《秋涧集》	太一教
83	太一集仙观	大都城西郊(宛平县京西乡)	元代	王恽《秋涧集》	太一教
84	太一延福宫	不详	至治中重修	虞集《道园学古录》、揭傒斯《揭文安公集》等	太一教
85	五龙观	不详	不详	赵孟頫《松雪斋集》	

续表

序号	宫观名称	宫观位置	始建年代	所据文献	备注
86	五福太乙宫	大都新城(乾隅)	元代元文宗至顺二年	《元史》、苏天爵《滋溪文稿》	
87	白云观	大都旧城长春宫东	元大宗时	李志常《长春真人西游记》、王恽《秋洞集》、程钜夫《雪楼集》、虞集《道园学古录》等	全真教
88	玄真观	大都新城凤池坊西	不详	马祖常《石田集》	与大都旧城奉先坊之道观同名
89	玄都观	大都旧城隗台坊	不详	耶律铸《双溪醉隐集》	
90	神宝观	不详	不详	王恽《秋洞集》	
91	真阳观	大都虞帝庙之西	不详	王恽《秋洞集》	全真教，长春宫别院
92	朝元万寿宫	不详	不详	程钜夫《雪楼集》	全真教

注：1. 本表所列，为大都新旧两城及近郊名山诸道观，大都所属各州县道观本表未列入。
2. 表中引用文献系用全称，其全称及书籍版本见本卷书后"参考引用书目"。

附表五　元大都仓库一览表

序号	仓库名称	仓库位置	始建年代	所据文献	备　注
1	太仓(御廪)	通州	至元五年	《元史》《析津志辑佚》	大都太仓、上都太仓，秩正六品，掌内府支持米豆，及酒材米曲药物。至元五年初立，……(见《元史》卷八十七《百官志》)（至元十五年七月）改……大仓为御廪，……(见《元史》卷十《世祖纪》)仓前有无名桥一座
2	资成库	不详	至元二年	《元史》	隶中尚监(又称尚用监)。资成库，秩从五品，掌造毡货。……至元二年置，隶太府。二十三年，始归于监。(见《元史》卷九十《百官志》)（至元十五年七月）改……资成库为尚用监，……(见《元史》卷十《世祖纪》)
3	大都醴源仓	不详	至元二十五年十二月	《元史》	置醴源仓，分大仓之秫米药物隶焉。(见《元史》卷十五《世祖纪》)掌受香莎苏门等酒材糯米、乡贡曲药，以及上酝及岁赐诸王百官者。(见《元史》卷八十七《百官志》)

序号	仓库名称	仓库位置	始建年代	所据文献	备注
4	资用库	不详	至元二年	《元史》	隶利用监。资用库,秩从五品,……至元二年置,隶太府。十年,隶利用。(见《元史》卷九十《百官志》)(至元十年六月)改资用库为利用监。(见《元史》卷八《世祖纪》)
5	大盈仓	不详	至大三年六月	《元史》	
6	平准行用库(行用六库)	在大都新城文明、崇仁、和义、健德、光熙、顺承,分设六库	至元二十四年~至元二十六年	《元史》	行用六库,中统元年,初立中都行用库,秩从七品,……至元二十四年,京师改置库者三:曰光熙,曰文明,曰顺承。因城门之名为额。二十六年,又置三库,曰健德、曰和义、曰崇仁。并因城门以为名。(见《元史》卷八十五《百官志》)
7	烧钞四库(昏钞库、东西二库)	不详	至元元年~至元二十四年	《元史》	烧钞东西二库,……至元元年,始置昏钞库,用正九品印,置监烧昏钞官。二十四年,分立烧钞东西二库,秩从八品,……(至元二十八年五月)罢大都烧钞库,仍旧制,各路烧钞令行省官监烧。(见《元史》卷十六《世祖纪》)
8	市源库	不详	不详	《元史》	
9	万斯北仓	京师旧城西南葫芦套附近在八政坊	中统二年置	《元史》《元一统志》《析津志辑佚》《永乐大典》	粮仓,隶京畿漕运司。《元一统志》曰"八政坊,地近万斯仓八作间,取《洪范》'八政食为先'之意以名。七十三间,可贮粮十八万二千五百石。"仓前有无名桥三座

序号	仓库名称	仓库位置	始建年代	所据文献	备注
10	万斯南仓	京师。应在万斯北仓之南	至元二十四年置	《元史》《永乐大典》	粮仓。八十三间，可贮粮二十万七千五百石
11	千斯仓	京师旧城西南葫芦套旁附近，其旁有柴炭市	中统二年置	《元史》《永乐大典》《析津志辑佚》	粮仓。八十二间，可贮粮二十万五千石
12	永平仓	京师	至元十六年置	《元史》《永乐大典》	粮仓。八十一间，可贮粮二十万石
13	永济仓	京师	至元四年置	《元史》《永乐大典》《析津志辑佚》	粮仓。仓东有无名桥二座。七十三间，可贮粮二十万七千五百石
14	惟亿仓	京师	皇庆元年置（《永乐大典》云至元二十六年九月建）	《元史》《永乐大典》	粮仓。七十三间，可贮粮十八万二千五百石
15	既盈仓	京师	皇庆元年置（《永乐大典》云至元二十六年九月建）	《元史》《永乐大典》	粮仓。八十二间，可贮粮二十万五千石
16	大有仓	京师	皇庆元年置（《永乐大典》云皇庆二年二月建）	《元史》《永乐大典》	粮仓。八十间，可贮粮二十万石

序号	仓库名称	仓库位置	始建年代	所据文献	备注
17	屡丰仓	京师	皇庆元年增置（《永乐大典》云皇庆二年二月建）	《元史》《永乐大典》	粮仓。八十间，可贮粮二十万石
18	积贮仓	京师	皇庆元年增置（《永乐大典》云皇庆二年二月建）	《元史》《永乐大典》	粮仓。六十间，可贮粮十五万石
19	丰穰仓	京师	皇庆元年置（《永乐大典》云皇庆二年二月建）	《元史》《永乐大典》	粮仓。六十间，可贮粮十五万石
20	广济仓	京师	皇庆元年置（《永乐大典》云皇庆二年二月建）	《元史》《永乐大典》	粮仓。六十间，可贮粮十五万石
21	广衍仓	京师	至元二十九年置	《元史》《永乐大典》	粮仓。六十五间，可贮粮十六万二千五百石
22	大积仓	京师	至元二十八年置	《元史》《永乐大典》	粮仓。五十八间，可贮粮十四万五千石

序号	仓库名称	仓库位置	始建年代	所据文献	备注
23	既积仓	京师	至元二十六年九月置	《元史》《永乐大典》	粮仓。五十八间，可贮粮十四万五千石
24	盈衍仓	京师	至元二十六年十一月置	《元史》《永乐大典》	粮仓。五十六间，可贮粮十四万石
25	相因仓	京师旧城西南葫芦套附近	中统二年置	《元史》《永乐大典》	粮仓，《永乐大典》所引《经世大典》作"相应仓"。五十八间，可贮粮十四万五千石
26	顺济仓	京师	至元二十九年置	《元史》《永乐大典》	粮仓。六十五间，可贮粮十六万二千五百石
27	通济仓	京师旧城西南葫芦套附近	中统二年置	《元史》《永乐大典》	粮仓。十七间，可贮粮四万二千五百石
28	广贮仓	京师城外	至元四年置	《元史》《永乐大典》	粮仓。十间，可贮粮二万五千石
29	丰润仓	京师城外	至元十六年置	《元史》《永乐大典》	粮仓。十间，可贮粮二万五千石
30	丰实仓	京师城外	至元十六年置（《永乐大典》云至元四年置）	《元史》《永乐大典》	粮仓。二十间，可贮粮五万石
31	永备南仓	河西务（《永乐大典》"河南务"皆作"诸仓"）	元世祖至元年间	《元史》《永乐大典》	粮仓。八十间，可贮粮二十万石

序号	仓库名称	仓库位置	始建年代	所据文献	备注
32	永备北仓	河西务	元世祖至元年间	《元史》《永乐大典》	粮仓。八十间，可贮粮二十万石
33	广盈南仓	河西务	元世祖至元年间	《元史》《永乐大典》	粮仓。七十间，可贮粮十七万五千石
34	广盈北仓	河西务	元世祖至元年间	《元史》《永乐大典》	粮仓。七十间，可贮粮十七万五千石
35	充溢仓	河西务	元世祖至元年间	《元史》《永乐大典》	粮仓。七十间，可贮粮十七万五千石
36	崇墉仓	河西务	元世祖至元年间	《元史》《永乐大典》	粮仓。七十间，可贮粮十七万五千石
37	大盈仓	河西务	元世祖至元年间	《元史》《永乐大典》	粮仓。八十间，可贮粮二十万石
38	大京仓	河西务	不详	《元史》《永乐大典》	粮仓。六十间，可贮粮十六万二千五百石
39	大稔仓	河西务	不详	《元史》《永乐大典》	粮仓。七十间，可贮粮十七万五千石
40	足用仓	河西务	不详	《元史》《永乐大典》	粮仓。五十间，可贮粮十二万五千石
41	丰储仓(丰备仓)	河西务	不详	《元史》《永乐大典》	粮仓。《永乐大典》称为丰备仓。五十间，可贮粮十二万五千石

序号	仓库名称	仓库位置	始建年代	所据文献	备注
42	丰积仓	河西务	不详	《元史》《永乐大典》	粮仓。五十间，可贮粮十二万千石
43	恒足仓	河西务	不详	《元史》《永乐大典》	粮仓。五十间，可贮粮十二万五千石
44	既备仓	河西务	不详	《元史》《永乐大典》	粮仓。五十间，可贮粮十二万千石
45	有年仓	通州	元世祖至元年间	《元史》《永乐大典》	粮仓
46	富有仓	通州	元世祖至元年间	《元史》《永乐大典》	粮仓。一百间，可贮粮二十五万石
47	广储仓	通州	元世祖至元年间	《元史》《永乐大典》	粮仓。八十间，可贮粮二十万石
48	盈止仓	通州	元世祖至元年间	《元史》《永乐大典》	粮仓。八十间，可贮粮二十万石
49	及秭仓	通州	元世祖至元年间	《元史》《永乐大典》	粮仓。七十间，可贮粮十七万五千石
50	乃积仓	通州	元世祖至元年间	《元史》《永乐大典》	粮仓。七十间，可贮粮十七万二千五百石
51	乐岁仓	通州	元世祖至元年间	《元史》《永乐大典》	粮仓。七十间，可贮粮十七万五千石
52	庆丰仓	通州	不详	《元史》《永乐大典》	粮仓。七十间，可贮粮十七万五千石

序号	仓库名称	仓库位置	始建年代	所据文献	备 注
53	延丰仓	通州	不详	《元史》《永乐大典》	粮仓。六十间,可贮粮十五万石。
54	足食仓	通州	元世祖至元年间	《元史》《永乐大典》	粮仓。七十间,可贮粮十七万五千石。
55	富储仓	通州	不详	《元史》	粮仓
56	富衍仓	通州	不详	《元史》《永乐大典》	粮仓。六十间,可贮粮十五万石。
57	及衍仓	通州	不详	《元史》	粮仓
58	丰备仓	通州	不详	《元史》	(通州)有丰备、通济、太仓以供京师。(见《元史》卷五十八《地理志》)
59	通济仓	通州	不详	《元史》	(同上)
60	太仓	通州	不详	《元史》	(同上)
61	直沽广通仓	直沽镇	元世祖至元年间	《元史》《永乐大典》	粮仓
62	永备仓	不详	至元十四年	《元史》	至元十四年始置,给从九品印,掌受两都仓都起运省部计置油面诸物,及云南嵩府办羊物,以备车驾行幸膳羞。(见《元史》卷八十七《百官志》)
63	丰储仓	不详	不详	《元史》	掌出纳车驾行幸支持膳羞。(见《元史》卷八十七《百官志》)
64	财用库(会福财用所)	不详	至元十七年	《元史》	天历元年,并财用、盈益为所(即会福财用所,掌大护国仁王寺粮草诸物)。(见《元史》卷八十七《百官志》)

序号	仓库名称	仓库位置	始建年代	所据文献	备　注
65	盈益仓	不详	至元二十六年	《元史》	(同上)
66	普瞻仓(崇祥财用所)	不详	至大四年	《元史》	至大二年，始置诸物库。四年，置普瞻仓。天历二年，并诸物库，改为崇祥财用所。(见《元史》卷八十七《百官志》)
67	永积仓(永福财用所)	不详	延祐三年	《元史》	掌出纳颜料诸物。延祐三年，始置诸物库，又置诸物库。天历二年，以诸物库、永积仓并改置为所。(见《元史》卷八十七《百官志》)
68	资食仓	不详	不详	《元史》	隶左都威卫使司
69	广贮仓	不详	不详	《元史》	隶右都威卫使司
70	驿站米仓	遍布全国各驿站	元太宗元年十一月	《元史》	太宗元年十一月，敕："诸牛铺马站，每一百户置汉车一十具。各站俱置米仓，站户每年一牌内纳米一石，……"(见《元史》卷一〇一《兵志》)
71	御酒库(大都尚酝局)	应在湛露坊	中统元年十一月	《元史》《元一统志》	隶光禄寺。大都尚酝局，秩从六品，掌酝造诸王百官酒醴。中统四年，立御酒库，始设提点，改尚酝局，……至元十一年，改尚酝局，……(见《元史》卷八十七《百官志》)；《元一统志》曰："湛露坊，按《毛诗》，'湛露'，为锡宴群臣，露恩如湛露。坊近官酒库，取此义以名。"
72	燕京平准库	不详	中统四年五月	《元史》	
73	诸路平准库	不详	至元元年正月	《元史》	

续表

序号	仓库名称	仓库位置	始建年代	所据文献	备注
74	军器库	不详	至元十年正月	《元史》	置军器、永盈二库，分典弓矢、甲胄。(见《元史》卷八《世祖纪》)
75	永盈库	不详	至元十年正月	《元史》	(同上) 此表下又有一永盈库，与此同名而所藏物品不同
76	回易库	不详	至元十三年正月	《元史》	(至元十三年正月)立回易库于诸路，凡十有一，掌市易币帛诸物。(见《元史》卷九《世祖纪》)
77	万亿宝源库	通惠河朝宗上闸北百步	至元二十五年	《元史》《析津志辑佚》	(至元二十五年八月)分万亿库为宝源、赋源、绮源、广源四库。(见《元史》卷十五《世祖纪》) 掌宝钞、玉器。万亿库前，有盈进桥。库东又有无名桥二座。
78	万亿赋源库	一说在大都新城西北隅、抄纸坊西、库前有盈进桥	至元二十五年	《元史》《析津志辑佚》	(同上)掌香药、纸札诸物。 会川闸二：在西城水门外。水由南北方入城，万亿库泓滢，东出抄纸坊。(见《析津志辑佚·河闸桥梁》)
79	万亿绮源库	(同上)	至元二十五年	《元史》	(同上)掌诸色段匹
80	万亿广源库	(同上)	至元二十五年	《元史》	(同上)掌丝绵、布帛诸物
81	内藏库	皇宫之中	至元十九年十月	《元史》	(至元十九年十月)禁中出纳分三库：御用宝玉、远方珍异段疋隶内藏，金银、只孙衣段隶右藏，常课衣段、绮罗、缣布隶左藏。(见《元史》卷十二《世祖纪》)掌出纳御用诸王段匹及纳罗纱级锦南绵香货诸物。(见《元史》卷九十《百官志》)

序号	仓库名称	仓库位置	始建年代	所据文献	备 注
82	右藏库	皇宫之中	至元十九年十月	《元史》	掌收支金银宝钞、只孙段匹、水晶玛瑙玉璞诸物，至元十九年置。（见《元史》卷九十《百官志》）
83	左藏库	皇宫之中	至元十九年十月	《元史》	掌收支常课和买纱罗布绢丝绵绫锦木绵铺陈衣服诸物，至元十九年置。（见《元史》卷九十《百官志》）
84	赃罚钞库	不详	不详	《元史》	隶御史台。（至元二十二年正月广御史台赃罚库。（见《元史》卷十三《世祖纪》）
85	御带库	不详	至元二十八年	《元史》	隶章佩监。（至元二十二年二月升御带库为章佩监。（见《元史》卷十三《世祖纪》）掌系御腰带并缘环诸物，供奉御用，以备赐与。……至元二十八年置。（卷九十《百官志》）
86	四宾库（会同馆收支诸物库）	不详	至元二十九年	《元史》	掌收支诸物库。（见《元史》卷十五《世祖纪》）又：（至元二十九年正月）罢四宾库，复会同馆，其属有收支诸物库，……至元二十九年，以四宾库改置。（见《元史》卷八十五《百官志》）
87	禁中五库	皇宫之中	至元二十五年九月	《元史》	（至元二十五年七月）改会同馆为四宾库。（见《元史》卷十五《世祖纪》）（至元二十五年九月）从桑哥请，营五库禁中以贮币帛。（见《元史》卷十五《世祖纪》）

序号	仓库名称	仓库位置	始建年代	所据文献	备注
88	宝钞总库(元宝库)	当在大都新城内西北抄纸坊	至元二十五年	《元史》	世祖至元二十五年，改元宝库为宝钞库总库，秩正六品。(见《元史》卷八十五《百官志》)
89	印造宝钞库	(同上)	中统四年	《元史》	印造宝钞库，……中统四年始置，秩从八品。(见《元史》卷八十五《百官志》)
90	永盈库	不详	不详	《元史》	(至元二十六年五月)罢永盈库，以所贮上供币帛入大府监及万亿库。(见《元史》卷十五《世祖纪》)
91	倒钞库	不详	不详	《元史》	(至元二十六年六月)大都增设倒钞库三所。(见《元史》卷十五《世祖纪》)
92	奉宸库	不详	不详	《元史》	(至元二十七年五月)罢奉宸库。(见《元史》卷十六《世祖纪》)
93	广济库	不详	不详	《元史》	
94	富宁库	大都皇城之内	至元二十七年十二月	《元史》	(至元二十八年二月)徙万亿库金银入禁中富宁库。(见《元史》卷十六《世祖纪》)至元二十七年始创。……分掌万亿宝源库出纳金银之事。(见《元史》卷八十五《百官志》)
95	异珍库	不详	至元二十八年五月	《元史》	(至元二十八年五月)增置异珍、御带二库，秩从五品，……(见《元史》卷十六《世祖纪》)掌御用珍宝、后妃公主首饰宝贝。(见《元史》卷九十《百官志》)
96	御带库	不详	至元二十八年五月	《元史》	(同上)

序号	仓库名称	仓库位置	始建年代	所据文献	备　注
97	器备库	不详	不详	《元史》	(至元二十八年十一月)罢器备、行内藏二库。(见《元史》卷十六《世祖纪》)
98	行内藏库	不详	不详	《元史》	(同上)
99	司籍库	不详	至元二十九年六月	《元史》	(至元二十九年六月)设司籍库,秩从五品,隶太府监,储物之籍入者。(见《元史》卷十七《世祖纪》)
100	周用库	不详	不详	《元史》	(元贞元年闰四月)罢打捕鹰房总管府,及司籍、周用、薄敛等库,……(见《元史》卷十八《成宗纪》)
101	薄敛库	不详	不详	《元史》	(同上)
102	郊坛法物库	在大都新城南面郊坛	大德九年七月	《元史》	(大德九年七月)筑郊坛于丽正、文明门之南丙位,设郊祀署、令、丞各一员,……法物库官二员。(见《元史》卷二十一《成宗纪》)
103	郊坛酒库	(同上)	(同上)	《元史》	
104	郊坛都监库	(同上)	(同上)	《元史》	
105	郊坛雅乐库	(同上)	(同上)	《元史》	
106	资武库	不详	至大元年三月	《元史》	(至大元年三月)立骥用、资武二库,府正从五品,录府正五品,掌军器。(见《元史》卷二十二《武宗纪》)
107	骥用库	不详	至大元年三月	《元史》	(同上)掌鞍辔
108	广贮库	不详	延祐二年四月	《元史》	隶寿福院
109	受给库	不详	延祐五年七月	《元史》	隶工部
110	广盈库	不详	不详	《元史》	

序号	仓库名称	仓库位置	始建年代	所据文献	备 注
111	艺林库	不详	天历二年八月	《元史》	隶艺文监，掌藏贮书籍
112	毕珍库	不详	不详	《元史》	
113	广福库	不详	至正元年二月	《元史》	（至正元年二月）立广福库，罢藏珍等库。(见《元史》卷四十《顺帝纪》)
114	供须库	当在西华门内	至元二十七年	《元史》《析津志辑佚》	(典用监)掌供须、文成、藏珍三库，内府供给段匹宝货等物。至大元年立。天历二年，设官如故，以三库隶内宰司。(内宰司)藏珍、文成、供须三库，秩俱从五品，……分掌金银珠玉宝货、段匹丝绵、皮毡鞍辔等物。国初，管事出纳之事，未有官署印信，至元二十七年分为三库，各设官六员，……(见《元史》卷八十九《百官志》) 《析津志辑佚》曰："西华门，在延春阁西，萧墙外即华门也。门内有内府诸库，鹿苑，天闲。"所云"内府诸库"，当即供须三库
115	文成库	同上	至元二十七年	《元史》	（同上）
116	藏珍库	同上	至元二十七年	《元史》	（同上）
117	富昌库	不详	至正元年四月	《元史》	（至正元年四月）立富昌库，隶资正院。(见《元史》卷四十《顺帝纪》)
118	河西务行用库	当在河西务	不详	《元史》	（至正元年五月）罢河西务行用库。(见《元史》卷四十《顺帝纪》)

序号	仓库名称	仓库位置	始建年代	所据文献	备　注
119	典藏库	不详	至正十三年十一月	《元史》	(至正十三年十一月)立典藏库，贮皇太子钱帛。(见《元史》卷四十三《顺帝纪》)
120	便民六库	不详	至正十七年四月	《元史》	(至正十七年四月)京师立便民六库，倒易昏钞。(见《元史》卷四十五《顺帝纪》)
121	太庙雅乐库	在大都新城齐化门里路北太庙中	不详	《元史》	
122	太庙法物库	(同上)	不详	《元史》	
123	太庙仪鸾库	(同上)	不详	《元史》	
124	太庙酒库	(同上)	不详	《元史》	
125	太庙收支诸物库	(同上)	至治二年	《元史》	以营治太庙始置。(见《元史》卷九十《百官志》)
126	社稷坛仪鸾库	在大都新城和义门里社稷坛中	不详	《元史》	
127	社稷坛法物库	(同上)	不详	《元史》	
128	社稷坛监库	(同上)	不详	《元史》	
129	社稷坛雅乐库	(同上)	不详	《元史》	
130	社稷坛酒库	(同上)	不详	《元史》	
131	富藏库	不详	不详	《元史》	隶泉府司
132	行内藏库	不详	不详	《元史》	隶太府监
133	提举备用库	不详	至元二十年	《元史》	隶太府监，后隶内宰司。掌出纳田赋财赋，差发课程，一切钱粮规运等事。(见《元史》卷八十九《百官志》)

序号	仓库名称	仓库位置	始建年代	所据文献	备　注
134	广惠库	不详	至元三十年	《元史》	至元三十年，以钞本五千锭立库，放典收息，纳子备用库。（见《元史》卷八十八《百官志》）
135	器备库	不详	至元二十七年	《元史》	隶少府监。掌殿阁金银宝器二千余事。至元二十七年置。（见《元史》卷九十《百官志》）
136	大都生料库（生料野物库）	不详	至元十一年	《元史》	隶宣徽院尚食局
137	奉宸库	不详	大德元年	《元史》	隶中御府。掌中藏宝货钱帛纳之事
138	长秋库	不详	不详	《元史》	
139	广惠司库	不详	不详	《元史》	
140	侍仪司法物库	不详	不详	《元史》	
141	广胜库	不详	不详	《元史》	掌平阳、太原等处岁造兵器，以给北征戍军需。（见《元史》卷九十《百官志》）
142	广禧库	不详	大德八年	《元史》	掌支御缮野物，职视生料库。（见《元史》卷八十八《百官志》）
143	殊祥院万圣库	不详	不详	《元史》	
144	崇祥院诸物库	不详	不详	《元史》	
145	仪从库	不详	不详	《元史》	隶拱卫直都指挥使司，掌收仪卫器仗
146	仪凤司广乐库	不详	不详	《元史》	掌乐器等物

序号	仓库名称	仓库位置	始建年代	所据文献	备 注
147	教坊司广乐库	不详	不详	《元史》	掌乐器等物
148	诸色人匠总管府诸物库	不详	至元十二年	《元史》	
149	诸司局人匠总管府收支库	不详	不详	《元史》	
150	提举左八作司收支库	不详	至元三十年	《元史》	
151	尚方库	不详	不详	《元史》	隶大都人匠总管府，掌出纳丝金颜料等物
152	收支诸物库	不详	不详	《元史》	隶随路诸色民匠都总管府
153	提举都城所受给库	不详	至元十三年	《元史》	掌京城内外营造木石等事
154	辅用库	不详	不详	《元史》	隶大司农司，掌规运息钱，以给供需
155	大都提举资善库	不详	至元二十六年	《元史》	隶宣政院。掌钱帛之事。至元二十六年置。（见《元史》卷八十七《百官志》）
156	光禄寺诸物库	不详	大德四年	《元史》	
157	善盈库	不详	天历二年	《元史》	隶隆祥总管府
158	万宁营缮司收支库	不详	不详	《元史》	

序号	仓库名称	仓库位置	始建年代	所据文献	备　注
159	延圣营缮司诸物库	不详	不详	《元史》	
160	纱金颜料总库	不详	中统二年	《元史》	隶异样局总管府
161	奉徽库	不详	至大三年	《元史》	掌内府供给。至治三年罢，并入文成等库。(见《元史》卷八十九《百官志》)
162	仪从库	不详	不详	《元史》	隶卫候直都指挥使司
163	备物库	不详	至元二十年	《元史》	隶内宰司。掌东宫造作颜料及杂器物。至元二十五年置，隶詹事院。(见《元史》卷八十九《百官志》)
164	材木库	不详	至元十六年	《元史》	掌造作材木
165	富昌库	不详	不详	《元史》	隶大都路诸色人匠提举司
166	收支库	不详	至元四年	《元史》	隶大都杂造提举司
167	诸色库	不详	至大四年	《元史》	掌受给营缮。掌修内材木，及江南征采异样木植，并应办官寺斋事，……(见《元史》卷九十《百官志》)
168	南寺北寺收支诸物库	不详	至治元年	《元史》	至治元年，以建寿安山寺始置。(见《元史》卷九十《百官志》)
169	寿武库(衣甲库)	不详	至元十年	《元史》	至元十年，以衣甲库改置。(见《元史》卷九十《百官志》)
170	利器库(军器库)	不详	至元五年	《元史》	至元五年，始立军器库。十年，通掌随路军器，改利器库。(见《元史》卷九十《百官志》)

序号	仓库名称	仓库位置	始建年代	所据文献	备 注
171	资乘库	不详	至元十三年	《元史》	隶尚乘寺。掌收支鞍辔等物
172	永利库	不详	至正十年十月	《元史》	隶诸路宝泉都提举司。掌鼓铸至正铜钱、印造交钞。（见《元史》卷九十二《百官志》）
173	丰裕仓	大都新城文明门外	不详	《析津志辑佚》	
174	腻粉库	大都新城海子东岸	不详	《析津志辑佚》	
175	军铁库	大都新城金城坊内	不详	《析津志辑佚》	
176	藏经库	大都新城金城坊内	不详	《析津志辑佚》	在法藏寺内，共分八厩。此外，在崇仁寺及弘法寺内，也有藏经库
177	万新仓	金水河边	不详	《析津志辑佚》	无名桥，万新仓金水河—